本书由 2023 年度西北政法大学学术著作出版基金资助出版

汉代哲学
三才观阐释

HANDAI ZHEXUE
SANCAIGUAN CHANSHI

律璞 著

西北大学出版社
·西安·

图书在版编目(CIP)数据

汉代哲学三才观阐释 / 律璞著. --西安:西北大学出版社,2024.8. -- ISBN 978-7-5604-5466-5

Ⅰ.B2

中国国家版本馆 CIP 数据核字第 2024RY4847 号

汉代哲学三才观阐释

HANDAI ZHEXUE SANCAIGUAN CHANSHI

律　璞　著

出版发行	西北大学出版社			
地　　址	西安市太白北路 229 号	邮　　编	710069	
网　　址	http://nwupress.nwu.edu.cn	E - mail	xdpress@nwu.edu.cn	
电　　话	029-88303404			
经　　销	全国新华书店			
印　　装	西安博睿印刷有限公司			
开　　本	787 毫米×1092 毫米　1/16			
印　　张	18			
字　　数	310 千字			
版　　次	2024 年 10 月第 1 版　2024 年 10 月第 1 次印刷			
书　　号	ISBN 978-7-5604-5466-5			
定　　价	86.00 元			

如有印装质量问题,请与本社联系调换,电话 029-88302966。

前 言

　　三才观源于早期天神、地神、祖先神的神灵崇拜。《尚书》与《周礼》中已出现天、地分离的趋势。东汉马融释"三礼"为"天神、地祇、人鬼之礼也",即明确指出礼文化与早期神灵崇拜的关联。《周易》强调"立天之道曰阴与阳,立地之道曰柔与刚,立人之道曰仁与义",已形成"三才"宇宙论的基本架构。之后,先秦诸子在宇宙论或社会层面上有了对"三才"结构的明晰表达。孟子所说"天时、地利、人和",从三才角度探讨战争成败的原因。荀子强调人与天地参,强调"上不失天时,下不失地利,中得人和,而百事不废",有着特别重要的社会治理观的思想意义。荀子更以"三才"讨论"礼"的根据,即所谓"礼,上事天,下事地,尊先祖而隆君师,是礼之三本也"。《管子》对"天不一时,地不一利,人不一事"和对天、地、人之变与常的讨论,以及对"上度之天祥,下度之地宜,中度之人顺"的所谓"三度"之社会治理观的阐述,已经有了对以"三才"为架构的辩证发展观的深刻认识,这为汉代三才观的全面展开奠定了基础。

　　汉代,伴随易学、礼学、尚书学立于学官,"三才"架构在宇宙论和社会思想建构中被广泛采用。汉代学者大多认为,天、地、人"三才"分别具有自然义与伦理义,并从这两个角度讨论了天、地、人三者之间的关系。相对地说,道家、道教侧重于探讨天、地、人生成之过程,但在天、地、人之上设定了一个超越性的根据"道",即以道为宇宙生成的根源;儒家侧重于探讨天、地、人分别在宇宙生成中的作用,董仲舒所谓"天生之,地养之,人成之"的说法具有典型性,将天视为宇宙生成的根源,将地视为万物生成的条件,而人的活动则体现了这一生成过程的完成。汉代学者还从天、地、人相关联的角度,探讨了人死后的归属。认为人的精神产生于天,死后归天,甚至可以成仙。人的形体产生于地,死后归地。故人可以生活在天界、地界和人间。受战国时期天地人三元并立思想的影响,汉代学者多努力探讨宇宙结构体系中天地人三元并存、互相贯通的客观性。其中以董仲舒为代表的天地人之间相互感应、人副天数的思想具有代表性。同时,学者认为,天、地、人三者虽然并存,但三者的职责和作用不同。值得注意的是,该时期关于三才结构的图式,在不同的情况下会有所不同,从而形成两种有代表性的结构:"天、地、人"结构与"天、人、地"结构。后者的出现,体现了人在自然界中地位的提升。西汉中期以前,受道家"人法地,地法天,天法道,道法自然"思想的影响,天、地的地位高于人,人必须以天道为最高法则。故董仲舒谓"天道施,地道化,人道义"。而在西汉中期以后,人的地位有所提升,人的价值受到尊重。如纬书《乐动声仪》强调:"上元者,天气也","中元者,人气也","下元者,地气也"。《太平经》也以天(太阳)、地(太阴)、中央(人)为序。这些都体现了人的地位的提升。正是在这种观念影响下,人本的观念在汉代得以强化。

先秦、两汉时期,儒、道两家都十分重视人的道德修养,主张通过修养达到与道(天)合一的境界。儒家尝试将道德修养纳入三才的理论结构之中,《中庸》强调"致中和,天地位焉",又以"诚"为道德之本,而"诚"的地位也是在与天、地的关系中确立的,"唯天下至诚,为能经纶天下之大经,立天下之大本,知天地之化育"。《孝经》更是明确在三才关系中讲孝道,所谓"夫孝,天之经也,地之仪也,民之行也"即此。汉儒正是从天、地之道的伦理化出发,提出以忠、孝为核心之道德观念。汉代道家(道教),则将自己的身国同治理论建立在三才基础上,提出无欲、无为之修身、治国理念,其在三才观强化下的伦理思想对民众心理产生了重大的影响,从而使忠君、孝亲成为民众自觉选择的道德理念。《庄子》强调心与天、地合,德与天、地合,也是沿着这一思路前行的。随着阴阳、五行学说在汉代的成熟,天有阴阳、地有五行的观念,成为儒、道建构其道德伦理学说的重要理论支点。

汉人的战争观、政治观也是建立在天、地、人三才贯通的基础上的。汉代学者把孟子"天时、地利、人和"的思想在战略战术上发挥到极致,《淮南子》所谓"故善用兵者,上隐之天,下隐之地,中隐之人""故上将之用兵也,上得天道,下得地利,中得人心",都进一步发挥了三才视域下的战争观。汉代学者之政治观,大都建立在遵循天道运行规律的基础上。董仲舒所说的"灾者,天之谴也。异者,天之威也"的"灾异谴告"说,即表达了一种天对人的政治行为的制约,所谓"屈民而伸君""屈君而伸天",强调了天道对皇权的制约作用。这种政治观正是在三才的结构关系中得以确立的。

汉代学者受《易》对"地道"之重视("地道也,妻道也,臣道也。地道无成而代有终也")的影响,加之农业文明背景下对"地"的生养功能的重视,在天人关系中强调"地"的地位,从而亦更彰显天、地、人三才并立的结构。也正是在这一观念下,汉人更强化了自然生态保护的观念。汉代对生态资源的保护不仅仅体现在思想领域,还在法律领域得以实现。汉人所谓的"三正"(天正、地正、人正)均对法律产生了重要的影响。所谓"法不刑有身,重怀藏以养微,是月不杀",是"天正"对刑法的影响;而所谓"法不刑有身怀任,是月不杀",则是"地正"观念对法律的影响。汉代哲学在"天、人、地"结构下对人的价值的重视,也使个体人格得以张扬。这不仅在思想领域,还在法制领域得以体现,如对老年人、未成年人及妇女权益的法律保护,就是其突出的表现。

汉代思想家还创立了以天、地、人三才相关联的中医病理和治疗体系,此以《黄帝内经》及张仲景的《伤寒论》为代表。在以三才为基础的宇宙生成论和宇宙系统论的架构上,形成了极有中国特色的中医疾病发生论和中医药治疗理论体系。中医学将天之阴阳、地之五行与人之喜怒哀乐爱惧欲七情结合起来,探讨病理的发生发展,并将疾病的发生和治疗与天、地运转规律相结合,建立了极具特色的中医学理论体系。同时,汉代中医学家特别提出以三才为基础的"治未病"的养生论,强调人应该顺应天、地运行规律以及人自身的生命运行规律,以达到养生目的。

汉代哲学领域中的天、地、人三才观,深刻地阐释了人与天的关系,强调遵循天道运行规律,以天为本;阐释了人与地的关系,认为人应当与土地的出产物——动物、植物和谐相处,形成了以资源保护为核心的地道观;阐释了人与人的关系,强调用三才结构建构君臣、父子、夫妇的伦理秩序。同时,强调以人为本,使个体人格得以张扬。汉代哲学领域中的天、地、人三才观,深刻地阐释了天、地、人合一的系统理论,对汉代哲学思想的发展及汉代社会生活产生了深远的影响。

汉代哲学之所以重视天、地、人三才的经验结构,与汉代哲学的经验论色彩有着重要的关系。正因为如此,汉代哲学没有把老子的道论从形而上的高度加以提升,而是从天、地、人的要素分析的角度加以推衍。这是汉代思想家的重要弱点。这一弱点,在三才结构的分析中进一步得以强化。

目 录

前 言 ·· 1

绪 论 ·· 1
  一、研究价值 ··· 1
  二、国内外关于该课题的研究现状 ·· 3
  三、研究思路与创新之处 ·· 4

第一章　汉代哲学三才观渊源之一：先秦儒家三才思想 ············ 7
  第一节　《尚书》《周礼》三才说 ·· 7
    一、《尚书》中出现天、地分离趋势 ··· 8
    二、《周礼》中天、地的分离 ·· 8
    三、天、地、人观念初步形成 ·· 10
  第二节　荀子天、地、人三才观 ··· 12
    一、三才宇宙图式 ·· 12
    二、人与天、地参 ·· 14
    三、社会治理 ·· 22
  第三节　《周易》经传中天、地、人三才关系的确立 ················· 27
    一、三才何以可能：《易经》三才关系说 ································· 28
    二、天、人相合：《易传》三才关系说 ····································· 30

第二章　汉代哲学三才观渊源之二：先秦道家三才思想 ············ 38
  第一节　管子天、地、人三才思想 ··· 38
    一、三才宇宙图式 ·· 39
    二、天、地、人之常与变 ··· 40
    三、三才视域下的社会治理 ··· 42

第二节 《吕氏春秋》中的天、地、人三才观 ………… 49
　　一、三才宇宙图式 ………………………………… 49
　　二、社会治理 ……………………………………… 51

第三章　汉代天、地、人三才观概述 ………………… 54
第一节　经学三才观成为主流的价值观念
　　——以《礼记》为例 …………………………… 54
　　一、三才宇宙图式 ………………………………… 55
　　二、三才视域下的礼乐制度 ……………………… 58
　　三、三才视域下的祭祀活动 ……………………… 62
第二节　天、地、人含义解读 ……………………… 63
　　一、天、地、人之自然义 ………………………… 63
　　二、天、地、人之伦理义 ………………………… 66

第四章　汉代三才视域下的宇宙论思想 …………… 76
第一节　以天、地、人三才为核心的宇宙生成论 …… 76
　　一、道家以"道"为核心的宇宙生成论 ………… 77
　　二、儒家以"天"为核心的宇宙生成论 ………… 91
第二节　天、地生人与汉代生死观 ………………… 99
　　一、天、地生人观念的历史流变 ………………… 100
　　二、形体入地与厚葬、薄葬 ……………………… 101
　　三、精神入天：成仙 ……………………………… 106
第三节　天、地、人三元并存的宇宙系统论 ……… 108
　　一、概述 …………………………………………… 108
　　二、先秦道家哲学体系中的天、地、人三元并存 … 109
　　三、汉代道家哲学体系中的天、地、人三元并存 … 113
　　四、汉代儒家哲学体系中的天、地、人三元并存 … 116

第五章　汉代三才视域下的伦理哲学思想 ………… 122
第一节　三才视域下的先秦伦理哲学思想 ………… 122
　　一、《孝经》将三才与人的孝行相结合 ………… 123

二、《中庸》三才伦理观…………………………………… 124
　　三、庄子三才伦理观……………………………………… 130
　第二节　天道之伦理化：汉代儒家忠、孝观………………… 139
　　一、天之伦理化…………………………………………… 139
　　二、阴、阳之伦理化……………………………………… 145
　第三节　地道之伦理化：汉代儒家忠、孝观………………… 148
　　一、地之伦理化…………………………………………… 148
　　二、五行之伦理化………………………………………… 151
　第四节　汉代道家三才视域下的身国同治理论……………… 156
　　一、汉代道家身国同治理论的三才基础………………… 157
　　二、去欲………………………………………………… 162
　　三、无为………………………………………………… 165
　第五节　汉代三才强化下的忠、孝观对民众心理的影响…… 169
　　一、三才强化下的孝道观对民众心理的影响…………… 169
　　二、三才强化下的"忠"观念对民众心理的影响………… 176

第六章　汉代三才视域下的政治观……………………………… 180
　第一节　天、地、人三才视域下的军事观…………………… 180
　　一、三才视域下先秦《孟子》的军事观………………… 180
　　二、三才视域下先秦兵家的军事观……………………… 181
　　三、三才视域下《淮南子》的军事观…………………… 183
　第二节　天、地、人三才视域下的王道政治观……………… 185
　　一、三才视域下先秦《管子》的王道政治观…………… 185
　　二、三才视域下汉代儒家的王道政治观………………… 186
　　三、三才视域下汉代道家、道教的王道政治观………… 193
　第三节　尊天………………………………………………… 198
　　一、早期天神信仰………………………………………… 198
　　二、儒家尊天观念………………………………………… 202
　　三、道家尊天观念………………………………………… 204
　第四节　重地………………………………………………… 207
　　一、先秦学说中"地"之养长义…………………………… 207

二、汉代学说中"地"之养长义 …………………………… 210
第五节　贵人 ………………………………………………… 214
一、人的存在：人与天、地并 ……………………………… 215
二、人的价值与生命诉求 …………………………………… 218
三、人的目的：人与天、地参 ……………………………… 223

第七章　汉代三才视域下的中医哲学思想 …………………… 228
第一节　三才视域下的《黄帝内经》宇宙论 ………………… 229
一、三才视域下的《黄帝内经》宇宙生成论 ……………… 229
二、三才视域下的《黄帝内经》中医系统论 ……………… 232
第二节　三才视域下的《黄帝内经》养生理论 ……………… 239
一、形、神相俱与养生 ……………………………………… 240
二、顺应四气以养生 ………………………………………… 241
三、阴阳平衡养生法 ………………………………………… 245
第三节　三才视域下的《黄帝内经》疾病发生与治疗理论 … 251
一、《黄帝内经》疾病发生与治疗理论的三才基础 ………… 252
二、三才视域下的《黄帝内经》疾病发生理论 …………… 254
三、三才视域下的《黄帝内经》疾病治疗理论 …………… 259

参考文献 …………………………………………………………… 264
后　记 ……………………………………………………………… 275

绪 论

一、研究价值

过去我们在研究汉代哲学思想时,多着眼于哲学家"天人合一""天人感应"思想的研究。在研究中国古代天、人关系时,已有学者指出:"天人合一"的命题提出了一个二元性的世界观,而三才的理念却提出了一个三元性的世界观。三才和谐的理念有意将"地"这第三种因素包含在内是非常值得重视的。[①] 李晨阳认为:"一个三元性的结构基本仿效着三角形的形状,因而拥有更大的平衡性与稳定性。儒家一方面赋予人类一定程度上的独立性,另一方面又不完全使其从'天'与'地'中隔离出来,天、地、人就犹如一个富有凝聚力的团队,它们既是各自独立的,拥有属于自己的特殊身份,同时又是相互依存的,因为它们在共同促进宇宙的和谐进程中是不可分离的。"[②] 笔者认为,"天、地、人"三才思想,更符合两汉哲学思想体系的现实状况。我们过去常常谈及天、人,谈及天道、人道,却忽略了两汉哲学思想中一个非常重要的内容:地与地道。"天、地、人"三才的哲学思想,并非仅仅停留于理论形态,而是对汉代的社会生活产生了深刻而持久的影响。汉代的许多制度性规定,都能从"天、地、人"三才合一的结构中找到其存在依据。

以天、地、人为核心的三才思想,在早期中国的哲学思想领域中拥有一席之地。学术界有很多学者认为天、地是合一的,在天、地、人三才系统中,因为天、地的合一,容易推导出天、人合一的思想。然而,从另一个层面讲,在古人的心目中,自从盘古开天辟地,天和地作为不同的物质实体,便是分离而非合一的。在《尚书》和《周礼》中,天、地分离的趋势十分明显。在《周礼》六官体系中,天官和

[①] 李晨阳:《是"天人合一"还是"天、地、人"三才——兼论儒家环境哲学的基本构架》,载《周易研究》2014 年第 5 期,第 8 页。

[②] 李晨阳:《是"天人合一"还是"天、地、人"三才——兼论儒家环境哲学的基本构架》,载《周易研究》2014 年第 5 期,第 8 页。

地官是两个不同的系统,说明在周人看来,天和地不是合一而是分离的。早期文化中,天神、地神、祖先神的分别信仰,反映了天、地、人在早期人类思想中的分离。作为春秋、战国时期哲学思想的集大成者,《周易》经、传不仅确立了天、地、人分离之三才思想,且将三才思想予以深化。在《易经》中乾卦和坤卦作为不同的两卦,分别代表天和地,《易经》指出乾为天为阳,坤为地为阴。《易传》将道划分为天道、地道和人道,并且旗帜鲜明地指出:"立天之道曰阴与阳,立地之道曰柔与刚,立人之道曰仁与义。兼三才而两之,故易六画而成卦。"①《周易》提出三才概念,指出天道、地道、人道并存。"兼三才而两之",是指天道、地道、人道各有两种相反的特征,天道具有阴和阳两种特征,地道具有柔和刚两种特征,人道具有仁和义两种特征,体现了《周易》天、地、人三才并存的系统论思想,同时体现了天、地、人各自具有两种相互对立因素的辩证法思想。三才思想不仅在《尚书》《周易》中存在,在荀子思想、兵家思想中都拥有一席之地。汉代,伴随经学立于学官,三才思想随之确立,并且成为主流观念,这一点在《礼记》中可以看出。

三才在汉代宇宙论思想中体现出来,汉代的宇宙生成论、宇宙系统论思想无不受到三才思想的深刻影响。汉代著名学者董仲舒提出"王道通三:天、地、人"的哲学思想。在汉代宇宙系统论中,确立了顺应自然规律的天道观,确立了以地生万物为核心、以资源保护为内容的地道观,确立了人的主体地位,强调人与天地参。三才对汉代伦理哲学思想的形成和发展也产生了深远影响。在汉代伦理哲学思想领域中,以天道为代表的君道、父道、夫道,以地道为代表的臣道、妻道、子道,为汉代以忠、孝为核心的伦理秩序的确立奠定了基础。正因为如此,东汉学者班固在《白虎通义》中提出:"三纲法天地人。"②汉代以天道、地道为基础确立的忠、孝观念,不仅在哲学思想层面影响很大,还对汉代的民众心理产生了深远影响,成为百姓的自觉选择,并且得到国家法律认可,从而落实于制度层面。

三才思想在汉代政治哲学领域中也有深远影响。汉代学者提出天、地、人贯通之王道政治观,在此基础上,形成了以民为本的国家治理思想。三才在官治思想方面也有体现。汉代学者强调上知天道、下知地理、中察民情的官治思想。汉

---

① 《周易正义·序》,[清]阮元校刻:《十三经注疏》(清嘉庆刊本),中华书局2009年版,第17页。

② [清]陈立撰,吴则虞点校:《白虎通疏证》卷八《三纲六纪》,中华书局1994年版,第375页。

代学者在三才基础上创立了战争理论,认为军事战争的胜利离不开天、地、人三要素。

三才思想在汉代中医哲学领域也有深远影响。以《黄帝内经》为核心的汉代中医哲学著作,确立了以三才为核心的系统论思想。三才在养生理论、病因分析、诊疗机制方面均有体现。三才成为汉代中医哲学思想的重要组成部分。

值得注意的是,三才不仅在汉代哲学思想领域有重要的影响,而且落实于制度层面,对汉代的社会制度产生了深远影响。汉代哲学体系中的三才思想解决了天和人的关系,地和人的关系,以及人和人之间的关系问题,为以上三种关系的处理提供了理论基础,是汉代哲学思想的重要组成部分,值得我们关注和研究。

笔者认为,汉代哲学体系中的天、地、人三才思想不仅反映了汉代哲学新的发展方向,而且对汉代以后哲学思想的发展产生了巨大的影响。

二、国内外关于该课题的研究现状

从目前学术界对汉代天、地、人三才结构的研究情况看,首先,未有该论题的专门性的研究成果;其次,学界已充分肯定了汉代天、地、人三才结构之存在,但是未有对其深入分析、论证之成果。据笔者分析,原因有三:第一,囿于各自研究范围的影响,比如高怀民著《两汉易学史》、刘玉建著《汉代易学通论》、徐复观著《两汉思想史》等,著作论题的限制,使作者无法将汉代的天、地、人三才结构作为重点展开论述。第二,汉代有关天、地、人三才结构的史料虽多,但多散落于各种史料包括出土文献资料中,收集整理困难,使许多学者望而却步。第三,就整个哲学史研究状况看,汉代哲学研究在中国古代哲学研究中处于薄弱环节,虽然已有大量研究性论著出现,但相较后世哲学特别是宋、明理学仍显薄弱,关注汉代哲学的学者相对较少。

从目前研究情况看,新近的研究成果不仅注意到中国古代天、地、人三才结构的重要性,且对传统天人合一观念进行了批判,反映出学界对天、人关系研究的新动向。一些学者主张,以史料也即文本自身作为研究的出发点。这个观点是十分正确的,反映了这些学者严谨、认真的治学态度。在涉及先秦两汉哲学思想中的天人思想时,笔者以为,过去我们在汉代天、人关系研究过程中,最主要的流弊是过分地尊崇权威,以某某人的观点作为论证"天人"关系思想的出发点,忽略了对历史文献资源的仔细考察和探研,忽略了汉代关于"天人"关系的文本依据，这些做法对学术研究都是十分有害的。笔者以为，在哲学史研究过程中，我们首先要尊重和依靠的是大量的基础史料，从古人的语言中去探寻其真实思想，而不能凭空想象或者主观臆断。牟宗三先生云："一般人并不是聪明不够，而是对文献所下的功夫不够，只是随便引一点，发挥一下。这是不负责任的，不能算数的。这只是表现自己的聪明，主观地发挥自己的一套，而不是作客观的了解。所以我们必须提高理解程度，必须要通透。而这套功夫完全是学究的功夫，是急不得的，要慢慢来。"①林乐昌先生云："在研究中要发挥科学精神，敢于对流行观点提出质疑，凝练为真实的问题意识，并通过求证解决问题。"②

当然，我们不能因为天、地、人三才结构的重要性就全面推翻学界关于天人合一的论断。学界多年来在天、人关系方面的研究性论著在解决中国古代天、人关系问题上功不可没，这是不容置疑的。但是，天人合一思维框架下的学术研究，只解决了天与人之间的关系问题，无法解决天与地、地与人之间的关系问题。而天、地、人的三才结构体系则很好地解决了人与地，也即人与自然的关系问题。特别是伴随着生态环境的恶化，如何解决人与自然的关系问题，是摆在我们面前的一个新问题。天、地、人三才结构是传统天人合一理论的深化，不仅解决了天与人的关系，而且解决了人与自然(地)的关系，是十分值得关注的一个问题。

三、研究思路与创新之处

通过查阅文献，阅读当代学者的哲学著述，经过自己的思考和分析、判断，全面还原汉代哲学体系中"天、地、人"三才结构的原貌。尽可能发挥自己的学科优势，将汉代哲学体系中的"天、地、人"三才结构放在汉代法律及其他制度的大环境下做综合考察。不仅关注哲学思想领域中的"天、地、人"三才结构，同时考察"天、地、人"三才结构在汉代社会中的落实情况。通过自己的努力，厘清汉代哲学体系中的"天、地、人"三才结构，为繁荣汉代哲学思想研究尽一点微薄之力。

笔者认为，"天、地、人"合一的三才思想，更加符合两汉哲学思想体系的现实状况。我们过去常常谈及天、人，谈及天道、人道，却忽略了两汉哲学思想中一个非常重要的内容：地与地道。

---

① 牟宗三：《中国哲学十九讲》，上海古籍出版社1997年版，第385页。
② 林乐昌：《张载理学与文献探研》，人民出版社2016年版，第280页。

笔者将侧重于以下几个方面内容的研究：

第一，汉代哲学体系中"天、地、人"三才结构产生的依据。

笔者认为，汉代的天、地、人三才思想源于早期的神灵崇拜。对天神、地神和祖先神的崇拜是日后天、地、人相分离之三才思想形成的源泉。

第二，先秦哲学体系中的三才思想。

第三，三才思想在两汉哲学体系中的确立。

笔者认为，汉代学者确立的天、地、人三才结构体系，已经突破了传统"天人感应"的范畴，确立了新型的天、人关系。这种新型的天、人关系，不限于天和人之间的感应，而是生成和贯通的关系，是天、地、人三者的感应关系。

第四，汉代宇宙论视域下的三才思想。

笔者认为，汉代哲学体系中的"天、地、人"三才结构，体现出以人为本的价值取向和以环境保护为内容的生态伦理思想。

第五，汉代伦理哲学视域下的三才思想。

笔者认为，天、地、人三才思想在汉代伦理哲学领域中有深刻的体现。以天道为核心的君道、父道、夫道，以地道为核心的臣道、子道、妻道，推动了汉代伦理哲学领域中忠、孝思想的形成和发展，成为三纲思想产生的伦理依据。以忠、孝为核心的伦理思想，深刻体现了汉人的家、国情怀。以三才为核心，以忠、孝为内容的家、国情怀，不仅成为统治者的意识形态，且渗透到社会生活领域，成为民众心理的重要体现。该民众心理不仅存在于思想层面，且演化为忠君、孝亲的实际行动，对汉代社会伦理秩序的构建发挥了积极作用。

第六，汉代政治哲学视域下的三才思想。

笔者认为，汉代的天、地、人三才思想，反映了个体人格在汉代哲学体系中得以张扬，突出地表现为先秦"天、地、人"三才结构向汉代"天、人、地"三才结构转化，人处于天、地之间，顶天而又立地。汉代天、人、地三才结构中人的地位得以肯定和巩固。汉代思想领域中，个体人格得以张扬，汉代哲学思想极为侧重对人的主体地位的关注与考量。

笔者认为，汉代天、地、人三才结构的确立，使生态伦理哲学思想得以深化。汉代学者强调关注生态平衡，保护生态环境，重视保护自然资源，具体而言就是重视植物资源与动物资源的保护。汉代生态伦理哲学思想不是只停留在思想层面，而是在法律与社会生活中也得以贯彻。

第七，汉代医学哲学视域下的三才思想。

笔者认为,天、地、人三才思想在以《黄帝内经》为核心的汉代中医哲学领域中有深刻的体现。以《黄帝内经》为核心的中医哲学构建了以气、阴阳(天)、五行(地)与人相结合的宇宙系统,此系统论框架在中医养生思想、病因的分析、治疗等方面均有深刻影响。天、地、人合一思想对以《黄帝内经》为核心的汉代中医哲学思想的形成和发展产生了积极影响。

第一章　汉代哲学三才观渊源之一：
先秦儒家三才思想

第一节　《尚书》《周礼》三才说

受传统思维习惯影响,在天、地、人关系中,很多学者认为,天、地是合一的,从天、地合一视角出发,容易推导出天、人合一的结论,即天、地合一→天、人合一。从合起来的角度看,此推论似乎无误,但分开来说,此结论则有问题。天、地到底是分立的还是合一的,是决定天、地、人三才关系之立论能否成立的关键。就此问题,我们应当从传统文献中寻找答案,而不是主观臆想或者墨守成规。实际上,先秦时期,天、地分离观已经出现,且体现在各种典籍中。《尚书》《周礼》《周易》都将天、地分离为两种不同的存在。

金岳霖说:"自万有之合而为道而言之,道一,自万有之各有其道而言之,道无量。"① 余敦康说:"如果分开来说,道无量,有关于自然层面的天道、地道,也有关于社会人事层面的人道。如果合起来说,则道为一,即把天地人三才之道囊括而为一个统一的整体。这个道一之一,其准确的含义就是'天地与我并生,万物与我为一'。"②

笔者认为,道是可以分开来讲的,分开来讲即包括了天道、地道、人道。也就是天、地、人三才之道,天道、地道、人道各自独立,各不相同,相互联系。三者又可以合一而言,从合一的角度言,就是我们熟知的"万物与我为一",也就是我们常常谈到的作为中国哲学主要特质的"天人合一"观。过去我们在"天人合一"观方面着力较多,也就是余敦康先生和金岳霖所言的"合起来说",但就分开来

---

① 金岳霖:《论道》,商务印书馆1987年版,第17页。
② 余敦康:《〈周易〉的思想精髓与价值理想》,见陈鼓应主编:《道家文化研究》(第一辑),上海古籍出版社1992年版,第124页。

说,从天、地、人三才,或者从天道、地道、人道分立的角度言,则着力较少。笔者认为,在学术研究中,应当遵循古籍文献,从文献出发,得出结论。

苏俄学者赫尔岑指出:"在科学上除了汗流满面是没有其他获致的方法的。热情也罢,幻想也罢,以整个身心去渴求也罢,都不能代替劳动。"①赫尔岑同时指出:"一些陈旧的信念、一切过时的世界观都已摇摇欲坠,而人们在心目中却把这些东西奉为至宝。新的信念包罗万象而又宏伟,但犹未开花结果,嫩叶和蓓蕾预兆着壮实的花朵,然而这些花朵却含苞未放,因而人们在心目中把这些东西视为路人。"②我们应当在学术研究的道路上付出辛勤的劳动,而非人云亦云。

一、《尚书》中出现天、地分离趋势

张岂之、周天游在《十三经注疏》整理本序言中说:"十三经的成书年代,至今争论不休。然而《易经》《尚书》形成于西周;《诗经》始于西周而成于春秋;《仪礼》《周礼》《礼记》基本编定于东周,汉代有所变更;《左传》《论语》《孟子》《尔雅》成书于战国;《孝经》古本完成于战国,而改定于汉初;《公羊传》《穀梁传》写定于汉代,基本内容源出于孔子弟子之说,还是大体可信的。"③以下在行文过程中,涉及十三经成书时代时,多遵从此说。天、地、人三才结构在《尚书》中已初步确立。

后汉马融对《尚书》中"在璇玑玉衡以齐七政"中的"七政"注释曰:"第一曰主日,法天。第二曰主月,法地。第三曰命火,谓荧惑也。第四曰煞土,谓填星也。第五曰伐水,谓辰星也。第六曰危木,谓岁星也。第七曰罚金,谓太白也。日月五星各异,故名曰七政也。"④从马融对《尚书》中"七政"的解释可以看出,《尚书》中天、地是分离而非合一的。

二、《周礼》中天、地的分离

关于《周礼》的成书年代,学术界有各种说法,有作于西周说,作于春秋说,

---

① 〔俄〕赫尔岑著,李原译:《科学中华而不实的作风》(汉译世界学术名著丛书),商务印书馆1959年版,第9页。
② 〔俄〕赫尔岑著,李原译:《科学中华而不实的作风》(汉译世界学术名著丛书),商务印书馆1959年版,第3页。
③ [唐]李隆基注,[宋]邢昺疏:《孝经注疏》(序),上海古籍出版社2009年版,第3页。
④ [汉]马融撰,《尚书马氏传》卷一,见[清]马国翰:《玉函山房辑佚书》,台北文海出版社1967年版,第378页。

作于战国说,作于周秦之际诸说。学界多主张《周礼》作于战国百家争鸣之际。"我比较倾向于成书于战国说。像《周礼》这样的建国规划,只有在战国那样有统一希望和统一要求的时代背景下才有可能被制定出来。"①成书于战国时代的《周礼》,反映了西周时期的职官制度。

《周礼》将西周时期的职官按照天官、地官、春官、夏官、秋官、冬官(亡于秦汉之间,后人补入)顺序排列。天官和地官的分立,反映出西周官制天、地分离的趋势,也反映出西周人思想意识中天、地分立而非合一。《十三经注疏》对"天官冢宰"注释云:"郑《目录》云:象天所立之官。冢,大也。宰者,官也。天者统理万物,天子立冢宰使掌邦治,亦所以总御众官,使不失职……释曰:郑云'象天'者,周天有三百六十余度,天官亦总摄三百六十官,故云'象天'也。"②按照郑玄的说法,天官是象天所立之官,由于天有统理万物的功能,所以天官是众官的统帅。又因为周天有三百六十余度,所以天官统率三百六十官。天官系统中的官员有六十三人,天官系统中的官员属于治官,也即属于治理国政的官员,属于中央官员的系列。天官中的大冢宰是最重要的官员,负责治理天下邦国。大冢宰的属官很多,多是掌管饮食、服装、医药等方面服务于生活和宫内事务的官员。《周礼》区分了天官、地官及其他官员的职责权限。贾公彦疏云:"天官主治,治所以纲纪天下,故云'纪万民'也。地道主民,故云'扰万民',扰则驯顺之义也。春官主礼,礼所以谐和,故云'谐万民'。夏官主政,九畿职方制其贡,有贡赋之事,故云'均万民'。秋官主刑,刑者所以纠正天下,故云'纠万民'也。冬官主事,作事者,所以生养万民,故云'生万民'也。"③从《周礼》可以看出,天官属于治官,负责全国范围内的事务,从性质上看属于中央官员的序列。而地官主民,负责地方具体的行政事务,掌管地方百姓的治理,负责某一区域的地方行政事务,从性质上看属于地方官员的序列。值得注意的是,由于早期人们"动物向天""植物向地"的理念,掌管以渔猎为核心的动物的官员,属于天官系统,而掌管以耕殖为核心的植物的官员,则属于地官系统。在六官体系中,除了天官和地官这样的中央官员和地方官员外,还根据官职的重要性分出春官、夏官、秋官、冬

---

① 杨天宇:《周礼译注》,上海古籍出版社2004年版,第17页。
② 《周礼注疏》卷第二《天官冢宰第一》,[清]阮元校刻:《十三经注疏附校勘记》,中华书局1980年版,第639页。
③ 《周礼注疏》卷第二《天官冢宰第一》,[清]阮元校刻:《十三经注疏附校勘记》,中华书局1980年版,第645页。

官。其中有掌管祭祀活动的官员春官。"乃立春官宗伯,使帅其属而掌邦礼,以佐王和邦国。"①从《周礼》的记载可以看出,春官的任务是率领其属下,掌管国家的礼制,以辅佐国王和国家。

三、天、地、人观念初步形成

《尚书》中有关"三正""三德"的记载,体现了天、地、人合一的三才思想。《尚书正义·夏书·甘誓第二》记载:"予誓告汝,有扈氏威侮五行,怠弃三正。天用剿绝其命,今予惟恭行天之罚。"②郑玄对"三正"的解释是:"三正,天地人之正道。"③据《史记》载:"武王乃作太誓,告于众庶:'今殷王纣乃用其妇人之言,自绝于天,毁坏其三正……'"④对"三正",裴骃集解云:"马融曰:动逆天地人也。"唐人张守节正义曰:"三正,三统也。周以建子为天统,殷以建丑为地统,夏以建寅为人统也。"⑤总之,裴骃和张守节都认为《尚书·甘誓》中讲到的三正,具有天、地、人的含义。李民、王健对《尚书·甘誓》"予誓告汝:有扈氏威侮五行,怠弃三正,天用剿绝其命,今予惟恭行天之罚"一语的解释是:"我发布誓词告诫你们:有扈氏蔑视五行,冒天下之大不韪,遗弃天、地、人三者正道。因此,上帝要灭他们的享国大命。现在我奉上帝命行使对他的惩罚。"⑥王世舜《尚书译注》对《尚书·甘誓》中这句话的译文是:"我向你们发出以下的命令:有扈氏倒行逆施,一意孤行,轻蔑地对待一切,怠慢甚至放弃了历法,上帝因此要废弃他的大命,现在我奉行上帝的意志去惩罚他们。"⑦笔者以为,李民、王健将"怠弃三正"解释为"遗弃天、地、人三者正道",更加符合《尚书》的本义。对"三正"的解释,马融和郑玄有所不同,马融有时将"三正"理解为天、地、人之道,有时将"三正"理解为建子、建丑、建寅。清人皮锡瑞认为,郑玄和马融对"三正"的理解不同。

---

① 《周礼注疏》卷第二《天官冢宰第一》,[清]阮元校刻:《十三经注疏附校勘记》,中华书局1980年版,第752页。

② 《尚书正义》,[清]阮元校刻:《十三经注疏附校勘记》,中华书局1980年版,第155页。

③ 《尚书正义》,[清]阮元校刻:《十三经注疏附校勘记》,中华书局1980年版,第155页。

④ [汉]司马迁:《史记》卷四《周本纪第四》,中华书局1982年版,第121页。

⑤ [汉]司马迁:《史记》卷四《周本纪第四》,中华书局1982年版,第122页。

⑥ 李民、王健:《尚书译注》,上海古籍出版社2004年版,第91页。

⑦ 王世舜:《尚书译注》,四川人民出版社1982年版,第75页。

马注云:建子、建丑、建寅,三正也。郑注云:三正,天、地、人之正道。"子、丑、寅即天、地、人,其说似异而同。"①可见,"三正"具有天、地、人的含义。

《尚书》中有关于"三德"的记载,学者一般认为"三德"具有天、地、人分立之含义。《尚书正义·周书·洪范第六》中载:"三德:一曰正直,二曰刚克,三曰柔克。"②清人孙星衍解释"三德"云:"此'三德'谓天、地、人之道。正直者,《论语》云'人之生也直',人道也。刚克,天道。柔克,地道。克者,《释诂》云'胜也'。《皋陶谟》疏以九德配三德,云'其《洪范》三德,先人事而后天地'是也。"③孙星衍认为,《尚书·洪范》中所谓"三德"是指天、地、人之道。并且指出,三德中的正直是指人道,刚克是指天道,柔克是指地道。孙星衍此言的依据是《尚书·皋陶谟》疏中讲到的"其《洪范》三德,先人事而后天地"。《尚书·皋陶谟》疏指出,洪范三德,其实就是天、地、人之道,也即先人事而后天地。

后汉马融对《尚书》"有能典朕三礼"中的"三礼"注释曰:"天神、地祇、人鬼之礼也。"④清人皮锡瑞在对《尚书·皋陶谟》"方施象刑"中的"象刑"进行解释时,引《尚书·刑德放》曰:"大辟象天刑,罚赎之数三千,应天地人。"⑤按照《尚书·刑德放》的说法,夏朝的五种刑罚总计三千条,之所以设置三千条条文,主要是天、地、人三才结构的需要。清人孙星衍引《尚书大传》曰:"圣王巡十有二州,因论十有二俗,定六律、五声、八音、七始。箸其素蔟以为八,此八伯之事也。"对其中的"七始"注释曰:"七始,天地四方人之始也。"⑥《尚书》认为,六律、五声、八音、七始等是王在巡游十二州时确立的。孙星衍认为"七始"是天、地、人的开端。可见,在《尚书》记载的商周时代,刑法的条文及音乐制度的确立,都出现了以天、地、人为依据的倾向。

---

① [清]皮锡瑞:《今文尚书考证》卷四《夏书二·甘誓第四》,中华书局1989年版,第194页。
② 《尚书正义》,[清]阮元校刻:《十三经注疏附校勘记》,中华书局1980年版,第190页。
③ [清]孙星衍:《尚书今古文注疏》卷十二《尚书周书第三·洪范第十二下》,中华书局1986年版,第307页。
④ 《尚书马氏传》卷一,[清]马国翰:《玉函山房辑佚书》,台北文海出版社1967年版,第380页。
⑤ [清]皮锡瑞:《今文尚书考证》卷二《虞书》,中华书局1989年版,第124页。
⑥ [清]孙星衍:《尚书今古文注疏》卷二《虞夏书第二·皋陶谟第二中》,中华书局1986年版,第104页。

第二节　荀子天、地、人三才观

在天、人关系问题上,儒家和道家观点不同。儒家强调"以天合人",关注点主要是社会政治、伦理问题,也即人道问题;强调用人道塑造天道,所谓"以天合人"。荀子也不例外。

荀子在天、人两分的基础上提出天、地、人三才的主张。荀子的天、地、人三才思想是从宇宙图式、社会治理、人我关系角度出发来论述的,既反映了先秦自然哲学背景下学者对宇宙图式的探索,也反映了先秦儒家人、我关系视域下有关社会治理的基本需求。荀子从宇宙图式角度出发,认为天、地、人三元素在宇宙生成过程中都发挥了重要作用,三者不可或缺。荀子在天、地、人三才视域下提出天、人关系,主张:一方面应当顺应天道,也就是顺应自然规律的需求;另一方面应当发挥人的主观能动性,强调人与天地参,强调制天命以用之。荀子从天、地、人三才角度出发,提出礼之三本,即天本、地本、人本,强调以礼治国。荀子还将三年之丧和乐治与天、地、人三才结构相结合。荀子作为先秦儒家的代表人物,其天、地、人三才思想具有经世致用的典型倾向。

一、三才宇宙图式

荀子作为先秦儒家的代表人物,和其他学术流派一样,对于宇宙生成的原因进行了初步的探讨。认为在宇宙生成的过程中,天、地、人三要素都起了非常重要的作用,三者是不可或缺的。

荀子指出:"天地者,生之本也。先祖者,类之本也。君师者(梁启雄曰:师亦君也①),治之本也。"②荀子认为,天、地、人三元素与礼的产生亦有不可分割的联系,天、地、人是礼产生的根源。荀子认为,天地是万物产生的根源。需要注意的是,在这里,荀子将天地并提,认为天地是生之本。在后世哲学的发展过程中,到了董仲舒那里天地就分开了。董仲舒认为,天和地的功能是不同的,所谓"天

---

① 梁启雄:《荀子简释》第十八篇《正论》,中华书局1983年版,第236页。
② [战国]荀况著,[唐]杨倞注:《荀子》(诸子百家影印本)第十三卷《礼论》,上海古籍出版社1989年版,第111页。

生之,地养之"①,也就是说天生育了万物,地养育了万物。在荀子看来,天地都是生之本。可见,在后世哲学发展的过程中,天地的功能有了进一步的区分。荀子在谈到人的因素时指出,先祖是人类产生的根本,而君、师是社会治理或者说进行国家统治的根本。在这里,荀子突出了君主和师长在社会治理过程中的作用。在荀子看来,万物产生和社会治理过程中,天、地、人三元素不可缺少。"无天地,恶生。无先祖,恶出。无君师,恶治。"②没有天地,动、植物将难以产生。没有先祖,人类将难以产生。没有君主和师长,就没有办法很好地治理国家和社会。荀子认为,天地、先祖、君师都是不可或缺的。"三者偏亡焉,无安人。"③三要素缺少其中任何一个要素,都将无法安抚百姓。

荀子指出:"天地合而万物生,阴阳接而变化起,性伪合而天下治。天能生物,不能辨物也。地能载人,不能治人也。宇中万物生人之属,待圣人然后分也。"④在荀子看来,天地相互作用,万物才能生长;阴阳相接,变化才能发生;天性与社会规范相结合,天下才能得到治理。天能产生万物,但是无法分辨万物。地能承载大众,但是无法治理大众,也就是无法治理人间社会。宇宙间产生的万事万物,只有圣人才能辨别和区分。荀子对天、地、人的功能和缺陷有了初步的认识,特别注意到圣人在区分和辨别天地万物过程中的作用。当然,荀子对人的价值和作用的肯定还限于圣人。而董仲舒则直接提出:"天地之性,人为贵。"

荀子指出:"故天者,高之极也。地者,下之极也。无穷者,广之极也。(杨倞注曰:东西南北无穷。)圣人者,道之极也。"⑤在荀子看来,最高的地方是天,最低的地方是地,东西南北至极的地方是无穷。而圣人,是道之至极。荀子指出,天、地、人在三才宇宙图式中具有十分重要的意义。天、地、人分别代表宇宙图式

---

① [汉]董仲舒:《春秋繁露》(诸子百家影印本)第六卷《立元神第十九》,上海古籍出版社1989年版,第37页。

② [战国]荀况著,[唐]杨倞注:《荀子》(诸子百家影印本)第十三卷《礼论》,上海古籍出版社1989年版,第111页。

③ [战国]荀况著,[唐]杨倞注:《荀子》(诸子百家影印本)第十三卷《礼论》,上海古籍出版社1989年版,第111页。

④ [战国]荀况著,[唐]杨倞注:《荀子》(诸子百家影印本)第十三卷《礼论》,上海古籍出版社1989年版,第116页。

⑤ [战国]荀况著,[唐]杨倞注:《荀子》(诸子百家影印本)第十三卷《礼论》,上海古籍出版社1989年版,第113页。

中高、下、道的极致。说明在宇宙图式中,天、地、人三要素是不可缺少的。

荀子认为,应当遵循天、地、人各自的运行规律,"上失天性,下失地利,中失人和,故百事废"①。如果打破天性,也就是违背了自然运行的规律。如果下失地利,就不能够很好地运用土地产生的便利条件。中失人和,就打破了人间社会的和平秩序,那么就不可能成就任何事业。因此,在荀子看来,要想成就一番事业,就必须遵守天、地、人的运行规律,确保天时、地利、人和。如果不能遵守天、地、人的运行规律,就会带来"百事废,财物诎,而祸乱起"②的后果。也就是说,各项事业都无法成就,财务匮乏,社会动荡。荀子认为,以天、地为代表的自然环境与以人为代表的社会环境是相互贯通的。荀子论述"上失天性,下失地利,中失人和,故百事废"的目的,在于强调只有在三才关系中思考自然和社会秩序,遵守自然秩序和社会秩序,宇宙中万物才能处于和谐状态。

二、人与天、地参

(一)基础:天、人相分

天、人相分是人与天、地参的基础。荀子正是在天、人相分的基础上探讨天、地、人三者的关系的。荀子在谈到天人关系时强调天、人相分,与孔子、孟子的天人合一观念不同。正如王钧林所言:"荀子,以理性的目光与思维重新审视着人们赖以生存的世界,提出了自然主义的世界观,以及明于'天人之分'即天与人各有职分的天人关系。"③在荀子以前,就已经出现了天人相分的思想。西周时期,内使叔兴认为,"六鹢退飞过宋都"这种现象"是阴阳之事,非吉凶所生也,吉凶由人"(《左传·僖公十六年》),将天与人区分开来。叔兴认为"六鹢退飞过宋都"是阴阳现象也就是天象,不是吉凶之兆产生的,吉兆和凶兆属于人事,是由人制造的。子产进一步提出:"天道远,人道迩,非所及也。"(《左传·昭公十八年》)子产认为天道远,人道近,二者是有区别的。

荀子曰:"故明于天人之分,则可谓至人矣。(杨倞注曰:知在人不在天,斯

---

① [战国]荀况著,[唐]杨倞注:《荀子》(诸子百家影印本)第十二卷《正论》,上海古籍出版社1989年版,第107页。
② [战国]荀况著,[唐]杨倞注:《荀子》(诸子百家影印本)第十二卷《正论》,上海古籍出版社1989年版,第107页。
③ 王钧林:《中国儒学史(先秦卷)》,广东教育出版社1998年版,第254—255页。

为至人。)"①梁启雄曰:"分犹职也。此言:明白天与人各有不同的职分者,可称为真实的人。"②美国学者本杰明·史华兹对荀子的天人相分思想给予了充分的肯定和高度的评价。他指出:"天和人之间的截然分别,使得某些人在荀子那里看出一种几乎是现代西方意义上的以人类为中心的人文主义。"③认为天人相分的主张类似于现代西方意义上的人文主义。一方面指出,人在行动的过程中要遵循天、地发展的基本规律。另一方面又指出,人可以对天、地的自然规律加以利用,也就是说可以参与天地的运行,发挥自己的主观能动性。强调制天命以用之,在不违背自然规律的情况下,尽量发挥天和地的功能为我所用。冯友兰先生在论及荀子"天人之分"思想时指出:"荀况把天人之分提到哲学的高度。他把'天'和'人'的界限严格地划分开来;这就把自然和社会、物质和精神、客观和主观的界限,严格地划分开来。这样划分的一个主要的含义,就是承认自然、物质世界是独立于人的主观意识而存在的,也就是说,自然、物质和客观世界是第一位的,社会、精神和主观世界是第二位的。"④荀子的天、人相分思想是建立在天之二分基础上的。著名学者唐君毅指出:"荀子则视天为自然,以天有常行其象可期,然于天之本身,则不求知,谓圣人不求知天,唯重在立人道以与天地参。"⑤肯定了"天"在荀子思想中的自然属性。

可见,荀子的天、人相分,是其人与天、地参的天、人关系的基础。荀子站在天、人相分的立场,强调人与天、地参,强调在三才宇宙图式中,人和天、地处于相对独立的地位。只有这样,人才能参与天、地之运行。

(二)条件:天有其时,地有其财,人有其治

荀子曰:"天有其时,地有其财,人有其治,夫是之谓能参。"⑥荀子将天、地、人三者相联系,认为天有自己运行的规律,地能够产生物资财富,人能够实现社

---

① [战国]荀况著,[唐]杨倞注:《荀子》(诸子百家影印本)第十一卷《天论》,上海古籍出版社1989年版,第96页。

② 梁启雄:《荀子简释》,中华书局1983年版,第221页。

③ [美]本杰明·史华兹著,程钢译:《古代中国的思想世界》,江苏人民出版社2008年版,第419页。

④ 冯友兰:《中国哲学史新编》(上),人民出版社1998年版,第538页。

⑤ 唐君毅:《哲学概论》(上册),中国社会科学出版社2005年版,第73页。

⑥ [战国]荀况著,[唐]杨倞注:《荀子》(诸子百家影印本)第十一卷《天论》,上海古籍出版社1989年版,第96页。

会的治理。从表面上看,荀子这句话是讲天、地、人三元素各有自己的特点和运行规律。但荀子同时指出:"夫是之谓能参(杨倞注曰:人能治天时地财而用之,则是参于天地)。"①从杨倞对"能参"的注释可以看出,荀子并不是将天、地、人当作单独存在的各不相干的事物,而是认为三者有不可分割的关联。其中将天、地连接在一起的恰恰是人。人能够管理天时、地财,并且将天时、地财为我所用。董治安、郑傑文曰:"天有其时,谓寒来暑往,春生夏长秋敛冬藏。地有其财,谓地生动植矿等物质。人有其治,谓人类因天时地财的适宜性而善用之。这样,可见天地人各有其道。"②美国学者本杰明·史华兹将荀子的"天有其时,地有其财,人有其治"解读为:"天有其自己的季节,地有其自己的资源,人有自己的使万物秩序井然的能力。正因为如此,他可以参与到天和地的活动之中。"③荀子认为,天时、地财因为人的存在能够发挥自己的作用。

在荀子看来,天、地、人三要素中,人的要素是至关重要的。只有人能够将天、地连接在一起,并且让天、地二因素为国家统治和人间社会服务。荀子所谓能参,主要是突出了天、地、人三要素中人的要素。郭沫若在对荀子天人思想进行评价时指出,荀子"他富有戡天的思想,即所谓人定胜天。这本是儒家的一个特点"④。由此可以看出,著名学者郭沫若对荀子"制天命而用之"的思想有很高的评价,认为他的这种思想具有传统儒家人定胜天的思想特点。台湾著名学者牟宗三解读荀子"天有其时,地有其财,人有其治,夫是之谓能参"云:"荀子只言人道以治天,而天却无所谓道,即有道,亦只自然之道也。人以礼义法度而行其治,则能参。参者治己而遂以治天也。"⑤认为荀子所言人与天地参,主要是指人用礼义法度来参与天地的运转。

先秦时期,在天、人相参问题上,道家与儒家观点不同,道家在天、人不相胜的理论基础上,得出天、人不相参的结论。这一方面,庄子是个典型。

---

① [战国]荀况著,[唐]杨倞注:《荀子》(诸子百家影印本)第十一卷《天论》,上海古籍出版社 1989 年版,第 96 页。
② 董治安、郑傑文汇撰:《荀子汇校汇注》,齐鲁书社 1997 年版,第 544 页。
③ [美]本杰明·史华兹著,程钢译:《古代中国的思想世界》,江苏人民出版社 2008 年版,第 420 页。
④ 郭沫若:《十批判书》之《荀子的批判》,人民出版社 1954 年版,第 187 页。
⑤ 牟宗三:《名家与荀子 才性与玄理》,《牟宗三先生全集》02,台北联经出版事业公司 2003 年版,第 185 页。

庄子曰:"夫天无不覆,地无不载。(郭象注曰:天不为覆,故能常覆。地不为载,故能常载。)吾以夫子为天地。"①庄子认为,天是无所不覆的,地是无所不载的,我可以将夫子(人)视为天地。意思是说,人和天地是齐等的。庄子又曰:"其一也一,其不一也一。(郭象注曰:其一也天徒也,其不一也人徒也。夫真人同天人均彼我,不以其一异乎不一。)(成玄英疏曰:同天人,齐万(致)〔物〕,与玄天而为类也。彼彼而我我,将凡庶而为徒也。②)……天与人不相胜也,是之谓真人。(郭象注曰:夫真人同天人,齐万(致)〔物〕,万(致)〔物〕不相非,天人不相胜。故旷然无不一,冥然无不在,而玄同彼我也。)(成玄英疏曰:此又混一天人,冥同胜负。体比趣者,可谓真人也。③)"④庄子认为,如果将天称为一的话,那么人就是不一。天和人是有区别的,也就是有差异存在。但是天和人又同在一个系统中,具有齐等的特点。从这个意义上讲,天和人都不能超越对方,也就是说天、人不相胜。

庄子曰:"且夫物不胜天久矣。"⑤又曰:"天地虽大,其化均也。(郭象注曰:均于不为而自化也。)(成玄英疏曰:夫二仪生育,覆载无穷,形质之中,最为广大,而新新变化,其状不殊,念念迁谢,实为均等。⑥)"⑦庄子认为,天地虽然广阔,但是天地万物都是均等分布的,而且在不断地发展变化。从这个角度言,万物都是一样的。

(三)表现

荀子认为,人与天、地参表现在两个方面:一方面,人必须遵守自然规律;另一方面,人在自然面前不是完全被动的,人能够积极利用天、地创造的条件为人类社会服务。

---

① [战国]庄周著,[晋]郭象注:《庄子》(诸子百家影印本)第二卷《德充符》,上海古籍出版社1989年版,第32页。

② [晋]郭象注,[唐]成玄英疏:《庄子注疏》,中华书局2011年版,第132页。

③ [晋]郭象注,[唐]成玄英疏:《庄子注疏》,中华书局2011年版,第133页。

④ [战国]庄周著,[晋]郭象注:《庄子》(诸子百家影印本)第三卷《大宗师》,上海古籍出版社1989年版,第38页。

⑤ [战国]庄周著,[晋]郭象注:《庄子》(诸子百家影印本)第三卷《大宗师》,上海古籍出版社1989年版,第41页。

⑥ [晋]郭象注,[唐]成玄英疏:《庄子注疏》,中华书局2011年版,第218页。

⑦ [战国]庄周著,[晋]郭象注:《庄子》(诸子百家影印本)第五卷《天地》,上海古籍出版社1989年版,第64页。

1.顺应自然

荀子将天划分为两类,一种是形而上的天,也即天命之天。对于天命之天,人是无法认识和把握的,只能加以遵循。荀子认为,形而上的天,也即天职、天功,人是无法认识和把握的。荀子曰:"天行有常,(杨倞注曰:天自有常行之道也。)(梁启雄曰:大自然之运行(天演)是有定的、正常的,具有客观规律性。①)不为尧存,不为桀亡,(梁启雄曰:此言自然规律既无意识,亦无情感,因此它不能爱尧就保存规律的正常性,亦不能恶桀就丧失规律的正常性。②)应之以治则吉,应之以乱则凶。(杨倞注曰:吉凶由人,非天爱尧而恶桀也。)"③

在荀子看来,天有自己的运行轨道,不会因为尧的存在或者桀的灭亡而改变自己的运行方向。顺应自然就能够获得吉兆,不顺应自然就会发生凶灾。荀子指出:"万物各得其和以生,各得其养以成。不见其事,而见其功,夫是之谓神。(杨倞注曰:和谓和气,养谓风雨不见和养之事,但见成功,斯所以为神若有真宰然也。)"④梁启雄曰:"荀子用唯物论的观点对迷信的'神'字作了物质性的解释,把观念论者的玄秘性的天道观扬弃了。"⑤荀子认为,除了列星、日月、四季、风雨有自己的特殊规律外,万物也按照各自的规律运行。万物的生长和形成都是在和养的环境下自然而然发生的。在万物生长和形成的过程中,有一种神秘的力量在发挥作用。正因为如此,人们无法看到万物的化育过程,而只看到化育的结果,也即"皆知其所以成,莫知其无形,夫是之谓天(杨倞注曰:言天道之难知。或曰当为'夫是之谓天功',脱'功'字耳)"⑥。杨倞认为"天"后面丢失一字,应为"功"。荀子认为,人们只看到万物生长的结果,却无法看到万物在无形中化育的情况,说明天道有人们"难知"也即难以了解的情况。荀子将其称为"天功"。荀子曰:"唯圣人为不求知天(杨倞曰:既天道难测,故圣人但修人事,

---

① 梁启雄:《荀子简释》,中华书局1983年版,第220页。
② 梁启雄:《荀子简释》,中华书局1983年版,第220页。
③ [战国]荀况著,[唐]杨倞注:《荀子》(诸子百家影印本)第十一卷《天论》,上海古籍出版社1989年版,第96页。
④ [战国]荀况著,[唐]杨倞注:《荀子》(诸子百家影印本)第十一卷《天论》,上海古籍出版社1989年版,第96—97页。
⑤ 梁启雄:《荀子简释》,中华书局1983年版,第222页。
⑥ [战国]荀况著,[唐]杨倞注:《荀子》(诸子百家影印本)第十一卷《天论》,上海古籍出版社1989年版,第97页。

不务役,虑于知天也)。"①梁启雄曰:"荀子说,像这些从主观见解出发来求知天,圣人不为。"②荀子认为,圣人是不求知天的,不求知天的原因,按照杨倞的说法,是因为天道难测,难以深知,所以圣人不会对天功做太多的考虑,而是把精力放在社会治理也就是人事上。荀子曰:"不为而成,不求而得,夫是之谓天职。(杨倞注曰:不为而成,不求而得,四时行焉,百物生焉。)"③荀子提出了"天职"的概念,认为天的职责在于在人无所作为的情况下成就万物,在人没有欲求的情况下获得丰收。总之,四季交替,万物生长,是人无法左右的,因此称为天职。正因为如此,荀子指出:"如是者,虽深,其人不加虑焉。虽大,不加能焉。虽精,不加察焉。夫是之谓不与天争职。(杨倞注曰:其人至人也,言天道虽深远,至人曾不措意测度焉。)"④荀子认为,天有自己运行的规律,是不以人的意志为转移的。

因此,不论天是如何深远、广大、精致,人都不需要探察,这就叫作不与天争职。著名学者牟宗三将荀子此言解读为:"荀子之天非宗教的,非形而上的,亦非艺术的,乃自然的,亦即科学中'是其所是'之天也。不加虑,不加能,不加察之'不与天争职'是一义,于治之之中而知之又是一义。"⑤在牟宗三看来,荀子所言天是非宗教的自然之天,也就是科学中所讲到的自然而然存在着的天,这种自然之天有不加虑(也就是不需要人加以考虑)、不加能(不需要人施加功力)、不加察(也就是不需要人们特别留意)的特点。另一方面,又有在治理人事、顺应自然过程中了解天道自然的特点。

2.制天命而用之

荀子认为,人在天、地面前不是被动而是主动的。人可以发挥自己的主观能动性,利用天、地提供的条件,改善自然环境,为人类社会服务。

荀子在强调人应当遵守自然规律的同时,认为人应当努力地发挥自己的主

---

① [战国]荀况著,[唐]杨倞注:《荀子》(诸子百家影印本)第十一卷《天论》,上海古籍出版社1989年版,第97页。

② 梁启雄:《荀子简释》,中华书局1983年版,第222页。

③ [战国]荀况著,[唐]杨倞注:《荀子第》(诸子百家影印本)十一卷《天论》,上海古籍出版社1989年版,第96页。

④ [战国]荀况著,[唐]杨倞注:《荀子》(诸子百家影印本)第十一卷《天论》,上海古籍出版社1989年版,第96页。

⑤ 牟宗三:《名家与荀子 才性与玄理》,《牟宗三先生全集》02,台北联经出版事业公司2003年版,第185页。

观能动性,制天命以用之。荀子曰:"大天而思之,孰与物畜而制之。(杨倞注曰:尊大天而思慕之,欲其丰富,孰与使物畜积而我裁制之也。)从天而颂之,孰与制天命而用之。(杨倞注曰:颂者美胜德也,从天而美其盛德,岂如制裁天之所命而我用之。谓若曲者为轮,直者为桷,任材而用也。)望时而待之,孰与应时而使之。(杨倞注曰:望时而待,谓若农夫之望岁也。孰与应春生夏长之候使不失时也。)"①在荀子看来,与其爱慕天,不如让物丰富积聚,为人类社会发挥作用。遵从天的欲望,不如就地取材,发挥天之所命为我所用。在这里,荀子强调,人在天也就是自然面前,不是无所作为的,人能够发挥自己的主观能动性,利用天创造的机会为人类社会服务。著名学者李泽厚对于荀子所言"制天命而用之"给了高度评价:"它充分表现了人类以自己的力量来赢得生存和发展,从而区别于众多物种之所在。如果说,孟子在中国思想史上最先树立了伟大的个体人格观念,那么,荀子便在中国思想史上最先树立了伟大的人的族类的整体气概。"②李泽厚在对荀子"人与天地参"进行评价时指出:"它在理论层次上突出了人能主宰万物而与天地并立,无须任何神意干预的奋斗理想。"③郭沫若指出,荀子"'制天命'的说法便是'非命'说的超越的回答。'非命'是以为自然界或人事界中没有所谓必然性,这是违背现实;'制天命'则是一方面承认有必然性,在另一方面却要用人力来左右这种必然性,使它于人有利,所以他要'官天地而役万物'。这和近代的科学精神颇能合拍"④。

那么,什么样的物能够为我所用呢? 荀子认为,天、地间的一切物都能够为我所用。荀子曰:"故天之所覆,地之所载,莫不尽其美致其用。(杨倞注曰:物皆尽其美而来为人用也。)"⑤荀子此言是说,天所覆盖的、地所承载的万事万物都可以用来为人间社会发挥作用。这是荀子"制天命而用之"思想的具体落实。章诗同将荀子"从天而颂之,孰与制天命而用之"解读为:"盼望着天时而坐待好

---

① [战国]荀况著,[唐]杨倞注:《荀子》(诸子百家影印本)第十一卷《天论》,上海古籍出版社1989年版,第99页。
② 李泽厚:《中国古代思想史论》,生活·读书·新知三联书店2008年版,第116页。
③ 李泽厚:《中国古代思想史论》,生活·读书·新知三联书店2008年版,第117页。
④ 郭沫若:《十批判书》,人民出版社1954年版,第187页。
⑤ [战国]荀况著,[唐]杨倞注:《荀子》(诸子百家影印本)第五卷《王制》,上海古籍出版社1989年版,第48页。

的收成,何如顺应时序之所宜,使天时为生产服务。"①荀子认为,制天命而用之的目的,是"上以饰贤良,下以养百姓而安乐之(杨倞注曰:饰谓车服,养谓衣食),是之谓大神(杨倞注曰:能变通裁制万物,故曰大神也)"②。清人王先谦曰:"郝懿行曰:《释诂》:'神者,治也。'然则大神谓大治,犹《礼运》云:'大,当也。'杨注以'变通裁制万物'为言,亦即大治之意。"③荀子认为,用天之所覆、地之所载之物为人类社会服务的目的,是向上为贤良之士提供俸禄,向下抚养黎民百姓。王先谦认为,"神"是指治理,而"大神"则为大治。荀子对人为何能够"制天命而用之"进行了论述,认为人最为天下贵,所以能够制裁天命为我所用。荀子曰:"水火有气而无生,草木有生而无知。(杨倞注曰:生谓滋长,知谓性识。)"④清人王先谦曰:"郝懿行曰:《释诂》:'知者,匹也。'《诗》曰:'乐子之无知。'此草木有生无知之说也。《曲礼》曰:'禽兽无礼,故父子聚麀。'此禽兽有知无义说也。注'知谓性识'是已。盖因有性识然后有匹偶,故此二义兼之乃备。"⑤荀子又曰:"禽兽有知而无义,人有气有生有知亦且有义,故最为天下贵也。(杨倞注曰:亦且者,言其中亦有无义者也。'亦且'二字乃谓异于禽兽,注误。)"⑥清人王先谦曰:"卢文弨曰:'亦且'二字,乃谓异于禽兽,注误。"⑦杨倞认为,"亦且"二字包含了"无义"义,此二字如此书写应当有误。清人王先谦注引郝懿行等语,认为草木没有情感,而动物有情感,但不懂礼节,所以幼时与父母相聚,长成后就会离开。荀子认为人最为天下贵的原因是,人有别于水火、草木、禽兽。水火有气,但没有生命。草木有生命,但没有情感。禽兽有情感,但不懂礼义。只有人有气,有生命,有情感,而且懂得礼义,因此是天地万物间最为珍贵者。

荀子言遵从自然,但人在自然面前不是完全无所作为的。人可以发挥自己

---

① 章诗同:《荀子简注》,上海人民出版社1974年版,第184页。
② [战国]荀况著,[唐]杨倞注:《荀子》(诸子百家影印本)第五卷《王制》,上海古籍出版社1989年版,第48页。
③ [清]王先谦撰,沈啸寰、王星贤点校:《荀子集解》,中华书局1988年版,第162页。
④ [战国]荀况著,[唐]杨倞注:《荀子》(诸子百家影印本)第五卷《王制》,上海古籍出版社1989年版,第48页。
⑤ [清]王先谦撰,沈啸寰、王星贤点校:《荀子集解》,中华书局1988年版,第164页。
⑥ [战国]荀况著,[唐]杨倞注:《荀子》(诸子百家影印本)第五卷《王制》,上海古籍出版社1989年版,第48页。
⑦ [清]王先谦撰,沈啸寰、王星贤点校:《荀子集解》,中华书局1988年版,第164页。

的主观能动性"制天命而用之",利用自然创造的有利条件为自己服务。荀子关于"制天命而用之"的理论,一方面强调自然是可以战胜人的,人必须遵守自然规律,一方面强调人能够通过"制天命而用之"战胜自然,这个观点与唐人刘禹锡的天人"交相胜而已矣,还相用而已矣"①的观点有异曲同工之妙。在荀子看来,天、人可以相互战胜,所谓"交相胜",天、人之间也可以相互利用。当然,荀子主要侧重于谈人对天也就是对自然环境的利用和改造,与刘禹锡的天人"还相用"有一定的差别,但两人在天人关系的处理上,态度基本是一致的。只是荀子没有将自己的天人关系概括为天人交相胜而已。

三、社会治理

(一)以礼治国:礼之三本

荀子曰:"故礼,上事天,下事地,尊先祖而隆君师,是礼之三本也(杨倞注曰:所以奉其三本)。"②在荀子看来,礼在运行的过程中,要做到向上尊敬、爱戴天,向下尊敬、爱戴地,尊重先祖、君师,将君、师放在重要位置,这是礼在运行过程中需要遵循的三个根本准则。荀子指出:"故圣人者,人之所积而致矣。(杨倞注曰:虽性恶,若积习则可为圣人。)"③荀子认为,人们天长日久积累好的品质就能够成为圣人。即便是性恶的人,通过善德的日积月累也能够成为圣人。荀子曰:"故天之所覆,地之所载,莫不尽其美致用也。(杨倞注曰:物皆尽其美而来为人用也。)"④在荀子看来,天地所承载的都是尽善尽美的,能够为人所用,也就是能够服务于社会治理。荀子曰:"天地者,生之始也。礼义者,治之始也。君子者,礼义之始也。(杨倞注曰:始犹本也。言礼义本于君子也。)"⑤天地、礼仪、君子各有其作用,天地是万物生长的开端,礼仪是治理国家的根本,而君子是

---

① [唐]刘禹锡著,陶敏、陶红雨校注:《刘禹锡全集编年校注》,中华书局2019年版,第1691页。
② [战国]荀况著,[唐]杨倞注:《荀子》(诸子百家影印本)第十三卷《礼论》,上海古籍出版社1989年版,第111页。
③ [战国]荀况著,[唐]杨倞注:《荀子》(诸子百家影印本)第十七卷《性恶》,上海古籍出版社1989年版,第142页。
④ [战国]荀况著,[唐]杨倞注:《荀子》(诸子百家影印本)第五卷《王制》,上海古籍出版社1989年版,第48页。
⑤ [战国]荀况著,[唐]杨倞注:《荀子》(诸子百家影印本)第五卷《王制》,上海古籍出版社1989年版,第48页。

礼仪得以良好运行的根本。因此,天地和人之间的关系,亦即天地和君子之间的关系是:"故天地生君子,君子理天地。君子者,天地之参也,万物之总也,民之父母也。(杨倞注曰:参谓与之相参,共成化育也,总领也。)"①荀子认为,天地产生了君子,而君子则治理天地。君子参与天地的运行,帮助天地化育万物。因此,君子是万物的总和,是百姓的父母。

荀子曰:"无君子,则天地不理,礼义无统。上无君师,下无父子,夫是之谓至乱。君臣、父子、兄弟、夫妇,始则终,终则始,与天地同理,与万世同久,夫是之谓大本。(杨倞注曰:始则终,终则始,谓一世始言上下尊卑、人之大本,有君子然后可以长久也。)"②荀子认为,君子的存在是至关重要的,没有君子,天地将没有秩序,也就谈不上礼仪。没有君师就没有父子,社会的等级秩序就会发生混乱。君臣、父子、兄弟、夫妇这样的尊卑等级关系,周而复始,就如同天地的运行规律一样。在荀子这里,君子是沟通天地和君臣、父子等尊卑秩序的重要媒介,遵循从天地到君臣到父子这样一个尊卑等级的思维路线。

荀子曰:"上察于天,下错于地,(杨倞注曰:顺天时以养地财也。)塞备天地之间,加施万物之上。(杨倞注曰:言圣王之用,使天地万物皆得其所。)"③在荀子看来,圣王通过上察于天,下错于地,也就是顺应天运行的规律,以养育地产生的万物。圣王在天地之间游刃有余,将功力施加于万物之上,使天地万物各得其所。"故曰:天地生之,圣人成之。"④荀子将天、地、人三才描述为天时、地利、人和。

荀子曰:"百工将时斩伐,佻其期日,而利其巧任。如是,则百工莫不忠信而不楛矣。(杨倞注曰:时斩伐,即《周礼》仲冬斩阳木,仲夏斩阴木是也。)"⑤百工按照节气砍伐时令树木,仲冬季节砍伐阳木,仲夏季节砍伐阴木。这样做,百工

---

① [战国]荀况著,[唐]杨倞注:《荀子》(诸子百家影印本)第五卷《王制》,上海古籍出版社1989年版,第48页。
② [战国]荀况著,[唐]杨倞注:《荀子》(诸子百家影印本)第五卷《王制》,上海古籍出版社1989年版,第48页。
③ [战国]荀况著,[唐]杨倞注:《荀子》(诸子百家影印本)第五卷《王制》,上海古籍出版社1989年版,第49页。
④ [战国]荀况著,[唐]杨倞注:《荀子》(诸子百家影印本)第六卷《富国》,上海古籍出版社1989年版,第55页。
⑤ [战国]荀况著,[唐]杨倞注:《荀子》(诸子百家影印本)第七卷《王霸》,上海古籍出版社1989年版,第70页。

就会从容不迫,坚守忠诚信用。

荀子曰:"县鄙将轻田野之税,省刀布之敛。罕举力役,无夺农时。如是,则农夫莫不朴力而寡能矣(杨倞注曰:但质朴而力作,不务它能也)。"①荀子认为,地方县以及县以下的组织,减轻农产品的税收,减少财货之收敛,减轻徭役等百姓的力役负担,不要耽误农业生产。这样做,农民就会十分质朴,而且能够努力地从事农业生产,这样就可以将农民固定在土地上,不去干其他事情。

荀子曰:"百工忠信不楛,则器用巧便而财不匮矣。农夫朴力而寡能,则上不失天时,下不失地利,中得人和,而百事不废。"②荀子认为,百工忠诚信用,制作的工具牢固耐用,那么手工业产品就能够精巧且方便使用,就能够物尽其用。农民质朴,致力于农业生产,没有其他技能,就能做到向上不违背自然的运行规律,向下不影响土地的产出,向中能够使人人过上和谐幸福的生活。这样国家的各项事业都不会荒弃,就能够保证国家政令的畅行无阻。

荀子曰:"行义塞于天地之间,仁知之极也,夫是之谓圣人审之礼也。"③荀子认为,仁的极致就是义塞于天地之间,这是圣人常行之礼。台湾著名学者牟宗三认为:"自孔孟言,礼义法度皆由天出,即皆自性分中出,而气质人欲非所谓天也。自荀子言,礼义法度皆由人为,反而治诸天,气质人欲皆天也。"④在牟宗三看来,在孔子和孟子那里,礼义法度都是来自上天的。在荀子这里,礼义法度都是来自人的,人创造的礼义法度反而用于治天。因此,孔孟所言的礼义法度和荀子所言的礼义法度是不一样的。荀子的礼义法度是出自人的,显然提升了人的主体地位,是在孔、孟礼义法度理论基础上的新发展。

荀子特别强调,利用天、地运行的自然规律,为人类社会造福。人发挥自己主观能动性的主要表现是向上考察天时的变化,向下考察土地资源。具体的措施是百工按照节气砍伐树木。县一级的地方行政组织应采取措施,轻徭薄赋,不

---

① [战国]荀况著,[唐]杨倞注:《荀子》(诸子百家影印本)第七卷《王霸》,上海古籍出版社1989年版,第70页。

② [战国]荀况著,[唐]杨倞注:《荀子》(诸子百家影印本)第七卷《王霸》,上海古籍出版社1989年版,第70页。

③ [战国]荀况著,[唐]杨倞注:《荀子》(诸子百家影印本)第八卷《君道》,上海古籍出版社1989年版,第72页。

④ 牟宗三:《名家与荀子 才性与玄理》,《牟宗三先生全集》02,台北联经出版事业公司2003年版,第185页。

误农时。只有做到上不失天时,下不失地利,中得人和,社会才能得到治理。

(二) 与三年之丧相结合

荀子指出:"凡生乎天地之间者,有血气之属,必有知。有知之属,莫不爱其类。"① 因为人生于天地之间,有血气,有知觉,因此对自己的亲属就会产生爱心。当亲属离世时,为了表达自己的哀痛之情,便有了三年之丧的规定。荀子认为:"然则,三年何也?……故三年以为隆,缌小功以为杀。期,九月以为间。(杨倞注曰:隆,厚也。杀,减也。)"② 荀子认为三年之丧是隆重的。大功亲为九个月,表达哀悼的程度减轻了。荀子认为,三年丧期"上取象于天,下取象于地,中取则于人(杨倞注曰:郑云取象于天地,谓法其变易也……言既象天地,又足尽人聚居粹厚之恩也)"③。在荀子看来,君主死亡和父母死亡时,臣下为君主所服三年之丧,子女为父母所服三年之丧,是采天、地、人三者相加之数为三年的结果。杨倞对此注释认为,三年丧期的规定,既取天地变化之数,又考虑到人的感情。荀子将丧服之礼中的三年与九个月和天、地、人三才相结合,虽然有一些牵强,却表现出将礼制与三才结构相联系的努力。

(三) 与乐相结合

荀子将乐与三才初步相关联。荀子曰:"故其清明象天,其广大象地……乐者,乐也。君子乐得其道,小人乐得其欲。"④ 在荀子看来,乐的创作也是取象于天地的。乐,像天一样清明,像地一样辽阔。而乐,最终是为人服务的,其目的是使人产生愉悦的心情。君子因为得其道而快乐,小人因为实现了自己的欲望而快乐。

(四) 与选官制度相结合

荀子将天时、地利、人和与国家的选官制度相结合。荀子曰:"赏不行,则贤者不可得而进也。罚不行,则不肖者不可得而退也。(杨倞注曰:赏罚所以进贤

---

① [战国]荀况著,[唐]杨倞注:《荀子》(诸子百家影印本)第十三卷《礼论》,上海古籍出版社1989年版,第118页。

② [战国]荀况著,[唐]杨倞注:《荀子》(诸子百家影印本)第十三卷《礼论》,上海古籍出版社1989年版,第118页。

③ [战国]荀况著,[唐]杨倞注:《荀子》(诸子百家影印本)第十三卷《礼论》,上海古籍出版社1989年版,第118页。

④ [战国]荀况著,[唐]杨倞注:《荀子》(诸子百家影印本)第十四卷《乐论》,上海古籍出版社1989年版,第121页。

而退不肖。)"①荀子认为,赏赐得不到推行,那么贤能的人将无法得以举荐。刑罚得不到推行,那么无能之人将无法被清理出官吏队伍。荀子进一步讲道:"贤者不可得而进也,不肖者不可得而退也,则能不能不可得而官也。(杨倞注曰:不可置于列位而废置也。)"②荀子认为,如果贤能的人不能得到举荐,无德无能之人不退出官吏队伍,那么有才华的人就不能够走上仕途,而处于废弃状态。"若是,则万物失宜,事变失应,上失天时,下失地利,中失人和。(杨倞注曰:赏罚不行,贤愚一贯,故有斯蔽也。)"③在荀子看来,如果赏罚制度得不到很好的执行,就会出现上失天时、下失地利、中失人和的状况,从而导致万物失去运行规律,事态变化失去应有的秩序。相反,如果"赏行罚威,则贤者可得而进也,不肖者可得而退也。能不能,可得而官也。若是,则万物得宜,事变得应。上得天时,下得地利,中得人和,则财货浑浑如泉源"④。如果赏赐得以推行,处罚非常严厉,那么贤能之人就能够得到任用,万物就可以保持自己的运行规律,事物变化也在预料之中。这样就能向上顺应天的运行规律,向下获得地提供的便利,向中使人人和谐相处。

荀子试图将赏罚制度与天、地、人三才相结合,并试图通过天时、地利、人和几个要素的获得可保证事物恒常的运行规律,来说明严明赏罚的重要性,这无疑具有十分重要的意义。荀子在天、地、人三才与社会制度结合方面做了尝试,为汉代哲学思想家将天、地、人三才结构与社会制度全面结合奠定了基础。

荀子从三才角度出发,阐述其宇宙图式,认为天、地、人在万物生长过程中发挥了重要作用。天、地生成万物,人成就万物。与先秦道家"道生万物"的观点不同,荀子在天、人相分的基础上,探讨了天人关系,指出,天、人各有职分,人应当遵循自然规律,而不能违背。同时认为人在自然面前不是消极被动的,人应当努力发挥自己的主观能动性,人与天、地相参,变自然环境为我所用。

---

① [战国]荀况著,[唐]杨倞注:《荀子》(诸子百家影印本)第六卷《富国》,上海古籍出版社1989年版,第56页。
② [战国]荀况著,[唐]杨倞注:《荀子》(诸子百家影印本)第六卷《富国》,上海古籍出版社1989年版,第55页。
③ [战国]荀况著,[唐]杨倞注:《荀子》(诸子百家影印本)第六卷《富国》,上海古籍出版社1989年版,第56页。
④ [战国]荀况著,[唐]杨倞注:《荀子》(诸子百家影印本)第六卷《富国》,上海古籍出版社1989年版,第56页。

荀子指出了人与天、地相参的根源,提出"人为天地贵"的重要命题。该观点深刻地阐释了天、人关系,提升了人在三才结构体系中的地位。强调人应当努力改造自然,人与天、地相参,变被动为主动,变不利为有利。荀子"人与天地参"的三才思想,闪耀着"人定胜天"的光芒。荀子将其社会治理思想纳入三才框架中,从三才视域出发,提出自己的社会治理之理想。荀子认为,人与天、地相参的过程中,应当遵循天、地运行规律,不能违背。荀子强调以礼治国过程中礼之三本(天、地、人)。荀子将其他的社会制度如三年之丧、乐制、选官制度等,纳入三才视域下加以分析和讨论,反映了荀子对天、地、人三才结构的多元思考,值得我们深入研究。

第三节 《周易》经传中天、地、人三才关系的确立

关于《周易》的成书问题,学术界有不同的观点,绝大多数学者认为,《周易》经、传形成时间不同,经在前而传在后。刘大钧认为:"自阴阳爻画组成八卦,至八卦重为六十四卦,最后到《周易》全书的完成,这中间恐怕有一个较长的历程。特别是卦辞和爻辞的产生,必定经过了多人的采辑、订正和增补,最后到殷末周初才成为今天的样子。"①黄寿祺、张善文也认为:"《周易》经传的创作经历了远古时代至春秋战国之间的漫长过程,是'人更多手,时历多世'的集体撰成的作品。"②笔者赞同他们的观点。定型于战国晚期的《周易》,在学术大融合的背景下,综合儒家和道家关于天、人关系的基本主张,既强调天道,也极为推崇人道。克服了传统道家"蔽于天而不知人"的缺陷,也克服了传统儒家"蔽于人而不知天"的缺陷,将天道与人道结合起来,体现了《周易》对自然和谐及社会和谐的追求。就自然和谐而言,《周易》提出"一阴一阳之谓道"的命题。就社会和谐而言,《周易》特别强调"在人之道曰仁与义",想要通过仁与义实现社会和谐的理想。在天、人关系问题上,《周易》倡导天与人、天道与人道的贯通,完成了战国时代乃至整个先秦时期儒家与道家天道观的整合与提升,对两汉时期贯通天、人的三才思想的形成具有十分重要的价值与意义。

---

① 刘大钧:《周易概论》,齐鲁书社1986年版,第5—6页。
② 黄寿祺、张善文:《周易译注》(前言),上海古籍出版社2004年版,第14页。

一、三才何以可能:《易经》三才关系说

《易经》创立了六爻两两对应,体现天、地、人框架的三才结构,正如黄寿祺、张善文所云:"把六爻位序两两并列,则体现三级层次,故前人认为初、二象征'地'位,三、四象征'人'位,五、上象征'天'位。合'天''地''人'而言,谓之三才。"①可以看出,《易经》中六爻两两相对,体现了天、地、人之三才结构。那么,为什么易经要创立六爻,六爻又要两两对应,体现天、地、人三才结构呢?《周易正义》给出了答案,《周易正义》云:"但二画之体,虽象阴阳之气,未成万物之象,未得成卦,必三画以象三才,为天地、雷风、水火、山泽之象,乃谓之卦也。"②在孔颖达看来,二画,虽然能够代表阴阳,但是无法反映具体的事物。也就是说,两画不能画出具体事物,所以不能成卦。只有三画才能画出万物,体现自然界中天地、雷风、水火、山泽等具体事物的形象。有三画是不是就可以画出所有的事物呢?孔颖达认为,只有三画还无法体现世间万物,"但初有三画,虽有万物之象,于万物变通之理,犹有未尽,故更重之而有六画,备万物之形象,穷天下之能事,故六画成卦也"③。三画虽然能够初步描述万物的形象,但是不能完全反映万物发展变化的规律。所以再加上三画,变成六画,就能够反映万物的形象,反映事物发展变化的规律,也就是说六画才能成卦。这个观点是符合客观事实的。如果从经验主义的角度出发,我们会发现,两画确实无法成形,要画出一个具体事物,至少需要三画。这些是《周易》经、传确立天、地、人三才结构的根本原因。一方面,人们从经验主义的角度出发,发现三画才能成形。另一方面,人们发现自己生活的世界由天空、大地和万物组成,而人又是万物中最重要的元素。所以,天、地、人三才结构自然地成为人们对世界图示的一种描述。

那么,作为一卦的六爻有什么样的体例上的安排呢?《周易正义》云:"先儒以为重卦之时,重于上下两体,故初与四相应,二与五相应,三与上相应矣。上下两体,论天地人各别,但易含万象,为例非一。及其六位,则初、二为地道,三、四

---

① 黄寿祺、张善文:《周易译注》,上海古籍出版社2004年版,第618页。
② [唐]孔颖达:《周易正义》,[清]阮元校刻:《十三经注疏附校勘记》,中华书局1980年版,第13页。
③ [唐]孔颖达:《周易正义》,[清]阮元校刻:《十三经注疏附校勘记》,中华书局1980年版,第13页。

为人道,五、上为天道。"①孔颖达谈到,早期的儒者认为,重卦的时候应当注意上下两部分,强调两两相应,初爻与四爻相应,二爻与五爻相应,三爻与上爻相应,以便区别天、地和人。其中初、二爻代表地道,三、四爻代表人道,五、上爻代表天道。这样,六爻两两相对,就把天、地、人区别开来,同时又构建起天、地、人三才结构。

在《易经》中,乾代表天,坤代表地,是不同的两卦,反映了先秦时代人们天、地分离而非合一的观念。《周易正义》云:"此乾卦本以象天,天乃积诸阳气而成天,故此卦六爻皆阳画成卦也。"②乾卦代表天,是阳气积累而成,所以其六爻全部都是阳爻。那么,为什么不把"乾"叫作"天",而要称为"乾"呢?《周易正义》认为:"法天之用,不法天之体,故名'乾',不名'天'也。天以健为用者,运行不息,应化无穷,此天之自然之理,故圣人当法此自然之象而施人事,亦当应物成务,云为不已。"③按照《周易正义》的说法,将首卦称为乾,是因为:"此既象天,何不谓之天,而谓之'乾'者?天者定体之名,'乾'者体用之称。故说卦云:'乾,健也。'言天之体,以健为用。圣人作易本以教人,欲使人法天之用,不法天之体,名故'乾'。"④在《周易正义》看来,乾和天有体、用之别。天为体,乾为用。圣人法天之用,不法天之体。从这个角度看,天以健为用,运行不息,这是一种自然规律。圣人要效法这种自然规律,来施人事,维护人间秩序,所以要将"天"称为"乾"。

坤象征地。《周易正义》曰:"乾、坤合体之物,故乾后次坤,言地之为体,亦能始生万物。"⑤孔颖达认为,乾、坤本是一类事物,但是乾在前,坤在后,坤以地为体,象征地能生长万物。和乾不同,"'坤'是阴道,当以柔顺为贞正,借柔顺之

---

① [唐]孔颖达:《周易正义》,[清]阮元校刻:《十三经注疏附校勘记》,中华书局1980年版,第13页。
② [唐]孔颖达:《周易正义》,[清]阮元校刻:《十三经注疏附校勘记》,中华书局1980年版,第13页。
③ [唐]孔颖达:《周易正义》,[清]阮元校刻:《十三经注疏附校勘记》,中华书局1980年版,第13页。
④ [唐]孔颖达:《周易正义》,[清]阮元校刻:《十三经注疏附校勘记》,中华书局1980年版,第13页。
⑤ [唐]孔颖达:《周易正义》,[清]阮元校刻:《十三经注疏附校勘记》,中华书局1980年版,第17页。

象,以明柔顺之德也"①。乾为刚健,属于阳道。而坤是阴道,以柔顺为表见,借助柔顺之象,体现了柔顺的美德。说卦云:"坤也者,地也,万物皆致养焉。"坤,象征地,具有致养万物的功能。从方位上看,乾在西北,而坤在西南。"'坤'既养物,若向西南,'与坤同道也'。阴之为物,必离其党,之十反类,而后获安贞吉者。"②清人王夫之云:"夫地道右转,承天之施,以健为顺,盖亦坤道之固然。"③在王夫之看来,地道向右旋转,承受来自天(也即乾)的恩惠。与乾的强健不同,坤,也即地道,以柔顺为特征,这就是坤固有的品行。王夫之进一步指出:"乾之九五,乾之位也。坤之六五,坤之位也。五位正而坤道盛,地化光。"④乾和坤都有既定的位置。乾的位置在九五,坤的位置在六五。坤在合适的位置上,就会使坤道昌盛。

总之,与今天很多人认为中国古代哲学中天、地合一的观念不同,在《周易》中,乾和坤是不同的两卦,反映了先秦时期人们天地别为二物、天地分离的观念。《易经》中天、地分离的观念,为天、地、人三才结构的创立奠定了基础。

二、天、人相合:《易传》三才关系说

《易传》将天道、地道与人道相贯通,实现了自然环境与人文社会的贯通,从而克服了道家"蔽于天而不知人"、儒家"蔽于人而不知天"的缺陷,实现了天道与人道的贯通,依照天、地运行的规律和特点来创设人间社会的等级秩序,为君尊臣卑、男尊女卑、父尊子卑的伦理秩序的确立提供了天道基础。

(一)天道、地道与人道共存

《周易·系辞上》曰:"六爻之动,三极之道也。(高亨曰:三极,天、地、人也……天、地、人乃宇宙万类之至高者,故曰三极。)"⑤易卦六爻刚柔之变化乃象天道、地道、人道之变化。韩康伯在对"三极"进行解释时言:"三极,三材也。兼三材之道,故能见吉凶,成变化也。"孔颖达正义曰:"此覆明变化进退之义,言六

---

① [唐]孔颖达:《周易正义》,[清]阮元校刻:《十三经注疏附校勘记》,中华书局1980年版,第17页。
② [唐]孔颖达:《周易正义》,[清]阮元校刻:《十三经注疏附校勘记》,中华书局1980年版,第18页。
③ [清]王夫之:《周易外传》,中华书局1977年版,第12页。
④ [清]王夫之:《周易外传》,中华书局1977年版,第13页。
⑤ 高亨:《周易大传今注》,齐鲁书社1979年版,第508页。

爻递相推动而生变化,是天、地、人三才至极之道,以其事兼三才,故能见吉凶而成变化也。"①在《周易正义》看来,《周易·系辞上》所云"三极",就是指三才,认为三极讲明了事物进退变化的义理,六爻互相推动而发生变化,促成了天、地、人三才结构。天、地、人三才结构具备,就能够预见事物的吉凶和变化。由此可知,六爻的运动变化,实际上反映了天、地、人三极之道的运动变化过程。

另外,从卜筮的方法,也可以看出周人对天、地、人三极之道的追寻。《易传》曰:"挂一以象三。"②高亨曰:"筮时,在'分二'之后,从上方之蓍草中抽出一策,竖置于上下两部分之间,以象人立于天地之间,竖置之一策若悬挂于横置之两部分之间,故曰'挂一'。如此则三才具备,故曰'以象三'。"③在卜筮的过程中要专门从蓍草中抽出一策,放在上、下两部分蓍草之间,主要是告诉人们,人处于天、地之间,且不可缺少。

正因为天、地、人三极之道不可缺少,因此,"易之为书也,广大悉备,有天道焉,有人道焉,有地道焉。兼三材而两之,故六。六者非它也,三材之道也"④。《周易》在成书的时候,将世间万物分为天道、人道和地道,以包罗世间万物。

天道、地道、人道是不是相同呢?从三者共处于一个系统看,是相同的。天道、地道、人道不仅并存,三者还有着密切的关联。《谦·彖》曰:"谦,亨。天道下济而光明,地道卑而上行。天道亏盈而益谦,地道变盈而流谦,鬼神害盈而福谦,人道恶盈而好谦。"按照彖的说法,天道向万物施加光明,地道顺承天道。天道损有余而补不足,地道将虚处充实。骄盈者为鬼神所害,谦恭者为鬼神所祐。人道的特点是满招损,谦受益。孔颖达正义曰:"下济者,谓降下济生万物也……'地道变盈而流谦'者,丘陵川谷之属,高者渐下,下者益高。是改变'盈'者,流布'谦'者也。'鬼神害盈而福谦'者,骄盈者被害,谦退者受福,是'害盈而

---

① [唐]孔颖达:《周易正义》,[清]阮元校刻:《十三经注疏附校勘记》,中华书局1980年版,第77页。
② [唐]孔颖达:《周易正义》卷七,[清]阮元校刻:《十三经注疏附校勘记》,中华书局1980年版,第80页。
③ 高亨:《周易大传今注》,齐鲁书社1979年版,第525页。
④ [唐]孔颖达:《周易正义》,[清]阮元校刻:《十三经注疏附校勘记》,中华书局1980年版,第90页。

福谦'也。'人道恶盈而好谦'者,盈溢骄慢,皆以恶之;谦退恭龚,悉皆好之。"①

但是天道、地道、人道从属性上看,还是有区别的。《易传》深刻地指出:"在天之道曰阴与阳,在地之道曰柔与刚,在人之道曰仁与义。"杨树达先生说:"《易》曰'有天道焉,有地道焉,有人道焉',言其异也。'兼三材而两之',言其同也。故天人之道,有同有异,据其所以异而责其所以同,则成矣;守其所以同而求其所以异,则弊矣。"②在杨树达先生看来,《周易》讲三才,有天道、地道、人道,这是说三才的相异之处。而三才又是六爻两两相应而成,所以,天道、地道、人道又有相同之处。透过三者的差别可以看到它们的相同之处,做事就可以成功。一定要透过三者的相同之处寻找它们的差别,那么,做事就不可能成功。杨树达先生认为,虽然天道、地道、人道有相异之处,但是它们的共同之处更加重要,同时还须探寻三者之所以相同的原因,这是最为根本和重要的。

(二)天道、地道与人道贯通

1.天、地分别生成男子、女子

《易传》认为,天、地的功能不同。因此,乾道成男,坤道成女。

《周易·系辞上》曰:"在天成象,在地成形,变化见矣。"韩康伯注曰:"象况日月星辰,形况山川草木也。"③韩康伯认为,天形成日月星辰,地形成草木山川。正如高亨所言:"在天者有日月风雷云雨之象,在地者有山泽草木鸟兽之形,皆因时而变化。此三句话讲天地万物之变化。"④中国古代,人们常将天空中的物体也即日月星辰和天空联系在一起,而将土地上的物体也即草木山川和土地联系在一起。天的功能是形成了日、月、星、辰等天体,所谓"在天成象"。地的主要功能是形成了山川河流及各种植物,所谓"在地成形"。

天、地的功能是不同的。《易传》将天、地之道与人道相比附。《易传》曰:"乾道成男,坤道成女。(高亨注曰:乾,天也。坤,地也。成犹为也……《易传》

---

① [唐]孔颖达:《周易正义》,[清]阮元校刻:《十三经注疏附校勘记》,中华书局1980年版,第31页。
② 杨树达:《周易古义 老子古义》,上海古籍出版社2013年版,第114页。
③ [唐]孔颖达:《周易正义》,[清]阮元校刻:《十三经注疏附校勘记》,中华书局1980年版,第76页。
④ 高亨:《周易大传今注》,齐鲁书社1979年版,第504—505页。

以天比男,以地比女,故言天道为男,地道为女。①)乾知大始,坤作成物。"②《易传》认为,天、地功能不同,因此代表天道的乾道和代表地道的坤道功能也不相同。乾道形成男性,而坤道产生女性。孔颖达对乾道成男、坤道成女的原因进行了分析:"'乾道成男,坤道成女'者,道谓自然而生,故乾得自然而为男,坤得自然而成女……乾知太始者,以乾是天阳之气,万物皆始在于气,故云知其大始也。'坤作成物'者,坤是地险之形,坤能造作以成物也。"③按照孔颖达的说法,乾道自然生为男,坤道自然生为女。因为乾代表着天之阳气,而万物都始于气,所以说乾是万物的开端,也即创生万物的因素。坤代表着地之形态,所以坤能生成万物。

正如美国学者本杰明·史华兹所言:乾卦"呼唤动态性的、创造性的以及勇敢的行为,那么人们就很容易理解,它是如何最终与阳的原则如天、男性、统治者、父亲、龙的符号乃至与动态性的和主导性的抽象观念本身关联在一起的;它的对立面坤卦(☷)最终会与阴的原则如土地、女性、臣民、母亲、母马以及消极性和接受性的抽象观念本身相关联。"④

2.人的产生与天、地的交互运动相关

《易传》认为,天、地的交互运动,使万物得以萌生,且欣欣向荣。人的产生也与天地相同。

《周易·系辞下》记载:"天地絪缊,万物化醇,男女构精,万物化生。"⑤反映了天、地和人创造万物的思想。正义曰:"'天地絪缊,万物化醇'者,絪缊,相附着之义,言天地无心,自然得一,唯二气絪缊,共相和会,万物感之变化而精醇也。天地若有心为二,则不能使万物化醇也。'男女构精,万物化生'者,构,合也。言男女阴阳相感,任其自然,得一之性,故合其精则万物化生也。若男女无自然

---

① 高亨:《周易大传今注》,齐鲁书社1979年版,第505页。

② [唐]孔颖达:《周易正义》,[清]阮元校刻:《十三经注疏附校勘记》,中华书局1980年版,第76页。

③ [唐]孔颖达:《周易正义》卷七,[清]阮元校刻:《十三经注疏附校勘记》,中华书局1980年版,第76页。

④ [美]本杰明·史华兹著,程钢译:《古代中国的思想世界》,江苏人民出版社1989年版,第527页。

⑤ [唐]孔颖达:《周易正义》卷八,[清]阮元校刻:《十三经注疏附校勘记》,中华书局1980年版,第88页。

之性,而各怀差二,则万物不化生也。"①在孔颖达看来,天地二气互相附着,让万物具备了可以化生的基础,而男子与女子的结合,又使万物得以化生。从孔颖达的解释可以看出,《周易》倡导自然无为而化生万物的观点。其认为万物产生的原因非常简单,即天地→男女→万物。

从《周易·系辞下》关于万物化生的描述可以看出,天、地、人三才的结合,是万物产生的根源,如果没有天、地和人的因素,则万物无法产生。从此一观念可以看出春秋战国时期人们所构建的宇宙生成模式是简单而又充满经验主义色彩的。这个时期,人们已经认识到,天、地、人在万物生成过程中的本源和本根的地位与西方社会神创造万物的思路是不同的,具有朴素的无神论色彩。

《易传》从三才结构角度勾画出了宇宙的生成模式,图示如下:

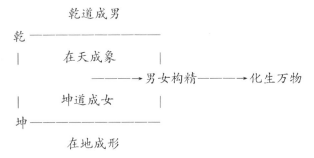

3.人间社会的尊卑秩序与天、地相关

《易传》认为,天、地是万物产生的源头,人生于天、地之间,有了天、地,才有人间社会的父子、夫妻、君臣关系。"有天地,然后有万物;有万物,然后有男女;有男女,然后有夫妇;有夫妇,然后有父子;有父子,然后有君臣;有君臣,然后有上下;有上下,然后礼义有所措。"②在这里,《易传》勾画出了自然和人类社会产生的具体图式,有了天地才能产生万物,有了万物方能产生男女,有了男女就有了人类社会。有了夫妇、父子、君臣,社会上人与人之间就有了上下等级的区分。有了上下等级的区分,为了维护等级秩序,必然要有礼义制度。《易传》天、地、人三才结构,最终从天道落实于人道,也即落实于人类社会。《四库全书总目》

---

① [唐]孔颖达:《周易正义》卷八,[清]阮元校刻:《十三经注疏附校勘记》,中华书局1980年版,第88页。
② [唐]孔颖达:《周易正义》卷九,[清]阮元校刻:《十三经注疏附校勘记》,中华书局1980年版,第96页。

曰:"故易之为书,推天道以明人事者也。"①

《易传》认为,天、地的阴、阳属性与人间社会的伦理尊卑秩序有着不可分割的重要联系。说卦曰:"乾,天也,故称乎父;坤,地也,故称乎母……乾为天,为圆,为君,为父……坤为地,为母。"②认为乾代表天,代表君、父,坤代表地,代表母。《家人·象》曰:"家人,女正位乎内,男正位乎外;男女正,天地之大义也。家人有严君焉,父母之谓也。父父、子子、兄兄、弟弟、夫夫、妇妇,而家道正。正家而天下定矣。"③认为在一个家庭内部,男主外,女主内,男女各就其位,是符合天地、阴阳、尊卑之理的。家道正,天下才能安定,也就是传统儒家所讲的齐家而后平天下。

《坤·文言传》曰:"阴虽有美,含之以从王事,弗敢成也。地道也,妻道也,臣道也。地道无成,而代有终也。"④按照《坤·文言传》的理解,阴也即坤,代表着地道、妻道、臣道。孔颖达正义曰:"'地道也,妻道也,臣道也'者,欲明'坤'道处卑,待唱乃和,故历言此三事,皆卑应于尊,下顺于上也。'地道无成,而代有终'者,其地道卑柔,无敢先唱成物,必待阳始先唱,而后代阳有终也。"⑤按照孔颖达的说法,因为坤道卑下,所以将坤道称为地道、妻道和臣道。孔颖达认为,"地道无成,而待有终"的意思是,因为坤道地位卑下,不能超越乾道,要让乾道发挥作用。坤道一唱一和,随乾道之后发挥作用,这样就能完成自己的使命。

4.仁、义之人道与天、地之道相关

说卦曰:"昔者圣人之作《易》也,将以顺性命之理,是以立天之道曰阴与阳,立地之道曰柔与刚,立人之道曰仁与义。兼三才而两之,故《易》六画而成卦。分阴分阳,迭用柔刚,故《易》六位而成章。"⑥韩康伯注云:"在天成象,在地成形,

---

① [清]永瑢等:《四库全书总目》,中华书局1965年版,第1页。
② [唐]孔颖达:《周易正义》卷九,[清]阮元校刻:《十三经注疏附校勘记》,中华书局1980年版,第94—95页。
③ [唐]孔颖达:《周易正义》卷四,[清]阮元校刻:《十三经注疏附校勘记》,中华书局1980年版,第50页。
④ [唐]孔颖达:《周易正义》卷一,[清]阮元校刻:《十三经注疏附校勘记》,中华书局1980年版,第19页。
⑤ [唐]孔颖达:《周易正义》卷一,[清]阮元校刻:《十三经注疏附校勘记》,中华书局1980年版,第19页。
⑥ [唐]孔颖达:《周易正义》卷九,[清]阮元校刻:《十三经注疏附校勘记》,中华书局1980年版,第93—94页。

阴阳者,言其气,刚柔者,言其形,变化始于气象而后成形。万物资始乎天,成形乎地,故天曰阴阳,地曰柔刚也。或有在形而言阴阳者,本其始也;在气而言柔刚者,要其终也。"①从韩康伯的注可以看出,天形成万物的模型,地形成万物的形状。阴阳是讲气,而刚柔则指形。万物的变化开始于气象,然后才能成形,万物由天孕育,在地成形。所以将天称为阴阳,将地称为柔刚。从阴阳角度而言,天是万物的开端。从柔刚角度而言,地是万物生成之时。

《周易》说卦,将立天之道称为阴与阳,将立地之道称为柔与刚,反映了天和地在创立万物时不同的功能。天为万物准备了基础,而地则具体地负责生成万物。天是万物生成的开端,而地则促成了万物的生成。《周易正义》曰:"其天地生成万物之理,须在阴阳必备。是以造化辟设之时,其立天之道,有二重之气,曰成物之阴与施物之阳也。其立地之道,有二形之形,曰顺承之柔与持载之刚也。"②《周易正义》进一步区分了阴、阳与刚、柔在万物生成过程中的作用,认为万物的生成,必须具备阴阳两个条件。阳和阴的作用不同,有负责万物生长的阴和负责万物成形的阳。就立地之道而言,柔和刚的作用也不相同。柔有顺承的功能,而刚则有持载的功能。"天地既立,人生其间。立人之道,有二种之性,曰爱惠之仁与断刮之义也。"③《周易正义》以为,天地产生后,人生于天地之间,所以,立人之道反映了人的两种品德,即仁与义。仁是指爱惠,就是关爱且施恩惠于他人。义是指断割,也就是严格要求自己,切断自己不合理的要求和欲望。

《易传》中的立人之道是就人的道德养成方面而言的,深入人的心性领域。在天成象,在地成形。既然天和地完成了万物(包括人)的形体塑造,那么要想维持万物的和谐,维护社会的良性运转,人必须具备仁和义两种品行。一方面对他人施予关爱和恩惠,所谓"仁以爱人";一方面严格要求自己,所谓"义以正我"。可见,《易传》中的天、地、人三才之道,不仅强调天、地的成象和成形功能,而且强调人的道德修养,强调立人之道中人的品行——仁与义。这就将触角伸入心性领域,提升了《易传》天、地、人三才之道的理论高度,反映了《易传》哲学

---

① [唐]孔颖达:《周易正义》卷九,[清]阮元校刻:《十三经注疏附校勘记》,中华书局1980年版,第93页。

② [唐]孔颖达:《周易正义》卷九,[清]阮元校刻:《十三经注疏附校勘记》,中华书局1980年版,第93—94页。

③ [唐]孔颖达:《周易正义》卷九,[清]阮元校刻:《十三经注疏附校勘记》,中华书局1980年版,第94页。

思维发展的水平。

综上所述,《周易》经、传总结了前朝学术研究的成果,对天、地、人三才关系进行了较为深刻、系统的研究。对三才,也即天、地、人三元存在何以可能的问题做了回答。特别是成书较晚的《易传》,试图构建一个天道、地道、人道并存的宇宙结构体系,且实现了这一目标。钱逊指出:《易传》"建立了一个包含天道、地道、人道的统一的思想体系"①。这个结论是十分正确的。著名哲学家李泽厚先生在评价《易传》时说:"它之所以是哲学,在于它把'天道''地道''人道'一统于'乾坤''阴阳''刚柔'的交感作用,即两种矛盾而又互相补充着的力量的渗透、推移和运动。"②《易传》在构建天道、地道、人道三元体系时,努力将天道、地道与人道相贯通,将天、地运行与人间社会相比附,将天、地运行与人的道德行为——仁与义相比附。可以看出,《周易》经、传在追求自然和谐的同时对社会和谐秩序的追求,是对前朝天、地、人三才关系研究成果的历史总结和深化,为两汉时期天、地、人三才关系思想的发展奠定了基础,作出了贡献。

---

① 钱逊:《究天人之际——中国哲学的基本问题》,见方克立主编:《中国传统哲学的现代诠释》,商务印书馆2003年版,第38页。

② 李泽厚:《中国古代思想史论》,生活·读书·新知三联书店2008年版,第128页。

第二章　汉代哲学三才观渊源之二：
先秦道家三才思想

第一节　管子天、地、人三才思想

在天、人关系问题上，道家的致思方向与儒家不同。道家虽然也研究人道，但重点在于天道，努力使人道的主观理想符合天道的客观要求与规律。管子也不例外。本章拟从管子三才视域下的宇宙生成论，天、地、人之常与变，三才视域下的社会治理三个方面，对管子的天、地、人三才思想进行分析。管子以三才为基础，提出了宙合生天、地，天、地化育万物的宇宙生成论。

管子认识到天、地、人的变化规律，指出，天、地、人有其固定的运行规律，所谓常。也有变化、发展的一面，所谓变。管子提出三才之变与常，反映了其事物变与不变之辩证法与唯物史观，在先秦学术发展史上具有重要意义。管子认为，掌握三才之常与变是为社会治理服务的。天道需与人道，自然规律需与社会治理相结合。人们掌握自然规律，是为人道即社会治理服务的。以此为落脚点，管子指出，在社会治理过程中，须遵循天、地运行规律。同时指出，人们在从事社会活动时，要考虑天时、地利，做到不失天时，毋圹地利。在都城设计时，也应当考虑天时、地利。在祭祀活动过程中，应当请命于天、地，考虑天时、地利的需要。

管子指出，人们在社会管理过程中，要遵循天、地、人的运行规律。首先应"考三度以动之"，即考虑天、地、人的运行状况，从事社会治理活动。其次，应当坚持天道、地道、人道并用。另外，须充分发挥天、地、人三要素在社会治理过程中的作用。管子强调，农业生产要遵循天时，要根据季节流转安排农业生产。强调社会治理过程中，要充分发挥地利的作用。管子认识到地利也即有利地形对诸侯国权力的影响，强调在社会治理过程中发挥地德的作用，也即根据土地高、下之自然环境，来安排君臣、父子的社会等级伦理秩序。管子认识到人才资源在社会治理过程中的作用,强调争人,发挥人的作用。管子以三才为视角,强调君、臣职责划分。认为君权法天,应兼而一,对全国进行统一的领导;臣下法地,朝臣的职责是分而职之,应当开发地利,以务民利、足民用。

一、三才宇宙图式

管子对宇宙的生成情况进行了探讨,认为宙合生天、地,天、地生万物。管子曰:"天地,万物之橐,宙合有橐天地。(房玄龄注曰:宙合之道,教以先天地行善,故橐天地也。)天地苴万物,故曰天地之橐。(房玄龄注曰:苴裹万物在天地之中,故为橐也。)"① 管子认为,宙合存在于天地之先,在天地生成之前先行行善,因而导致天地的产生。而天地又因为苴裹万物的缘故,使万物处于天地之中,因而生成了万物。管子的天、地、万物生成的路线是宙合到天地到万物(包括人)。管子进一步分析了宙合产生天地的原因:"宙合之意,上通于天之上,下泉于地之下,外出于四海之外,合络天地以为一裹。(房玄龄注曰:宙合广积善以通天上,入地下,包络天地为一裹也。)"② 管子认为,宙合通过广泛积善的方式,使自己达于上天之上,入于大地之下,就将天和地包裹在宙合之中了。认为积善是宙合化生天、地的力量,宙合通过积善的方式,使自己能够将天、地包裹在内。天、地从宙合中流出,就形成了天、地。

"天地,万物之橐也。(房玄龄注曰:天地,万物从而应之则善。柱先应,柱后,如橐之成物也,故曰天地万物之橐。)"③ 管子认为,天、地化育了万物,天地是万物之橐。房玄龄认为,万物顺应天地的需要,天地就会善待万物。就像橐生成万物一样,一开一合。天地在生成万物的过程中,有时间上的先后顺序,最先和天地发生感应的事物率先生成,和天地发生感应晚的事物晚生成。而天地又是宙合之道生成的。管子曰:"天淯阳,无计量。地化生,无法崖。(房玄龄注曰:淯,古育字,天以阳气育生万物,物生不可计量。地以阴气化万物,物之生化无有

---

① [春秋]管仲著,[唐]房玄龄注,[明]刘绩增注:《管子》(诸子百家影印本)卷第四《宙合第十一》,上海古籍出版社1989年版,第39、43页。

② [春秋]管仲著,[唐]房玄龄注,[明]刘绩增注:《管子》(诸子百家影印本)卷第四《宙合第十一》,上海古籍出版社1989年版,第43页。

③ [春秋]管仲著,[唐]房玄龄注,[明]刘绩增注:《管子》(诸子百家影印本)卷第四《宙合第十一》,上海古籍出版社1989年版,第43页。

崖畔,君之恩法天地之厚广也。)"①管子认为,天、地在化育万物过程中起了非常重要的作用。天通过阳气化育万物,地通过阴气化育万物,阳气和阴气在化育万物的过程中可谓功德无量。

管子关于宙合化生天、地的观点虽然有些牵强,但他已经注意到行善在天、地生成中的作用,这一点是难能可贵的。

二、天、地、人之常与变

(一)天、地、人之常

管子认为,宇宙间万物皆有常数。天、地各有自己的运行规律,称为"常"或者"则"。管子曰:"天不变其常,地不易其则。春秋冬夏不更其节,古今一也。(房玄龄注曰:今之天地即古之天地,今之四时即古之四时,故曰古今一也。)"②管子认为,天不会改变自己的运行规律,地也不会改变自己的法则。春秋冬夏四个季节都不会改变自己的节律。这种运行规律不但古今一致,而且不能改变。管子已经注意到天、地自然不变的法则和规律,认为有些时候,天、地的运行可能会有形式上的改变,但是这种形式上的变化不会影响到天、地运行的基本规律。管子曰:"日月不明,天不易也。山高而不见,地不易也。(房玄龄注曰:日月无不明,假令不明,是天有云气而不易也。山高无不见,假令不见,是地多险阻不平易也。)"③管子认为,日月无不明亮,如果不明亮,是因为有云气遮挡,天不会因为日、月不明亮就改变自己的运行法则。高山没有看不见的,假如看不见,是因为地势险要。地不会因为高山无法看见就改变自己的运行法则。

管子曰:"天有常象(房玄龄注曰:悬象著明,不改其贞),地有常形(房玄龄注曰:山泽通气,不改其静),人有常礼(房玄龄注曰:尊君父,卑臣子,其仪不易)。设而不更,此谓三常。"④管子认为,天、地、人都有固定不变的运行规律,即

---

① [春秋]管仲著,[唐]房玄龄注,[明]刘绩增注:《管子》(诸子百家影印本)卷第四《宙合第十一》,上海古籍出版社1989年版,第40页。

② [春秋]管仲著,[唐]房玄龄注,[明]刘绩增注:《管子》(诸子百家影印本)卷第一《形势第二》,上海古籍出版社1989年版,第11页。

③ [春秋]管仲著,[唐]房玄龄注,[明]刘绩增注:《管子》(诸子百家影印本)卷第一《形势第二》,上海古籍出版社1989年版,第13页。

④ [春秋]管仲著,[唐]房玄龄注,[明]刘绩增注:《管子》(诸子百家影印本)卷第十《君臣上第三十》,上海古籍出版社1989年版,第100页。

所谓"三常"。天的外在表现,比如日、月、星、辰、风、雨、雷电等,都是不变的。地的外在形势,比如高、低、险、易,也是不变的。人间社会的君、臣、父、子之礼也是不变的。

(二)天、地、人之变

管子认为,天、地、人有自己的运行规律,是不变的,但是天、地、人的具体情况经常发生变化,非一成不变。这体现了管子认识天、地、人时的辩证思维和唯物史观。管子认为,天、地、人的情况会经常发生变化,这种变化符合事物发展的一般规律,对认识事物的发展情况是十分重要的。管子初步认识到天、地、人三者都处于流动变化之中,事物有复杂性,情况经常发生变化,这就要求人们"可正而视,定而履,深而迹"①。正因为天、地、人的情况是复杂多变的,因此人们必须正视这种情况,深入考察天、地、人的情况,最终制定政策并加以履行。

管子曰:"天不一时(房玄龄注曰:春夏秋冬各有其时),地不一利(房玄龄注曰:五土十地,各有其利),人不一事(房玄龄注曰:士、农、工、商各有其事)。是以著业不得不多,人之名位不得不殊。(房玄龄注曰:天时地利犹有不一,况于人之所著事业及其名位,岂得不多而殊乎?)"②管子认为,正因为天、地、人的情况是多变而且复杂的,因此人的事业也就是士、农、工、商的职业也是各种各样的,人的等级、名位也是多种多样的,也就是说人和人之间有等级和名位的差异。

管子对"天不一时,地不一利,人不一事"的情况分别进行了解说。"岁有春秋冬夏,月有上下中旬,日有朝暮,夜有昏晨,半星(房玄龄注曰:星半隐半见也)辰序,各有其司,故曰天不一时。"③管子认为,天不一时的具体表现是:一年会有春夏秋冬四个季节存在,不会只有一个季节。一个月有上旬、中旬和下旬,一天有早晚。夜有黄昏和清晨,星星半隐半显。季节、月份、昼夜、星辰都在各自的运行轨道上发挥自己的作用。因此,天的情况是复杂多变的,所谓"天不一时"。

---

① [春秋]管仲著,[唐]房玄龄注,[明]刘绩增注:《管子》(诸子百家影印本)卷第四《宙合第十一》,上海古籍出版社1989年版,第39页。

② [春秋]管仲著,[唐]房玄龄注,[明]刘绩增注:《管子》(诸子百家影印本)卷第四《宙合第十一》,上海古籍出版社1989年版,第43页。

③ [春秋]管仲著,[唐]房玄龄注,[明]刘绩增注:《管子》(诸子百家影印本)卷第四《宙合第十一》,上海古籍出版社1989年版,第43页。

"山陵岑岩,渊泉闳流……高下肥硗,物有所宜,故曰地不一利。"①管子认为,土地的样貌是多种多样的,有山林,有岩石,有源泉,有洪流。土地有高低、肥沃和贫瘠的区分,各种物都有适宜自己的情况。因此,土地的情况是复杂多变的,所谓"地不一利"。

管子曰:"乡有俗,国有法,食饮不同味,衣服异采。世用器械,规矩绳准,称量数度,品有所成。故曰人不一事。(房玄龄注曰:此以上举人之事不一也。)"②管子认为,人间社会的情况是复杂多变的。乡村社会有自己的习俗,国家有法律,各地的饮食情况也不相同,服装色彩各异。人们使用的器具,比如计数单位、度量衡,也是各不相同。所以说,社会的情况是复杂的,不能简单地用一件事情加以总结,所谓"人不一事"。

管子认为,自己只是列举了天、地、人复杂变化的个别情况。实际上天、地、人复杂变化的情况还有很多。管子曰:"此各事之仪,其详不可尽也。(房玄龄注曰:此天、地、人三者之仪,但略举之,故其详不尽也。)"③管子通过观察发现,天、地、人的情况不是单一的,而是复杂多变的,世界处于流动、变迁而非静止状态。春秋时期的管子能够用发展的眼光看待事物,是难能可贵的。

三、三才视域下的社会治理

(一)遵循天、地运行规律

管子认为,正因为天、地有自己固定的运行规律,所以人们必须遵循天、地的运行规律。"其功顺天者,天助之。其功逆天者,天违之。天之所助,虽小必大。天之所违,虽成必败。顺天者有其功,逆天者怀其凶。"④管子认为,人们如果顺应天道的需求采取各种措施,就会得到天的帮助。如果违逆天的需求,就会遭到天的背叛。如果能得到天的帮助,即使是很少的帮助,也会取得大的成就。如果

---

① [春秋]管仲著,[唐]房玄龄注,[明]刘绩增注:《管子》(诸子百家影印本)卷第四《宙合第十一》,上海古籍出版社1989年版,第43页。
② [春秋]管仲著,[唐]房玄龄注,[明]刘绩增注:《管子》(诸子百家影印本)卷第四《宙合第十一》,上海古籍出版社1989年版,第43页。
③ [春秋]管仲著,[唐]房玄龄注,[明]刘绩增注:《管子》(诸子百家影印本)卷第四《宙合第十一》,上海古籍出版社1989年版,第43页。
④ [春秋]管仲著,[唐]房玄龄注,[明]刘绩增注:《管子》(诸子百家影印本)卷第一《形势第二》,上海古籍出版社1989年版,第13页。

得不到天的帮助,即便应该成功的事情,最后也会失败。顺应天道的需要,必然走向成功。违背天道的需要,必然蕴藏危机。管子还将统治者的忧患意识与天的运行规律相结合,曰:"持满者与天,安危者与人。失天之度,虽满必涸。上下不和,虽安必危。(房玄龄注曰:能持满者则与天合,能安危者则与人合。不合于天,虽满必涸。不合于人,虽安必危。)"①管子认为,天有圆缺,人有安危。违背了天的圆缺规律,即便现在是圆满的,也必然走向干涸。统治者内部上下不和,国家即便当下是安全的,也必然有危机存在。因此,统治者要像天道圆缺那样维护天的运行规律。具体如何维护天的运行规律呢?管子认为,统治者内部上级和下级之间要协调好关系,维护和谐的人际关系,只有这样才能保证国家处于安全状态。"有无弃之言者,必参于天地也。(房玄龄注曰:言无可弃动为法则,若天地之无不容载,故曰参之天地。)"②统治者不背弃自己的言论,并且使其成为一种法则,和天地一样永久不变,那么人就可以参与天地的运行了。

管子曰:"霸王之形,象天则地(房玄龄注曰:谓象天明,则地义)。化人易代(房玄龄注曰:谓美教化,移风俗),创制天下。"③管子认为,要创制天下,推行霸道或者王道,应当象天则地,也就是根据天、地运行的规律来创制天下,还要通过移风易俗、感化教育的方式来治理百姓。

(二)考虑天时、地利

1. 农业生产不失天时,毋圹地利

管子曰:"不失天时(房玄龄注曰:制虽委屈顺天而举,不失天时也),毋圹地利。其数多少,其要必出于计数。(房玄龄注曰:圹,空也,天之所覆空。地,谓山河陂泽,所以营作而兴利者也。必计数其多少之要,然后度材而用之。)"④管子认为,采取措施的时候不能违背天时,同时要根据地利,也就是土地产出的情况来加以利用,既不能够违背天时,也不能够使土地空空如也,要合理地利用土

---

① [春秋]管仲著,[唐]房玄龄注,[明]刘绩增注:《管子》(诸子百家影印本)卷第一《形势第二》,上海古籍出版社1989年版,第13页。

② [春秋]管仲著,[唐]房玄龄注,[明]刘绩增注:《管子》(诸子百家影印本)卷第一《形势第二》,上海古籍出版社1989年版,第12页。

③ [春秋]管仲著,[唐]房玄龄注,[明]刘绩增注:《管子》(诸子百家影印本)卷第九《霸言第二十三》,上海古籍出版社1989年版,第86页。

④ [春秋]管仲著,[唐]房玄龄注,[明]刘绩增注:《管子》(诸子百家影印本)卷第二《七法第六》,上海古籍出版社1989年版,第25页。

地资源,不能竭泽而渔。正因为天、地有自己固定的运行规律,所以人要加以遵循,不能违背。"不务天时则财不生,不务地利则仓廪不盈。"①管子认为,人如果不按照时令从事农业生产,就不会有农作物的收成,所谓"财不生"。人们必须按照季节的变化,也即天时的要求从事农业生产。如果不考虑地利,也就是不按照土地的具体情况进行播种,就无法使仓廪充实。从事农业生产既要考虑季节的变化、时令的需要,还要关注地理环境,根据土地情况的不同来进行相应的调整。只有这样,才能使仓廪充实,也就是获得农业生产的大丰收。

2.都城的设立,需要考虑天时、地利

管子曰:"凡立国都,非于大山之下,必于广川之上。高毋近旱而水用足,下毋近水而沟防省。因天材,就地利。故城郭不必中规矩,道路不必中准绳。"②管子认为,国都的设立要考虑天材和地利。在设立时既不能离水源太近,也不能离水源太远。在靠近水源的地方,就能保证用水的便利。不要离水源太近,这样就能节省沟防的费用。因此,都城的设立,不是在大山之下,就是在河流之上,总之,不能离水源太远。因为考虑用水需要,所以城郭的设立不必中规中矩、整整齐齐,道路的开辟也不需要直行、通达。

3.祭祀活动,需要考虑天时、地利

管子认为,要顺应天地运行的需要,还需要做好祭祀工作。管子曰:"请命于天、地,知气和,则生物从。(房玄龄注曰:谓郊祀天地神祇,使之和德,则四气合可知,故生物从之。)"③管子认为,人们通过祭祀天、地,就能够使天地合德,能够获知四气和合,万物就能够依照天、地固有的规律生长、繁殖。

(三)社会治理需将天、地、人三要素相结合

管子认为,国家在治理的过程中,要"根天地之气,寒暑之和,水土之性,人民鸟兽草木之生。物虽不甚多,皆均有焉,而未尝变也,谓之则。(房玄龄注曰:

---

① [春秋]管仲著,[唐]房玄龄注,[明]刘绩增注:《管子》(诸子百家影印本)卷第一《牧民第一》,上海古籍出版社1989年版,第9页。

② [春秋]管仲著,[唐]房玄龄注,[明]刘绩增注:《管子》(诸子百家影印本)卷第一《乘马第五》,上海古籍出版社1989年版,第19页。

③ [春秋]管仲著,[唐]房玄龄注,[明]刘绩增注:《管子》(诸子百家影印本)卷第三《幼官第八》,上海古籍出版社1989年版,第32页。

根,元也。生万物者,天地之元气也。)"①国家治理,要了解天地的运行规则。天、地万物都有一定的法则,比如元气化育了万物,寒暑可以调和轮回。水土的性质,百姓、鸟兽、草木的生长,都有不变的运行法则。天地间事物虽不是很多,但都有自己特定的运行规律和法则。治理国家、制定政策都要考虑到天地的运行法则,必须将天、地、人三要素相贯通,只有这样才能很好地发挥天、地、人三要素服务社会的功能。也只有通过这种方式,才能真正维护社会统治。

1. 考三度以动之

管子认为,一项国家政策要有一定的稳定性,要效仿天地的恒永不变。人们在从事各项活动时,应当"考三度以动之。所谓三度者,何?曰:上度之天祥,下度之地宜,中度之人顺,此所谓三度。故曰:天时不祥,则有水旱。地道不宜,则有饥馑。人道不顺,则有祸乱。此三者之来也,政召之。曰:审时以举事"。房玄龄注曰:"时则天祥、地宜、人顺之时也。得其时,则事可成。"②管子认为,人们应当根据三种情况采取措施,即所谓"三度"。具体而言,"三度"就是:向上考察天祥,也就是天时。如果天有祥兆,或者说天时和合,就会风调雨顺。相反,如果天时不祥,就会有水灾或者旱灾的发生。向下要考察土地的情况是否适宜,也就是考察农作物的收成情况。收成不好,也就是地道不宜,就会有饥馑。除此而外,还要向中考察人间社会是不是安然太平。如果人道不顺,也就是社会不安定,就会有祸乱现象的发生。国家政策要根据天道、地道和人道的情况制定。要审时度势,在天时吉祥、土地丰收、社会安定的时候推行政策,这样政策就能够得到执行,各项事业也能够获得成功。管子认为,天祥、地宜、人顺是事业成功的保障。缺乏这三种条件,各项事业都难以成功。

2. 天道、地道、人道并用

管子也谈到天道、地道和人道。"立政出令用人道(房玄龄注曰:政令需合人心),施爵禄用地道(房玄龄注曰:地道平而无私),举大事用天道(房玄龄注曰:心应天时,然后可以举大事)。"③管子认为,统治者在采取措施时要符合天

---

① [春秋]管仲著,[唐]房玄龄注,[明]刘绩增注:《管子》(诸子百家影印本)卷第一《七法第六》,上海古籍出版社1989年版,第23页。

② [春秋]管仲著,[唐]房玄龄注,[明]刘绩增注:《管子》(诸子百家影印本)卷第三《五辅第十》,上海古籍出版社1989年版,第38页。

③ [春秋]管仲著,[唐]房玄龄注,[明]刘绩增注:《管子》(诸子百家影印本)卷第九《霸言第二十三》,上海古籍出版社1989年版,第89页。

道、地道和人道的需要。政令的发布要符合人心,所谓人道。封爵和赏赐的时候要像地道一样公平而无私,所谓地道。采取重大行动特别是军事行动时要考虑天时,所谓天道。只有这样,才能很好地维护社会统治。

3.充分发挥天、地、人的作用

(1)天时

管子曰:"上使之以时,则人不患劳也。"①管子认为,要保证农业生产的顺利进行,维护国家统治,必须从天时的角度出发,确保百姓从事农业生产的时间。

(2)地利与地德

管子曰:"故诸侯之得地利者,权从之。失地利者,权去之。"②管子认为,诸侯权力的获得和丧失,与诸侯是否得到地利有很大的关系。春秋时期,诸侯国众多,战争频发,只有得地利者,也就是占据有利地形的,才能够取得军事战争的胜利,当然,国家的权力也就不会丧失。如果不能获得有利地形,就可能面临亡国的危险,权力也就随之丧失。

管子认为,地德非常重要。"理国之道,地德为首(房玄龄注曰:当制地之时,君为此言,故言曰法地以为政,故曰地德为首)。君臣之礼(房玄龄注曰:地有高下,君臣之礼也),父子之亲(房玄龄注曰:高地下覆,下地上承,父子之亲也),覆育万人(房玄龄注曰:百货出于地,人得以生焉,故曰覆育万人)。官府之藏,强兵保国,城郭之险,外应四极,具取之地(房玄龄注曰:凡此皆因地而成,故曰具取之地)。"③治理国家,要充分考虑地的因素,发挥土地的功用,所谓"地德为首"。地的重要性表现在几个方面:首先,在确立君臣、父子关系时,要发挥地德的作用。地有高下之别,那么在确立君臣关系时,也应当有尊卑的区别。管子还用高地下覆、低地上承来比喻父子之亲。按照高地下覆、低地上承的自然现象,处于下位的应当是儿子,处于上位的应当是父亲。儿子应当像低地上承高地一样,恭敬侍奉自己的父亲,所谓"父子之亲"。

其次,地在国家治理、百姓日用之中发挥着十分重要的作用。地有覆育万民

---

① [春秋]管仲著,[唐]房玄龄注,[明]刘绩增注:《管子》(诸子百家影印本)卷第十《戒第二十六》,上海古籍出版社1989年版,第95页。

② [春秋]管仲著,[唐]房玄龄注,[明]刘绩增注:《管子》(诸子百家影印本)卷第九《霸言第二十三》,上海古籍出版社1989年版,第87页。

③ [春秋]管仲著,[唐]房玄龄注,[明]刘绩增注:《管子》(诸子百家影印本)卷第九《问第二十四》,上海古籍出版社1989年版,第92页。

的功能。土地用自己的出产物哺育百姓,百姓的生存离不开土地的物产。官府的贮藏物也都来自土地。土地对于战争也是十分重要的,兵器的制作来自土地的出产物,城郭的防御工程也来源于土地。

总之,地在治理国家、军事战争过程中发挥着重要作用,国内君臣之间的尊卑关系、父子亲情也都是依照地的高低形势确立的。因此,管子得出结论,"尽地之职,一保其国"①。要治理国家,必须发挥地的作用。

(3)争人

管子也认识到在争取国家主权的过程中人的重要性。"夫争天下者,必先争人。(房玄龄注曰:人惟邦本。)"②管子认为,要在国与国的较量中取胜,最重要的是"争人",人是国家立足的根本。春秋战国时期,有土地的划分,但是土地上的百姓则可以自由迁徙,所谓"古有分土无分民"③,百姓可以选择向治理较好的诸侯国迁徙。一个诸侯国只有吸引更多的人才迁入,才能在争霸天下的过程中获得主动权。秦孝公年间发布求贤令,商鞅携带魏国李悝制定的《法经》入秦,并且在秦国开展一系列变法运动。秦国也正是通过求贤的方式获得大量贤才,才以此统一六国、争霸诸侯的。那么,如何"争人"呢?管子曰:"明大多数得人,审小计者失人。得天下之众者王,得其半者霸。是故圣王卑礼以下天下之贤而王之。"④管子认为,斤斤计较的就会失去人心,胸怀宽广的就能够得到人心。能够争取天下大众的就能够称王,能够获得一半的就能够成就霸业。因此,圣明的君主通过求贤的方式获得贤才,就能够称王,称霸天下。

4.以天、地、人为表见的君臣职责划分

正因为天、地、人有自己特定的运行规律,与此相适应,君、臣之间也有职责的严格分工。管子曰:"兼而一之,人君之道也(房玄龄注曰:人君无官,兼统众

---

① [春秋]管仲著,[唐]房玄龄注,[明]刘绩增注:《管子》(诸子百家影印本)卷第九《问第二十四》,上海古籍出版社1989年版,第92页。

② [春秋]管仲著,[唐]房玄龄注,[明]刘绩增注:《管子》(诸子百家影印本)卷第九《霸言第二十三》,上海古籍出版社1989年版,第87页。

③ 《春秋公羊传注疏》卷第四《桓公元年》,[清]阮元校刻:《十三经注疏》(清嘉庆刊本),中华书局2009年版,第4804页。

④ [春秋]管仲著,[唐]房玄龄注,[明]刘绩增注:《管子》(诸子百家影印本)卷第九《霸言第二十三》,上海古籍出版社1989年版,第87页。

官,故曰兼而一之)。分而职之(房玄龄注曰:各有司存),人臣之事也。"①管子认为,君主统率官员,负责一国范围内的所有事务。臣下则各有分工,各司其职。君主和臣下的职责是不相同的。君主和臣下应当坚持这样的职责分工,否则将产生恶劣的后果。"君失其道,无以有其国。臣失其事,无以有其位。"②君主如果不能统率众官,就会导致国家的灭亡。臣下不能各司其职,就会使自己的权力和职位不相符合。

管子认为,君主和臣下在掌控天、地、人三要素方面各有分工。"故君人者上注,臣人者下注。上注者,纪天时,务民力。(房玄龄注曰:上注谓注意于上天,故纪要天时,务全人力也。)下注者,发地利,足财用也。(房玄龄注曰:下注,谓注意于下地,故发兴地利,足于财用也。)"③管子认为,君主应当上注,也就是掌控天时和民力,尽量依照天时的要求行事,也要注意开发民力,按照时令的需要发展农业生产,播种和收获都要按照时令的要求进行。臣下的注意力应当放在开发地利方面,通过开发地利,保证国家有丰厚的物产和财政收入。有了丰厚的物产和财政收入,才能使国家富裕,百姓富足。

总之,君主和臣下在掌控天、地、人三要素时,是各有分工的。君主掌控天、人二要素,臣下掌握地利。这样通过君、臣的努力,就能够将天、地、人三要素加以统一,就能够使社会得到治理。"审天时(房玄龄注曰:天时各有宜也),物地生,以辑民力……则小民治矣。"④考察天时的变化,天时在不断的变化中。致力于地利,也就是土地的出产物,充分地发挥民力。那么,百姓就能够得到治理。百姓得到治理了,国家也就能够得到治理。

综上所述可知,春秋时代,管子已经认识到人类社会的生活离不开天、地、人的总体框架。管子从三才视域出发,论述了宇宙生成的情况,勾勒了"宙合生天地,天地生万物"的宇宙生成图景。管子认识到,天、地、人有自己惯常而固定的

---

① [春秋]管仲著,[唐]房玄龄注,[明]刘绩增注:《管子》(诸子百家影印本)卷第十《君臣上第三十》,上海古籍出版社 1989 年版,第 100 页。

② [春秋]管仲著,[唐]房玄龄注,[明]刘绩增注:《管子》(诸子百家影印本)卷第十《君臣上第三十》,上海古籍出版社 1989 年版,第 100 页。

③ [春秋]管仲著,[唐]房玄龄注,[明]刘绩增注:《管子》(诸子百家影印本)卷第十一《君臣下第三十一》,上海古籍出版社 1989 年版,第 107 页。

④ [春秋]管仲著,[唐]房玄龄注,[明]刘绩增注:《管子》(诸子百家影印本)卷第十一《君臣下第三十一》,上海古籍出版社 1989 年版,第 109 页。

运行规律,但是天、地、人的具体情况则是复杂多变的。就天、地、人三要素而言,是常与变的结合,社会治理应当与天、地、人三要素相结合。管子认识到社会生活与天、地、人的关系,这一点是难能可贵的。

第二节 《吕氏春秋》中的天、地、人三才观

一、三才宇宙图式

(一)太一生天、地

《吕氏春秋》描述了天地产生的情况,"本于太一,太一出两仪,两仪出阴阳(高诱注曰:两仪,天地也,出生也),阴阳变化,一上一下,合而成章(高诱注曰:章犹形也),浑浑沌沌,离则复合,合则复离,是谓天常(高诱注曰:天之常道)"①。《吕氏春秋》认为,太一是万物产生的根本。万物生成的过程是:太一→两仪→阴阳→形。"万物所出,造于太一,化于阴阳。(高诱注曰:造,始也。太一,道也。阴阳化成万物也。)萌芽始震,凝寒以形。(高诱注曰:震,动也,谓动足以成形也。)"②《吕氏春秋》认为,太一,也就是道,是万物产生的依据,而真正形成万物的是阴阳。阴阳在交替作用的过程中,使萌芽开始运动,在运动中形成了万物的形体。《吕氏春秋》对道进行了描述,认为"道也者,视之不见,听之不闻,不可为状(高诱注曰:言道无形,不可为状)"③。道是看不见、听不见、没有形状的,也就是说没有实体存在的东西。《吕氏春秋》又讲道:"道也者,至精也(高诱注曰:精,微)。不可为形,不可为名,强之为,谓之太一(毕沅曰:'强'之下,疑脱一'名'字)。"④认为道具有精致、微小的特点,没有形状,没有名称,一定要给它命

---

① [战国]吕不韦著,[汉]高诱注:《吕氏春秋》(诸子百家影印本)卷五《仲夏纪》,上海古籍出版社1989年版,第40页。
② [战国]吕不韦著,[汉]高诱注:《吕氏春秋》(诸子百家影印本)卷五《仲夏纪》,上海古籍出版社1989年版,第40页。
③ [战国]吕不韦著,[汉]高诱注:《吕氏春秋》(诸子百家影印本)卷五《仲夏纪》,上海古籍出版社1989年版,第40页。
④ [战国]吕不韦著,[汉]高诱注:《吕氏春秋》(诸子百家影印本)卷五《仲夏纪》,上海古籍出版社1989年版,第40页。

名的话,就称它为太一。

(二) 天、地生万物

《吕氏春秋》认为:"是月(孟春之月)也,天气下降,地气上腾。天地和同,草木繁动。(高诱注曰:是月也,泰卦用事,乾下坤上,天地和同,繁众动挺而生也。清毕沅曰:繁动,《月令》作萌动。)"①孟春之月,天气下降,地气上升。天气和地气交和,就使得草木萌动并开始生长。天、地二气交汇是万物生长的原因。《吕氏春秋》认为,孟春之月,"无变天之道(高诱注曰:变犹戾也),无绝地之理(高诱注曰:绝犹断也),无乱人之纪(高诱注曰:人反德为乱纪道也)"②。孟春之月,不要改变天道运行的规律,不要改变大地运行的法则,不要违反道德规范,扰乱人间秩序。在孟春之月,应当遵循天、地、人运行的规律,不要加以变更。"始生之者,天也。养成之者,人也。"③天负责万物的出生,而人则负责成长。"能养天之所生,而勿撄之,谓之天子(高诱注曰:撄犹戾也)。"④可以看出,《吕氏春秋》所言,能养万物之人,仅指天子而言,范围是狭窄的。

《吕氏春秋》曰:"天地有始,天微以成,地塞以形。(高诱注曰:始,初也。天,阳也,虚而能施,故微以生万物。地,阴也,实而能受,故塞以成形兆也。)"⑤天地都有开始,天属于阳性,虚空,能够施展手脚,因此生出万物。地具有阴的属性,与天虚空的特点不同,地具有坚实性,没有空隙,有耐受性,因此给了万物形体。"天地合和,生之大经也(高诱注曰:经,犹道也)。"⑥天地交汇,是万物生成的根本。

---

① [战国]吕不韦著,[汉]高诱注:《吕氏春秋》(诸子百家影印本)卷一《孟春纪》,上海古籍出版社1989年版,第10页。
② [战国]吕不韦著,[汉]高诱注:《吕氏春秋》(诸子百家影印本)卷一《孟春纪》,上海古籍出版社1989年版,第11页。
③ [战国]吕不韦著,[汉]高诱注:《吕氏春秋》(诸子百家影印本)卷一《孟春纪》,上海古籍出版社1989年版,第11页。
④ [战国]吕不韦著,[汉]高诱注:《吕氏春秋》(诸子百家影印本)卷一《孟春纪》,上海古籍出版社1989年版,第11页。
⑤ [战国]吕不韦著,[汉]高诱注:《吕氏春秋》(诸子百家影印本)卷十三《有始览》,上海古籍出版社1989年版,第92页。
⑥ [战国]吕不韦著,[汉]高诱注:《吕氏春秋》(诸子百家影印本)卷十三《有始览》,上海古籍出版社1989年版,第92页。

(三)天、地、人相类

《吕氏春秋》曰:"天地万物,一人之身也。"①天地万物和人一样都是自然的存在,是一个大类。在这个大类里面,又有不同的小类。"众耳目口鼻也,众五谷寒暑也,此之谓众异,则万物备也。"②各物种的耳、目、口、鼻是不一样的,五谷各异,寒暑也是不同的。因此,天地万物从大的方面讲是一样的,是一类,但从小的方面讲,则各有差异。

《吕氏春秋》中引子贡的话语,说明了人的心境与天、地之间的关系。子贡曰:"吾不知天之高也,不知地之下也。(高诱注曰:高、下,喻广大也,言不能知孔子圣德之如天地。)古之得道者,穷亦乐(高诱注曰:乐其道也),达亦乐(乐兼善天下也),所乐非穷达也(高诱注曰:言乐道也),道得于此,则穷达一也,为寒暑风雨之序矣(高诱注曰:寒暑,阴阳也。阴阳合,风雨序也。圣人法天地,顺阴阳,故能不为穷达变其节也)。"③子贡说,他不知道天、地是高远的,也就是说不了解孔子如天地一般高远的圣德。古代得道的人,贫困也很快乐,富贵、顺利也很快乐。快乐的人,不在乎贫困或者富贵。对于快乐的人而言,贫困或者富贵都是一样的。古代得道的人,为什么会有这样的心境呢?《吕氏春秋》认为,圣人因为效法天地,顺应阴阳变化的规律,所以能够不因为贫困或者富贵改变自己的气节,保持快乐的心境。在这里,《吕氏春秋》试图将人的心境与天地、阴阳相结合,认为只要顺应天地、阴阳变化的规律,人就能够拥有良好的心态,不会为贫困、富贵困扰。

二、社会治理

(一)发扬无私之德

《吕氏春秋》曰:"天地大矣,生而弗子,成而弗有。(高诱注曰:天大地大,生

---

① [战国]吕不韦著,[汉]高诱注:《吕氏春秋》(诸子百家影印本)卷十三《有始览》,上海古籍出版社1989年版,第93页。

② [战国]吕不韦著,[汉]高诱注:《吕氏春秋》(诸子百家影印本)卷十三《有始览》,上海古籍出版社1989年版,第93页。

③ [战国]吕不韦著,[汉]高诱注:《吕氏春秋》(诸子百家影印本)卷十四《孝行览》,上海古籍出版社1989年版,第111页。

育民人,不以为己子。成遂万物,不以为己有也。)"①《吕氏春秋》认为,天、地生成和养育万物,不是因为自己的私利。也就是说,天、地在生育万物的过程中是无私的。"天无私覆也,地无私载也,日月无私烛也,四时无私行也,行其德而万物得遂长焉(高诱注曰:遂,成也)。"②天、地在运行过程中,都是没有私利的,人也应当无私、去私,发扬自己的德行。"声禁重(高诱注曰:六欲虚名过其实也),色禁重(高诱注曰:不欲好色至淫纵也),衣禁重(高诱注曰:不欲衣服逾僭若子臧好聚鹬冠也),香禁重(高诱注曰:不欲奢侈芬香闻四远也),味禁重(高诱注曰:不欲厚味胜食气伤性也),室禁重(高诱注曰:不欲宫室崇侈使土木胜也)。"③人要去私,就要过俭朴的生活。具体而言,就是不要好色,服饰不要超越一定的规格,不要使用昂贵的香料,不要饮食无度,建筑房屋要节约土、木材料。总之,《吕氏春秋》认为,人只有发扬无私的德行,才能很好地成就万物。

(二)顺应天、地规律以为治

《吕氏春秋》曰:"天道圆,地道方,圣王法之,所以立上下(高诱注曰:上君下臣)。"④按照《吕氏春秋》的说法,天道是圆的,地道是方的,圣人按照天道和地道的不同,也就是效仿天道和地道,区分了君、臣和上、下。那么,为什么说天道是圆的,而地道是方的呢?"何以说天道之圆也?精气一上一下,圆周复杂,无所稽留,故曰天道圆。(高诱注曰:杂,犹匝。无所稽留,运不止也。)何以说地道之方也?万物殊类殊形,皆有分职,不能相为,故曰地道方。(高诱注曰:不能相为,不能相兼。)主执圆,臣处方,方圆不易,其国乃昌。"⑤《吕氏春秋》认为,天道之所以是圆的,是因为精气一上一下的运动。这种运动,是周而复始、圆周性的运动。因此,天道是圆的。地道之所以是方的,是因为地上的万物,形态各异,独

---

① [战国]吕不韦著,[汉]高诱注:《吕氏春秋》(诸子百家影印本)卷一《孟春纪》,上海古籍出版社1989年版,第15页。

② [战国]吕不韦著,[汉]高诱注:《吕氏春秋》(诸子百家影印本)卷一《孟春纪》,上海古籍出版社1989年版,第15—16页。

③ [战国]吕不韦著,[汉]高诱注:《吕氏春秋》(诸子百家影印本)卷一《孟春纪》,上海古籍出版社1989年版,第16页。

④ [战国]吕不韦著,[汉]高诱注:《吕氏春秋》(诸子百家影印本)卷三《季春纪》,上海古籍出版社1989年版,第30页。

⑤ [战国]吕不韦著,[汉]高诱注:《吕氏春秋》(诸子百家影印本)卷三《季春纪》,上海古籍出版社1989年版,第30页。

立存在,各有自己的功能,也就是各有自己的职分,彼此之间不能交融。因此,地道是方的。君、臣上下的划分,是因为君持圆道,臣执方道。圆道和方道是不能改变的,坚持天圆、地方的逻辑,遵循君圆、臣方的伦理秩序,国家就能够得到很好的治理。

《吕氏春秋》曰:"盖闻古之清世,是法天地,凡十二纪者,所以纪治乱存亡也,所以知寿夭吉凶也。上揆之天,下验之地,中审之人。若此,则是非,可不可,无所遁矣。"①《吕氏春秋》认为,古代治理比较好的清明时代,统治者都是效法天地进行社会治理的,按十二纪的要求来治理混乱的社会,维护社会秩序。国家治理得如何、寿夭吉凶等,向上要等待天的回应,向下要得到地的验证,向中要经过人的审查。通过天、地、人三者的见证,就能够判断是非,判断国家政策是否适用。在《吕氏春秋》看来,天、地、人三者都是检验国家政策优劣的重要标准。什么样的政策能够经得起天、地、人的检验呢?《吕氏春秋》曰:"天曰顺,顺维生。地曰固,固维宁。人曰信,信维德。三者咸当,无为而行。"②《吕氏春秋》认为,向上顺应天道,就能够维持万物的生生不息。向下保证土地的稳固,就能维系社会的安宁。向中要求人要讲求信用,就能够维护基本的道德秩序。著名思想家李泽厚先生在评价《吕氏春秋》天、地、人三才思想时指出,所谓"上揆之天,下验之地,中审之人",这正是《吕氏春秋》所作出的重要新贡献。③ 李泽厚先生对《吕氏春秋》中的天、地、人三才思想做出如此评价是十分正确的。通过宇宙、自然来验证人事,把国家的政策得失放在天、地、人三才的结构图式中加以解说,以期打开天、人之间相联系的通道,这无疑是《吕氏春秋》作出的重要贡献。

---

① [战国]吕不韦著,[汉]高诱注:《吕氏春秋》(诸子百家影印本)卷十二《季冬纪》,上海古籍出版社1989年版,第91页。
② [战国]吕不韦著,[汉]高诱注:《吕氏春秋》(诸子百家影印本)卷十二《季冬纪》,上海古籍出版社1989年版,第91页。
③ 李泽厚:《中国古代思想史论》,人民出版社1985年版,第137页。

第三章　汉代天、地、人三才观概述

第一节　经学三才观成为主流的价值观念
　　　　　——以《礼记》为例

　　《礼记》由汉宣帝年间的学者戴德和戴圣编辑完成,戴德编辑的称为《大戴礼记》,戴圣编辑的称为《小戴礼论》。《大戴礼记》原为八十五篇,现存四十篇。《小戴礼记》共计四十九篇。收入"十三经"的是《小戴礼记》。《礼记》作者非一人,著作时代从战国绵延至秦汉时代,体现了儒家的基本主张。任继愈指出:"《礼记》的思想不是先秦儒家各派思想的简单的重复,而是反映了汉初的历史条件。"①周桂钿也认为:"《礼记》是战国时期至秦汉时代的儒家撰写的关于礼方面的论文集。"②笔者同意他们的观点,同时认为戴德与戴圣为宣帝年间学者。他们在编辑《礼记》过程中,必然加入了自己的观念,加上东汉晚期学者郑玄为《礼记》作注,必然反映其观念。因此,《礼记》著作的下限不应以汉初为限。本节拟以《小戴礼记》为依据,论述天、地、人三才观已成为汉代主流的价值观念。

　　"三"在《礼记》中多次出现,成为认识事物的一种方法,有着特殊的意义。《礼记·乡饮酒义》曰:"月者三日则成魄,三月则成时,是以礼有三让,建国必立三卿。三宾者,政教之本,礼之大参也。(孔颖达正义曰:每事皆'三'之义)。"③月明尽之后三日才有微光,三个月才能够成一时(一年四时,一时即一季)。国有三让之礼。中央有三公(卿),地方仿效中央设立三宾。《礼记·丧服四制》中,"三"也随处可见。"父母之丧……三日而食粥,三月而沐,期十三月而练冠,

---

① 任继愈主编:《中国哲学发展史(秦汉)》,人民出版社1985年版,第164页。
② 周桂钿:《秦汉思想史》,河北人民出版社2000年版,第94页。
③ 《礼记正义》卷第六十一《乡饮酒义第四十五》,[清]阮元校刻:《十三经注疏》(清嘉庆刊本),中华书局2009年版,第3656—3657页。

三年而祥。"①在父母的丧期内,三日才能食粥,三个月才能沐浴,十三个月才能整理发冠,三年悲痛才能过去。《礼记·丧服四制》对"三"的规定,反映了著者对"三"概念的追求,三才便应运而生。

一、三才宇宙图式

(一)天、地、人的产生

《礼记》描述了天、地、人产生的情况:"大一,分而为天地,转而为阴阳,变而为四时,列而为鬼神。(孔颖达曰:'大一'者,谓天地未分,混沌之元气也。极大曰大,未分曰一,其气既极大而未分,故曰大一也……'分而为天地'者,混沌之气既分,轻清为天在上,重浊为地在下。)"②《礼记》认为,人的形体和精神归属是不一样的,"魂气归于天,形魄归于地"③。人的精神(魂气)是归属于天的,而形体(形魄)是归属于地的。

《礼记》讲到天、地、人在万物生成中的作用。"故天生时,而地生财,人,其父生而师教之。"④讲到"故圣人,参于天地"⑤,认为圣人参与天地的原因是,人是来源于天、地,感受天、地之气产生的。"故人者,其天地之德,阴阳之交,鬼神之会,五行之秀气也。(孔颖达疏云:天以覆为德,地以载为德,人感覆载而生,是天地之德也。'阴阳之交'者,阴阳,则天地也。据其气谓之阴阳,据其形谓之天地。独阳不生,独阴不成,二气相交乃生,故云'阴阳之交'也。'鬼神之会'者,鬼谓形体,神谓精灵……'五行之秀气也'者,秀谓秀异,言人感五行秀异之气,故有仁、义、礼、知、信,是五行之秀气也。故人者,天地之德,阴阳之交,是其

---

① 《礼记正义》卷第六十三《丧服四制第四十九》,[清]阮元校刻:《十三经注疏》(清嘉庆刊本),中华书局2009年版,第3682页。

② 《礼记正义》卷第二十二《礼运第九》,[清]阮元校刻:《十三经注疏》(清嘉庆刊本),中华书局2009年版,第3087页。

③ 《礼记正义》卷第二十六《郊特牲第十一》,[清]阮元校刻:《十三经注疏》(清嘉庆刊本),中华书局2009年版,第3156页。

④ 《礼记正义》卷第二十二《礼运第九》,[清]阮元校刻:《十三经注疏》(清嘉庆刊本),中华书局2009年版,第3079页。

⑤ 《礼记正义》卷第二十二《礼运第九》,[清]阮元校刻:《十三经注疏》(清嘉庆刊本),中华书局2009年版,第3064页。

气也;鬼神之会,五行之秀,是其性也。)"①《礼记》形象地描述了人的产生过程,认为人生于天、地之间,是由天、地之间的阴、阳二气相互作用产生的。人由形体和精神两部分组成,所谓"鬼神之会",人因为感受了五行之气(五行指金、木、水、火、土),产生了仁、义、礼、智、信五种道德情怀。

(二)人与天、地参

《礼记》认为,人的形体和精神产生于天、地之间,人的道德情怀同样产生于天、地之间。因为人生于天地之间,与天、地有着不可分割的联系,因此,人能够参与天、地之运行。

《礼记·经解》中多次谈到三才,曰:"天子者,与天地参,故德配天地,兼利万物。"②又云:"天地不合,万物不生。"③还将礼与天地相结合,"内以治宗庙之礼,足以配大地之神明"④。《礼记·孔子闲居》对天子如何与天地相参进行了阐释:"三王之德,参与天地,敢问何如斯可谓'参与天地'矣?孔子曰:奉'三无私',以老天下。子夏曰:敢问何谓'三无私'?孔子曰:天无私覆,地无私载,日月无私照。奉斯三者,以劳天下,此之谓'三无私'。"⑤认为天子与天、地相参要坚持"三无私"的原则。所谓"三无私",是指天无私覆,地无私载,日月无私照。天子应当效仿天、地、日月之无私精神,辛勤劳作,为天下百姓服务。同时天子与天、地相参,还表现为仿效天、地之无私精神以立教,也就是用天、地无私的精神教育百姓。又曰:"天有四时,春夏秋冬,风雨霜露,无非教也。地载神气,神气风霆,风霆流形,庶物露生,无非教也。(郑玄注曰:言天之施化收杀,地之载生万物,此非有所私也,'无非教'者,皆人君所当奉行,以为政教。)"⑥天子应当以

---

① 《礼记正义》卷第二十二《礼运第九》,[清]阮元校刻:《十三经注疏》(清嘉庆刊本),中华书局2009年版,第3081页。

② 《礼记正义》卷第五十《经解第二十六》,[清]阮元校刻:《十三经注疏》(清嘉庆刊本),中华书局2009年版,第3493—3494页。

③ 《礼记正义》卷第五十《哀公问第二十七》,[清]阮元校刻:《十三经注疏》(清嘉庆刊本),中华书局2009年版,第3497页。

④ 《礼记正义》卷第五十《哀公问第二十七》,[清]阮元校刻:《十三经注疏》(清嘉庆刊本),中华书局2009年版,第3497页。

⑤ 《礼记正义》卷第五十一《孔子闲居第二十九》,[清]阮元校刻:《十三经注疏》(清嘉庆刊本),中华书局2009年版,第3509—3510页。

⑥ 《礼记正义》卷第五十一《孔子闲居第二十九》,[清]阮元校刻:《十三经注疏》(清嘉庆刊本),中华书局2009年版,第3510页。

天、地之无私精神立教,以教化百姓。天、地的无私精神主要表现为,天通过春夏秋冬四季流转,通过风霜雨露施化万物。地通过养育万物的方式,体现自己无私的精神。君主也要将天地无私施化、养育万物作为立教的根本,对百姓进行教化。

(三) 人为天、地之心

《礼记》再三强调人在天、地之间的地位。"故人者,天地之心也,五行之端也。(孔颖达疏云:天地高远在上,临下四方,人居其中央,动静应天地,天地有人,如人腹内有心,动静应人也。故云'天地之心也'……'五行之端也'者,端,犹首也。万物悉由五行而生,而人最得其妙气,明仁、义、礼、智、信为五行之首也。)"① 《礼记》认为,人居天地之间,一举一动都和天地相呼应。天、地之间有了人,就如同人的脏器中有了心一样。五行产生了万物,而人则获得五行之妙气,从而产生仁、义、礼、智、信的道德情怀。所以人是天地之心,是五行之端。正因为人在天地之间居于重要地位,因此,人掌握着治国理政的主动权。人在治国理政时,要以天、地为本,制定各项国家政策。"故圣人作则,必以天地为本。(孔颖达疏云:则,法也。本,根本也。人既是天地之心,又带五色、五行、五味,故圣人作法,必用天地为根本也。)"② 《礼记》分析了制定国家政策时,以天、地为本的原因。"以天地为本,故万物可举也。(孔颖达疏云:天地生养万物,今本天地而为政教,故万物可举而兴也。)"③ 认为圣人制定国家政策时,如果能够以天、地为本,那么万物就能够兴盛。如何以天、地为本制定国家政策呢?《礼记》曰:"以阴阳为端,以四时为柄。(孔颖达疏曰:圣人制法,左右法阴阳,及赏以春夏,刑以秋冬,是法阴阳为端首也。'以四时为柄'者,春生夏长,秋敛冬藏,是法四时为柄也。)"④ 《礼记》认为,人以天、地为本来制定国家政策,主要表现为国家政策须体现天、地的运行法则。具体而言,就是以阴阳为端,四时为柄。所谓"以阴

---

① 《礼记正义》卷第二十二《礼运第九》,[清]阮元校刻:《十三经注疏》(清嘉庆刊本),中华书局2009年版,第3083页。

② 《礼记正义》卷第二十二《礼运第九》,[清]阮元校刻:《十三经注疏》(清嘉庆刊本),中华书局2009年版,第3084页。

③ 《礼记正义》卷第二十二《礼运第九》,[清]阮元校刻:《十三经注疏》(清嘉庆刊本),中华书局2009年版,第3085页。

④ 《礼记正义》卷第二十二《礼运第九》,[清]阮元校刻:《十三经注疏》(清嘉庆刊本),中华书局2009年版,第3084页。

阳为端",是指效法阴阳流转,赏以春夏,刑以秋冬。所谓"以四时为柄",是指依照春生夏长、秋敛冬藏的自然规律,安排农业生产。

二、三才视域下的礼乐制度

(一) 礼乐之分

《礼记》对礼和乐做了区分,曰:"乐由阳来者也,礼由阴作者也,阴阳和而万物得。(孔颖达疏曰:'乐由阳来者也'者,此明乐也。阳,天也……'礼由阴作者也'者,阴,地也。地以形生,故制礼象之。)"①《礼记》认为,礼和乐是有区别的。礼来自地,具有阴的特性。乐来自天,具有阳的特性。礼乐也即阴阳和合,万物就能够兴盛。

(二) 礼

"夫礼必本于天(郑玄注曰:本于大一与天之义),动而之地(郑玄注曰:后法地也)……其居人也曰养(郑玄注曰:'养',当为'义'之误也。下之则为教令,居人身为义)。"②《礼记》认为,礼是本于天、地、人产生的,先法天,然后法地,在人表现为一种教化和仁义的精神。礼如何体现天、地、人之三本精神呢?"礼也者,合于天时,设于地财,顺于鬼神,合于人心,理万物者也。(孔颖达疏云:夫君子行礼,必须使仰合天时,俯会地理,中趣人事,则其礼乃行也。仰合天时,即依于四时,及丰俭随时也……'合于人心者',中趣人事也。虽合天会地,顺于鬼神,又须与心符合,其礼乃行也。)"③《礼记》认为,礼本于天,是指礼要合于天时。礼本于地,是指礼要根据地财也即土地的出产物做出规定。礼本于人,是指礼要合于人心。当礼依照四季运行规律,考察地理环境,符合人心民意,以礼治理国家的目的就达到了,就能达到"天不爱其道,地不爱其宝,人不爱其情"④的目的。礼在制定过程中顺应了天时、地宜、人情,就能够使天、地自由运行,人也能够自

---

① 《礼记正义》卷第二十五《郊特牲第十一》,[清]阮元校刻:《十三经注疏》(清嘉庆刊本),中华书局2009年版,第3133—3134页。

② 《礼记正义》卷第二十二《礼运第九》,[清]阮元校刻:《十三经注疏》(清嘉庆刊本),中华书局2009年版,第3088页。

③ 《礼记正义》卷第二十三《礼器第十》,[清]阮元校刻:《十三经注疏》(清嘉庆刊本),中华书局2009年版,第3098—3099页。

④ 《礼记正义》卷第二十二《礼运第九》,[清]阮元校刻:《十三经注疏》(清嘉庆刊本),中华书局2009年版,第3090页。

由表达自己的情感,就能够实现"天降甘露,地出醴泉……先王能修礼以达义"①的美好图景。

"是故夫礼必本于天,殽于地。(孔颖达疏云:礼从天出,故云'必本于天',非但本于天,又殽于地。殽,效也,言圣人制礼,又效于地。天远故言本,地近故言效。)"②《礼记》认为,礼在制定的过程中,要依据天、地的运行规律。孔颖达对"本于天,殽于地"进行解释,认为礼是来自天、地的,因此在制定的过程中要依据天、地运行法则。为什么要依据天、地运行规定来制定礼呢?《礼记》解释云:"故圣人以礼示之,故天下国家可得而正也。"③《礼记》认为,依据天、地运行规律制定礼,就能够使国家得到治理。《礼记》还对礼产生的原因进行分析,认为依天、地制礼,还要尊重鬼神的需求。人在死亡后,灵魂和肉体分别归于天和地。"故天望而地藏也,体魄则降,知气在上。(孔颖达疏云:'故天望而地藏也'者,天望,谓始死望天而招魂。地藏,谓葬地以藏尸也。)"④人死亡后,精神称为魂,上升入天。人的肉体称为魄,下降入地。为了对魂、魄进行祭祀,须依天、地之理制礼。由于礼是国君治国理政的依据,因此,政策的制定也应当像礼一样,参照天、地运行规律。"是故礼者,君之大柄也……故政者,君之所以藏身也。是故夫政必本于天,殽以降命。(孔颖达疏云:谓政是藏身之固,其事既重,所施教令,必本于天而来。)命降于社之谓殽地。(孔颖达疏云:社即地也,指其神谓之社,指其形谓之地,法社以下教令,故云'谓殽地'。)"⑤《礼记》认为,国家政策的制定和实施涉及国君的安危,因此,国家的政策要效仿天的运行规律制定,政策制定出来须加以落实,政策的落实要依靠地方行政组织。即国家政策须从天而制定,依地(地方行政组织)执行。

---

① 《礼记正义》卷第二十二《礼运第九》,[清]阮元校刻:《十三经注疏》(清嘉庆刊本),中华书局 2009 年版,第 3090 页。
② 《礼记正义》卷第二十一《礼运第九》,[清]阮元校刻:《十三经注疏》(清嘉庆刊本),中华书局 2009 年版,第 3063—3064 页。
③ 《礼记正义》卷第二十一《礼运第九》,[清]阮元校刻:《十三经注疏》(清嘉庆刊本),中华书局 2009 年版,第 3063 页。
④ 《礼记正义》卷第二十一《礼运第九》,[清]阮元校刻:《十三经注疏》(清嘉庆刊本),中华书局 2009 年版,第 3065 页。
⑤ 《礼记正义》卷第二十一《礼运第九》,[清]阮元校刻:《十三经注疏》(清嘉庆刊本),中华书局 2009 年版,第 3071—3072 页。

《礼记·祭义》还从三才角度出发,分析了子女对父母行孝的原因。"天之所生,地之所养,无人为大。父母全而生之,子全而归之,可谓孝矣。不亏其体,不辱其身,可谓全矣。"①认为人是由天生出,由地养育的,是天、地间最为珍贵的。因为父母完整地生出了子女,因此子女应当完整地归于天、地,也是对父母行孝的表现。子女如何完整地归于天、地呢?《礼记·祭义》指出,子女应通过保持肢体完好的方式回归天、地。保持肢体完好,就是要保持身体发肤的完整,也就是《孝经》中讲到的"身体发肤,受之父母,不敢毁伤,孝之始也"②。在今天的中国,人们对捐献器官积极主动性不够,以致医疗实践中可供移植的人体器官严重不足,这一现象可从《礼记》中找到原因。《礼记·祭义》从三才角度出发,分析了子女通过保持肢体完整行孝于父母的原因,值得我们重视。

《礼记·乡饮酒义》在讲到乡饮酒礼时提到,主人和宾客坐席位置的确定,效仿了天、地运行规律。"乡饮酒之义,立宾以象天,立主以象地。(孔颖疏曰:宾者,主之所尊敬,故以'宾象天',主供养物以养宾,故以'主象地'也。)"③在确定宾客和主人坐席位置时,立宾以象天,立主以象地。为什么要这样做呢?《礼记·乡饮酒义》曰:"古之制礼也,经之以天地。"④《礼记》认为,古代社会,礼制确立时,以天、地运行规律为依据。主人和宾客的就座方位为,"宾必南乡(郑玄注曰:南乡乡仁,贵长大万物也)……主人必居东方,东方者春,春之为言蠢也,产万物者也。主人者造之,产万物者也)"⑤。宾客面南就座,原因在于南方是万物生长的地方。主人在东方就座,原因在于东方是万物产生的地方。

(三)乐

郑玄指出,乐产生的主要目的是"辨天地四方阴阳之声"。郑玄云:"六律六

---

① 《礼记正义》卷第四十八《祭义第二十四》,[清]阮元校刻:《十三经注疏》(清嘉庆刊本),中华书局2009年版,第3470页。

② 《孝经注疏》卷第一《开宗明义章》,[清]阮元校刻:《十三经注疏》(清嘉庆刊本),中华书局2009年版,第5526页。

③ 《礼记正义》卷第六十一《乡饮酒义第四十五》,[清]阮元校刻:《十三经注疏》(清嘉庆刊本),中华书局2009年版,第3656页。

④ 《礼记正义》卷第三十一《乡饮酒义第四十五》,[清]阮元校刻:《十三经注疏》(清嘉庆刊本),中华书局2009年版,第3656页。

⑤ 《礼记正义》卷第六十一《乡饮酒义第四十五》,[清]阮元校刻:《十三经注疏》(清嘉庆刊本),中华书局2009年版,第3656页。

吕,布于四方,阳声属天,阴声属地。故云天地四方阴阳之声。"①汉代人将乐称为"天地四方阴阳之声"。郑玄对其称谓原因进行分析,认为六律六吕这样的乐声,会传至四方。其中阳声属天,具有天的性质。阴声属地,具有地的性质。乐有阳声与阴声,分别与天和地相结合,乐具有调和天、地之功能,还有"清明象天,广大象地"②之特征。《礼记·乐记》对乐产生的原因进行了分析:"是故大人举礼乐,则天地将为昭焉。天地䜣合,阴阳相得,煦妪覆育万物,然后草木茂,区萌达,羽翼奋,角觡生,蛰虫昭苏,羽者妪伏,毛者孕鬻,胎生者不殰,而卵生者不殈,则乐之道归焉耳。"③孔颖达正义曰:"大人举用礼乐,则天地协和而生养万物……天地䜣合者,䜣犹熹也,熹谓蒸动,言乐感动天地之气,是使二气蒸动,则天气下降,地气上腾……煦妪覆育万物者,天以气煦之,地以形妪之,是天煦覆而地妪育,故言'煦妪覆育万物也'。"④《礼记·乐记》认为,人们用乐的原因在于想让天地合和。天地合和,阴阳才能相得益彰。阴阳相得益彰,天地才能覆育万物。天地覆育万物的功能得以发挥,万物才能生长、繁育,天地间才有生生不息的生命气息。孔颖达正义指出,举乐的作用在于激发天、地的生命气息,让天气下降,地气上腾。天气下降,地气上腾,就能够成就万物。天地如何成就万物呢?孔颖达指出,天以气煦之,地以形妪之,天之气、地之形相互作用,万物才能生长繁育。《礼记·乐记》认为,乐的重要功能,就是激发天、地之间生生不息的生命之气,天、地相互作用,万物才得以生长。

"故乐者,天地之命,(孔颖达疏曰:言乐感天地之气,是天地之教命也。)中和之纪,人情之所不能免也。(孔颖达疏曰:人感天地而生,又感阴阳之气,乐既合天地之命,协中和之纪,感动于人,是人情不能自免退。言人感乐声,自然敬畏

---

① 《礼记正义》卷第三十八《乐记第十九》,[清]阮元校刻:《十三经注疏》(清嘉刊本),中华书局2009年版,第3328页。
② 《礼记正义》卷第三十八《乐记第十九》,[清]阮元校刻:《十三经注疏》(清嘉庆刊本),中华书局2009年版,第3329页。
③ 《礼记正义》卷第三十八《乐记第十九》,[清]阮元校刻:《十三经注疏》(清嘉庆刊本),中华书局2009年版,第3329—3330页。
④ 《礼记正义》卷第三十八《乐记第十九》,[清]阮元校刻:《十三经注疏》(清嘉庆刊本),中华书局2009年版,第3333页。

也。)"①《礼记·乐记》认为,乐的产生与天、地之气及人情,也就是天、地、人三元素是密不可分的。人的产生与天、地及阴阳之气是密不可分的。准确地讲,人是感受了天、地之间的阴、阳之气产生的。因此人在作乐时要体现这一特点。乐既要顺应天、地运行规律,调和阴阳之气,又要顺应人情,反映人的悲喜哀乐。

三、三才视域下的祭祀活动

《礼记》谈到祭帝(天神)、祭社(地神)和祭庙(祖先神)的原因,曰:"故祭帝于郊,所以定天位也;祀社于国,所以列地利也;祖庙,所以本仁也。(孔颖达疏云:故'祭帝于郊,所以定天位也'者,天子至尊,而犹祭于郊,以行臣礼而事天也……'祀社于国,所以列地利也'者,天子至尊,而犹自祭社,欲使报恩之礼达于下也。地出财,故云'列地利也'……'祖庙,所以本仁也'者,王在宗宙,以子礼事尸,是欲使仁义之教达于下也,亦即降于祖庙之谓仁义。)"②《礼记》认为,天子祭帝于郊,说明天子至尊,但仍然通过行臣下之礼的方式,表示对上天的尊重。天子祀社于国,是要体现天子也即中央政府的恩泽下达到各个地方。天子祭祖于庙,是想传达中央对百姓的教化之礼。

《礼记·祭法》中也有三才之规定,强调人在祭祀神灵的过程中,既要祭祀天神,又要祭祀地神。"燔柴于泰坛(孔颖达疏曰:燔柴于泰坛者,谓积薪于坛上,而取玉及牲置柴上燔之,使气达于天也),祭天也。瘗埋于泰折,祭地也(孔颖达疏曰:瘗埋于泰折,祭地也者,谓瘗缯埋牲,祭神州地祇于北郊也)。"③《礼记·祭法》叙述了祭祀天神和祭祀地神的具体做法。祭祀天神的时候,要将玉和牲畜置于柴堆上用火烧,使气达于天空,以达到祭祀天神的目的。祭祀地神的时候,将缯绸和牲畜埋于地下,在北郊祭祀地神。《礼记·祭法》解释了祭祀天神和地神的原因:"夫日、月、星辰,民所瞻仰也。山林、川谷、丘陵,民所取财用

---

① 《礼记正义》卷第三十九《乐记第十九》,[清]阮元校刻:《十三经注疏》(清嘉庆刊本),中华书局2009年版,第3349页。
② 《礼记正义》卷第二十二《礼运第九》,[清]阮元校刻:《十三经注疏》(清嘉庆刊本),中华中局,2009年版,第3087页。
③ 《礼记正义》卷第四十六《祭法第二十三》,[清]阮元校刻:《十三经注疏》(清嘉庆刊本),中华书局2009年版,第3445页。

也。"①认为祭祀天神或者地神,都与人的因素有关。祭祀日、月、星辰等天神,是因为百姓瞻仰的缘故。祭祀山林、山谷、丘陵这些地神,是因为他们为百姓提供了生活用品。《礼记·祭法》关于祭祀神灵的主张,是在三才视域下落实的。

《礼记·祭义》从三才角度分析了天子、诸侯亲耕藉田的原因。众所周知,古代中国,每年春季,天子、诸侯都要亲耕藉田,从事农业生产。为什么要这么做呢?《礼记·祭义》给出了答案:"是故昔者,天子为藉千亩,冕而朱纮,躬秉耒。诸侯为藉百亩,冕而青纮,躬秉耒,以事天地、山川、社稷、先古(郑玄注曰:先古,先祖),以为醴酪齐盛,于是乎取之,敬之至也。(孔颖达疏曰:为祭祀诸神,须醴酪粢盛之属,于是乎藉田而取之,敬之至也。)"②认为天子、诸侯亲耕藉田,是对天神、地神和自己的祖先神表示尊敬。为什么要通过亲耕藉田的方式,对天神,地神和祖先神表示尊敬呢?《礼记·祭义》认为,祭祀天神、地神和祖先神的用品是由土地产出的,因此天子、诸侯亲耕藉田,以获得祭祀天神、地神和祖先神的用品。

综上所述可知,《礼记》在天人宇宙图式、礼制、乐制等方方面面,均体现了天、地、人三才观对其思想观念之渗透。特别是《礼记》对数字"三"概念的追寻,深刻地反映了三才观对其思维模式之影响。

第二节 天、地、人含义解读

一、天、地、人之自然义

(一)天的自然义

汉代哲学体系中,思想家对"天"的含义的阐释,保留其自然义。汉代,作为释物词典的专门著作《释名》,由东汉人士刘熙所著。刘熙,《后汉书》无传,其事迹散见于《三国志》、《世说新语》注、《册府元龟》等书,知其为汉末名士,博通五经。刘熙在《释名》中对天的概念做了自然意义上的诠释。清代学者毕沅与王

---

① 《礼记正义》卷第四十六《祭法第二十三》,[清]阮元校刻:《十三经注疏》(清嘉庆刊本),中华书局2009年版,第3451页。
② 《礼记正义》卷第四十八《祭义第二十四》,[清]阮元校刻:《十三经注疏》(清嘉庆刊本),中华书局2009年版,第3467页。

先谦在此基础上又有所发挥。《释名》云:"天,显也,在上高显也。"①又曰:"天,坦也,坦然高而远也。春曰苍天,阳气始发,色苍苍也。夏曰昊天,其气布散皓皓也。秋曰旻天,旻,闵也,物就枯落可闵伤也。冬曰上天,其气上腾,与地绝也。故《月令》曰:'天气上腾,地气下降。'"②李巡注:"春,万物始生,其色苍苍,故曰苍天。夏,万物盛壮,其气昊大,故曰昊天。"王先慎曰:"元气广大,则称昊天;仁覆闵下,则称旻天;自上监下,则称上天;据远视之苍苍然,则称苍天。"③

《释名》阐释了天的自然义,且根据季节变化,对春、夏、秋、冬的称呼也有变化。春季因为阳气始发,所以称为苍天。夏季因为元气广大,因此称为昊天。秋季万物枯落,令人闵伤,因此称为旻天。冬季,其气上腾,因此称为上天。将四季与天相连接,使天的自然含义扩张于四季。刘熙曰:"《易》谓之乾。"④毕沅曰:"说卦:乾,天也。"又曰:"乾为天。"⑤刘熙借用《周易》中乾卦为天的表述,将天称之为乾。"乾,健也,健行不息也。"⑥毕沅曰:"《易·系辞》云:天乾,天下之至健也。象曰:天行健,君子以自强不息。"⑦认为天有日夜不息的运行特点,反映了天的自然义。

(二) 地的自然义

《白虎通》曰:"地者,易也,言养万物怀任交易变化也。始起之天,始起先有太初,后有太始。"⑧《白虎通》认为,"地"有变易的意思。地抚养万物,孕育万物,交替变化。天地的变化流程是:太初→太始→天→地→万物(包括人)。在这里,《白虎通》特别强调地具有养育万物和交替变化的功能。清人陈立曰:"卢本据《初学记》及《御览》所引,改为:地者,元气之所生,万物之祖也。地之言施

---

① [汉]刘熙:《释名》卷一《释天第一》,中华书局2016年版,第1页。
② [汉]刘熙:《释名》卷一《释天第一》,中华书局2016年版,第1—2页。
③ [汉]刘熙撰,[清]毕沅疏证,[清]王先谦补:《释名疏证补》,中华书局2008年版,第2页。
④ [汉]刘熙:《释名》卷一《释天第一》,中华书局2016年版,第2页。
⑤ [汉]刘熙撰,[清]毕沅疏证,[清]王先谦补:《释名疏证补》,中华书局2008年版,第3页。
⑥ [汉]刘熙:《释名》卷一《释天第一》,中华书局2016年版,第2页。
⑦ [汉]刘熙撰,[清]毕沅疏证,[清]王先谦补:《释名疏证补》,中华书局2008年版,第3页。
⑧ [清]陈立撰,吴则虞点校:《白虎通疏证》,中华书局1994年版,第698页。

也,谛也。应施变化,审谛不设,敬始重终,故谓之地。"①从清人陈立所引卢文昭校本可以看出,《白虎通》关于地的定义是:地,是由元气产生的,是万物的始祖。地还有施加恩惠的意思。也指谛,就是变化不居的意思。谨慎地开始,注重结束,无拘无束,这就是地。认为地不仅有变化不居的功能,而且是万物的始祖,具有生育万物的功能。

《大戴礼记》记载:"单居离问于曾子曰:'天圆而地方者,诚有之乎?'"②单居离向曾子请教:"天是圆的而地是方的,真有这样的事情吗?"曾子回答说:"天之所生上首,地之所生下首。(王聘珍曰:天地交而万物生,天气下降,生自上始,地气上腾,生自下始。)"③从王聘珍的注释可以看出,曾子认为,天地交接,万物方能生长。天之阳气向下沉降,生命从上方开始。地之阴气向上升起,生命从下方开始。所以说天生万物是从上方开始的,地生万物是从下方开始的。曾子又说:"上首之谓圆(王聘珍注曰:万物资始,为天为圆),下首之谓方(王聘珍注曰:万物资生,为地为方)。"④从王聘珍的注释可以看出,曾子此言的意思是,上方万物开始出生,所以说天是圆的。下方万物开始成长,所以说地是方的。从《大戴礼记》所载曾子关于地的概念的阐述可以看出,曾子认为地是方的,原因有二:一方面,地之阴气向上升浮,万物在下方生长。另一方面,下方是万物开始成长的地方。从曾子对地的概念的阐述可以看出,曾子是从直观的、自然主义的角度对地的含义做了形象的描述。

《释名》曰:"地,底也,其体底下载万物也。亦言谛也,五土所生,莫不审谛也。(毕沅曰:五地谓山林、川泽、丘陵、坟衍、原隰也;五土所生,即五地之物生也。)《易》谓之坤(毕沅曰:说卦,坤,地也,又曰坤为地)。坤,顺也,上顺乾也。(毕沅曰:《易·系辞》:夫坤,天下之至顺也。象曰:至哉坤元,万物资生,乃顺承天。)"⑤根据《释名》对地的解释,可以看出,地和天相比较属于底部,天在上方,地在下方。地在下方承载万物,也称为谛。地上的一切事物,都由五土所生,这是不能忽视的真谛。毕沅对"五地"进行解释,认为五地是指山林、川泽、丘陵、

---

① [清]陈立撰,吴则虞点校:《白虎通疏证》,中华书局1994年版,第698页。
② [清]王聘珍撰,王文锦点校:《大戴礼记解诂》,中华书局1983年版,第98页。
③ [清]王聘珍撰,王文锦点校:《大戴礼记解诂》,中华书局1983年版,第98页。
④ [清]王聘珍撰,王文锦点校:《大戴礼记解诂》,中华书局1983年版,第98页。
⑤ [汉]刘熙撰,[清]毕沅疏证,[清]王先谦补:《释名疏证补》,中华书局2008年版,第24—25页。

坟衍、原隰五种,主要是根据地势高低及陆地和水域进行划分。毕沅认为刘熙所说"五土所生",是指这五个地方出产的物品,具体而言,包括动物和植物。刘熙从自然主义的角度对地进行定义,而且将地分为五种,认为地具有生长万物的功能,还具有顺承天的特性。可见,东汉时期的辞书《释名》对地做了自然主义的描述。

二、天、地、人之伦理义

(一) 儒家思想中天、地、人之伦理义

1.《周易》中天、地、人之伦理义

《周易》讲到天道和地道的特点,"天道下济而光明,地道卑而上行……人道恶盈而好谦"①,认为天道、地道、人道各有其特点,天道向下施以恩惠,地道承上而行,人道具有谦卑的特点。

《周易》曰:"天尊地卑,乾坤定矣,卑高以陈,贵贱位矣。"②《易传》讲到天地的地位不同,因为天高远、地低下的缘故,天尊地卑。《易传》关于尊卑的安排是"崇效天,卑法地"③。

《易传》曰:"《易》之为书也,广大悉备;有天道焉,有人道焉,有地道焉。"④"是以立天之道曰阴与阳,立地之道曰柔与刚,立人之道曰仁与义。"⑤韩康伯注曰:"在天成象,在地成形,阴阳者,言其气刚柔者,言其形变化始于气象而后成形,万物资始乎天,成形乎地。故天曰阴阳,地曰柔刚也。"⑥孔颖达疏曰:"天地生成万物之理,须在阴阳必备。是以造化辟设之时,立天之道有二种之气,曰成

---

① 《周易正义》卷第二《谦卦》,[清]阮元校刻:《十三经注疏》(清嘉庆刊本),中华书局2009年版,第60页。
② 《周易正义》序,[清]阮元校刻:《十三经注疏》(清嘉庆刊本),中华书局2009年版,第15页。
③ 《周易正义》卷第七《系辞上》,[清]阮元校刻:《十三经注疏》(清嘉庆刊本),中华书局2009年版,第163页。
④ 《周易正义》卷第八《系辞下》,[清]阮元校刻:《十三经注疏》(清嘉庆刊本),中华书局2009年版,第188页。
⑤ 《周易正义》卷第九《说卦》,[清]阮元校刻:《十三经注疏》(清嘉庆刊本),中华书局2009年版,第196页。
⑥ 《周易正义》卷第九《说卦》,[清]阮元校刻:《十三经注疏》(清嘉庆刊本),中华书局2009年版,第196页。

物之阴与施物之阳也。其立地之道有二种之形,曰顺承之柔与特载之刚也。"①韩康伯认为,阴阳指气言,刚柔是指形而言,孔颖达对此做了进一步的阐释,认为天之阴阳是气的作用不同。阳有施物之功能,阴有成物之功能。刚柔的作用也有不同,刚具有承载万物的功能,比如土地、大山等。而柔则是被承载者,比如土地上的河流等。就人道而言,孔颖达正义指出:"立人之道有二种之性,曰爱惠之仁与断刮之义也。"②就是我们通常讲的"仁也爱人""义以正我"。

《周易》将乾与天、坤与地相结合,曰:"乾,天也,故称乎父。坤,地也,故称乎母。"③又说:"乾为天,为圆,为君,为父……坤为地,为母……以子。"④

《周易》已经指出,阳代表君,代表父,阴代表臣,代表子。《周易》提出阳尊阴卑的观点,是从其自然属性出发进行描述的。因为阳有光明的一面,代表君、父;阴具有黑暗的一面,代表臣、子。

2. 扬雄天、地、人之伦理义

《太玄图》曰:"夫玄也者,天道也,地道也,人道也,兼三道而天名之。君臣、父子、夫妻之道。"⑤扬雄认为,玄包括了天道、地道和人道,兼具三道而由天来命名,天道、地道、人道相当于君臣、父子、夫妻之道。司马光集注云:"极君臣父子夫妇之道而与天合。"⑥从这个角度讲,扬雄将天道、地道、人道比附君臣、父子、夫妻,有伦理化的典型倾向。

扬雄曰:"其从其横,天地之常。测曰:其从其横,君臣常也。"⑦扬雄认为,天地有纵有横,这是天地运转的规律。君臣之间也有纵有横,也即有尊卑等级地位的区分,这是君臣关系的基本要求。扬雄曰:"玄黄相迎,其意感感。测曰:玄黄

---

① 《周易正义》卷第九《说卦》,[清]阮元校刻:《十三经注疏》(清嘉庆刊本),中华书局2009年版,第196页。

② 《周易正义》卷第九《说卦》,[清]阮元校刻:《十三经注疏》(清嘉庆刊本),中华书局2009年版,第196页。

③ 《周易正义》卷第九《说卦》,[清]阮元校刻:《十三经注疏》(清嘉庆刊本),中华书局2009年版,第198页。

④ 《周易正义》卷第九《说卦》,[清]阮元校刻:《十三经注疏》(清嘉庆刊本),中华书局2009年版,第198页。

⑤ [汉]扬雄撰,郑万耕校释:《太玄校释》之《太玄图》,中华书局2014年版,第349页。

⑥ [汉]扬雄撰,[宋]司马光集注,刘韶军点校:《太玄集注》卷第十《玄图》,中华书局1998年版,第212页。

⑦ [汉]扬雄撰,郑万耕校释:《太玄校释》之《常》,中华书局2014年版,第149页。

相迎,以类应也。"①司马光集注云:"范曰:'天玄地黄,天地相迎,则风雨时调。君臣相迎,则政数以度。'光谓:'六为极大,感之盛也。自天地至于万物,君臣上下夫妇朋友,无不以类相应也。'"②司马光引用晋范望的注释,范望认为,天玄地黄,天地之间发生交通感应,才能够风调雨顺。君臣之间处理好彼此的关系,才能使政治教化发挥应有的作用。司马光认为,扬雄此言并不仅限于范望所谓天地和君臣之间,而是可以扩大到天地万物,以及君臣上下、夫妻和朋友之间,认为天地万物之间,君臣上下以及夫妻和朋友之间,都会因为是同类而发生感应。

扬雄曰:"方州部家,三位疏成。"③司马光集注云:"玄者天子之象也,方者方伯之象也,州者州牧之象也,部者一国之象也,家者一家之象也。"④司马光认为扬雄所谓方、州、部、家,是与具体的行政机构和行政官员相结合的,所以玄代表天子,方代表方伯也就是汉代地方的诸侯,州代表州牧,部代表国,家代表家。所以扬雄方、州、部、家的顺序排列,实际上是与家国制度、行政官员与行政机构相结合,具有典型的经验主义特征。

扬雄以数顺玄之理,顺天、地、人之理,也即顺性命之理。"夫玄也者,天道也,地道也,人道也。兼三道而天名之,君臣、父子、夫妇之道。"⑤"昼夜相丞,夫妇系也。终始相生,父子继也。日月合离,君臣义也。孟季有序,长幼际也。两两相阖,朋友会也。"⑥扬雄以昼夜的交替比拟父子之间的承继关系,用日月的聚散来说明君臣之义,用四季的运转来说明长幼之间的关系,用物的两相对立,说明朋友之间的离合聚散,都是推天道以明人事的表现。

3.纬书天、地、人之伦理义

纬书认为,六位三才是《易》的基本准则。《易纬乾凿度》曰:"三才之道,天、

---

① [汉]扬雄撰,郑万耕校释:《太玄校释》之《迎》,中华书局 2014 年版,第 126 页。
② [汉]扬雄撰,[宋]司马光集注,刘韶军点校:《太玄集注》卷第四《迎》,中华书局 1998 年版,第 88 页。
③ [汉]扬雄撰,郑万耕校释:《太玄校释》之《玄首都序》,中华书局 2014 年版,第 1 页。
④ [汉]扬雄撰,[宋]司马光集注,刘韶军点校:《太玄集注》卷第一《玄首序》,中华书局 1998 年版,第 2 页。
⑤ [汉]扬雄撰,[宋]司马光集注,刘韶军点校:《太玄集注》卷第十《玄图》,中华书局 1988 年版,第 212 页。
⑥ [汉]扬雄撰,[宋]司马光集注,刘韶军点校:《太玄集注》卷第十《玄图》,中华书局 1988 年版,第 213 页。

地、人也。"①三才是指天道、地道和人道。《易纬乾凿度》这个观点与《周易》是相同的。"天有阴阳,地有柔刚,人有仁义。"②天道的表现是有阴、有阳,地道的表现是有柔、有刚,人道的表现是有仁、有义。《易纬乾凿度》对仁和义进行了解释,将人的道德行为仁、义与天、地相比对。"天动而施曰仁,地静而理曰义。仁成而上,义成而下,上者专制,下者顺从,正形于人,则道德立而尊卑定矣。"③认为仁和义分别与天、地相对应。仁具有施予的功能,就是我们通常所说的仁者爱人。义是和地相对应的,具有管理的功能,因此,我们通常说义以正我。仁和义是两种相反的力量,仁具有自内而外的特征,由自己向外界施予爱惠。义具有自外而内的特点,通过外在的准则,包括道德力量,对自己产生约束力。

纬书认为,天和地的位置都是固定不变的,这是不能改变的准则。"天在上,地在下,君南面,臣北面。父坐子伏,此其不易也。"④《易纬乾凿度》认为,天、地有高低卑贱的划分,那么人间社会也有君臣、父子、尊卑等级的划分。君臣、父子之间的方位和尊卑情况是早已明确好了的。

天的特征是居高临下,地的特征是上承于天。《春秋说题辞》云:"天之为言填也,居高理下,为人经也。""地之为言婉也,承天行其义也。""天地开辟,而生人承天地。"⑤天、地产生了,人也就随之产生。《春秋说题辞》还讲到孝的重要性。"人非父不生,非母不长……是故亲生膝下,以养父母。"⑥认为没有父母,人将无以产生。因此,为了感恩父母,必须要孝养父母。

---

① 〔日〕安居香山、中村璋八辑:《纬书集成》之《易编·易纬乾凿度》,河北人民出版社1994年版,第19页。

② 〔日〕安居香山、中村璋八辑:《纬书集成》之《易编·易纬乾凿度》,河北人民出版社1994年版,第19页。

③ 〔日〕安居香山、中村璋八辑:《纬书集成》之《易编·易纬乾凿度》,河北人民出版社1994年版,第19—20页。

④ 〔日〕安居香山、中村璋八辑:《纬书集成》之《易编·易纬乾凿度》,河北人民出版社1994年版,第5页。

⑤ 〔日〕安居香山、中村璋八辑:《纬书集成》之《春秋编·春秋说题辞》,河北人民出版社1994年版,第858页。

⑥ 〔日〕安居香山、中村璋八辑:《纬书集成》之《春秋编·春秋说题辞》,河北人民出版社1994年版,第858页。

(二) 道家、道教思想中天、地、人之伦理义

1.《黄帝四经》天、地、人之伦理义

《黄帝四经》中《称》曰:"天阳地阴,春阳秋阴。夏阳冬阴……主阳臣阴。上阳下阴。男阳[女阴]。[父]阳子[阴]。兄阳弟阴。长阳少[阴]。贵[阳]贱阴……诸阳者法天,天贵正,过正曰诡□□□祭乃反(陈鼓应认为祭前一字为'过'①)。诸阴者法地,地[之]德安徐正静,柔节先定,善予不争。"②《称》将天、地、人与阴、阳相结合,认为天属于阳,地属于阴。春天属于阳,秋天属于阴。夏天属于阳,冬天属于阴。君主属于阳,臣下属于阴。上级属于阳,下级属于阴。男子属于阳,女子属于阴。父亲属于阳,子女属于阴。兄长属于阳,弟弟属于阴。年长者属于阳,年少者属于阴。阳尊贵而阴卑贱,所有的阳都效法了天道,天贵在公平正义,但是公平正义要有一定的限度,超过一定的限度就会走向事物的反面。所有的阴都效法了地道,地道的德行是安静平和,与世无争。《称》将天、地、人与阴阳相结合,以进一步说明君臣之间、父子之间、长幼之间、男女之间的尊卑地位,有较为典型的伦理化倾向,目的是为了维护社会各阶层的等级秩序。

2.《淮南子》参五原则及天、地、人的伦理化

在《淮南子》看来,参五,首先是保证天、地、人之间的贯通,在天、地、人相贯通的过程中要遵循五种伦理关系,也即传统儒家讲到的仁、义、礼、智、信。以五伦,也就是五种人际关系的准则作为贯通天、地、人的基本原则。《淮南子》曰:"昔者,五帝三王之莅政施教,必用参五。何谓参五? 仰取象于天,俯取度于地,中取法于人,乃立明堂之朝,行明堂之令(高诱注曰:明堂,布令之宫,有十二月之政令也③),以调阴阳之气,以和四时之节,以辟疾病之菑。俯视地理,以制度量,察陵陆水泽、肥墩高下之宜(刘文典引《太平御览》卷六百二十四曰:当作'察山陵水泽肥墝高下之宜'④),立事生财,以除饥寒之患。中考乎人德(刘文典引

---

① 陈鼓应注译:《黄帝四经今注今译——马王堆汉墓出土帛书》,商务印书馆 2007 年版,第 394 页。
② 马王堆汉墓帛书整理小组:《马王堆汉墓帛书 经法》,文物出版社 1976 年版,第 94—95 页。
③ [汉]刘安等编著,[汉]高诱注:《淮南子》(诸子百家影印本)卷二十《泰族训》,上海古籍出版社 1989 年版,第 220 页。
④ 刘文典撰,冯逸、乔华点校:《淮南鸿烈集解》卷二十《泰族训》,中华书局 1988 年版,第 671 页。

《太平御览》作'中之考乎德'①），以制礼乐，行仁义之道，以治人伦而除暴乱之祸。乃澄列金木水火土之性，故立父子之亲而成家；别清浊五音六律相生之数，以立君臣之义而成国；察四时季孟之序，以立长幼之礼而成官。此之谓参。制君臣之义，父子之亲，夫妇之辨，长幼之序，朋友之际。此之谓五。乃裂地而州之，分职而治之，筑城而居之，割宅而异之，分财而衣食之，立大学而教诲之，夙兴夜寐而劳力之。此治之纲纪也。然得其人则举，失其人则废。"②

《淮南子》认为，五帝、三王在执政实施教化的时候，一定要采用五种措施，即向上取象于天，向下考察地理情况，在中间考察人的情况。将天、地、人基本情况考察清楚了，就设置布令之宫，并且在布令之宫宣读国家的政策。向上取象于天，目的是调和阴阳二气，调和四季的节气，以避免各种疾病的发生。向下考察地理环境，制定度量衡。考察山陵、陆地、水泽的肥沃、贫瘠、高低上下的差别，以便发挥土地的各自优势，以保证土地的物产，消除百姓饥饿、寒冷的忧患。在中间考察人的德性，以便制定礼、乐制度，实施仁与义的政策，来调整人间秩序，防止各种暴乱行为的发生。按照五行排列的顺序组建家庭，家庭要尊崇父子之亲。按照五音、六律的相生之数来组建国家，国家要体现君臣之义。考察四季的变化情况来组建国家的官吏队伍，组建原则是长幼之间的礼节，也就是按照人有等差的原则来建立国家的官吏队伍。将天、地、人的因素结合起来，就叫作参。确立君臣义、父子之亲、夫妻身份的差别，长幼之间顺序的差异，朋友之间的友谊，这就是所谓的五。

《淮南子》强调在天、地、人三者贯通的基础上，结合五伦原则，设置地方行政机关，设置不同的行政机构来治理地方。建筑房屋来划分不同等级的人群，将财物分配给百姓，保证他们衣食无忧。设立学校来对百姓进行教化，让他们力所能及地为国家建设作出贡献，这是治理国家的纲纪。《淮南子》认为，要想很好地维护统治，必须将天、地、人三元素贯通，然后结合五伦的原则，并在此基础上设置各级地方行政机构，对地方实现有效治理，设立学校对百姓进行教化，以达到百姓衣食无忧、天下太平的治理效果。《淮南子》讲到的"参五"原则，实际上是在天、地、人贯通的基础上，遵循五伦也即五常的人际关系处理原则，实现天、

---

① 刘文典撰，冯逸、乔华点校：《淮南鸿烈集解》卷二十《泰族训》，中华书局1988年版，第671页。

② ［汉］刘安等编著，［汉］高诱注：《淮南子》（诸子百家影印本）卷二十《泰族训》，上海古籍出版社1989版，第220—221页。

地、人三才思想的伦理化。

3.《太平经》三才之伦理义

(1)天、地、人之伦理义

《太平经》认为,天、地、人(中和)之气相互结合,成为一个整体,共同养育万物。"夫天地中和三气,内共相与为一家,共养万物。天者主生,称父。地者主养,称母。人者为治,称子。子者受命于父,恩养于母,为子乃敬事父而爱其母。"①天负责生成万物,称为父。地负责养育万物,称为母。人负责治理万物,称为子。子接受了父亲的命令,受到母亲的抚养,所以子应当尊敬自己的父亲,爱戴自己的母亲。在这里,《太平经》从伦理角度出发,阐述了孝道的重要性,因为天、地作为父、母在子女生出和成长的过程中发挥着重要作用,所以,《太平经》以天、地、人三才关系为依据,认为子女应当敬爱自己的父母,对父母要有孝心。如果子女不尊重父母,将带来严重的后果。"恶人逆父之意,天气失其政令,比若家人,父怒其子,父子不和,阴胜阳,下欺上,臣失其职,鬼物大兴。"②《太平经》认为,如果儿子违逆父亲的意志,就会使天无法落实自己的政令。如果父亲怨恨儿子,父子不和,就会导致阴胜阳、下欺上,臣下违逆君主,不能很好地履行自己职责的情况,从而使灾祸横行。

《太平经》曰:"天地之位,如人男女之别,其好恶皆同。天者养人命,地者养人形。今凡共贼害其父母。四时之气,天之按行也。而人逆之,则贼害其父。"③《太平经》认为,天、地的位置是确定的,就像男子和女子有区别一样。天负责给予人生命,地负责养育人的成长。不能故意谋害父母,违背天运行的规律,不按四季的要求行事。子如果不听从教导,一定要行不孝不亲不敬父母之事,就会带来严重的后果。"故父灾变复起,母复怒,不养万物。父母俱怒,其子安得无灾乎?夫天地至慈,唯不孝大逆,天地不赦。"④如果子不孝敬父,那么天就会降下

---

① 佚名:《太平经钞》第三卷《丙部》,见《太平经》(诸子百家影印本),上海古籍出版社1993年版,第23—24页。

② 佚名:《太平经钞》第三卷《丙部》,见《太平经》(诸子百家影印本),上海古籍出版社1993年版,第24页。

③ 佚名:《太平经钞》第三卷《丙部》,见《太平经》(诸子百家影印本),上海古籍出版社1993年版,第24页。

④ 佚名:《太平经钞》第三卷《丙部》,见《太平经》(诸子百家影印本),上海古籍出版社1993年版,第24页。

灾异。如果子不孝敬母,那么母也即大地就会愤怒,就不会生养万物。父母都处于愤怒状态,其子也就会处于灾异横行的境地。《太平经》认为,天、地是仁慈的,但是像不孝、大逆这样的行为,天、地是不会赦免的。

《太平经》曰:"天,父也。地,母也。事父(此处疑应为'母'字)不得过父。生,阳也。卒,阴也。事阴不得过阳。阳,君道也。阴,臣道也。事臣不得过于君。事阴过阳,即致阴阳气逆而生灾。事小过大,即致政逆而祸大。"①在《太平经》看来,父是天的象征,母是地的象征,尊敬母亲不能超越父亲。因为生长属于阳,死亡属于阴,所以对待阴不能超越于阳。君道属于阳,臣道属于阴,所以尊敬臣下不能超过君主。如果对待阴超越了阳,就会使阴气和阳气逆行而发生灾难。对待小的超越了大的,那么就会导致政令逆行而发生严重的祸乱。

《太平经》将阴阳比作君臣,认为君臣关系就如同阴阳的盛衰,会对社会治理产生深远影响。"阳者,君也。阴者,臣也。君盛则臣服,民易理,臣盛则君理侮乱,此天自然之法也。"②《太平经》认为,因为君属于阳,臣属于阴,所以如果君主的权力超越臣下,那么臣下就会服从君主的领导,天下百姓也就能够得到很好的治理。反过来说,如果臣下的权力超越了君主,那么国家固有的秩序就会被打破,社会也就没有办法得到很好的治理。这是天道运行的法则。

《太平经》强调乐和孝在天、地运行过程中的作用。"乐为天之经,太阳之精。孝为地之经,太阴之精。故乐者倡始,倡生,倡合乐成功。天者常嬉善嬉生,故常与天合,与同气也。乐合乃能相生,当有上下。故乐为天为上,孝为下象地。地者下,承顺其上。阴事其阳,子事其父,臣事其君。君上事天,地亦事天。天事其上,故与地同气,故乐与孝最顺天地也。"③乐是天之经,具有阳的属性。孝是地之经,具有阴的属性。乐是开始、出生的标志,所以,乐和天道的结合,就能够生成万物。所以乐属于上,具有居上的特点。而孝则属于地,具有向下的功能。因为地在下,天在上,所以地要承顺上天,阴要服从阳。从这个角度看,孝与地有相似之处。表现为儿子孝顺自己的父亲,臣下忠于君主,君主尊敬上天。天和地

---

① 佚名:《太平经钞》第三卷《丙部》,见《太平经》(诸子百家影印本),上海古籍出版社1993年版,第30页。

② 佚名:《太平经钞》第七卷《庚部》,见《太平经》(诸子百家影印本),上海古籍出版社1993年版,第95页。

③ 佚名:《太平经钞》第七卷《庚部》,见《太平经》(诸子百家影印本),上海古籍出版社1993年版,第97—98页。

相通,所以乐和孝是能够顺应天地运行规律的表现。"故生者父也,养者母也,成者子也。生者道也,养者德也,成者仁也。"①在《太平经》看来,负责生成万物的是父亲,负责养育万物的是母亲,负责成就万物的是儿子。《太平经》同时认为,负责万物生成的是道,负责万物养育的是德,负责成就万物的是仁,具有典型的伦理化倾向。

《太平经》曰:"万物不得时生者,君也。生而不养者,臣也。长而不成者,民也。天与君父主生,此太阳之长也,生之祖也。天不欲生,物不得生。父不欲施,物亦不得生。君不欲生,物亦不得生。故天与君父主生……地母臣承阳之施,主长养万物,常念长养之不(否)。"②《太平经》认为,君具有生成万物的功能,万物不能按时生成,责任在君。生成以后得不到养育,责任在臣。万物最后不幸夭亡的,责任在民。天和君主一样负责万物的生成,天如果不愿意生成万物,万物便不能生成。母和臣属于地,接受了阳之恩惠,负责养育万物。母和臣常常思考的是能否养育万物。

"天生人凡有三等,第一天生,第二地生,第三人种类。受命天者为人君,受命地者为人臣,受命人者为民。"③在《太平经》看来,人有等级的划分,分为君、臣、民三个等级。如此划分的原因在于,有受命于天的,这类人地位高,属于君。有受命于地的,这类人地位低于君,属于臣。还有受命于人的,属于百姓。所以君、臣、民呈等级的排列。君在臣上,民在臣下。

(2)天理、地理、人理之伦理义

"夫治者有四法,有天理,有地理,有人理。三气极,然后践行万物理也。"④《太平经》认为,凡治理事物,要探索其天理、地理、人理,然后发挥三气即天气、地气、中和之气的作用,这样天下万物就能得到很好的治理。《太平经》将三理、三气与君臣父子结合起来,实现了其伦理化。在这里,"理"是指事物运行的规

---

① 佚名:《太平经钞》第九卷《壬部》,见《太平经》(诸子百家影印本),上海古籍出版社1993年版,第122页。

② 佚名:《太平经钞》第九卷《壬部》,见《太平经》(诸子百家影印本),上海古籍出版社1993年版,第123页。

③ 佚名:《太平经钞》第十卷《癸部》,见《太平经》(诸子百家影印本),上海古籍出版社1993年版,第140页。

④ 佚名:《太平经钞》第四卷《丁部》,见《太平经》(诸子百家影印本),上海古籍出版社1993年版,第36—37页。

律。具体而言,"天理者,其臣老,君乃父事其臣也。夫臣卑,何故师父事之哉?但位卑,道德尊重,师父事之者,乃师其道德,当以合策而平天下也。地理者,友事其臣,若以同志同心者。阴顺母子同列,同胞同忧。臣虽位卑,其德和平……夫治天下者,视天下之臣皆师父也。故父爱其子,何有危时?师父皆能为其子解八方之患难,何有失时?象地理者,天下之臣皆君之友也。夫同志合策为交。同忧患,欲共安其位。地者,顺而承上,悉承天意,皆得天心,何有不安时乎?象人理者,得中和之气……"①《太平经》认为,治理国家有效仿天理者,具体而言就是等到臣下年老的时候,君主将臣下当作自己的老师、父亲对待。原因在于臣下虽然位卑,但是道德修养值得尊重。君臣同心就能很好地治理国家。治理国家效法地理者,就是君主将臣下当作自己的朋友看待,君臣同心同德。原因在于臣下虽然卑微,但是有比较好的道德修养。所以君主在治理国家的时候效法天理,把臣下当作自己的老师、父亲,因为父爱其子的缘故,君主将不会有危难,老师、父亲能够帮助自己解决各种各样的困难,做事情就不会错失良机。效法地理,天下之臣都是君主的朋友,君臣同心同德,患难与共,都是为了让君主的统治地位牢固。因为地有顺承天的趋势,臣下承天意辅助君主,君主一定会处于安全状态。仿效人理,就是获得中和之气。

"天气悦下,地气悦上。二气相通,而为中和之气。相受共养万物……男女同心而生子。父母子三人同心,共成一家。君臣民三人共成一国。"②《太平经》认为,天气和地气相通,就产生了中和之气。天气、地气和中和之气共同养育万物,如同男女同心生育子女一样。父、母、子共同组成一个家庭,体现了天、地、人三才结构。君、臣、民共同组成一个国家,也同样体现了天、地、人三才结构。

---

① 佚名:《太平经钞》第四卷《丁部》,见《太平经》(诸子百家影印本),上海古籍出版社1993年版,第37页。

② 佚名:《太平经钞》第三卷《丙部》,见《太平经》(诸子百家影印本),上海古籍出版社1993年版,第27页。

第四章　汉代三才视域下的宇宙论思想

第一节　以天、地、人三才为核心的宇宙生成论

儒、道两家对待"道"和"天"的态度不同。对道家而言，道是万物产生的根源和最后的依据，具有最高的功能，也是最重要的实体。就"道"和"天"的地位而言，道家认为"道"的地位高于"天"，所谓"天法道"，天需要效法道的运行规律。后世道家，包括汉初黄老道家及东汉的道教对宇宙万物产生的根源有不同的认识，但"道"的地位高于"天"的总体认识没有发生改变。对于儒家而言，恰好相反。儒家认为天的地位高于道。董仲舒曰："天者，百神之大君也。"①又说"道之大原出于天，天不变，道亦不变。"②"天"是《白虎通义》里最高的神，具有无上权威的上帝，称为"皇天上帝"。《白虎通义·灾变》言："天所以有灾变何？所以谴告人君，觉悟其行，欲令悔过修德，深思虑也。"③在纬书中，"天"也是至高无上的神。《孝经援神契》说："王者德至于天则斗极明，甘露降。德至于地，嘉禾生，蓂荚起，秬鬯出。"④道家和儒家对道的认识有一个相反的路线，道家言："人法地，地法天，天法道，道法自然。"也就是人→地→天→道。而儒家则强调："天生之，地养之，人成之。"⑤也即天→地→人。对"道"和"天"地位认识的不

---

① ［汉］董仲舒：《春秋繁露》（诸子百家影印本）第十五卷《郊祭第六十七》，上海古籍出版社1989年版，第83页。
② ［汉］班固：《汉书》卷五十六《董仲舒传第二十六》，中华书局1962年版，第2518—2519页。
③ ［汉］陈立撰，吴则虞点校：《白虎通疏证》，中华书局1994年版，第267页。
④ ［清］赵在翰辑：《七纬 附论语谶》，中华书局2019年版，第698页。
⑤ ［汉］董仲舒：《春秋繁露》（诸子百家影印本）第六卷《立元神第十九》，上海古籍出版社1989年版，第37页。

同,也导致儒家和道家致思方向的差异。

一、道家以"道"为核心的宇宙生成论

将以天道为代表的自然之道与以人道为核心的社会之道相贯通,认为天道应当服务于人道,自然之道应当服务于社会之道,是汉初黄老道家和东汉黄老道学的共同理想。二者不同之处在于:汉初由于生产力水平下降,经济凋敝,百业待兴,快速恢复社会生产力发展水平,维护国家治理,保证大一统中央政权的稳定,实现天下太平的理想,是汉初统治者的任务,也是各个学术流派的共同意愿。在此社会现实指引下,汉初黄老之学以天、地、人三才为出发点,侧重于探讨治国安邦的良策。汉初黄老道家在先秦老、庄自然无为思想的基础上,更加强调有为政治,以维护良好的统治秩序。东汉黄老道学的侧重点发生了变化。由于社会动荡,战乱频仍,农民起义运动此起彼伏,外戚宦官权力扩张,汉代社会发展的鼎盛时期已经结束,西汉中期的文、景之治也已成为过往,社会环境恶化,生存便成为当时学者的第一要务,东汉黄老道学家渴望在恶劣的环境中求得生存,也希望社会政治环境有所改善,因此这一时期的黄老道学,多强调修养身心,强调养身与治国相结合,认为只有身存才能国治,强调身、国同治,身、国同构。这种理论有现实险恶环境的原因,也有学术发展的自然理路。总之,东汉黄老道学的身、国同治理论和汉初黄老道家侧重于关注治国理政相比较,有了进一步的发展,也为道教理论的进一步发展奠定了基础。

(一)老子:三生万物的宇宙生成论

老子曰:"道生一,一生二,二生三,三生万物。"① 王夫之释云:"冲气为和。既为和矣,遂以有阴阳。冲气与阴阳为二,阴阳复二为三。"② 冲气和合的作用产生了阴阳,阴阳与冲气一同产生了万物。杨树达曰:"道始于一,一而不生,故分而为阴阳。阴阳和合而万物生。"③ 一生出了阴阳,阴阳和合生出了万物。在老子看来,阴气、阳气与冲和之气在万物产生过程中作用重大。

《马王堆汉墓帛书》中《老子甲本德经》记载:"道生一,一生二,二生三,三生

---

① [春秋]老子著,[魏]王弼注:《老子》(诸子百家影印本)第四十二章《道德经下篇》,上海古籍出版社1989年版,第11页。

② [清]王夫之著,王孝鱼点校:《老子衍 庄子通 庄子解》,中华书局2009年版,第23页。

③ 杨树达:《周易古义 老子古义》,上海古籍出版社2013年版,第51页。

万物。万物负阴而抱阳,中气以为和。"①《老子乙本德经》也有相同的记载。②从《马王堆墓帛书》中《老子甲本德经》和《老子乙本德经》关于"三生万物"的记载可以看出,在万物生长过程中,"三"起了非常重要的作用。所谓"三",就是阴、阳,以及阴阳之间的气。帛书老子甲、乙本将通行本中的"冲气以为和"更为"中气以为和",就说明气是存在于阴和阳之间的,在阴和阳之间起了非常重要的和合作用,才使万物得以生长。因此在万物产生的过程中,所谓"三"主要是指阴、阳及中和之气。帛书本《老子甲本德经》和《老子乙本德经》将通行本中的"冲气以为和"更为"中气以为和",似乎更加合理,反映了天地生成过程中阴、阳和气的作用,阴、阳之气加上中和之气的和合作用共同产生了万物,所谓"三生万物"。《北京大学藏西汉竹书》记载:"道生一,一生二,二生三,三生万物,万物负阴抱阳,中气以为和。"③该内容与《老子甲本德经》《老子乙本德经》同,将通行本中的"冲气"更为"中气"。

阴、阳和天地有着十分重要的关系。唐孔颖达曰:"天以刚阳而尊,地以柔阴而卑,乾坤之体安定矣。乾健与天阳同,坤顺与地阴同。故得乾坤定矣。若天不刚阳,地不柔阴,是乾坤之体不得定也。此经明天地之德也。"④孔颖达在对《周易》中"天尊地卑,乾坤定矣"进行解释时认为,天以阳刚为特点,因此处于尊位。地以阴柔为特点,因此处于卑位。而天阳、地阴又是乾坤之体得以确定的依据。如果天不阳刚,地不阴柔,则乾、坤之体难以确定。古人一般认为,天有阳刚的特点,地有阴柔的特点。就老子"三生万物"之观点而言,与阳气相对应的是天,与阴气相对应的是地。阴气、阳气加上中间的气,三者相结合共同生成了万物。可见,万物包括人的产生与天、地是不可分割的。高亨指出:"天阳地阴,是'天地睽';然天地相交,以生育万物,其事则同,是天地睽中有合。"⑤

---

① 国家文物局古文献研究室:《马王堆汉墓帛书》(壹),文物出版社1980年版,第3页。
② 国家文物局古文献研究室:《马王堆汉墓帛书》(壹),文物出版社1980年版,第89页。
③ 北京大学出土文献研究所:《北京大学藏西汉竹书》(贰),上海古籍出版社2012年版,第125页。
④ [魏]王弼注,[唐]孔颖达疏,卢光明、李申整理,吕绍刚审定:《周易正义》(《十三经注疏整理本》),北京大学出版社2000年版,第302页。
⑤ 高亨:《周易大传今注》,齐鲁书社2009年版,第289页。

《银雀山汉墓竹简》中有"生天也刑(应为形)地也气……"(其二,1722简)①的记载。从《银雀山汉墓竹简》其他类文书的记载可以看出,先秦时期人们对气在天地形成过程中的作用已有认知。而老子则认为天(阳气)、地(阴气)、中和之气三者共同产生了万物,包括人。

(二)《淮南子》宇宙生成论

在《淮南子》看来,虚霩产生了宇宙,宇宙生出元气,元气有一定的界域。元气生出后,宇宙接着分化。《淮南子》曰:"虚霩生宇宙,宇宙生气,气有涯垠(高诱注曰:宇,四方上下也,宙,往古来今也,将成天地之貌也。涯垠,重安之貌也)。"②刘文典引王念孙文云:"此当为:宇宙生元气,元气有涯垠。"③《淮南子》言:"清阳者,薄靡而为天。重浊者,凝滞而为地……故天先成而地后定,天地之袭精为阴阳,阴阳之专精为四时,四时之散精为万物。"④在《淮南子》看来,宇宙及万物包括人的生成,有一个逻辑顺序,具体而言,就是虚霩产生宇宙,宇宙产生元气,元气有一定的界域。因为有气的产生,所以天、地形成的条件初步具备。气中轻薄的成分向上飞扬就形成了天,而气中重浊的部分向下沉淀,就形成了地。按照《淮南子》的说法,天先于地形成。天、地形成后,天、地精华的部分形成了阴阳,阴阳中精华的部分形成了四季,四季中精华的部分形成了万物(包括人)。《淮南子》讲到万物的生成路线,具体而言就是虚霩→宇宙→元气→天、地→四时→万物。《淮南子》曰:"夫精神者,所受于天也;而形体者,所禀于地也。故曰:一生二,二生三,三生万物。"高诱注曰:"一谓道也,二曰神明也,三曰和气也。或曰:一者,元气也。生二者,乾坤也。二生三,三生万物。天地设位,阴阳通流,万物乃生。"⑤在《淮南子》看来,人的精神是来自天的,而形体则来自大地。所以说一生二,二生三,三生万物。高诱在注释中认为,上言有两种观点:一种观点认为,一是道,二是神明,三是和气。道生出了神明,神明生出了和气,和气生

---

① 吴九龙释:《银雀山汉墓竹简》,文物出版社1985年版,第104页。
② [汉]刘安等编著,[汉]高诱注:《淮南子》(诸子百家影印本)第三卷《天文训》,上海古籍出版社1989年版,第26页。
③ 刘文典撰,冯逸、乔华点校:《淮南鸿烈集解》,中华书局1988年版,第79页。
④ [汉]刘安等编著,[汉]高诱注:《淮南子》(诸子百家影印本)第三卷《天文训》,上海古籍出版社1989年版,第26—27页。
⑤ [汉]刘安等编著,[汉]高诱注:《淮南子》(诸子百家影印本)第七卷《精神训》,上海古籍出版社1989年版,第68页。

出万物。另一种观点是,一是元气,二是乾坤,三是乾坤所生阴阳之气。阴阳交互运行,万物就能够生长。人的产生路线是:

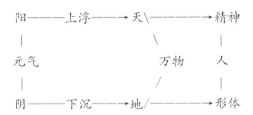

从《淮南子·天文训》的记载可以看出,万物是由天、地生成的,天、地是由元气生成的。元气由宇宙生成,宇宙由虚霩生成。所以虚霩是天、地、万物(人)生成的最后依据。当然,天、地在万物生成过程中也起着十分重要的作用。

《淮南子》曰:"是故天不发其阴,则万物不生。地不发其阳,则万物不成。"① 所以,天不散发它的阴气,万物无法产生。地不散发它的阳气,则万物无法生长。"一而不生,故分而为阴阳,阴阳合和而万物生。故曰:一生二,二生三,三生万物。"②一不能生出万物,一分为阴和阳,阴气和阳气相结合才产生了万物。所以说,一生出二,二生出三,三才能产生万物。这里的三是指阴、阳以及阴阳合和之气,三者结合才能生出万物。《淮南子》曰:"天一地二人三。"高诱注曰:"一阳,二阴也,人生于天地故曰三也。"③在《淮南子》看来,一是天是阳,二是地是阴,人是由天地生出的,所以称为"三",天、地、人在一个系统中,不可缺少。

(三)《老子指归》宇宙生成论

《老子指归》由西汉成帝时期的道学人士严平君,即严遵撰写完成,其思想特点是,提出了独具特色的宇宙生成理论、天地起源理论。《老子指归》云:"天地所由,物类所以,道为之元,德为之始,神明为宗,太和为祖,道有深微,德有厚薄,神有清浊,和有高下,清者为天,浊者为地。"④《老子指归》认为,道是天、地起源的最后根据。天地的起源经历了从无到有的几个阶段,其路线是:道→神明→

---

① [汉]刘安等编著,[汉]高诱注:《淮南子》(诸子百家影印本)第三卷《天文训》,上海古籍出版社1989年版,第32页。
② [汉]刘安等编著,[汉]高诱注:《淮南子》(诸子百家影印本)第三卷《天文训》,上海古籍出版社1989年版,第34页。
③ [汉]刘安等编著,[汉]高诱注:《淮南子》(诸子百家影印本)第四卷《坠形训》,上海古籍出版社1989年版,第43页。
④ [汉]严遵:《老子指归》卷之一《上德不德篇》,中华书局1994年版,第3页。

（清→天，浊→地）→太和（高→天，低→地）。《老子指归》的天地起源学说在古代哲学著作中是比较有特点的，是对老子"有生于无"理论的发挥和细化，又是对《淮南子》天、地起源理论的改造。

探究宇宙生成、演化理论是汉代学者的重要特点，汉代学者对宇宙生成，天、地、人的生成和天、地、人三才系统有较多论述。《老子指归》沿着老子开辟的路线，采纳了《淮南子》的部分内容，创立了自己的宇宙生成理论。《老子指归》将宇宙生成分为两个阶段："虚无"和"实有"，认为在天、地生成之前，宇宙处于虚无的状态，天、地生成以后，就进入了有形有象之"实有"状态。"万物之生也，皆元于虚，始于无。"①说明万物有一个从无到有的发展阶段。

（四）《老子道德经河上公章句》宇宙生成论

《老子道德经河上公章句》（以下简称《章句》）是我国古代著名的学术著作，对后世道教思想的形成和发展影响深远。对于其成书时间及其作者，历代学者广有争论。有人认为河上公为老子书作章句。然司马迁著《史记》未提及此事，《汉书·艺文志》也未著录此事。宋人王应麟在讲到汉代文体时指出，"然则后汉以来，始就经为注"②。《章句》在文体上正是采用了就经为注的形式，改变了以前经文与注文分开的形式。东汉时期，就经为注的文体形式，为马融创立。清人王先谦指出，"马融以前不得有就经为注之事决矣"③。清人焦循指出，"则东汉以来，始就经为注，按赵氏用马融之例"④。

东汉时期，受古文经学的影响，章句之体流行。这也是《章句》成书于东汉时期的依据。马融（79—166），生活于东汉中期，就此推断，《章句》成书时间，不应早于东汉中期。王卡先生指出，《章句》成书"大约在东汉中后期"⑤。牟钟鉴指出："东汉喜好老子学说的士人偏好的是老子清静恬淡的精神状态……河上公《老子章句》是这一倾向的代表。"⑥笔者同意他们的观点，认为《章句》应成书于马融之后，东汉中后期。

《章句》作为东汉时期黄老道家的主要代表作，其主要特点是用清静无为的

---

① ［汉］严遵：《老子指归》卷之二《道生一篇》，中华书局1994年版，第18页。
② ［宋］王应麟：《汉制考·汉艺文志考证》，中华书局2011年版，第160页。
③ ［清］王先谦：《尚书孔传参正》，中华书局2011年版，第1072页。
④ ［清］焦循：《孟子正义》，凤凰出版社2015年版，第715页。
⑤ 佚名著，王卡点校：《老子道德经河上公章句》（前言），中华书局1993年版，第3页。
⑥ 牟钟鉴等：《道教通论——兼论道家学说》，齐鲁书社1991年版，第312页。

观点解释《老子》经文。在思维理路上沿用老子道生万物的宇宙生成论观点,同时从天、地、人三才角度出发,肯定了天、地、人三者在万物生成过程中的作用。也借鉴了庄子天、地自生的观点,强调天道与人道并重。《章句》改变了老子蔽于天而不知人的弊端,认为代表天道的自然之道,与代表人道的社会之道是同等重要的。不仅同等重要,以天道为代表的自然之道,需要服务于以人道为代表的社会之道。天道与人道不仅同等重要,且可以相互贯通。这是东汉黄老道学不同于先秦老、庄的具体表现。

道家倡导道之无为,《老子》曰:"天地所以能长且久者,以其不自生。"《章句》注曰:"天地所以独长且久者,以其安静,施不求报,不如人居处汲汲求自饶之利,夺人以自与也。"①从《章句》注释可以看出,道家对天地长久的理解与儒家不同。河上公认为,天地之所以长久,是因为天地安静,不求回报,不会通过掠夺他人的方式来充实自己。因为安静无为加上不求回报,所以天地能够长久。

1."道"是万物生长的最后根据

《老子》曰道"生之,畜之",《章句》曰:"道生万物而畜养之。"②《老子》曰"生而不有",《章句》曰:"道生万物,无所取有。"③《老子》曰"为而不恃",《章句》曰:"道所施为,不恃望其报也。"④《老子》曰"长而不宰",《章句》曰:"道长养万物,不宰割以为器用。"⑤从上面的解释可以看出,《章句》认为,道不仅生出万物,而且蓄养其成长。道生万物的时候没有任何索取的意图,也不期待万物的回报。道蓄养万物成长,不会损害他人的利益以满足自己的需求。道家倡导道生养万物时的无为、无私和奉献精神。《老子》曰"有物混成,先天地生",《章句》

---

① 佚名著,王卡点校:《老子道德经河上公章句》卷一《韬光第七》,中华书局1993年版,第25页。
② 佚名著,王卡点校:《老子道德经河上公章句》卷一《能为第十》,中华书局1993年版,第36页。
③ 佚名著,王卡点校:《老子道德经河上公章句》卷一《能为第十》,中华书局1993年版,第36页。
④ 佚名著,王卡点校:《老子道德经河上公章句》卷一《能为第十》,中华书局1993年版,第36页。
⑤ 佚名著,王卡点校:《老子道德经河上公章句》卷一《能为第十》,中华书局1993年版,第36页。

曰:"谓道无形,混沌而成万物,乃在天地之前。"①按照《章句》的理解,道是无形的,因为无形,所以在有形的天地形成之前,就已经形成了。《老子》曰"寂兮寥兮,独立而不改",《章句》曰:"寂者无音声,寥者空无形,独立者无匹双,不改者化有常。"②道的特点是寂静没有声音,寥无踪迹,独来独往,以一贯的形态适应自然界的变化。《老子》曰"周行而不殆",《章句》曰:"道通行天地,无所不入,在阳不焦,托阴不腐,无不贯穿,〔而〕不危殆也。"③在《章句》看来,道的另一个特点是在天地间通行,随意出入,没有障碍。阳气不会将它烤焦,阴气不会将它腐蚀。道可以穿透一切的物体,却不会给自己带来危险。

2.执一

先秦时期,《吕氏春秋》率先提出"一"的重要性。所谓"一"主要是指统一思想,建立大一统的中央政权。《吕氏春秋·执一》曰:"天下必有天子,所以一之也。天子必执一,所以抟之也。一则治,两则乱。"④《吕氏春秋》所谓执一,不仅希望建立统一的中央政权,且认为政令也要统一,坚持统一思想、统一政令、统一政权,国家就能够得到治理,否则国家就会混乱。秦始皇统一中国,建立了统一的中央政权的封建国家。到了汉代,统一思想、统一政权仍然是各个学术流派关注的问题。汉代学者在探讨宇宙生成的原因时,深刻地指出,天、地、人的产生都需要遵循一个总的规律和原则。天、地、人虽然有各自不同的特征,但都需要坚持统一的运行规律,"一"是万物产生的重要依据,也是"道"作为宇宙产生根源的总的体现。

《老子》言"天得一以清",《章句》曰:"言天得一故能垂象清明。"⑤意思是,天获得一就能够具备垂象的功能。《老子》曰"地得一以宁",《章句》注曰:

---

① 佚名著,王卡点校:《老子道德经河上公章句》卷二《象元第二十五》,中华书局1993年版,第101页。

② 佚名著,王卡点校:《老子道德经河上公章句》卷二《象元第二十五》,中华书局1993年版,第101页。

③ 佚名著,王卡点校:《老子道德经河上公章句》卷二《象元第二十五》,中华书局1993年版,第101页。

④ [战国]吕不韦著,[汉]高诱注:《吕氏春秋》(诸子百家影印本),上海古籍出版社1989年版,第151页。

⑤ 佚名著,王卡点校:《老子道德经河上公章句》卷三《法本第三十九》,中华书局1993年版,第154页。

"〔言〕地得一故能安静不动摇。"①地获得一就能够具备安静不动摇的性格。《老子》曰"神得一以灵",《章句》曰:"言神得一故能变化无形。"②神获得一就能够具备千变万化而又无形踪的功能。《老子》曰"谷得一以盈",《章句》曰:"言谷得一故能盈满而不绝也。"③谷物得到一,就能够颗粒饱满而不虚空。《老子》曰"万物得一以生",《章句》曰:"言万物皆须道以生成也。"④万物获得一,就能够生长发育。《老子》曰"侯王得一以为天下正",《章句》曰:"言侯王得一故能为天下平正。"⑤侯王得到一,就能够使天下获得太平,也就是说能够维护自己的统治,使天下得到治理。因此,对于各类物,特别是天、地、人而言,一的获得都是十分重要的,因为一是道的开始。

《老子》曰"天无以清将恐裂",《章句》曰:"言天当有阴阳弛张,昼夜更用,不可但欲清明无已时,将恐分裂不为天。"⑥天必须有阴阳的一张一弛,才能形成昼夜更替。如果天不能获得一而形成阴阳,那么天将分裂,就不再是天了。《老子》曰"地无以宁将恐发",《章句》曰:"言地当有高下刚柔,节气五行,不可但欲安静无已时,将恐发泄不为地。"⑦地如果不能获得一,就无法形成高下刚柔,也无法形成节气和五行,不能获得安静循环往复的时光,那么地将散发流泄,不再成为地,地也就不复存在了。《老子》曰"神无以灵将恐歇",《章句》曰:"言神当

---

① 佚名著,王卡点校:《老子道德经河上公章句》卷三《法本第三十九》,中华书局1993年版,第154页。
② 佚名著,王卡点校:《老子道德经河上公章句》卷三《法本第三十九》,中华书局1993年版,第155页。
③ 佚名著,王卡点校:《老子道德经河上公章句》卷三《法本第三十九》,中华书局1993年版,第155页。
④ 佚名著,王卡点校:《老子道德经河上公章句》卷三《法本第三十九》,中华书局1993年版,第155页。
⑤ 佚名著,王卡点校:《老子道德经河上公章句》卷三《法本第三十九》,中华书局1993年版,第155页。
⑥ 佚名著,王卡点校:《老子道德经河上公章句》卷三《法本第三十九》,中华书局1993年版,第155页。
⑦ 佚名著,王卡点校:《老子道德经河上公章句》卷三《法本第三十九》,中华书局1993年版,第155页。

有王相囚死休废,不可但欲灵〔变〕无已时,将恐虚歇不为神。"①神不能获得一,将不能拥有囚死休废的功能,不能获得变化万物、循环往复的功能,那么就会变得空虚,停止工作而不再是神灵了。《老子》曰"谷无盈将恐竭",《章句》曰:"言谷当有盈缩虚实,不可但欲盈满无已时,将恐枯竭不为谷。"②谷物应当拥有盈缩虚实的功能。如果不能获得一,那么,谷物将不可能颗粒饱满、循环往复,就将枯竭不再称作谷了。《老子》曰"万物无以生将恐灭",《章句》曰:"言万物当随时生死,不可但欲〔长〕生无已时,将恐灭亡不为物。"③万物应当生死随时,如果不能获得一,将丧失生死随时、循环往复的功能,万物将灭亡,不再称为物。《老子》曰"侯王无以贵高将恐蹶",《章句》曰:"言侯王当屈己以下人,汲汲求贤,不可但欲〔贵〕高于人〔无已时〕,将恐颠蹶失其位。"④侯王本来应当委屈自己对待下属,积极寻求贤才。如果侯王不能得一,那么侯王将高高在上,无法委屈自己对待下属,那么侯王恐怕难以保全自己的权位。

3. 道生天、地、人

《老子》曰"天下万物生于有",《章句》曰:"〔天下〕万物皆从天地生,天地有形位,故言生于有也。"⑤万物都是由天地产生,天地有形状,而且有自己的位置,所以说万物生于有。《老子》曰"有生于无",《章句》曰:"天地神明,蜎飞蠕动,皆从道生,道无形,故言生于无也。"⑥天地万物,都产生于道,道是无形的,所以说有生于无。在《章句》看来,万物的生成路线是道→天地→万物。万物(生于有)来源于天地,天地来源于道,天地有形,也即有生于无。《老子》曰"道生一",

---

① 佚名著,王卡点校:《老子道德经河上公章句》卷三《法本第三十九》,中华书局1993年版,第155—156页。

② 佚名著,王卡点校:《老子道德经河上公章句》卷三《法本第三十九》,中华书局1993年版,第156页。

③ 佚名著,王卡点校:《老子道德经河上公章句》卷三《法本第三十九》,中华书局1993年版,第156页。

④ 佚名著,王卡点校:《老子道德经河上公章句》卷三《法本第三十九》,中华书局1993年版,第156页。

⑤ 佚名著,王卡点校:《老子道德经河上公章句》卷三《去用第四十》,中华书局1993年版,第162页。

⑥ 佚名著,王卡点校:《老子道德经河上公章句》卷三《去用第四十》,中华书局1993年版,第162页。

《章句》曰:"道始所生者[一也]。"①《老子》曰"一生二",《章句》曰:"一生阴与阳也。"②《老子》曰"二生三",《章句》曰:"阴阳生和、清、浊三气,分为天地人也。"③阴、阳产生了清气、浊气及中和之气。清气、浊气与中和之气共同作用产生了万物。《老子》曰"三生万物",《章句》曰:"天地〔人〕共生万物也。"④在《章句》看来,道最早生成的是一,一又生成了阴和阳。二生三,阴阳结合生成了和、清、浊三气。这三种气具体划分为天、地和人,天、地、人三种要素结合在一起,共同生成了万物。在天、地、人生成万物的过程中,三者的作用和地位是不同的。天施加恩惠,地化育形成万物,万物形成后,要靠人来养育。天、地、人三者的功能缺一不可,当然从顺序上说先是天施加恩惠,然后地形成万物,万物形成后自己还无法生长,要生存下去,必须要依靠人力的关照和养育。《章句》认为,在万物成形和生长的过程中,离不开天、地、人三种元素。三种元素缺乏任何一种,则万物不能生长。

4.天、地、人共生万物

《章句》曰:"天施地化,人长养之。"⑤天的作用在于施加恩惠,地的作用在于化育万物,人的作用在于通过教化长养万物,达到治理万物的目的。天所施加的恩惠,主要是指阳光、雨露。地之化育万物,主要表现为为万物的生长提供基本的条件。比如有了土壤,种子就能够发芽;有了流水,鱼类就能够生长;等等。"人长养之"的主要表现是人对万物采取积极行为,比如灌溉、种植,当然也包括对百姓的教化。

《章句》在讲到"天施"时指出:"天降〔甘露〕善瑞,则万物莫有教令之者,皆

---

① 佚名著,王卡点校:《老子道德经河上公章句》卷三《道化第四十二》,中华书局1993年版,第168页。
② 佚名著,王卡点校:《老子道德经河上公章句》卷三《道化第四十二》,中华书局1993年版,第168页。
③ 佚名著,王卡点校:《老子道德经河上公章句》卷三《道化第四十二》,中华书局1993年版,第168—169页。
④ 佚名著,王卡点校:《老子道德经河上公章句》卷三《道化第四十二》,中华书局1993年版,第169页。
⑤ 佚名著,王卡点校:《老子道德经河上公章句》卷三《道化第四十二》,中华书局1993年版,第169页。

自均调若一也。"①天通过降下甘露、祥瑞的方式对万物进行施化。万物获得甘露、祥瑞,就能够处在自我和谐发展的状态中。《章句》在讲到"人长养之"时指出:"圣人所以常教人忠孝者,欲以救人性命,使贵贱各得其所也。"②圣人通过以忠孝观念教化百姓的方法,使社会的尊卑秩序得以确定。尊卑秩序得以确立,人与人冲突减少,社会就会和谐稳定。《章句》认为,以伦常观念教化百姓,目的在于拯救百姓的性命。并进一步指出:"圣人所以〔常〕教民顺四时〔者〕,〔欲〕以救万物之残伤。"③圣人教导百姓顺应季节流转的自然规律,目的在于保证农业生产的顺利进行,使农作物获得丰收,避免农作物歉收,伤及农业。"天澹泊不动,施而不求报,生长万物,无所收取。"④《章句》认为,天通过澹泊不动的方式,向万物施加恩惠,以此生长万物。而地化育万物的主要表现是:"种之得五谷,掘之得甘泉,劳而不怨,有功而不置也。"⑤地通过播种就能够获得五谷,挖掘就能够获得甘泉的方式,化育万物。《章句》指出:"天地施化,不以仁恩,任自然也。"⑥

《章句》在宇宙论方面最重要的特点是,在对老子"三生万物"进行解读时,修改了阳气、阴气、中和之气生养万物的观念,将"三"解读为天、地、人,并且强调天、地、人三者共生万物。该观点是对老子"三生万物"理论的重大修正,也反映了汉代学者对天、地、人共生万物的新认识,具有十分重要的意义,应引起学者的充分关注。

---

① 佚名著,王卡点校:《老子道德经河上公章句》卷二《圣德第三十二》,中华书局1993年版,第131页。
② 佚名著,王卡点校:《老子道德经河上公章句》卷二《巧用第二十七》,中华书局1993年版,第109页。
③ 佚名著,王卡点校:《老子道德经河上公章句》卷二《巧用第二十七》,中华书局1993年版,第109页。
④ 佚名著,王卡点校:《老子道德经河上公章句》卷二《象元第二十五》,中华书局1993年版,第103页。
⑤ 佚名著,王卡点校:《老子道德经河上公章句》卷二《象元第二十五》,中华书局1993年版,第103页。
⑥ 佚名著,王卡点校:《老子道德经河上公章句》卷一《虚用第五》,中华书局1993年版,第18页。

(五)《太平经》宇宙生成论

1.道、元气与万物的产生

《太平经》曰:"清者著天,浊者著地,中和著人。"①《太平经》认为,气有清有浊,其中清气形成了天,浊气形成了地,而中和之气则形成了人。《太平经》曰:"六极之中,无道不能变化,元气行道,以生万物。天地大小,无不由道而生者也。"②在《太平经》看来,道是万物生成的最后依据,没有道,事物就没有办法产生变化。而具体化生万物的则是元气,元气按照道的要求运行,就能够化生万物。按照《太平经》的观点,万物的生成路线是道→元气→天、地、人。而道得以运行的前提是阴阳的变化。《太平经》曰:"阳变于阴,阴变于阳。阴阳相得,道乃可行。"③按照《太平经》的观点,阴、阳之间有一个相互的变化,阳可以变为阴,阴也可以变为阳,阴、阳相得益彰,道才能得以运行。《太平经》曰:"天须地乃有所生,地须天乃有所成。"④《太平经》认为,天和地是相须而成的。天必须依靠地才能生成万物,而地必须依靠天才能养成万物。

《太平经》认为,道和德在生养万物的过程中发挥着重要作用。"道者,天也,阳也,主生。德者,地也,阴也,主养。万物多不能生,即知天道伤矣。其有不生者,即知天克有绝者矣。一物不生,一统绝。多则多绝,少则少绝。随物多少,以知天统伤。夫道兴者主生,万物悉生。德兴者主养,万物人民悉养。"⑤道,属于天,属于阳,负责万物的生成。德,属于地,属于阴,负责万物的养育。若万物无法生成,就知道天道受了损伤。有不能生成的,就知道天要灭绝它。一物不能生成,就意味着一个系列的物都不能生成。从物不能生成数量的多少,就知道天道受损伤的情况。如果道非常兴盛,万物都能够生成。德负责养育万物,万物和百姓都得到德的养育。

---

① 佚名:《太平经钞》第二卷《乙部》,见《太平经》(诸子百家影印本),上海古籍出版社1993年版,第9页。
② 佚名:《太平经钞》第二卷《乙部》,见《太平经》(诸子百家影印本),上海古籍出版社1993年版,第9页。
③ 佚名:《太平经钞》第二卷《乙部》,见《太平经》(诸子百家影印本),上海古籍出版社1993年版,第8页。
④ 佚名:《太平经钞》第二卷《乙部》,见《太平经》(诸子百家影印本),上海古籍出版社1993年版,第8页。
⑤ 佚名:《太平经钞》第四卷《丁部》,见《太平经》(诸子百家影印本),上海古籍出版社1993年版,第43页。

《太平经》曰:"元气,阳也,主生。自然而化,阴也,主养凡物。天阳主生也,地阴主养也。日与昼,阳也,主生。月、星、夜,阴也,主养。春夏,阳也,主生。秋冬,阴也,主养。"①天属于阳,负责生成万物,地属于阴,负责养育万物。属于阳的还有太阳和白昼以及春夏,具有生成万物的功能。而月亮、星辰、夜晚以及秋冬属于阴,具有养育万物的功能。在《太平经》看来,阴和阳在生养万物方面发挥着十分重要的作用。代表天的阳具有生成万物的功能,代表地的阴具有养育万物的功能。

《太平经》认为,天、地、人三种因素共同生成和养育万物。"元气恍惚自然,共凝成一,名为天也。分而生阴而成地,名为二也。因为上天下地,阴阳相合施生人,名为三也。三统共生,长养凡物名为财。"②在《太平经》看来,元气在自然而然的状态下凝结为一,形成了天。一分出阴气形成了地,称为二。天在上,地在下,阴阳交错生成了人,所以人称为三。

《太平经》讲到天经、地经、人经。"天者好生道,故为天经。积德者地经,地者好养,故为地经。积和而好施者为人经。和气者相通往来,人有财相通,施及往来,故和为人经也。"③《太平经》认为,天喜欢生成万物,所以称为天经,道也由天生成。地喜欢养育万物,所以称为地经,德由地来蓄养。人好善乐施,称为人经,和气由人积累而来。人同和气相互交流,所以和称为人经。

《太平经》曰:"天性既善,悉生万物,无不置也。地性善,养万物而无不置也。圣人悉乐理天地,而万物受其功。"④《太平经》认为,天从本性上讲是善的,所以能够生成万物,天性无处不在。地从本性上讲是善的,所以能够养育万物,地性无处不在。圣人喜欢管理天地,使万物都受到人的关照。天、地之所以能够生、养万物,是因为天、地从本性上来讲是善的。《太平经》曰:"凡民万物不生

---

① 佚名:《太平经钞》第四卷《丁部》,见《太平经》(诸子百家影印本),上海古籍出版社1993年版,第44页。
② 佚名:《太平经钞》第五部《戊部》,见《太平经》(诸子百家影印本),上海古籍出版社1993年版,第54页。
③ 佚名:《太平经钞》第五卷《戊部》,见《太平经》(诸子百家影印本),上海古籍出版社1993年版,第55—56页。
④ 佚名:《太平经钞》第六部《己部》,见《太平经》(诸子百家影印本),上海古籍出版社1993年版,第63页。

者,天也。不养者,地也。长而不成者,人也。"①《太平经》认为,凡是百姓和万物不能生成的,责任在天;不能养育的,责任在地;生成和养育万物,但是万物仍然夭亡的,责任在人。

《太平经》认为,元气是万物产生的基础。"元气自然不乐分争,不能合身和德,而共生天地也,天地不乐,阴阳分争,不能合气四时五行,调风雨,而盛生万二千物。"②但是元气生成万物也有十分重要的条件,那就是元气不能产生纷争,如果产生了纷争,不能发挥自己德的功能,就无法生成天地。而天地不能快乐地运行,阴阳产生纷争,那么,就不能调和四季和五行,不能使风调雨顺,也就不能够生成万物。在《太平经》看来,元气要生成万物,必须要在正常的轨道上运行,不能产生纷争,否则就会导致天、地秩序的失衡,从而无法生成万物。《太平经》曰:"故万物不生者,失在太阳。生而不养者,失在太阴。养而不成者,失在中和。"③在《太平经》看来,万物要靠阴和阳来生成和养育,但是阴和阳超过一定的限度,也会影响万物的生成。所以,万物不能生成的原因在于阳超过了一定的限度。万物生成后,得不到养育,原因在于阴超过了一定的限度。养育和生成都已完成,但最后物仍然夭折了,原因在于中和之气超过了一定的限度。

在《太平经》看来,天气、地气、中和之气共同养育万物。"天气悦喜下生,地气顺喜上养。气之法行于天下地上。阴阳相得,交而为和。与中和气三合,共养凡物。三气相爱相通……三气凝,共生天地。天地与中和相通,并力同心,共生凡物。凡物与三光相通,并力同心,共照明天地。凡物五行刚柔与中和相通,并力同心,共成共(此字疑衍)万物。"④三气相通,具体表现为天气与地气相通,天气、地气与中和之气相通。三气贯通,才能共同生成万物。当然,三气贯通的过程,还需要兼顾阴阳,阴阳和五行必须相得益彰。

---

① 佚名:《太平经钞》第九卷《壬部》,见《太平经》(诸子百家影印本),上海古籍出版社1993年版,第123页。
② 佚名:《太平经钞》第七卷《庚部》,见《太平经》(诸子百家影印本),上海古籍出版社1993年版,第97页。
③ 佚名:《太平经钞》第九卷《壬部》,见《太平经》(诸子百家影印本),上海古籍出版社1993年版,第122页。
④ 佚名:《太平经钞》第四十八卷,见《太平经》(诸子百家影印本),上海古籍出版社1993年版,第215页。

2.执一

东汉时期,社会动荡,阶级矛盾加剧。这一时期的各个学术流派也认识到统一思想的重要性。在宇宙生成问题上,东汉时期的道教经典《太平经》坚持早期的观念,指出要追寻天地产生的根本原因,所谓本根。并且指出,天地是由元气产生的,而"道"是万物产生的根本,"道"的根基是"一"。《太平经》曰:"天地开辟贵本根,乃气之元也……夫一者,乃道之根也,气之始也,命之所系属,众心之主也。"①

二、儒家以"天"为核心的宇宙生成论

(一)董仲舒的宇宙生成论

董仲舒在谈到宇宙间万物生成时指出:"何谓本?曰:天、地、人,万物之本也。天生之,地养之,人成之。"②董仲舒认为,天、地、人是万物产生的根本。天、地、人在万物生成中的作用不同,"天生之以孝悌,地养之以衣食,人成之以礼乐"③。天用孝悌生成万物,地用衣食养育万物,人用礼乐、教育来成就万物。

董仲舒认为,在万物生成的过程中,天、地、人三要素缺一不可。"三者相为手足,合以成体,不可一无也。无孝悌,则亡其所以生。无衣食,则亡其所以养。无礼乐,则亡其所以成也。"④没有孝悌,万物将缺失产生的依据。因此,天的因素不可缺少。没有衣食,万物将无法生长。因此,地的因素不可缺少。没有礼乐,社会治理难以为继。因此,人的因素不可缺少。天、地、人作为万物产生和成长的根本,是缺一不可的,特别是人参与了宇宙的生成。

董仲舒认为,天、地、人三者关系是:"天道施,地道化,人道义。"⑤清人董天工

---

① 王明:《太平经合校》,中华书局2014年版,第12页。
② [汉]董仲舒:《春秋繁露》(诸子百家影印本)第六卷《立元神第十九》,上海古籍出版社,1989年版,第37页。
③ [汉]董仲舒:《春秋繁露》(诸子百家影印本)第六卷《立元神第十九》,上海古籍出版社1989年版,第37页。
④ [汉]董仲舒:《春秋繁露》(诸子百家影印本)第六卷《立元神第十九》,上海古籍出版社1989年版,第37页。
⑤ [汉]董仲舒:《春秋繁露》(诸子百家影印本)第十七卷《天道施第八十二》,上海古籍出版社1989年版,第99页。

将"施"注释为"施与",将"化"注释为"化育"。① 在董仲舒看来,天、地、人三者的关系是:天道施加恩惠,地道化育万物,人道以仁义作为自己的行为准则。也就是说,人通过自己的行为准则,帮助天地化育万物。天的德行在于向下施加恩惠,地的德行在于化育万物,人的德行在于用义,也就是教育感化的力量,成就万物。

和道家的观念相同,董仲舒也认为,天、地、人在万物生成的过程中发挥了根本性作用,三者不可缺少,特别是强调人的因素不可缺少,人参与了宇宙万物的生成。不同之处在于,董仲舒强调天是万物生成的终极力量,道家则认为道是万物产生的根源。董仲舒指出,"人之(为)人本于天"②,又讲到"地不敢有其功名,必上之于天"③。认为在天、地、人三要素中,天是万物产生的根源。甚至认为,天比道更加重要,所谓"道之大原出于天,天不变,道亦不变"④。在董仲舒看来,天的地位高于道,道是需要服从于天的。这个认识与道家道高于一切的认知不同。

董仲舒认为,天、地、人作为万物之本,其具体生成情况是:"天地者,万物之本,先祖之所出也。广大无极,其德昭昭,历年众多,永永无疆。天出至明(清人董天工笺注曰:天,阳也,阳主明⑤),众知类也,其伏天不照也。地出至晦(清人董天工笺注曰:地,阴也,阴主晦⑥),星月为明,不敢暗,君臣、父子、夫妇之道取之此(清人董天工注释曰:君父夫,天道也;臣子妇,地道也)。"⑦在董仲舒看来,天、地是万物的根本,人是由天地产生的。天地广阔没有边界,天地的德行是很

---

① [清]董天工笺注,黄江军整理:《春秋繁露笺注》,华东师范大学出版社2017年版,第229页。
② [汉]董仲舒:《春秋繁露》(诸子百家影印本)第十一卷《为人者天第四十一》,上海古籍出版社1989年版,第64页。
③ [汉]董仲舒:《春秋繁露》(诸子百家影印本)第十卷《五行对第三十八》,上海古籍出版版1989年版,第64页。
④ [汉]班固:《汉书》卷五十六《董仲舒传第二十六》,中华书局1962年版,第2518—2519页。
⑤ [清]董天工笺注,黄江军整理:《春秋繁露笺注》,华东师范大学出版社2017年版,第136页。
⑥ [清]董天工笺注,黄江军整理:《春秋繁露笺注》,华东师范大学出版社2017年版,第136页。
⑦ [汉]董仲舒:《春秋繁露》(诸子百家影印本)第九卷《观德第三十三》,上海古籍出版社1989年版,第56页。

显著的,不论过去多少年,永远不会老去。天释放光明,能够辨别物类,发现任何隐藏的事物。地是昏暗的,要依靠日、月才能看清楚。有了日、月的照耀,地不再昏暗。君臣、父子、夫妇之道都是从这里产生的。

(二)纬书宇宙生成论思想

"纬"是指什么呢?"纬"是相对"经"而言的。《释名·释典艺》云:"纬,围也。反覆围绕以成经也。"叶德炯曰:"凡地东西为纬,南北为经。"王先谦曰:"古言经纬皆对文,地球以南北极为经钟枢纽,有经纬度,日月绕地球东西而行,是纬度也。此云反复围绕,正是此义。"① 钟肇鹏指出:"纬书的产生是依傍经义,其实质是神学迷信、阴阳五行学说与经义的结合。"② 纬书的核心是以阴阳五行为骨架,以天人感应为主体的神秘思想。谶纬神学思想,继承了董仲舒天人感应之神学目的论,并且综合了古代各种方术、迷信,形成东汉以来占统治地位的官方意识形态。谶纬可以说是贯通天、地、人各领域,无所不包,统自然与社会为一体,构成天、地、人合一的神学世界观。纬书囊括自然、社会、人事各个方面。纬书中的阴阳、五行学说有三个特点:不强调阴阳斗争,而强调阴阳和顺;将五行应用于自然、社会、人事各个方面,用来占验、占卜事物的成败、吉凶;其思想理论基础是董仲舒的天人感应的神学目的论。

1.五运天、地起源说

纬书讲述了天、地未分之前的情形,认为天地未分之前,有所谓的五运,"有太易,有太初,有太始,有太素,有太极"③。太易、太初、太始、太素、太极是天地未分之前的五种状态。太易是第一个阶段,这个阶段万物还处于混沌状态。太初是第二个阶段,这个阶段,元气开始萌发。第三个阶段是太始阶段,元气开始有了形状。第四个阶段是太素,这个阶段,元气开始流动,形状及质地都会有一定的变化。最后一个阶段是太极,这个阶段,元气的形状和质地不再变化,逐步定型。"形象未分,谓之太易。元气始萌,谓之太初。气形之端,谓之太始。形

---

① [汉]刘熙撰,[清]毕沅疏证,[清]王先谦补:《释名疏证补》,中华书局2008年版,第211页。
② 钟肇鹏:《谶纬论略》,辽宁教育出版社1991年版,第2页。
③ [日]安居香山、中村璋八辑:《纬书集成》之《孝经编·孝经钩命决》,河北人民出版社1994年版,第1016页。

变有质,谓之太素。形质已具,谓之太极。"①从《孝经钩命决》的描述可以看出,天地形成之前经历了五个阶段,经历了从无到有、从形象未分到形质确定的阶段。《易纬乾凿度》认为,太极是万物的开端。

纬书谈到"元"在万物生长过程中的作用。"元"主要是指元气。在天、地未分的时候,有了元气。"气未分之时,天地之所始也。""轻清者上为天,重浊者下为地。"②元气清澈的上浮,形成了天。元气重浊的下沉,形成了地。"时元者受气于天,布之于地,以时出入万物者也。"③《乐叶图徵》认为,元气出入于天、地之间,形成天气、地气,为万物的生长准备了条件。

纬书具体讲到元气的作用,《乐纬》曰:"上元者,天气也,居中调礼乐,教化流行,总五行气为一。下元者,地气也,万物始质也,为万物之容范。中元者,人气也,其气以定万物。"④《乐纬》认为,元气分为三种,有上元、中元和下元的划分。上元属于天气,具有总五行之气为一的功能。下元属于地气,为万物的开端,为万物的成长准备了条件。中间的是人气,人气的作用,是为万物的发展提供保障。

《春秋命历序》对天、地产生的情况进行了描述。"天地开辟,万物浑浑,无知无识,阴阳所凭,天体始于北极之野,地形起于昆仑之墟。"⑤认为天、地刚刚产生的时候,万物都处于混沌状态,只有阴阳的运动。天产生于北极,地形成于昆仑之巅。

《易纬乾凿度》认为,天、地形成以后,阴、阳之气不是静止不动的,而是交互作用的,以此来生成和养育万物。"天地交通,阴阳用事,长养万物也。"⑥认为

---

① 〔日〕安居香山、中村璋八辑:《纬书集成》之《孝经编·孝经钩命决》,河北人民出版社1994年版,第1016页。
② 〔日〕安居香山、中村璋八辑:《纬书集成》之《易编·易纬乾凿度》,河北人民出版社1994年版,第7页。
③ 〔日〕安居香山、中村璋八辑:《纬书集成》之《乐编·乐叶图徵》,河北人民出版社1994年版,第554页。
④ 〔日〕安居香山、中村璋八辑:《纬书集成》之《乐编·乐纬》,河北人民出版社1994年版,第566页。
⑤ 〔日〕安居香山、中村璋八辑:《纬书集成》之《春秋编·春秋命历序》,河北人民出版社1994年版,第885页。
⑥ 〔日〕安居香山、中村璋八辑:《纬书集成》之《易编·易纬乾凿度》,河北人民出版社1994年版,第16页。

阴、阳二气在万物产生和成长的过程中,都发挥了十分重要的作用。阴、阳二气交通流动,产生了人。"阴阳气交,人生其中,故为三才。"①"天地本无形,而得有形,则有形生于无形矣。"②《易纬乾凿度》认为,天、地在开始的时候是无形的,后来就有了形状,因此,有形是生于无形的。天、地的产生与阴、阳二气有着十分重要的关联,正是在阴、阳二气的交互作用下,才有了天、地的生成。

2.水在万物生成中的作用

《春秋元命苞》认为,水在万物生成过程中发挥了重要作用。"水者天地之包幕,五行之始焉;万物之所由生,元气之腠液也。"③宋均注曰:"天表地里皆有水,互相蒸腾,化为雨露……物得水气而发萌。"④《春秋元命苞》和《乐纬》的观点不同。《春秋元命苞》认为,水是包裹在天、地外面的。我们知道,从一般的认识出发,地上会有河流,天上会有云气,会有雨水。《春秋元命苞》从自然现象出发,得出这样的结论,也是没有错误的。认为水为万物的生长提供了条件,没有水,万物将无法生长。这个结论也是正确的。没有水,万物,特别是植物将无法发芽、生长。正因为如此,古希腊的哲学家才提出"水是万物的本原"的观点。宋均对《春秋元命苞》水生万物的具体情况进行了描述,认为只有天表、地里的水,万物尚不能生长。只有当天表、地里的水互相蒸腾,化为雨露,才能使万物因为获得水汽而发芽。因此,宋均认为,天表、地里的水,互相的蒸腾作用是十分重要的。有了蒸腾作用,水才能化作雨露滋养万物。

(三)扬雄宇宙生成论:天玄、地玄、人玄

扬雄"玄"学的价值在于他用"玄"贯穿了宇宙发生论和宇宙系统论。扬雄在宇宙产生的根源的论述方面,想要超越前人的论述,为宇宙生成寻找一个更为根本的源头,即"玄"。在扬雄的理论体系中,"玄"是天、地、人产生的根本原因和依据,是比先秦时期的"元气"、《淮南子》中的"虚霩"、董仲舒的"元"更为根

---

① 〔日〕安居香山、中村璋八辑:《纬书集成》之《易编·易纬乾凿度》,河北人民出版社1994年版,第20页。

② 〔日〕安居香山、中村璋八辑:《纬书集成》之《易编·易纬乾凿度》,河北人民出版社1994年版,第11页。

③ 〔日〕安居香山、中村璋八辑:《纬书集成》之《春秋编·春秋元命苞》,河北人民出版社1994年版,第598页。

④ 〔日〕安居香山、中村璋八辑:《纬书集成》之《春秋编·春秋元命苞》,河北人民出版社1994年版,第598页。

本的宇宙生成依据。扬雄曰："摛措阴阳而发气""资陶虚无而生规""大者含元气"（解嘲）。扬雄以玄作为万物产生的终极根源,反映了其想要在前人宇宙论根源的基础上,为万物寻找终极根源的努力。

1. 玄是宇宙产生的根源

扬雄以为："经莫大于《周易》,故作《太玄》。"所以《太玄》的结构体系完全是模仿《周易》的。《周易》按照两分法发展开,"易有太极,是生两仪,两仪生四象,四象生八卦"。《太玄》中的"玄"按照三分法展开,具体而言就是天玄、地玄、人玄。

扬雄曰："玄生神象二,神象二生规,规生三摹,三摹生九据。玄一摹而得乎天,故谓之有天;再摹而得乎地,故谓之有地;三摹而得乎人,故谓之有人。天三据而得乎人,故谓之有人。天三据而乃成,故谓之始中终。地三据而乃形,故谓之上中下。人三据而乃著,故谓之思福祸。"①郑万耕校释曰："神象二,即易传所谓两仪……规,圆,圆径一而周三,故以规言。三摹,指天、地、人三玄……九据指九天。"郑万耕对"玄"注解道："玄,指浑沦之气,即易传所谓太极。"②司马光集注曰："自玄冥而发乎神光,故神象二,二运无方,是以生规。规三摹之,而天玄地玄人玄得焉。"③按照司马光的说法,玄产生了神象二,因二无法运行,所以产生了规,规用三摹写,所以天玄、地玄、人玄就被创造出来了。从司马光集注可以看出,天玄、地玄、人玄的产生路线是:玄→神象二→规→天玄、地玄、人玄。

扬雄认为,玄的存在是不以人的意志为转移的。"仰而视之在乎上,俯而窥之在乎下,企而望之在乎前,弃而望之在乎后,欲违则不能,嘿则得其所者,玄也。"④向上看的时候玄在上方,向下看的时候玄在下方,翘首仰望时玄在前方,不去观望时玄在后方,想要背弃它却没有可能性,认真寻找就能发现玄的所在,这就是玄。扬雄认为玄是无处不在的,其存在不以人的意志为转移。"故玄者,用之至也。"⑤玄发挥着十分重要的作用,是不可缺少的。

由上可知,扬雄认为,玄生成了天地,天地生成了圆形的轨迹,圆形的轨迹生

---

① [汉]扬雄撰,郑万耕校释:《太玄校释》之《太玄告》,中华书局2014年版,第367页。
② [汉]扬雄撰,郑万耕校释:《太玄校释》之《太玄告》,中华书局2014年版,第369页。
③ [汉]扬雄撰,[宋]司马光集注,刘韶军点校:《太玄集注》卷第十《玄告》,中华书局1998年版,第251页。
④ [汉]扬雄撰,郑万耕校释:《太玄校释》之《太玄摛》,中华书局2014年版,第256页。
⑤ [汉]扬雄撰,郑万耕校释:《太玄校释》之《太玄摛》,中华书局2014年版,第256页。

成了天、地、人三玄，天、地、人三玄又生成了九天。玄最先生成了天，然后生成了地，最后生成了人。天有三重，才能形成天，称为始、中、终。地有三重，才能形成地，称为上、中、下。人有三重，才能形成人，称为思、祸、福。在扬雄看来，玄生成了天、地，又形成了天、地、人三玄，天、地、人在形成分化的过程中又各自分成三个层次。

扬雄认为，玄在生成天地时，阴阳之气发挥了重要作用。扬雄曰："摛措阴阳而发气，一判一合，天地备矣。"①郑万耕校释曰："摛措，即舒张措置，开展措施或发布之义。""判，指阴阳分开。合，指阴阳交合。"②扬雄认为，玄将阴阳和气发布开来，使阴阳二气分开又交合，也就是说，阴阳二气相互作用，天、地、人三玄就形成了。天、地、人三玄的形成，离不开阴阳二气的相互作用。扬雄曰："三仪同科，厚薄相劘。"③郑万耕校释云："三仪，指天地人。科，法则。厚薄，指阴阳，阴浊而厚，阳清而薄。"④扬雄认为，天、地、人三玄共同遵守一定的运行法则，阴厚阳薄，阴阳二气相互作用，帮助天、地、人三玄的形成。

2. 数成于三

《汉书·律历志》曰："数者，一、十、百、千、万也。所以算数事物，顺性命之理也。"⑤扬雄曰："天地奠位，神明通气，有一有二有三。"⑥郑万耕校释曰："一、二、三指天、地、人。"⑦扬雄认为，天、地的位置确立后，阴阳二气便开始发挥作用，最终形成了天、地、人三玄。扬雄曰："玄，浑行无穷正象天。阴阳㐺参，以一阳乘一统，万物资形。"⑧郑万耕注释曰："参，三。统，指天、地、人。"⑨扬雄认为，太玄运行无穷，模拟天道。阴阳相互作用，天玄、地玄、人玄就形成了。三玄形成，万物开始有了形状。扬雄曰："日陈其九九，以为数生。"⑩司马光引陆绩注释

---

① ［汉］扬雄撰，郑万耕校释：《太玄校释》之《太玄摛》，中华书局2014年版，第255页。
② ［汉］扬雄撰，郑万耕校释：《太玄校释》之《太玄摛》，中华书局2014年版，第260页。
③ ［汉］扬雄撰，郑万耕校释：《太玄校释》之《太玄摛》，中华书局2014年版，第255页。
④ ［汉］扬雄撰，郑万耕校释：《太玄校释》之《太玄摛》，中华书局2014年版，第261页。
⑤ ［汉］班固：《汉书》卷二十一上《律历志第一上》，中华书局1962年版，第965页。
⑥ ［汉］扬雄撰，郑万耕校释：《太玄校释》之《太玄摛》，中华书局2014年版，第257页。
⑦ ［汉］扬雄撰，郑万耕校释：《太玄校释》之《太玄摛》，中华书局2014年版，第268页。
⑧ ［汉］扬雄撰，郑万耕校释：《太玄校释》之《玄首都序》，中华书局2014年版，第1页。
⑨ ［汉］扬雄撰，郑万耕校释：《太玄校释》之《玄首都序》，中华书局2014年版，第2页。
⑩ ［汉］扬雄撰，郑万耕校释：《太玄校释》之《玄首都序》，中华书局2014年版，第1页。

曰:"玄数起于三,为方州部家,转而相乘,以成八十一首,七百二十九赞之数也。"①按照陆绩的观点,玄分为三玄,又分为方州部家,八十一家再乘以九就变成了七百二十九赞,赞相当于《周易》中的爻。

老子曰:"道生一,一生二,二生三,三生万物。"在扬雄看来,"道"本身即有"三"。玄是道,所以"玄"本身即含有三,三是指天、地、人三玄。由三数推衍以求人事与天道相合,显然是受到三公、九卿、二十七大夫、八十一元士的汉代官制的影响。由三的生数化生而来的九,在《太玄》中意义重大。玄所包含的天、地、人,通过九赞表现出来。九赞分别表征为天的始、中、终,地的上、中、下,人的思、福、祸,合而为九。

扬雄认为,玄起于三,由此说明"玄"的生化作用。《太玄图》曰:"一以三起,一以三生。以三起者,方州部家也。以三生者,参分阳气以为二重,极为九营,是为同本离(生)[末],天地之经也。"②郑万耕云:"一以三起,一以三生,则为二道。"③郑万耕认为,三玄的产生,有一以三起、一以三生两种途径。扬雄认为,玄以三为开端,表现为方、州、部、家以三为基础的递增。这是天玄、地玄、人玄产生的一种途径。天玄、地玄、人玄产生的另一种途径是三生成天玄、地玄和人玄。司马光集注云:"以三起者,有方位之所以建立也。以三生者,无方气之所以造化也。参分阳气为始中终,而九天周营。"④按照司马光的观点,以三起是有方位的,所以代表天玄、地玄、人玄的方州部家就建立起来了。而以三生是没有方位的,是由阳气与造化产生的。所以阳气分为始、中、终三个层次,进而分为九天。按照扬雄的观点,天玄、地玄、人玄在产生的过程中有两种途径,一种是方、州、部、家的途径,还有一种是阳气分为三重,进而分为九天的途径。

正如徐复观先生所言:"尽管《太玄》这一大系统,在知识上是虚假的,但他运思的既精且密,不是西方许多形而上学家中的本体论者所能企及。"⑤扬雄的"玄"以九为生数推导,结合汉代八十一历法的需要进行推演。八十一历法是汉

---

① [汉]扬雄撰,[宋]司马光集注,刘韶军点校:《太玄集注》卷第一《玄首序》,中华书局1998年版,第2页。
② [汉]扬雄撰,郑万耕校释:《太玄校释》之《太玄图》,中华书局2014年版,第349页。
③ [汉]扬雄撰,郑万耕校释:《太玄校释》之《太玄图》,中华书局2014年版,第357页。
④ [汉]扬雄撰,[宋]司马光集注,刘韶军点校:《太玄集注》卷第十《玄图》,中华书局1998年版,第214页。
⑤ 徐复观:《两汉思想史》(第二卷),华东师范大学出版社2004年版,第305页。

代采用的主要历法。《汉书·律历志》记载:"乃诏迁用邓平所造八十一分律历。"①元封年间,汉武帝下诏采用了邓平创造的八十一分律历。《太玄》旨在揭示宇宙人事的规律。扬雄认为,宇宙人事首先处在动态的发展过程中,任何一种事物都在与其对立面相反相成的过程中发展、变化,体现了其朴素的辩证法思想和事物的发展史观。有学者认为:"《太玄》的诞生,标志着汉代哲学家抽象思维能力的提高。"②有学者指出:"《太玄》的理论形式是不成功的,但它对烦琐经学的背离和挑战,以及它对世界现象背后深层本质的探索,都启发了魏晋玄学。"③扬雄以三为生的思想,对张衡也产生了深刻的影响。张衡《灵宪》曰:"天有九位,地有九域,天有三辰,地有三形。"④

第二节 天、地生人与汉代生死观

天、地生人的观点,在中国历史上有一个漫长的演变路线。汉代学者在先秦思想的基础上,进一步论述了天、地生人之观点。汉代学者普遍认为,天产生了人的精神,精神入于天。地产生了人的形体,形体入于地。汉代学者从人之形体入地后是否有知,推导出薄葬与厚葬的结论。凡是认为人死后有知的学者都倡导厚葬。厚葬,对汉代,特别是东汉时期的丧葬文化产生了深远影响。凡是认为人死后无知的学者,都倡导薄葬。薄葬与厚葬是相对而言的,凡是主张薄葬的学者都反对厚葬,倡导节约资源,节约土地,不扰民力,不误农时,对汉代的丧葬文化产生了积极影响。解决了人死后形体归属于地,且有知或者无知的问题后,汉代学者又将目光投向人的精神。按照精神入于天的理论假设,汉代学者普遍认为,人死亡后可以升仙,在区别于人间世界、地下世界的另外一个界域——天界(天堂)生活。马王堆汉墓帛画T形图,形象地将人们生活的世界划分为三种:天界(天堂),人间(人界),地界(阴间)。汉代学者从天、地生人之立论出发,对人日后生活的三维世界进行了详尽描述,反映了天、地生人之三才思想对汉代丧葬文化及民间思维的深远影响。

---

① [汉]班固:《汉书》卷二十一上《律历志第一上》,中华书局1962年版,第976页。
② 任继愈主编:《中国哲学发展史 秦汉》,人民出版社1985年版,第413页。
③ 任继愈主编:《中国哲学发展史 秦汉》,人民出版社1985年版,第413页。
④ [清]严可均校辑:《全上古三代秦汉三国六朝文》,中华书局1985年版,第776页。

一、天、地生人观念的历史流变

早期人类在对宇宙产生的根源进行探析的同时,对人的产生问题也进行了探索。人是如何产生的?人是否有灵魂和肉体的区分?人如果有灵魂和肉体的区分,那么灵魂和肉体在人死后将归向何处?人的灵魂能否转世?人的肉体被埋葬后是否有知,是否能在另一个世界长久存活?不可否认的是,汉代人的生死观涉及薄葬和厚葬的争论。凡是主张肉体在被埋葬后无知或者不能继续存活的学者,通常主张薄葬。而主张死后有知,肉体能够继续存活的学者,则主张厚葬。在汉代,关于薄葬和厚葬的争论,涉及人的产生问题。而天、地生人的观点,则是薄葬、厚葬问题产生的根源。

人是从哪里来的?老子曾经指出:"道生一,一生二,二生三,三生万物,万物负阴而抱阳,冲气以为和。"①根据老子的判断,天地之间的阴阳之气以及中和之气产生了万物。但是人的精神和肉体,也就是人的神和形如何产生,老子则没有讲清楚。

战国时代的荀子较早注意到精神和肉体的两分,《荀子·天论》曰:"形具而神生。"王先谦注释曰:"形,谓百骸九窍。神,谓精魂。"②荀子认为,形作为人的肉体,是人的精神产生的前提。只有形(肉体)具备,神(精神)才能产生。

关于人死亡以后形和神的去处,《礼记·郊特牲》中有较多的记载。"凡祭,慎诸此,魂气归于天,形魄归于地,故祭求诸阴阳之义也。殷人先求诸阳,周人先求诸阴。"③《礼记·郊特牲》较为明确地记载了人之形、神的归属问题,人的神也即魂是归属于天的,而形也即魄则归属于地。可见,人之形、神归属方向是不一样的。人们祭祀死者,从本意上讲,是祭祀其精神与肉体。精神归于天曰阳,肉体归于地曰阴。《礼记》认为,在祭祀死者方面,商人和周人的做法不同。商朝人侧重于对人精神的祭祀,而周朝人侧重于对人肉体的祭祀。成书于汉景帝、武帝时期的《淮南子》,也有"夫精神者,所受于天也;而形体者,所禀于地"④(《淮

---

① [春秋]老子著,[魏]王弼注:《老子》(诸子百家影印本)第四十二章《道德经下篇》,上海古籍出版社1989年版,第11页。
② [清]王先谦:《荀子集解》,中华书局1988年版,第309页。
③ 《礼记正义》卷第二十六《郊特牲》,[清]阮元校刻:《十三经注疏》(清嘉庆刊本),中华书局2009年版,第3156页。
④ 刘文典:《淮南鸿烈集解》,中华书局1998年版,第219页。

南子·精神训》)的记载,在先秦天、地生人观念的基础上,进一步阐释了为什么精神归于天,而肉体归于地。《淮南子》认为,由于精神是来源于天的,所以最终归属于天。而形体是来源于地的,所以最终归属于地。

天、地在产生之后,如何维持人之后的生存？古代学者认为,天产生了人的精神,地产生了人的形体。人产生以后,还要依靠天、地维持日后的生存。《章句》曰:"天食人以五气,从鼻入藏于心。五气清微,为精神聪明。音声五性,其鬼曰魂……地食人以五味,从口入藏于骨。五味浊辱,为形骸骨肉,血脉六情,其鬼曰魄。"①《章句》进一步说明了天、地生人之过程。认为天通过五气形成人的精神,地通过五味形成人的肉体。五气从鼻进入人体,藏于心中。五味从口进入人体,藏于骨髓。人的精神,称为魂。人的肉体,称为魄。《章句》代表了东汉时期一般人对精神和肉体如何产生的思考,认为呼吸和饮食是维持生命活动的前提。

二、形体入地与厚葬、薄葬

(一)死后有知与厚葬

1.死后有知

是否有鬼神的存在,在墨子时代已成为人们争论的话题。据《墨子·明鬼篇》记载,周宣王杀了他的臣下杜伯,但杜伯是被冤杀的。杜伯说:"我的国君冤杀了我,如果我死后无知则罢,如果死后有知,不出三年,一定要让国君知道,我是冤枉的。"过了三年,周宣王和诸侯在田野打猎,随从的车辆数百乘,随从人员数千人。到了中午时分,杜伯乘着白马,驾着素车,穿戴红色衣帽,手执红色弓弩,追赶周宣王,箭射入车中,将周宣王射杀,当时的随从都目睹了这件事。此后,百姓告诫自己的子孙,老师告诫自己的学生说:"戒之慎之,凡杀不辜者,其得不祥,鬼神之诛。"②墨子肯定了鬼神的存在,认为人死后有知,并且明确地指出,鬼神能够惩恶扬善。《墨子·明鬼篇》中还记载了庄子仪诛杀燕简公的事,与杜伯诛杀周宣王的情节相似,都是朝臣被国君冤杀,三年后,化为鬼神,诛杀国君的故事。这些故事,众说纷纭,不同的著作说法不一。可以肯定的是,在墨子生活的春秋末战国初期,人死后有知的观念十分流行。墨翟记载这些事例,主要

---

① 佚名著,王卡点校:《老子道德经河上公章句》卷一《成象第六》,中华书局1993年版,第21—22页。

② [战国]墨翟:《墨子》第八卷《明鬼下》,上海古籍出版社1989年版,第59页。

想说明鬼神的存在及其惩恶扬善的功能,教导人们多行善事。

《礼记·祭法》曰:"人死曰鬼,此五代之所不变也。"①据《史记·秦始皇本纪》记载,秦嬴政登上皇位,也就是历史上的始皇帝,在继位之初,便命令修建骊山墓,动用了七十万人参与骊山墓秦始皇陵的修建,为了保证始皇帝去世后,在地下仍然能够享受荣华富贵。骊山墓中装满了各种珍异物品,"宫观百官奇器珍怪徙藏满之",又"令匠作机弩矢,有所穿近者辄射之,以水银为百川江河大海"。②秦始皇陵在修建过程中,不仅在墓中装满各种珍异物品,而且为防止盗墓行为的发生,还设置了机关,在墓室外设置弓弩手。一旦有人盗墓,弓弩手就会射出箭来,将其射死。为保证秦始皇死后能够继续欣赏美丽的风景,工匠们还用水银铸造了江河。秦始皇将珍异物品及人间美景置于墓穴,意图非常简单,就是希望能够在死后继续享受荣华富贵。当然,秦始皇还命令埋葬大量的兵俑以保护自己死后的安全。这些都反映了秦始皇统治的时代,认为人死亡后有知,能够继续存活的观念,十分流行。

东汉光和二年(179)的一则买地券,记载了当时河南县王当买地铅券,上面讲道:"光和二年十月辛未朔三日癸西,告墓上、墓下、中央主土,敢告墓伯、魂门亭长、墓主、墓皇、墓丞:青骨死人王当,弟(使)偷及父元兴【等】从河南□□(左仲舒)子孙等,买谷郏亭部三佰西袁田十亩,以为宅。贾直钱万。钱即日毕。田有丈尺,卷(券)书明白,故立田角封界,界至九天上,九地下。死人归蒿里地下,□(得)何(花)姓(三得)名佑(有)有富贵,利子孙。王当,当弟使偷及父元兴等,当来人藏,无得劳苦苟止易,勿徭使,无责生人父母,兄弟,妻子,家室。生人无(责),各令死者无适负。"③这是一则买地铅券,也就是买卖土地的法律文书。与一般买卖契约不同,这则买地铅券是死者王当、王当之弟使及父元兴等人与河南(佐仲敬)等人,买卖十亩土地的契约文书。券书中规定,土地的边界上达九天之上,下及九地之下。并且告知墓上、墓下及中央主土之士,也即告知天上、地下、中央负责墓地的官员,不得让王当等死者在地下负担徭役,也不能让活着的王当家人受到连累。最后规定活着的人没有任何责任,死亡了的人也无任何负担,生者和死者两相便利。从东汉光和二年的买地铅券看,死者和生者之间能够签订土地买卖契约。当然这个契约是王当家人以王当的名义和他人签订的。契约规定土地的

---

① [清]孙希旦:《礼记集解》,中华书局1989年版,第1197页。
② [汉]司马迁:《史记》卷六《秦始皇本纪第六》,中华书局1982年版,第265页。
③ 张传玺主编:《中国历代契约汇编考释》(上),北京大学出版社1995年版,第52页。

界址上达天空,下及黄泉,目的是让死者在死亡之后有一个继续生存的空间。

2.厚葬

因为相信人死后有知,所以持该观点的学者认为,为了让死者能够在地下过上舒适的生活,需要实施厚葬。汉代,特别是东汉时期的厚葬之风也因此兴起。《盐铁论》引崔寔《政论》云:"送终之家,亦无法度,至用榆梓黄肠,多藏宝货,烹牛作倡,高坟大寝。"①崔寔很形象地描述了时人厚葬亲属之风俗,用珍贵的柏木黄肠(心)做棺,棺内陪葬大量珍异物品,烹牛宰羊大宴宾客。送终之家改变了过去不封不树的丧葬方式,而采用高坟大寝的厚葬方式。

东汉王符也对当时厚葬的情况进行了描述。王符曰:"古之葬者,厚衣以薪,葬之中野,不封不树,丧期无时。"②王符认为,远古时代丧葬制度简单,将死者埋葬在田野中,不封不树,丧期也没有明确规定。但是到了王符生活的时代,人们开始用棺椁来埋葬死者,"其后京师贵戚,必欲江南檽梓豫章梗楠。边远下土,亦竞相仿效。夫檽梓豫章所出殊远,又乃生于深山穷谷,历经山岑。立千步之高,百丈之豁,倾倚险阻,崎岖不便。求之连日,然后见之。砍斫连月,然后讫……行数千里,然后到雒,工匠雕治,积累日月"③。王符指出,当时的京师贵戚,喜欢用江南产的梓树和樟树做棺木,但是这种树木生长的地方距此十分遥远,又长在深山之中。山高千步,有百丈之豁,地势凶险,崎岖难行。要寻找百日才能见到这种树种,砍伐数月才能完成。然后要运送千里才能到达京城,工匠雕刻数月才能完成。可以看出,王符生活的时代,人们对丧葬活动的重视。王符讲到一棺之功,需要动用大量劳动力,"一棺之成,功将千万。既其终用,重且万斤。非大众不能举,非大车不能輓,东至乐浪,西至燉煌。万里之中,相竞用之。费功伤农,可为痛心"④。这种棺重达万斤,只有动用众多人才能举起,动用大车才能运送,但是人们竞相用之。这种做法费功伤农,王符感到十分痛心。当时京城富贵之家,"生不极养,死乃崇丧,或至刻镂玉,檽梓梗楠。良田造茔,黄壤致藏,多埋珍宝,偶人车马,造起大冢,广种松柏"⑤。王符批判当时的富贵之家,在父母活着的时候,不尽奉养义务,死后采用厚葬的方式,用良田来修建墓地,埋葬

---

① 王利器校注:《盐铁论校注》卷六《散不足第二十九》,中华书局1992年版,第391页。
② [汉]王符:《潜夫论》(诸子百家影印本),上海古籍出版社1990年版,第19页。
③ [汉]王符:《潜夫论》(诸子百家影印本),上海古籍出版社1990年版,第19—20页。
④ [汉]王符:《潜夫论》(诸子百家影印本),上海古籍出版社1990年版,第20页。
⑤ [汉]王符:《潜夫论》(诸子百家影印本),上海古籍出版社1990年版,第20页。

大量珍异物品,在墓葬周围广种松柏,改变了古人不封不树的薄葬做法。王符认为,这种做法有百害而无一利。"无增孝行,但作烦搅扰,伤害吏民。"① 这种做法非但没有体现孝道,反而伤害吏民,是不足取的。当然,王符所处时代的厚葬风俗与人死后有知的信仰是密切相关的。因为相信人死后有知,才有必要耗费大量人力、物力来实施厚葬。当然,厚葬的弊端也是显而易见的。厚葬的结果是变良田为坟茔,伤害了农业,同时也扰乱了人们的日常生活,伤及吏民百姓。

(二) 死后无知与薄葬理论

汉代社会在流行死后有知、厚葬风习的同时,主张死后无知、神灭理论的学者提倡薄葬。

这些学者认为,既然死后无知,厚葬则是浪费人力、物力,同时也是伤害农业、损害吏民的行为。东汉时期的王充批判了当时厚葬的风气,认为厚葬有百害而无一利。王充指出:"死〔人〕无知之实可明,薄葬之教可立也。"② 认为只有相信人们死后无知,薄葬的风气才能形成。王充认为,当时人们争论人死后能否有知的问题,一直没有定论,但"实者死人暗昧,与人殊途,其实荒忽,难得深知"③。王充认为,实际上人在死亡以后,就和活着的人走上了一条不同的道路,时人坚信人死后有知是没有认识到这一点的缘故。虽然人死后无知是一个事实,但是"人犹不信,是以世俗轻愚信祸福者,畏死不惧义(刘盼遂认为,'死'字当为'鬼'字之误),重死不顾生,竭财以事神,空家以送终"④。王充抨击了时人相信人死后有知,相信有鬼神存在,倾家荡产埋葬死者的社会风气,认为人死亡后即与活着的人走上不同的道路,死后无知,不应当厚葬,而应当薄葬。王充讲到:"世谓人〔死〕为鬼,有知,能害人。试以物类验之,人〔死〕不为鬼,无知,不能害人。"⑤ 时人都认为人死后有知,能害人,但是王充认为,人死后无知,不能害人。为什么死后无知呢?王充指出:"人死血脉竭,竭而精气灭,灭而形体朽,朽而成灰土,何用为鬼?"⑥ 认为人死亡后,血脉、精气均已衰竭,形体也就腐朽,成为灰土,当然不能有知,不能为鬼。

---

① 〔汉〕王符:《潜夫论》(诸子百家影印本),上海古籍出版社1990年版,第20页。
② 刘盼遂:《论衡校释》卷第二十三《薄葬篇》,中华书局1990年版,第962页。
③ 刘盼遂:《论衡校释》卷第二十三《薄葬篇》,中华书局1990年版,第962页。
④ 刘盼遂:《论衡校释》卷第二十三《薄葬篇》,中华书局1990年版,第962页。
⑤ 刘盼遂:《论衡校释》卷第二十《论死篇》,中华书局1990年版,第871页。
⑥ 刘盼遂:《论衡校释》卷第二十《论死篇》,中华书局1990年版,第871页。

《汉书·杨王孙传》记载,汉武帝年间的黄老教徒杨王孙也持薄葬的观点。杨王孙指出:"精神者天之有也,形骸者地之有也。精神离形,各归其真。故谓之鬼,鬼之为言归也。其尸块然独处,岂有知哉?"①杨王孙认为人死后无知,因此不需要厚葬。杨王孙批评了当时的厚葬之风,指出:"今费财厚葬,留归鬲至死。死者不知,生者不得,是为重惑。"②杨王孙的观点得到祁侯的认可,最终杨王孙得以薄葬,也即裸葬。

《太平御览》卷八八三引《韩诗外传》曰:"人死曰鬼,鬼者归也。精气归于天,肉体归于土,血归于水,脉归于泽。"③

史料中有很多关于薄葬的记录,《后汉书·列女传》讲到,汉中程文矩的妻子,是同郡李法的姐姐,字穆姜,八十多岁去世。临终前,对诸子说:"吾弟伯度,智达士也,所论薄葬,其义至矣。又临亡遗令,贤圣法也。令汝曹遵承,勿与俗同,增吾之累。"④杨树达曰:"李法字伯度,其卒约当在安帝、顺帝时。"⑤安帝、顺帝时,程文矩的妻子认为自己弟弟伯度的薄葬观点是十分正确的,要求子女不按照当时的厚葬习俗,而是按照伯度的观点薄葬自己。这一事例,反映了东汉安帝、顺帝时期,民间女子亦有薄葬的自觉行为。

据《后汉书·赵咨传》记载,赵咨在京城地区得了重病,即将去世,他让自己过去的属吏朱祇、萧建等人"薄敛素棺,藉以黄壤,欲令速朽,早归后土"。赵咨希望自己死后"棺归即葬,平地无坟。勿卜时日,葬无设奠,勿留墓侧,无起封树"。希望能够薄葬,越简单越好,平地起冢,不要占卜埋葬的日子,不行葬礼,墓旁不留空地,不封不树,不做标记。赵咨之所以希望故吏能够薄葬自己,是因为他认为死后无知,不需厚葬。赵咨曰:"夫含气之伦,有生必终,盖天地之常期,自然之至数。"⑥赵咨认为,所有有生命之物,有生必有死,这是自然而然的事

---

① [汉]班固:《汉书》卷六十七《杨胡朱梅云传第三十七》,中华书局1962年版,第2908页。
② [汉]班固:《汉书》卷六十七《杨胡朱梅云传第三十七》,中华书局1962年版,第2909页。
③ [宋]李昉等:《太平御览》(八),上海古籍出版社2008年版,第743页。
④ [南朝宋]范晔:《后汉书》卷八十四《列女传第七十四》,中华书局1965年版,第2794页。
⑤ 杨树达:《汉代婚丧礼俗考》,上海世纪出版集团、上海古籍出版社2009年版,第91页。
⑥ [南朝宋]范晔:《后汉书》卷三十九《刘赵淳于江刘周赵列传第二十九》,中华书局1965年版,第1314页。

情,因此不需要厚葬。

三、精神入天:成仙

汉代思想家从天、地、人三才角度出发,认为天、地分别创生了人的精神与形体,人死后精神入天称为魂,形体入地称为魄。关于形骸入地后能否继续生存,汉代思想家有过激烈的争论。凡是认为人死后有知的学者都提倡厚葬,认为人死后无知的学者都提倡薄葬。汉代思想家从天、地、人三才角度出发,认为人生活的世界,除了现世世界也即人间社会外,还能够在地下、阴间(有时候也称为黄泉)继续生活。同时,汉代思想家也在思考人是否能够在天上(天堂)生活的问题,人们把这种情况称为成仙。从马王堆汉墓帛画的T形图可以看出,公元一世纪也即西汉中期,在人们的意识中,人可以同时生活于天界(天堂)、地界(阴间)以及人间社会。汉代思想家认为,人除了生活在人间社会、阴间(地下)外,还可通过成仙的方式生活在天界(天堂)。这生动地反映了天、地、人三才观念对当时的人们产生的影响。

长沙马王堆一号汉墓帛画T形图①

---

① 湖南省博物馆、中国社会科学院考古研究所:《马王堆一号汉墓》(下集),文物出版社1973年版,第71页。

据史料记载,汉景帝、武帝年间,淮南王刘安召集门客著述《淮南子》一书,后来因为谋反事发,自杀身亡。到了东汉时期,民间人士相信淮南王刘安还活着,且已升仙。生活在桓帝、灵帝年间的应劭著述《风俗通义》时,记载了当时的民间传说。民间传说认为淮南王刘安并未真正死亡,而是将枕中之书铸成黄金、白银,白日升天而去,成了天上的神仙。《风俗通义》记载曰:"俗说:淮南王安,招致宾客方术之士数千人,作鸿宝、苑秘、枕中之书,铸成黄白,白日升天。"①王充在《论衡·道虚篇》中,对淮南王刘安升仙之事有详尽的描述,其中曰:"儒书言淮南王学道,招会天下有道之人,倾一国之尊,下道术之士,是以道术之士,并会淮南,奇方异术,莫不争出,王遂得道,举家升天,畜产皆仙,犬吠于天上,鸡鸣于云中。"②王充所在的时代,儒书中讲到淮南王刘安升天成仙,不仅认为刘安本人升天成仙,而且他的全家人,包括牲畜、鸡犬,也一并升天成仙。"一人得道,鸡犬升天"的成语即从此出。

据《风俗通义》记载,东汉明帝时期的尚书令王乔后来做了叶城令,经常在皇帝上朝时不请自到。每到上朝的时候,叶城的鼓不击自鸣。王乔即将去世的时候,有一口玉棺出现在朝堂上,试着让朝臣进入,门始终不开。王乔说:"天帝独欲召我。"沐浴更衣后"寝其中,盖便立覆,宿夜葬于城东,土自成坟"。后来王乔又一次出现,"但云叶太史候望,在上西门上"。③《风俗通义》所载王乔死后再次出现在上西门上之事,说明东汉时期死后成仙观念的流行。

于公元2世纪东汉时期写作完成的《太平经》,作为民间道教的重要代表作,也谈到人成仙的问题。当然《太平经》认为,只有极个别人能够升天成仙,绝大部分人是不能够升天成仙的。《太平经》曰:"白日之人,百万之人,未有一人得者也。能得之者,天大神所保信也。余者不得比,尸解之人,百万之人乃出一人耳。"④《太平经》认为白日升天之人数量稀少,同时尸解之人为仙的数量也十分有限。所谓尸解,是指人已经死亡,但是灵魂离开肉体,升天成仙者。要想升天成仙,有十分重要的条件,就是要让上天喜欢他。"其人当使天爱重之,内为

---

① [汉]应劭撰,王利器校注:《风俗通义校注》卷二《正失》,台北明文书局1982年版,第115页。

② 刘盼遂:《论衡校释》卷第七《道虚篇》,中华书局1990年版,第317页。

③ [汉]应劭撰,王利器校注:《风俗通义校注》卷二《正失》,台北明文书局1982年版,第82页。

④ 王明:《太平经合校》卷一百十四,中华书局2014年版,第612页。

得太上腹心,荐举其为有信效。"①《太平经》认为,要想升天成仙,必须得到太上老君的赞许,然后太上老君向上天推荐他,得到上天的厚爱和认可,某人才能升天成仙。当然这样的人是非常少的,百万人中才能产生一人。《太平经》迎合民间百姓想要升天成仙的心理,用此办法来引导百姓多行善事。

《太平经》认为,升仙之人必须具备优良的品质:"动摇戒意不倾邪,财力之属不视顾,衣服粗粗,衣才蔽形,是升天之人行也……天神爱之,遂成其功。"②《太平经》认为,升天之人要有坚定的信念,这种信念是善的,不是邪恶的,同时升天之人还要有节俭的作风,不追逐钱财。只有品行得到天神的认可,天神才能帮助他实现心愿。《太平经》一再强调,白日升天之人"其生日时,自不为恶"③。即白日升天之人,活着的时候要多行善事,不能为恶,否则是不能升天的。

第三节　天、地、人三元并存的宇宙系统论

一、概述

汉代,不论儒家、道家,都强调天、地、人之三元并存。地在汉代是天、人关系的纽带和连接,是不可缺少的一环。

为什么要强调天、地、人三元并存呢？早在春秋、战国时代,人们已经认识到天、地、人三元并存对维护国家治理、维护社会统治的重要性。《国语》云:"上不象天,而下不仪地,中不和民,而方不顺时,不共神祇,而蔑弃五则(韦昭注曰:蔑,灭也。则,法也。谓象天、仪地、和民、顺时、共神也),是以人夷其宗庙,而火焚其彝器,子孙为隶,不夷于民。"④

从《国语》的记载可以看出,如果向上不效法天,向下不效法地,在中间不与百姓合和,逆四方之时令,不及时祭祀神祇,忽视、抛弃象天、仪地、和民、顺时、共神五个法则,就会带来严重的后果,就会有人毁坏他的宗庙,用火烧毁他的祭祀

---

① 王明:《太平经合校》卷一百十四,中华书局2014年版,第612—613页。
② 王明:《太平经合校》卷一百十四,中华书局2014年版,第612页。
③ 王明:《太平经合校》卷一百十四,中华书局2014年版,第612页。
④ 徐元浩撰,王树民、沈长云点校:《国语集解》之《周语下第三》,中华书局2002年版,第101页。

用品。子孙只能为奴，丧失平民身份，不能与平民平起平坐。所以《国语》强调，统治者要想很好地维护自己的统治，必须遵守象天、仪地、和民、顺时、共神五个法则。如果不能遵守这五个法则，就会给自己带来灾祸。如果能够遵守这五个法则，就会带来好的结果。"则此五者而受天之丰福，乡民之勋力，子孙丰厚。"①统治者遵守这五个法则，上天就会给其带来丰厚的回报，也能很好地享受百姓劳动的成果，子孙也能过上富裕的生活。在这五个法则中，象天、仪地、和民处于非常重要的地位。可以看出在《国语》所处的春秋、战国时期，人们已经意识到天、地、人三元合一在维护社会统治过程中的重要性。

《国语》载："夫人事必将与天地相参，然后乃可以成功。"韦昭注云："参，三也。天、地、人事三合，乃可以成大功。"②按照《国语》的观点，人要想取得成功，必须参与天、地之运行，遵循天、地的运行规律。天、地、人三才合一，才能使人事获得成功。

二、先秦道家哲学体系中的天、地、人三元并存

（一）老子：天、地、人并立

老子曰："故道大，天大，地大，王亦大（王弼注曰：天地之性人为贵，而王是人之主也。虽不职，王亦复为大，与三匹，故曰王亦大）。域中有四大（王弼注曰：四大，道、天、地、王也）。凡物有称，有名，则非其极也。言道则有所由，有所由，然后谓之为道。然则秦道是道，称中之大也，不若无称之大也。无称不可得而名曰域也。道、天、地、王皆在乎无称之内，故曰域内有四大者也。而王居其一焉（王弼注曰：处人主之大也）。"③老子认为，宇宙间有四大，即道、天、地、人，人是其中之一。老子将道、天、地、人并称为宇宙之四大，提升了人的地位。人不仅与天、地并立，天、地、人也能够和道并立。在老子看来，天、地、人的地位是平等的，三者是并立的。

陈鼓应认为："老子将人的地位提升到宇宙中的四大之一，在思想史上这是

---

① 徐元诰撰，王树民、沈长云点校：《国语集解》之《周语下第三》，中华书局2002年版，第101页。

② 徐元诰撰，王树民、沈长云点校：《国语集解》之《越语下第二十一》，中华书局2002年版，第582页。

③ ［春秋］老子著，［魏］王弼注：《老子》（诸子百家影印本）第二十五章《道德经上篇》，上海古籍出版社1989年版，第6页。

史无前例的。"①《老子甲本道经》记载:"天大、地大、王亦大。国中有四大,而王居一焉。"②《老子乙本道经》也有相同记载。③《老子》甲乙本将通行本中的"域中有四大"更为"国中有四大",使"四大"之存在范围更加确定、明晰。方东美指出:"尤其是道家,特别富有这一种精神。他处在有限的境界里面,能够破除有限,而通达到无穷的前头。"④

老子指出,道与天地万物(人)共存,也就是说道存在于天地万物之中。老子曰:"昔之得一者。(王弼注曰:昔,始也。一,数之始,而物之极也。各是一物之生,所以为主也,物皆各得此一以成。)"⑤老子认为万物都有一个开端,这个开端就是"一"。"一"是什么呢?陈鼓应引林希逸注曰:"一者,道也。"⑥老子认为,"一"存在于万物之中,不能与万物分离。老子曰:"天得一以清,地得一以宁,神得一以灵,谷得一以盈,万物得一以生,侯王得一以为天下贞。其致之。(王弼注曰:各以其一,致此清宁。灵,盈,生,贞。)"⑦老子认为,天得一(道)就能够清明,地得一(道)就能够宁静,神得一(道)就能够显灵,河谷得一(道)就能够充盈,万物得一(道)就能够生长,侯王得一(道)就能够使天下安宁。

老子认为,道与万物共存,也与天、地、人共存。万物如果失去了道,就会产生恶劣的后果。老子曰:"天无以清,将恐裂。(王弼注曰:是以皆无用其功,恐丧其本也。)地无以宁,将恐废。神无以灵,将恐歇。谷无以盈,将恐竭。万物无以生,将恐灭。侯王无以贵高,将恐蹶。"⑧老子认为,天得不到一(道)就无法清明,无法清明,就会崩裂。地得不到一(道)就无法安宁,无法安宁就会废弛。神

---

① 陈鼓应:《道家的人文精神》,中华书局2012年版,第122页。
② 国家文物局古文献研究室:《马王堆汉墓帛书》(壹),文物出版社1980年版,第12页。
③ 国家文物局古文献研究室:《马王堆汉墓帛书》(壹),文物出版社1980年版,第97页。
④ 方东美:《原始儒家道家哲学》,中华书局2012年版,第170页。
⑤ [春秋]老子著,[魏]王弼注:《老子》(诸子百家影印本)第三十九章《道德经下篇》,上海古籍出版社1989年版,第10页。
⑥ 陈鼓应:《老子注译及评介》,中华书局1984年版,第218页。
⑦ [春秋]老子著,[魏]王弼注:《老子》(诸子百家影印本)第三十九章《道德经下篇》,上海古籍出版社1989年版,第10页。
⑧ [春秋]老子著,[魏]王弼注:《老子》(诸子百家影印本)第三十九章《道德经下篇》,上海古籍出版社1989年版,第10页。

得不到一(道)就不能显灵,不能显灵就会消灭。河谷得不到一(道)就无法充盈,河水不能充盈,河床就会枯竭。万物得不到一(道)就会灭绝,侯王得不到一(道),就不能显示自己的身份,就会一蹶不振,侯王的政权就会被颠覆。老子认为,道生成了万物,并与万物同在。万物,包括天、地、人都不能与道分离。一旦与道分离,失去了道,就会产生恶劣的后果。因此,老子认为道与万物共存。

老子虽然没有提出"齐万物"的观点,但是认为道与万物应当和谐相处,天、地、人与道处在一个和谐的系统中。楼宇烈指出:"物均是一(即道)而生,所以一是万物之主。"①张舜徽指出:"昔之得一者:天得一以清,地得一以宁。其意以为天地惟能静,故化育万物;人主惟能静,故治理万事。"②

陈鼓应引董思靖语云:"道贯三才,其体自然而已。"③老子将道、天、地、人置于域中,也就是宇宙之中,并且用道将天、地、人三才贯通。老子在谈到道、天、地、人四者的关系时指出:"人法地,地法天,天法道,道法自然。(王弼注曰:法,谓法则也。人不违地乃得全安,法地也。地不违天乃得全载,法天也。天不违道乃得全覆,法道也。道不违自然乃得其性。)"④老子认为,人应当效法地运行的法则,也就是人不能违反地道。那么地运行的法则是什么呢?笔者认为,地运行的法则是春生夏长秋收冬藏。"地"在中国古代思想中具有生长义,所谓地生万物。因此,人想要效法地道,就要维护地春生夏长秋收冬藏的法则,不要滥杀动物、砍伐植物。地应当效法天道运行的规律,不能违反。实际上天的运行法则表现为四季的轮回,地正是顺应了四季轮回的需要,生长出不同的植物和动物。天要效法道运行的规律,道具有周行不息的特征。天正是效仿了道这一运行规律,四季轮回,周行不息。道要效法自然运行的规律。陈鼓应指出:"'道'就天道层面来反省,提醒我们更加关注天地间自然的运行法则,不要从人类中心主义出发而过度地毁损它,破坏它,我们应当更加地珍惜太空环境与地球生命。"⑤

(二)庄子:天、地、人齐等

在齐物论的大背景下,庄子认为万物都是平等的,因此,天、地、人三者也都

---

① 楼宇烈校释:《老子道德经校释》,中华书局2008年版,第107页。
② 张舜徽:《周秦道论发微》,中华书局1982年版,第106页。
③ 陈鼓应:《老子注译及评介》,中华书局1984年版,第168页。
④ [春秋]老子著,[魏]王弼注:《老子》(诸子百家影印本)第二十五章《道德经上篇》,上海古籍出版社1989年版,第6页。
⑤ 陈鼓应:《道家的人文精神》,中华书局2012年版,第88页。

是平等的。正如陈鼓应所言,庄子"齐物论篇,主旨是肯定一切人与物的独特意义内容及其价值,齐物论,包括齐、物论(即人物之论平等观)与齐物、论(即申论万物平等观)"①。庄子曰:"天下莫大于秋毫之末,而太山为小。莫寿乎殇子,而彭祖为夭。天地与我并生,而万物与我为一。[郭象注曰:夫以形相对,则太(泰)山大于秋毫也。若各具其性分,物冥其极,则形大未为有余,形小不为不足。苟各足于其性,则秋毫不独小其小,而太(泰)山不独大其大矣。若以性足为大,则天下之足未有过于秋毫也。若性足者非大,则虽太(泰)山亦可称小矣。故曰:天下莫大于秋毫之末,而太(泰)山为小。太(泰)山为小,则天下无大矣。秋毫为大,则天下无小也。无小无大,无寿无夭,是以蟪蛄不羡大椿而欣然自得,斥鷃不贵天池而荣愿以足。苟足于天然而安其性命,故虽天地未足为寿,而与我并生。万物未足为异,而与我同得。则天地之生又何不并,万物之得又何不一哉。]"②

庄子认为,天下不比秋毫为大,而太(泰)山也可以是小的。长寿的人和未成年就早夭的人是一样的,长寿的彭祖也可以被认为是短命的。从这个意义上来讲,天地和我是共同成长没有区别的,万物和我都属于同一类。郭象认为,庄子此言是说,如果从物的外形来看,泰山是比秋毫为大的,但如果从物的属性来看,太(泰)山就不比秋毫为大,天下和秋毫也就没有差别了。从属性角度出发,天地和我是并生的,万物之间没有什么差别,万物与我是一致的。著名学者李泽厚先生指出,庄子"与老子大不相同的地方,在于他第一次突出了个体存在。他基本上是从人的个体的角度来执行这种批判的。关心的不是伦理、政治问题,而是个体存在的身(生命)心(精神)问题,才是庄子思想的实质"③。

庄子指出,人在天地之间生活,就相当于大山中的小石、小木。庄子同时指出:"号物之数谓之万,人处一焉。"④认为在有名号的数万种物中,人是其中之一。可以看出,庄子的观点和儒家的观点是有差别的。庄子主张齐物,所谓万物齐等,人和其他物,包括动物、植物以及无生命的物都是平等的。但是传统儒家

---

① 陈鼓应:《庄子今注今译》,中华书局1983年版,第32页。
② [战国]庄周著,[晋]郭象注:《庄子》(诸子百家影印本)第一卷《齐物论》,上海古籍出版社1989年版,第14页。
③ 李泽厚:《中国古代思想史论》,生活·读书·新知三联书店2008年版,第189页。
④ [战国]庄周著,[晋]郭象注:《庄子》(诸子百家影印本)第六卷《秋水》,上海古籍出版社1989年版,第87页。

特别是荀子明确指出,"人为天地贵",认为人在天地万物中是最为尊贵的。因此,儒家在天地万物中进一步提升了人的主体地位。庄子指出,万物都是平等的。"以道观之,物无贵贱(郭象注曰:各自足也)。"①庄子认为,人应当和万物和平共处。"圣人处物不伤物。不伤物者,物亦不能伤也。"

三、汉代道家哲学体系中的天、地、人三元并存

(一)《黄帝四经》天、地、人三元并存

《十大经·行守》曰:"天有恒斡,地有恒常。与民共事,与神同□(陈鼓应将此处补为'光'②)。"③《十大经》认为,天、地都是永恒存在的,且有自己的运行法则,天、地、人是共存于一个系统中的。

(二)《淮南子》天、地、人三元并存

在《淮南子》看来,古代没有天、地的时候,一切都是无形无象的,后来产生了管理天和地的神灵。"有二神混生(高诱注曰:二神,阴阳之神也。混生,俱生也),经天营地……于是乃别为阴阳,离为八极,刚柔相成(高诱注曰:离,散也。八极,八方之极。刚柔,阴阳也),万物乃形。烦气为虫,精气为人。"④有二神共同成长,管理着天和地。二神在管理天地的过程中,区别了阴气和阳气,离散、区别了八个方位。阴阳交替,万物就有了形状。其中不纯之气变成了动物,精纯之气变成了人。在《淮南子》看来,人的形成是由阴、阳二气相互作用的结果。人形成后,就有了精神和骨骸。精神和骨骸分属于不同的领域。《淮南子》言:"是故精神,天之有也;而骨骸者,地之有也。精神入其门,而骨骸反其根。"高诱注曰:"精神无形,故能入天门。骨骸有形,故反其根,归土也。"⑤人的精神是属于天的,而人的骨骸则属于地。所以精神归于上天,而骨骸返归大地。《淮南子》

---

① [战国]庄周著,[晋]郭象注:《庄子》(诸子百家影印本)第六卷《秋水》,上海古籍出版社1989年版,第88页。

② 陈鼓应:《黄帝四经今注今译——马王堆汉墓出土帛书》,商务印书馆2005年版,第320页。

③ 马王堆汉墓帛书整理小组:《马王堆汉墓帛书 经法》,文物出版社1976年版,第83页。

④ [汉]刘安等编著,[汉]高诱注:《淮南子》(诸子百家影印本)第七卷《精神训》,上海古籍出版社1989年版,第68页。

⑤ [汉]刘安等编著,[汉]高诱注:《淮南子》(诸子百家影印本)第七卷《精神训》,上海古籍出版社1989年版,第68页。

将人划分为精神和骨骸,并且对精神和骨骸做了归属上的安排。在《淮南子》看来,人和天、地有着不可分割的关联,人的精神和骨骸来自天、地,最终也要返归于天、地。

(三)《太平经》天、地、人三元并存

东汉晚期出现的道教著作《太平经》,对天、地、人三元并存,三种元素都不可或缺的问题进行了阐述,并且指出:"三气以悦喜,共为太和,乃应并出也……故纯行阳,则地不肯尽成,纯行阴,则天不肯尽生。当合三统,阴阳相得,乃和在中。古者圣人治致太平,皆求天地中和之心,一气不通,百事乖错。"①《太平经》认为,天、地、人也即阳、阴、中和三气应当并存,只有天或者只有地都是不行的。只有阳气运行,那么地成就万物的功能将无法发挥出来。如果只有阴气运行,那么天成就万物的功能就无法发挥出来。认为当合三统,天、地兼备再加上中和之气。阴阳相得益彰,就能生成中和之气。统治者要想取得天下太平的治理效果,必须将天、地、人三者贯通,任何一种元素不能贯通,都会导致百事乖错的结局。而贯通天、地、人三气则会有圆满的结局。"通天地中和谭,顺大业,和三气游,王者使无事,贤人悉出,辅兴帝王,天大喜。"②《太平经》认为,将天、地、人三气贯通,就会达成贤人悉出而辅兴帝王的完美局面。

《太平经》进一步指出:"元气有三名,太阳、太阴、中和。形体有三名,天、地、人。天有三名,日、月、星,北极为中也。地有三名,为山、川、平土。人有三名,父、母、子。治有三名,君、臣、民,欲太平也。此三者常当腹心,不失铢分,使同一忧,合成一家,立致太平,延年不疑矣。故男者象天,故心念在女也,是天使人之明效也。臣者为地通谭,地者常欲上行,与天合心,故万物生出地,即上向而不止,云气靡天而成雨。故忠臣忧常在上,汲汲不忘其君,此地使之明效也。民者主为中和谭,中和者,主调和万物者也。中和为赤子,子者乃因父母而生,其命属父,其统在上,托生于母,故冤则想君父也。此三乃夫妇、父子之象也。宜当相通辞语,并力共忧,则三气合并为太和也。太和即出太平之气。"③

《太平经》不仅指出天、地、人三个因素缺一不可,而且对天、地、人所包含的具体元素进行解读,认为天包含了日、月、星三种元素,地包含了山、川、平土三种元素,人包含了父、母、子三种元素。另外,治理国家也有三种元素,君、臣和民。

---

① 王明:《太平经合校》乙部《名为神诀书》,中华书局1960年版,第18页。
② 王明:《太平经合校》乙部《和三气兴帝王法》,中华书局1960年版,第19页。
③ 王明:《太平经合校》乙部《和三气兴帝王法》,中华书局1960年版,第19—20页。

君者象天,臣者向地,民者向人,为中和谭。强调民具有调和万物的功能,同时也强调臣应忠于君,强调男子对女子的支配地位。在《太平经》看来,就天、地、人而言,男子是天的象征,男子会将注意力放在女子身上,这是天让他这样做的。臣是地的象征,地气常常想要上行,与天气合和。所以万物在地上长出,但是向上不停生长,云气在天空中形成雨。所以忠臣常常担忧君主的安危,时时刻刻为君主考虑,这是地让他这样做的。百姓属于中和者,中和之气负责调和万物,中和是赤子的象征。子由父母生出,他的生命来自父亲,他的血统在于父亲,但是由母亲生出。所以天、地、人三种因素,象征着夫妇、父子。

在《太平经》看来,天代表男子,代表父亲。地代表臣下,代表女子。人则代表子。从伦理关系出发,《太平经》认为子要孝敬父母,臣要为君主考虑,行事过程中惦念君主,不能忘怀。《太平经》认为,天、地、人三种元素缺一不可。"断绝此三气,一气绝不达,太和不至,太平不出。阴阳者,要在中和,中和气得,万物滋生,人民和调,王治太平。人君,天也,其恩施不下,至物无由生,人不得延年。人君之心不畅达,天心不得通于下,妻子不得君父之救,为逆家也。臣气不得达,地气不得成,忠臣何以得助明王为治哉?伤地之心,寡妇在室,常苦悲伤,良臣无从得前也。民气不上达,和气何从得兴?中和乃当和帝王治,调万物者各当得治。今三气不善相通,太平安得成哉?"①

在《太平经》看来,君主是天的象征,如果君主不能向下施加恩惠,万物将不能生长,人也不能延年益寿。人君没有开阔的胸怀,天心不能向下与地和人贯通,作为地的妻和作为人的子就无法得到象征天的君和父的指令,那么家庭秩序就混乱了。臣和妻不能上达与君、父贯通,地气将无法形成。地气无法形成,忠臣也就无法辅助君主治理国家了。如果伤害了地心,象征地的寡妇在家里常常悲伤、痛苦,象征地的良臣也就无法前行了。如果象征人的民气不能上达,和气将无法中兴。中和之气帮助君主调和万物,治理国家。如果天、地、人三气不能很好地贯通,那么国家得到很好治理的太平时代也就无法到来了。在《太平经》看来,只有天气下达向万物施加恩惠,万物才能生长。如果天气不能与地气相贯通,臣下将无法辅佐君主,妻子将整日悲伤。如果人气(中和)之气不能与天气和地气贯通,那么中和之气调和万物的功能将丧失。如果天气不能与地气和人气贯通,那么,代表地气的臣,代表人气的子,会因为得不到君和父的指令而导致

---

① 王明:《太平经合校》乙部《和三气兴帝王法》,中华书局1960年版,第20页。

家庭内部关系的混乱。

《太平经》曰："人本生时乃名神也,乃与天地分权,分体,分形,分神,分精,分气,分事,分业,分居。故为三处,一气为天,一气为地,一气为人。余气散备万物。是故尊天、重地、贵人也。"① 在《太平经》看来,人在出生的时候就是与天、地相分离的。人和天地权力相分,形体相分,精神相分,事业相分,天、地、人各有自己的位置,也是相分的。所以气大致上划分为重要的三种,一种是天气,一种是地气,一种是人气,剩余的气飘散凝聚为万物。所以必须要将天、地、人置于同等位置,也即尊天、重地、贵人。

《太平经》曰："天有三皇,地有三皇,人有三皇。天有五帝,地有五帝,人有五帝。天有三王,地有三王,人有三王。天有五霸,地有五霸,人有五霸。何谓也? 天有三皇,若三光。地有三皇,若高下平。人有三皇,若君臣民。天有五帝,若五星……天有三王谓三光,五霸为五岳,与人地皆同。天之三皇,其优者日,中者月,下者星。地之三皇,优者五岳,中者平土,下者田野。人之三皇,优者君,中者臣,下者民。"② 《太平经》认为,世界是由天、地、人三才结构组成的,而天、地、人三种因素又各自有自己的组成部分。天有三皇、五帝、三王,三皇就是三光,五帝就是五星,三王就是三光。地有三皇、五霸、三王,三皇就是土地的高、下、平三种地势,五霸就是五岳,三王就是三光。人有三皇、五霸、三王。三皇就是君、臣、民三个等级,五帝就是五藏(脏),三王与天、地相同,都是指三光。天之三皇中最优等的是太阳,中等的是月亮,下等的是星辰。地之三皇,最优等的是五岳,中等的是平土,下等的是田野。人之三皇,最优等的是君主,中等的是臣子,下等的是百姓。

四、汉代儒家哲学体系中的天、地、人三元并存

(一) 董仲舒:天、地、人三元并存

过去,我们在研究董仲舒思想时,用"天人合一"概括其思想内涵。实际上,董仲舒在其哲学思想体系中,明确提出的是"天、地、人"合一的三才结构,这是我们过去在研究董仲舒思想时未加重视但又十分重要的一个问题。在董仲舒看

---

① 佚名:《太平经钞》第十卷《癸部》,见《太平经》(诸子百家影印本),上海古籍出版社1993年版,第137页。
② 佚名:《太平经钞》第四卷《丁部》,见《太平经》(诸子百家影印本),上海古籍出版社1993年版,第46—47页。

来,天、地、人不仅处于同一个系统,作为国家的统治者,还应当将天、地、人加以贯通、联结。只有这样,才能很好地维护社会统治,实现天下太平。董仲舒在《春秋繁露》一书中,很多时候都是天、地、人三者并提,认为天、地、人处于同一个系统中。

董仲舒指出:"天地阴阳木火土金水,九。与人而十者,天之数毕也。"①在董仲舒看来,在天道运行的系统中,有十种十分重要的物质,也即十种元素,除了五行代表的金、木、水、火、土五种元素及阴阳两种元素外,剩下的就是天、地、人。过去,我们在解读董仲舒天人关系时,常常会使用"天人合一"的说法,这个说法本身不错,但是很多学者只将注意力放在董仲舒"天人合一"思想上,却忽略了董仲舒天、地、人合一的三才结构。董仲舒在《春秋繁露》中提出"天人一也"②。学者赖炎元认为其含义是"天和人是相通的"③,这个解释是非常正确的。由于天和人有相通之处,因此,可以将这句话理解为:天和人在一个系统中。

有许多学者将董氏此语引申为"天人合一"。这个说法是不是合理呢?主要看天、人所在的系统,有没有其他因素的存在。实际上,在董仲舒的主要著作《春秋繁露》中,很多时候是天、地、人并提,而非天、人并提。因此,笔者以为,在董仲舒的天人系统中,还应该加上"地",应该是"天、地、人"三才结构。这种逻辑安排,更加符合董仲舒的本意。

为什么要坚持天、地、人三元并存呢?"三"在董仲舒的哲学体系中有着特殊的意义。如同《周易》认为三画才能成象一样,董仲舒也认为'三'是构成事物的条件。董仲舒曰:"何谓天之大经?三起而成日,三日而成规,三旬而成月,三月而成时,三时而成功。寒暑与和,三而成物;日月与星,三而成光;天地与人,三而成德。由此观之,三而一成,天之大经也,以此为天制。"④董仲舒认为,天的运行规律是一日由早、中、晚构成。三天成规,一月有三旬,三月是一个季度,三个季度基本上构成一年。寒、暑、中和,构成一年四季。日、月、星结合在一起,才能

---

① [汉]董仲舒:《春秋繁露》(诸子百家影印本)第十六卷《天地阴阳第八十一》,上海古籍出版社1989年版,第98页。

② [汉]董仲舒:《春秋繁露》(诸子百家影印本)第十二卷《阴阳义第四十九》,上海古籍出版社1989年版,第71页。

③ 赖炎元:《春秋繁露今注今译》,台北商务印书馆1984年版,第310页。

④ [汉]董仲舒:《春秋繁露》(诸子百家影印本)第七卷《官制象天第二十四》,上海古籍出版社1989年版,第45页。

让天体发光。天、地、人结合在一起,才能构成德行。由此看来,三种元素结合在一起才能构成一个事物,这是天道运行的规律,也是上天的制度。

(二)扬雄:天、地、人三元并存

《太玄告》曰:"玄者,神之魁也。天以不见为玄,地以不形为玄,人以心服为玄。天奥西北,郁化精也;地奥黄泉,隐魄荣也;人奥思虑,含至精也。天穹隆而周乎下,地旁薄而向乎上,人菁菁而处乎中。天浑而撺,故其运不已;地隤而静,故其生不迟;人驯乎天地,故其施行不穷。"①郑万耕注释云:"菁菁,众多之貌也。""隤,柔顺貌。"②扬雄认为,玄是神妙变化的根本。玄分为天玄、地玄和人玄。天玄以高远不见为特征,地玄以广博无际为特征,人玄以心理的变幻莫测为特征。天位处西北,以气化为自己的精髓。地位处黄泉,以隐匿作为自己的荣耀。人用自己的思虑,精心打造世间万物。天用穹隆覆盖下方,地以磅礴呼应上天,人物众多处于天地之中。天浑圆而不停地运转,运行不息。地柔顺而安静,按时生成万物。人效法天地,因此人对天、地施加的影响没有穷尽。

《太玄图》云:"一玄都覆三方,方同九州,枝载庶部,分正群家,事事其中。"③按照扬雄的观点,三玄也即天玄、地玄、人玄形成后,每一玄都包括三方,每一方又包括三州,共计九州。每一州又包括三部,共计二十七部。每一部又包括三家,共计八十一家。

在《太玄》中,玄被理解为自然和社会排列、构造的原则,可理解为事物发生、发展的基本规律。扬雄曰:"夫玄也者,天道也,地道也,人道也。兼三道而天名之。"在这里,玄是一种包含了天道、地道、人道的广阔的系统。《太玄》旨在揭示宇宙人事的规律。扬雄认为,宇宙人事的基本规律是变化和发展,事物的变化和发展都在两个对立面之间展开,体现了朴素的辩证法思想。《太玄》曰:"立天之道曰阴与阳,形地之纬曰纵与横,表人之行曰晦与明。"④该观点是在《周易》"立天之道曰阴与阳,立地之道曰柔与刚,立人之道曰仁与义"的基础上发挥而来的。在《周易》中,阴与阳、柔与刚、仁与义都是两相对立的。《周易》认为,由天、地、人构成的宇宙结构系统中,不论天道、地道还是人道,都是由两种对立物质构成的。《太玄》在继承《周易》基本观点的基础上,认为天道、地道、人道分别

---

① [汉]扬雄撰,郑万耕校释:《太玄校释》之《太玄告》,中华书局2014年版,第367页。
② [汉]扬雄撰,郑万耕校释:《太玄校释》之《太玄告》,中华书局2014年版,第371页。
③ [汉]扬雄撰,郑万耕校释:《太玄校释》之《太玄图》,中华书局2014年版,第348页。
④ [汉]扬雄撰,郑万耕校释:《太玄校释》之《太玄莹》,中华书局2014年版,第276页。

由阴阳、纵横、晦明这样的对立物构成,体现了朴素的辩证法思想。

扬雄曰:"立天之经曰阴与阳,形地之纬曰纵与横,表人之行曰晦与明。"郑万耕注释曰:"南北为纵,东西为横。晦明,指人之贤愚。"①扬雄认为,阴与阳是确立天道的纵向标准,纵与横是确立地道的横向标准,明与晦是确立人道的行为准则。

扬雄曰:"昆仑旁薄,幽。"②郑万耕引明人叶子奇注释曰:"昆仑,圆浑貌,天之形也。旁薄,广博貌,地之形也。幽,微妙也,人之思也。玄拟天、地、人之道,盖一在天为中天,气之始也。地为泥沙,地之基也。人为思虑,思之微也。故于初赞首列三才之道。"③从叶子奇的注释可以看出,扬雄认为,天有圆浑之形,地有广博之形,人有微妙之思。玄模拟天、地、人之道。在天的称为中天,是元气的开始。泥沙作为地的形状,是地的根基。人有微妙的思虑,这是人的特点。所以初赞就首先罗列了天、地、人三才之道。

(三)纬书:天、地、人三元并存——三统学说

《礼纬》曰:"三微者三正之始,万物皆微,物色不同,故王者取法焉。十一月,时阳气始施于黄泉之下,色皆赤。赤者阳气,故周为天正,色尚赤。十二月,万物始牙而色白,白者阴气,故殷为地正,色尚白。十三月,万物孚甲而出,其色皆黑,人得加功展业,故夏为人正,色尚黑。"④按照《礼纬》的观点,三微是三正的开端,万物都很微小,微小之物的颜色是不同的。十一月,阳气开始在黄泉之下涌动,所有的物都是红色,红色代表阳气,所以周朝属于天正,崇尚赤色。十二月,万物开始萌芽,颜色是白色的。白色象征着阴气,所以商朝属于地正,崇尚白色。十三月,万物都脱离自己的甲壳而萌发。这个时候,万物都是黑色的,人们可以开始农业生产了。所以夏朝属于人正,崇尚黑色。《春秋感精符》曰:"十一月建子,天始施之端,谓之天统。周正,服色尚赤,象物萌色赤也。十二月建丑,地始化之端,谓之地统,殷正,服色尚白,象物牙色白。正月建寅,人始化之端,谓之人统,夏正,服色尚黑,象物生色黑也。此三正,律者亦以五德相承。以前三皇为正,谓天皇、地皇、人皇,皆以天、地、人为法,周而复始,其岁首所书,乃因以为

---

① [汉]扬雄撰,郑万耕校释:《太玄校释》之《太玄莹》,中华书局2014年版,第284页。
② [汉]扬雄撰,郑万耕校释:《太玄校释》之《中》,中华书局2014年版,第4页。
③ [汉]扬雄撰,郑万耕校释:《太玄校释》之《中》,中华书局2014年版,第6页。
④ 〔日〕安居香山、中村璋八辑:《纬书集成》之《礼编·礼纬》,河北人民出版社1994年版,第530页。

名,欲体三才之道,而君临万邦。故受天命而王者,必调六律而改正朔,受五气而易服色,法三正之道也。"①《春秋元命苞》曰:"人与天、地并为三才,天以见象,地以效仪,人以作事,通乎天地,并立为三。其精之清明者为圣人,最浊者为愚夫,而其首目手足皆相同者,有不同于常者则为禽兽矣。"②《春秋元命苞》认为,人和天、地并立,构成了天、地、人三才结构。天的特点是成象,地的特点是仿效,人的特点是做事业。人通过贯通天、地,与天、地并立,形成天、地、人三才结构。人也有类型的划分,凡是精神清明的是圣人,精神污浊的是愚夫。有些时候,首目手足虽然相同,但还是会有人和禽兽的划分。

《春秋保乾图》通过对天皇、地皇、人皇的描述,构建了天、地、人三才结构。《春秋保乾图》曰:"天皇、地皇、人皇,兄弟九人,分为九州,长天下。"③在《春秋保乾图》看来,天皇、地皇、人皇各三人,兄弟共九人,每人执掌三州,共九州,是天下的统治者。《春秋命历序》曰:"天皇氏以木王,地皇氏以火纪。""人皇出旸谷,分九河。"④又曰:"人皇氏,依山川地土之势,裁度为九州,谓之九囿。九囿各居其一,而为之长,人皇居中州,以制八辅。天地初立,有天皇氏,十二头,澹泊无所施为而俗自化,木德王,岁起摄提。兄弟十二人,立各一万八千岁。地皇十一头,火德王,一姓十一人,兴于熊耳、龙门等山,亦各万八千岁。人皇九头,乘云车,驾六羽,出谷口,分长九州,各立城邑。凡一百五十世,合四万五千六百年。""人皇氏,兄弟九人,分长九州,是为九囿。"⑤《春秋命历序》设想了一个由天皇、地皇、人皇统治天下的蓝图,认为人皇氏有兄弟九人,每人分掌一州,成为地方官员。人皇自己居住在中间的州,用来监管和辅助其他八个州。认为天皇氏有十二个头,能够在淡泊无为中自行发生变化,有兄弟十二个人,天皇氏的出现有一万八千年。地皇氏十一个头,总共十一个兄弟,在熊耳、龙门等山地出现,有一万

---

① 〔日〕安居香山、中村璋八辑:《纬书集成》之《春秋编·春秋感精符》,河北人民出版社1994年版,第745页。

② 〔日〕安居香山、中村璋八辑:《纬书集成》之《春秋编·春秋元命苞》,河北人民出版社1994年版,第621页。

③ 〔日〕安居香山、中村璋八辑:《纬书集成》之《春秋编·春秋保乾图》,河北人民出版社1994年版,第806页。

④ 〔日〕安居香山、中村璋八辑:《纬书集成》之《春秋编·春秋命历序》,河北人民出版社1994年版,第875页。

⑤ 〔日〕安居香山、中村璋八辑:《纬书集成》之《春秋编·春秋命历序》,河北人民出版社1994年版,第876—877页。

八千年的时间。人皇的出现有一百五十世。《春秋纬》亦曰:"天皇、地皇、人皇,兄弟九人,分为九州,长天下也。"①

《易纬乾凿度》中说道:"孔子曰:易有六位三才,天地人道之分际也。三才之道,天、地、人也。天有阴阳,地有柔刚,人有仁义,法此三者,故生六位。六位之变,阳爻者制于天也,阴爻者系于地也。天动而施曰仁,地静而理曰义。仁成而上,义成而下,上者专制,下者顺从,正形于人,则道德立而尊卑定矣。"②《易纬乾凿度》指出,易有六位三才,所谓三才就是指天、地、人。天、地、人三才又生出六位,即天生阴阳,地生柔刚,人生仁义。天具有专制的特点,而地具有顺从的特点,人则通过仁义来体现自己。这样一来,就能够确立一种尊卑秩序,人的仁义道德也就能够具体落实。《易纬乾凿度》认为,天、地、人三才结构中,天、地、人三种元素都是不可缺少的。只有天、地、人三种元素同时并存,才能够实现和确立人的道德价值,实现社会的尊卑秩序。"故易始于一,分于二,通于三。"郑玄注曰:所谓通于三,指"阴阳气交,人生其中,故为三才"。③

---

① 〔日〕安居香山、中村璋八辑:《纬书集成》之《春秋编·春秋纬》,河北人民出版社1994年版,第901页。

② 〔日〕安居香山、中村璋八辑:《纬书集成》之《易编·易纬乾凿度》,河北人民出版社1994年版,第19—20页。

③ 〔日〕安居香山、中村璋八辑:《纬书集成》之《易编·易纬乾凿度》,河北人民出版社1994年版,第20页。

第五章 汉代三才视域下的伦理哲学思想

关于伦理思想的基本内容,不同的学者会有不同的看法。一般而言,伦理是解决人与人关系的基本准则和方法。伦理思想的表现是多方面的。冯友兰先生指出:"中国文化的精神基础是伦理。"[1]并且指出,中国哲学的功用在于,"提高心灵的境界——达到超乎现实的境界,获得高于道德价值的价值"[2]。伦理思想包含人的德行,也就是人道德层面的修养。而道德修养表现在两个方面:一方面是内在的修养,就是儒家讲到的养性,从三才角度讲,就是指德合天、地,心合天、地等。另一方面是外在的修养,就是所谓的养身。汉代思想家,特别是道家和道教思想中,特别强调养身与治国相统一,也就是强调身治才能国治,放在三才领域中,就是指身合天、地。这是伦理思想的一个方面,主要是强调道德修养的目标和方法。儒家、道家都十分重视人的道德修养,追求把外在的道德规范,内化为人的高尚的道德情操。除此之外,伦理思想还包括了对社会成员之间,也就是人、我关系处理过程中所形成的道德规范的践履。一般而言,道德规范是道德原则的具体化,这种道德规范用于解决人和人之间,也就是社会成员之间的关系问题,以构建基本的社会伦理秩序。道德规范,在汉代社会主要表现为三纲、五常的纲常伦理。汉代思想家将三纲、五常的纲常伦理纳入天、地、人三元框架中进行解说,实现了以天道、地道、人道为核心的父子、君臣、夫妻纲常伦理秩序的构建,从而使汉代道德规范体系得以健全。

第一节 三才视域下的先秦伦理哲学思想

早期人类,在哲学思维活动过程中,对自己所处的自然环境以及该环境存在

---

[1] 冯友兰:《中国哲学简史》,北京大学出版社2010年版,第4页。
[2] 冯友兰:《中国哲学简史》,北京大学出版社2010年版,第4页。

的原因产生了浓厚的兴趣,于是有了自然哲学视域下的宇宙论思想。对宇宙生成原因的探索,就是我们通常所说的求道的过程。在这一思维活动中,儒家、道家均认为天、地、人三元素对宇宙的生成有着重要的作用。儒家、道家均认为,我们的世界是由天、地、人三要素构成的。认识了宇宙构成的三元框架,人如何使自己的道德行为与宇宙的三元框架,也即三才结构关系相吻合,便成了一个十分重要的问题,也就是我们通常所说的得道的问题,亦即今天我们通常所说的伦理哲学问题。在先秦哲学思想发展过程中,《孝经》《中庸》《庄子》均十分重视将人的道德行为与天、地、人三才关系相结合,以三才为核心的道德形而上学基础由此形成。

一、《孝经》将三才与人的孝行相结合

成书于战国、改定于汉初的《孝经》,受到天、地、人三才结构的影响,主要表现为,《孝经》中"三才章"的设立,将天、地、人三才结构与人的孝行相联系,又将天、地、人三才结构与统治者对百姓的教化相结合。

《孝经》云:"用天之道,分地之利,谨身节用,以养父母,此庶人之孝也。"李隆基注云:"'用天之道'谓春生、夏长、秋敛、冬藏,举事顺时,此用天道也。"邢昺疏云:"举事顺时,此用天(之)道也者,谓举农亩之事,顺四时之气,春生则耕种,夏长则耘苗,秋收则获刈,冬藏则入廪也。"①可见,在李隆基和邢昺看来,"用天之道"就是要遵循春生、秋收的自然规律。而所谓"用地之利",李隆基注云:"分别五土,视其高下,各尽其宜,此分地利也。"邢昺疏云:"言庶人服田力穑,当须用天之四时生成之道也,分地五土所宜之利,谨慎其身,节省其用,以供养其父母,此则庶人之孝也。""案《周礼·大司徒》云,五土一曰山林,二曰川泽,三曰丘陵,四曰坟衍,五曰原隰。谓庶人须能分别,视此五土之高下,随所宜而播种之……身恭敬则远耻辱者,《论语》曰:近于礼则远耻辱也。云用节省则免饥寒者,用谓庶人衣服、饮食、丧祭之用,当须节省。"②从邢昺的疏可以看出,庶人尽孝要将天、地、人三因素结合起来。从事农业生产,要遵循天时,在合适的季节种植合适的农作物,还要考虑土地的状况,分别五土。当然,庶人的吃穿用度都须

---

① 《孝经注疏》卷第三《庶人章第六》,[清]阮元校刻:《十三经注疏附校勘记》,中华书局1980年版,第2549页。
② 《孝经注疏》卷第三《庶人章第六》,[清]阮元校刻:《十三经注疏附校勘记》,中华书局1980年版,第2549页。

节约,只有这样,才能很好地供养父母,达到行孝的目的。

可以看出,战国时代,天、地、人三才思想已经对经学的发展产生了影响。在《孝经·三才章》开篇,邢昺疏云:"天地谓之'二仪',兼人谓之'三才'。"①在邢昺看来,天、地和人相合叫作三才。《孝经》云:"夫孝,天之经也,地之仪也,民之行也。"李隆基注云:"经,常也。利物为义,孝为百行之首,人之常德。若三辰运天而有常,五土分地而为义也。"②也就是说,孝是百行之首,就像天行有常、五土有分一样。正因为孝是天之经、地之义,所以百姓应当奉行孝道,所谓"天地之经而民是则之"③。李隆基注云:"天有常明,地有常利,言人法则天地,亦以孝为常行也。"④意思是人应效法天、地,以孝为行,就像天有常明、地有常利一样,孝也应当是一种恒常的行为。邢昺疏云:"夫孝,天之经,地之义,民之行。经,常也。人生天地之间,禀天地之气节,人之所法,是天地之常义也。"⑤又云:"言孝为百行之首,是人生有常之德,若日月星辰运行于天而有常,山川原隰分别土地而为利,则知贵贱虽别,必资孝以立身,皆贵法则于天地。"⑥可见,在李隆基和邢昺看来,人的孝行是效法天、地的产物,只有当天、地和人的因素结合在一起,人才能很好地履行自己的孝行。

二、《中庸》三才伦理观

三才伦理观,是《中庸》的思想特色,以下从"致中和,天地位焉""至诚以与天地参",以及天、地、人三才关系几方面,对《中庸》的天、地、人三才思想加以论述。

---

① 《孝经注疏》卷第四《三才章第七》,[清]阮元校刻:《十三经注疏附校勘记》,中华书局1980年版,第2549页。

② 《孝经注疏》卷第四《三才章第七》,[清]阮元校刻:《十三经注疏附校勘记》,中华书局1980年版,第2549页。

③ 《孝经注疏》卷第四《三才章第七》,[清]阮元校刻:《十三经注疏附校勘记》,中华书局1980年版,第2549页。

④ 《孝经注疏》卷第四《三才章第七》,[清]阮元校刻:《十三经注疏附校勘记》,中华书局1980年版,第2549页。

⑤ 《孝经注疏》卷第四《三才章第七》,[清]阮元校刻:《十三经注疏附校勘记》,中华书局1980年版,第2550页。

⑥ 《孝经注疏》卷第四《三才章第七》,[清]阮元校刻:《十三经注疏附校勘记》,中华书局1980年版,第2550页。

(一)致中和,天地位焉

《中庸》曰:"致中和,天地位焉,万物育焉。"郑玄注曰:"致,行之至也。位,犹正也。育,生也,长也。"孔颖达疏曰:"致,至也。位,正也。育,生长也。言人君能所至极中和,使阴阳不错,则天地得其正位焉。生成得理,故万物共养育焉。"①《中庸》指出,如果统治者采用中和的措施,就能够让天地以固有规律运行,使天地不失其位。天地不失其位,就能够使万物得以繁育成长。《中庸》认为,统治者的统治行为影响到天地的运行。要想让天地始终正常运行,统治者也就是君主必须采用中和的方式。只有这样,天地才能不失其位,万物才能在有序的环境下得以生长。什么是"中和"呢?《中庸》曰:"喜怒哀乐之未发谓之中,发而皆中节谓之和。"孔颖达疏云:"喜怒哀乐之未发谓之中者,言喜怒哀乐缘事而生,未发之时,澹然虚静,心无所虑而当于理,故谓之中。"②孔颖达注疏认为,所谓"喜怒哀乐之未发谓之中",就是指人们因为特殊事件的发生才会有喜怒哀乐的情感表达。在特殊事件没有发生的时候,心境淡泊宁静,心中不会有太多思虑,因此叫作中。孔颖达对"发而皆中节谓之和"疏云:"不能寂静而有喜怒哀乐之情,虽复动发,皆中节限,犹如盐梅相得,性行和谐,故云'谓之和'。"③认为当人们遇到特殊事件发生的时候,就会有喜、怒、哀、乐的情感流露。当这些情感流露的时候,要坚持中节的原则,要对自己的感情进行一定程度的限制,这种限制就叫作中和。中和的表现就是人的行为和情感流露要保持和谐,就像盐和梅咸酸相宜一样。孔颖达认为,所谓和,就是人们在感情宣泄时要有一定的节制,在处事的时候应当将情感和行为结合在一起,使其和谐,不能过分地感情用事。

(二)至诚以与天地参

《中庸》云:"诚者,天之道也。诚之者,人之道也。"郑玄注云:"言'诚者'天性也。诚之者,学而诚之者也。"④《中庸》认为,天道具有诚的属性,那么人通过

---

① 《礼记正义》卷第五十二《中庸》,[清]阮元校刻:《十三经注疏》(清嘉庆刊本),中华书局2009年版,第3528页。

② 《礼记正义》卷第五十二《中庸》,[清]阮元校刻:《十三经注疏》(清嘉庆刊本),中华书局2009年版,第3527—3528页。

③ 《礼记正义》卷第五十二《中庸》,[清]阮元校刻:《十三经注疏》(清嘉庆刊本),中华书局2009年版,第3528页。

④ 《礼记正义》卷第五十三《中庸》,[清]阮元校刻:《十三经注疏》(清嘉庆刊本),中华书局2009年版,第3542页。

学习也能够达到诚的境界。

《中庸》曰："唯天下至诚,为能尽其性。能尽其性,则能尽人之性。能尽人之性,则能尽物之性。能尽物之性,则可以赞天地之化育。可以赞天地之化育,则可以与天地参矣。"郑玄注曰："尽性者,谓顺理之使不失其所也。赞,助也。育,生也。助天地之化生,谓圣人受命在王,位致太平。"孔颖达疏曰："此明天性至诚,圣人之道也。'唯天下至诚'者,谓一天下之内,至极诚信为圣人也。'为能尽其性'者,以其至极诚信,与天地合,故能'尽其性'。既尽其性,则能尽其人与万物之性,是以下云'能尽人之性'。既能尽人之性,则能尽万物之性,故能赞助天地之化育,功与天地相参。上云'诚者,天之道',此兼云'地'者,上说至诚之理由神妙而来,故特云'天之道'。此据化育万物,故并云'地'也。"①天下至诚的表现是,所有的物都能够展现自己的才华,发挥自己的作用。因为所有的物都能够展现自己的才华,所以人也能够施展自己的才华。人能施展自己的才华,就能够发挥自己的能动性,以便让物发挥自己的作用。如果物能发挥自己的作用,那就意味着人能够参与天地化生万物的过程,也就意味着人能够与天地相参。《中庸》引入"诚"的概念,认为"诚"是尽其性的基础,人通过"诚"的途径,发挥自己的主观能动性,展现自己的才华。而人通过"诚"的方式以"尽其性"的目的,是为了参与天地之化育。当然,参与天地之化育的根本目的是为了改造世界。《中庸》在谈到人与客观世界关系时,认为人在自然面前、在客观世界面前不是消极被动的,而是积极主动的,人通过"诚"这种内心因素参与改造客观世界的活动。当然,人参与改造客观世界活动的目的,是为人类社会服务。通过改造客观世界,为人们提供衣食住行的便利条件,以便更好地维护人类社会的发展。

《中庸》曰："唯天下至诚,为能经纶天下之大经,立天下之大本,知天地之化育。"郑玄曰："至诚,性至诚,谓孔子也。'大经',谓六艺,而指《春秋》也。'大本',《孝经》也。"②只有像孔子那样拥有天下至诚之德的人,才能够为天下树立和六艺一样的纲纪,确立《孝经》这样的根本。为天下确定了纲纪和立国之根本,人才能懂得天地化育万物的过程,也才能够参与天地万物的化育。《中庸》

---

① 《礼记正义》卷第五十三《中庸》,[清]阮元校刻:《十三经注疏》(清嘉庆刊本),中华书局2009年版,第3543页。

② 《礼记正义》卷第五十三《中庸》,[清]阮元校刻:《十三经注疏》(清嘉庆刊本),中华书局2009年版,第3548页。

认为,有了至诚之德,人能够为社会确立基本的准则,这种基本的准则主要表现为人们需要遵守的纲常伦理。有了这些基本的准则,人就能够参与天地万物化育的进程了。

1."至诚"的获得途径

《中庸》曰:"诚者自成也,而道自道也。"郑玄注曰:"言人能至诚,自以'自成'也,有道艺所以自道达。"孔颖达疏曰:"'诚者自成也,而道自道也'者,言人能有至诚之德,则自成就其身,故云'诚者自成也'。若人有道艺,则能自道达于己,故云'而道自道也'。"①《中庸》认为,人能够到达至诚的境界,主要依靠自身的力量,也就是说要依靠内因。如果一个人拥有道艺,也能通过自身表现出来。从《中庸》此言可以看出,诚是由内而发的,来自内心世界,而不是由外部力量决定的。诚对于一个人而言是十分重要的。《中庸》曰:"诚者物之终始,不诚无物。"郑玄注曰:"物,万物也,亦事也。大人无诚,万物不生。小人无诚,则事不成。"孔颖达疏云:"言人有至诚,则能与万物为终始,若无至诚,则不能成其功。若大人无至诚,则不能生万物。若小人无至诚,则不能成其物。"孔颖达又言:"物,犹事也。"②《中庸》认为,人有至诚的心境,才能与万物相始终。就圣人而言,没有至诚的心境,就不能让万物生长。就普通人而言,没有至诚的心境,就不能成就一番事业。

2.将"至诚"心境推己及物

《中庸》认为,人有至诚的心境是非常重要的,小则能够成就一番事业,大则能够决定万物的生长。"诚者,非自成己而已也,所以成物也。成己,仁也。成物,知也。性之德也,合外内之道也。"郑玄注曰:"以至诚成己,则仁道立;以至诚成物,则知弥博。此五性之所以为德也,外内所须而合也,外内犹上下。"孔颖达疏云:"诚者,非自成己而已也,所以成物也者,言人有至诚,非但自成就己身而已,又能成就外物。'成己,仁也。成物,知也'者,若能成就己身,则仁道兴立,故云'成己,仁也'。若能成就外物,则知力广远,故云'成物,知也'。'性之德也'者,言诚者是人五性之德,则仁、义、礼、知、信皆由至诚而为德,故云'性之德'也。'合外内之道也'者,言至诚之行合于外内之道。无问外内,皆须至诚。

---

① 《礼记正义》卷第五十三《中庸》,[清]阮元校刻:《十三经注疏》(清嘉庆刊本),中华书局 2009 年版,第 3544 页。

② 《礼记正义》卷第五十三《中庸》,[清]阮元校刻:《十三经注疏》(清嘉庆刊本),中华书局 2009 年版,第 3544 页。

于人事言之,有外有内,于万物言之,外内犹上下。上谓天,下谓地。天体高明,故为外。地体博厚闭藏,故为内也。是至诚合天地之道也。"①《中庸》认为,至诚作为人内在的一种德行,不仅仅用来修养自己的身心,还应当推己及物,由内而外。就成就自己而言,主要表现为仁,也就是说通过至诚之德,以修养身心,以此来成就自己。人通过至诚之德来成就自己,但还不能停留于此,还应当通过至诚之德成就万物。那么,如何通过至诚之德成就万物呢?《中庸》认为,人要以诚待物,了解物的各种情状,将至诚之德由内心及于外物,用至诚之德处理人和万物的关系,使人和万物和谐相处。

3.至诚以与天、地合德

《中庸》的至诚之德是一种由内心推及外物的由内而外的致思路线,认为人不仅仅要通过至诚之德修养身心,还应当用至诚之德对待万物,使人与万物和谐相处,最终实现改造自然、维护社会统治的目的。人如何以至诚之德对待万物呢?《中庸》曰:"博厚所以载物也,高明所以覆物也,悠久所以成物也。博厚配地,高明配天,悠久无疆。"郑玄疏曰:"后言悠久者,言至诚之德,既至'博厚''高明'配乎天地,又欲其长久行之。"孔颖达疏曰:"悠远则博厚,以其德既长远,无所不周,故'博厚'也。养物博厚,则功业显著,故博厚则高明。'博厚所以载物也',以其德博厚,所以负载于物。'高明所以覆物也',以其功业高明,所以覆盖于万物也。'悠久所以成物也',以行之长久,能成就于物,此谓至诚之德也。'博厚配地',言圣人之德博厚配偶于地,与地同功,能载物也。'高明配天',言圣人功业高明配偶于天,与天同功,能覆物也。"②《中庸》认为,人因为至诚之德广博厚重,与地同功,所以能够负载万物;人因为功业高远明达,能够与天相配合,与天同功,因此能够覆盖万物。人的至诚之德能够长久存在,因此能够成就万物。杨天宇曰:"所以成物也,谓使万物皆合于实理而无虚妄,是使万物皆得以成就。"③

《中庸》对天和地的自然属性进行了描述:"今夫天,斯昭昭之多,及其无穷也,日月星辰系焉,万物覆焉。今夫地,一撮土之多,及其广厚,载华岳而不重,振

---

① 《礼记正义》卷第五十三《中庸》,[清]阮元校刻:《十三经注疏》(清嘉庆刊本),中华书局2009年版,第3544页。
② 《礼记正义》卷第五十三《中庸》,[清]阮元校刻:《十三经注疏》(清嘉庆刊本),中华书局2009年版,第3544页。
③ 杨天宇:《礼记译注》,上海古籍出版社2005年版,第706页。

河海而不泄,万物载焉。"郑玄注云:"此言天之高明,本生昭昭;地之博厚,本由撮土。"①《中庸》认为,天具有高远的特征,因为天辽远广阔,所以能够容纳日月星辰,能够覆盖万物。地一开始只有一撮土,后来就变得广阔深厚。因为地具有辽阔、深厚的特点,所以能够承载万物,容纳海流而不会外泄,承载山岳而不感到沉重。如果人的至诚之德能够像天一样高远,像地一样辽阔深厚,那么人就能够与天地合其德,发挥像天地一样的功能,覆盖万物,承载万物。

(三)《中庸》天、地、人三才关系

1. 万物并育而不害

《中庸》曰:"万物并育而不相害,道并行而不相悖,小德川流,大德敦化,此天地之所以为大也。"郑玄注曰:"圣人制作,其德配天地,如此唯五始可以当焉……'小德川流',浸润萌芽,喻诸侯也。'大德敦化',厚生万物,喻天子也。"②《中庸》在论述天、地、万物(包括人)的关系时指出,天地万物都是可以和平相处的,也就是万物并育而不相害,万物所行之路是可以并行而不悖的。诸侯的德行像河川一样流淌不息,天子的德行能够帮助万物的发育和成长,这是天地大有作为的原因。《中庸》认为,天、地、人都可以沿着自己的道路运行,和谐相处,互不侵扰。诸侯和天子,应各自发扬自己小的德行和大的德行,以此帮助万物的化育,使天地大有作为。

2. 君子之道,察乎天地

《中庸》曰:"君子之道,造端乎夫妇,及其至也,察乎天地。"郑玄注曰:"夫妇,谓匹夫匹妇之所知所行。"孔颖达疏云:"君子之道,造端乎夫妇者,言君子行道,初始造立端绪,起于匹夫匹妇之所知所行者。及其至也,察乎天地者,言虽起于匹夫匹妇所知所行,及其至极之时,明察于上下天地。"③《中庸》认为,君子行道在起始阶段和普通百姓的日常行为没有区别,但是行道到一定的程度,就和普通百姓日常行为不同了。区别在于,君子会自觉地对自然世界的一些情况,例如天地运行等进行考察,以便采取正确的行动。

---

① 《礼记正义》卷第五十三《中庸》,[清]阮元校刻:《十三经注疏》(清嘉庆刊本),中华书局 2009 年版,第 3545 页。

② 《礼记正义》卷第五十三《中庸》,[清]阮元校刻:《十三经注疏》(清嘉庆刊本),中华书局 2009 年版,第 3547 页。

③ 《礼记正义》卷第五十三《中庸》,[清]阮元校刻:《十三经注疏》(清嘉庆刊本),中华书局 2009 年版,第 3530—3531 页。

《中庸》曰:"仲尼祖述尧舜,宪章文武,上律天时,下袭水土。"郑玄注曰:"律,述也。述天时,谓编年,四时具也。袭,因也。因水土,谓记诸夏之事,山川之异。"孔颖达疏曰:"上律天时者,律,述也。言夫子上则述行天时,以与言阴阳时候也。下袭水土者,袭,因也,下则因袭诸侯之事,水土所在。"①《中庸》认为,天、地对人而言都是非常重要的,就像孔子在叙述尧舜之德、文武宪章的时候,都是以天、地为出发点,用编年的方式叙述时间,使天时得以具备。而记录诸夏各国发生的事件,以及山川之不同,则是从地的角度入手的。

综上所述可知,《中庸》强调天、地、人和谐相处,所谓万物并育而不害。强调人们在处理人与天、地关系时,首先应当致中和。致中和,就能够让天、地按其固定的规律运行,使天、地不失其序。非常可贵的是,《中庸》从人的内心世界出发,探讨人与天地的关系,指出至诚以与天地参。这个观念打破了处理人与天、地关系的外在行为标准,将处理人与天、地关系的标准深入人的内心世界。

三、庄子三才伦理观

(一)德通天地

庄子曰:"则天地固有常矣……夫子亦放德而行,循道而趋,已至矣。"②唐成玄英疏曰:"循,顺也。放任己德而逍遥行世,顺于天道而趋步人间。"③庄子认为,天地有自己固定惯常的运行规律,人也应当顺应天地之道,依德而行。如何依德而行呢?庄子曰:"天德而出宁。(郭象注曰:与天合德,则虽出而静。)"④庄子认为,人在依德而行时要与天合德,即顺应天、地的变化。

庄子曰:"天其运乎?(郭象注曰:不运而自行。)"⑤成玄英疏曰:"言天禀阳

---

① 《礼记正义》卷第五十三《中庸》,[清]阮元校刻:《十三经注疏》(清嘉庆刊本),中华书局2009年版,第3547—3548页。

② [战国]庄周著,[晋]郭象注:《庄子》(诸子百家影印本)第五卷《天道第十三》,上海古籍出版社1989年版,第75页。

③ [晋]郭象注,[唐]成玄英疏:《庄子注疏》,中华书局2011年版,第261页。

④ [战国]庄周著,[晋]郭象注:《庄子》(诸子百家影印本)第五卷《天道第十三》,上海古籍出版社1989年版,第75页。

⑤ [战国]庄周著,[晋]郭象注:《庄子》(诸子百家影印本)第五卷《天运第十四》,上海古籍出版社1989年版,第77页。

气,轻浮在上,无心运行而自动。"①庄子曰:"地其处乎?(郭象注曰:不处而自止也。)"②成玄英疏曰:"地禀阴气,浊沉在下,亦无心宁静而自止。"③庄子认为,天在自然而然中运动,地在自然而然中静止不动,这是天、地运行的规律,人也应当顺应天、地运行的规律,"帝王顺之则治,逆之则凶"④。庄子又曰:"夫子德配天地。"⑤如何德配天地呢?庄子曰:"至人之于德也,不修而物不能离焉,若天之自高,地之自厚,日月之自明,夫何修焉。(郭象注曰:不修不为而自得也。)"⑥庄子认为,人的德行通过无为的方式就能够获得,就像天之高远、地之深厚是自然而然的,不需要专门去修养。庄子曰:"夫至人者,上窥青天,下潜黄泉。"⑦成玄英疏曰:"夫至德之人,与大空等量,顾能上窥青天,下隐黄泉。"⑧一个人如果德充于内,就能上窥青天,下潜黄泉,自由自在。所以个人应该加强德行修养,以便与天、地和合。

庄子强调,个人应加强德行修养,君主也应当加强德行修养。在《庄子·天地篇》中,庄子几次提到"王德":"立德明道,非王德者邪?"⑨成玄英疏曰:"立盛德以匡时,用至道以通物。能如是者,其唯王德乎!"⑩"而万物从之乎?此为王德之人。(郭象注曰:立德明道,而成王德也。)"⑪在庄子看来,拥有王德的君子,

---

① [晋]郭象注,[唐]成玄英疏:《庄子注疏》,中华书局2011年版,第267页。
② [战国]庄周著,[晋]郭象注:《庄子》(诸子百家影印本)第五卷《天运第十四》,上海古籍出版社1989年版,第77页。
③ [晋]郭象注,[唐]成玄英疏:《庄子注疏》,中华书局2011年版,第267页。
④ [战国]庄周著,[晋]郭象注:《庄子》(诸子百家影印本)第五卷《天运第十四》,上海古籍出版社1989年版,第77页。
⑤ [战国]庄周著,[晋]郭象注:《庄子》(诸子百家影印本)第七卷《田子方第二十一》,上海古籍出版社1989年版,第108页。
⑥ [战国]庄周著,[晋]郭象注:《庄子》(诸子百家影印本)第七卷《田子方第二十一》,上海古籍出版社1989年版,第108页。
⑦ [战国]庄周著,[晋]郭象注:《庄子》(诸子百家影印本)第七卷《田子方第二十一》,上海古籍出版社1989年版,第110页。
⑧ [晋]郭象注,[唐]成玄英疏:《庄子注疏》,中华书局2011年版,第386页。
⑨ [战国]庄周著,[晋]郭象注:《庄子》(诸子百家影印本)第五卷《天地第十二》,上海古籍出版社1989年版,第65页。
⑩ [晋]郭象注,[唐]成玄英疏:《庄子注疏》,中华书局2011年版,第223页。
⑪ [战国]庄周著,[晋]郭象注:《庄子》(诸子百家影印本)第五卷《天地第十二》,上海古籍出版社1989年版,第65页。

是通过德来成就岁月，用道来沟通万物的人。

庄子所谓王德，主要是指顺应自然，和儒家有为之德治理念是有区别的。庄子曰："故曰，玄古之君天下，无为也，无德而已矣。（郭象注曰：任自然之运动。）"①成玄英疏曰："言玄古圣君无为而治天下也。"②君子之德是有特点的，庄子曰："故通于天地者，德也。（郭象注曰：万物莫不皆得则天地通。）"③成玄英疏曰："与天地而俱生者，德也。"④可见君子之德与天地共同生长，并行不悖。道也有自己的特点："行于万物者，道也。"⑤成玄英疏曰："同行万物，故曰道也。"⑥道也有与万物并行的特点，从这个意义上讲，道与德是没有差别的。因此庄子言："德兼与道，道兼与天。（郭象注曰：天道顺则本末俱畅。）"⑦德与道、道与天都是相通不悖的，那么君主如何做到德通天、地呢？庄子曰："故曰：古之畜天下者，无欲而天下足，无为而万物化。"⑧成玄英疏曰："夫兼天所以无为，兼道所以无欲。故古之帝王养畜群庶者，何为哉？盖无欲而苍生各足，无为而万物自化也。"⑨庄子认为，正因为君主之德与天、地并行，与道并行，因此君主无欲，天下百姓就能各得其所，无所作为，万物就能自然变化。

过去我们在学术研究过程中，更多注意到庄子"无为而治"的思想，而较少关注到庄子的"德治"思想。庄子的"德治"思想是在其天、地、人三才视域下实现的。在《庄子·天下篇》中"德"字多次出现，据笔者统计有十余次之多。庄子

---

① ［战国］庄周著，［晋］郭象注：《庄子》（诸子百家影印本）第五卷《天地第十二》，上海古籍出版社1989年版，第64页。
② ［晋］郭象注，［唐］成玄英疏：《庄子注疏》，中华书局2011年版，第218页。
③ ［战国］庄周著，［晋］郭象注：《庄子》（诸子百家影印本）第五卷《天地第十二》，上海古籍出版社1989年版，第65页。
④ ［晋］郭象注，［唐］成玄英疏：《庄子注疏》，中华书局2011年版，第219页。
⑤ ［战国］庄周著，［晋］郭象注：《庄子》（诸子百家影印本）第五卷《天地第十二》，上海古籍出版社1989年版，第65页。
⑥ ［晋］郭象注，［唐］成玄英疏：《庄子注疏》，中华书局2011年版，第219页。
⑦ ［战国］庄周著，［晋］郭象注：《庄子》（诸子百家影印本）第五卷《天地第十二》，上海古籍出版社1989年版，第65页。
⑧ ［战国］庄周著，［晋］郭象注：《庄子》（诸子百家影印本）第五卷《天地第十二》，上海古籍出版社1989年版，第65页。
⑨ ［晋］郭象注，［唐］成玄英疏：《庄子注疏》，中华书局2011年版，第220页。

曰:"故执德之谓纪。(郭象注曰:德者,人之纲要。)"①在庄子这里,"德"除了具有无为而治的意蕴外,还有社会伦常规范的意思。

(二)心与天、地合

庄子强调心静与天、地合。"夫虚静恬淡、寂寞无为者,天地之平而道德之至也。(郭象注曰:凡不平不静者,生于有为。)"②成玄英疏曰:"虚静、恬淡,寂寞、无为,四者异名同实者也。叹无为之美,故具四名。而天地以此为平,道德用兹为至也。"③庄子认为,圣人之心静主要表现为虚静、恬淡、寂寞、无为,这是平衡天地的方法,也是获得道德的途径。圣人之静不是绝对的静,而是动静结合。庄子曰:"虚则静,静则动,动则得矣。(郭象注曰:不失其所以动。)"④静表现为动静结合,还表现为无为。"夫虚静恬淡、寂寞无为者,万物之本也。"⑤成玄英疏曰:"此四句,万物根源。"⑥庄子认为,虚静、恬淡,寂寞、无为,是万物的根源。动和静相结合,但是动和静有所区分,所谓"静而圣,动而王(郭象注曰:时行则行,时止则止)"⑦。庄子认为,静是内圣的特征,也就是修养身心的需要,而动则是外王的表现,也就是治理国家时采取的措施。无为是天地之德,顺应天地之德,就能达到人和的目的。

庄子曰:"夫明白于天地之德者,此之谓大本大宗,与天和者也。(郭象注曰:天地以无为为德,故明其宗本,则与天地无逆也。)所以均调天下,与人和者也。(郭象注曰:夫顺天,所以应人也,故天和致而人和尽也。)"⑧庄子认为:

---

① [战国]庄周著,[晋]郭象注:《庄子》(诸子百家影印本)第五卷《天地第十二》,上海古籍出版社1989年版,第65页。
② [战国]庄周著,[晋]郭象注:《庄子》(诸子百家影印本)第五卷《天道第十三》,上海古籍出版社1989年版,第72页。
③ [晋]郭象注,[唐]成玄英疏:《庄子注疏》,中华书局2011年版,第248页。
④ [战国]庄周著,[晋]郭象注:《庄子》(诸子百家影印本)第五卷《天道第十三》,上海古籍出版社1989年版,第72页。
⑤ [战国]庄周著,[晋]郭象注:《庄子》(诸子百家影印本)第五卷《天道第十三》,上海古籍出版社1989年版,第72页。
⑥ [晋]郭象注,[唐]成玄英疏:《庄子注疏》,中华书局2011年版,第249页。
⑦ [战国]庄周著,[晋]郭象注:《庄子》(诸子百家影印本)第五卷《天道第十三》,上海古籍出版社1989年版,第72页。
⑧ [战国]庄周著,[晋]郭象注:《庄子》(诸子百家影印本)第五卷《天道第十三》,上海古籍出版社1989年版,第72—73页。

"(道)覆载天地,刻雕众形而不为朽。(成玄英疏曰:乘二仪以覆载,取万物以刻雕。①)故曰:其动也天,其静也地。"②动和静,就天和地而言也有区分,动是天的特点,而地以静为特点。"(圣人)言以虚静推于天地,通于万物,此之谓天乐。(成玄英疏曰:推寻二仪之理,通达万物之情,随物变转而未尝不适,故谓之天乐也。③)"④庄子认为,圣人将虚静之德在天地间推行,就能使万物通达。庄子称赞"澹然无极"是"此天地之道,圣人之德也"⑤,认为圣人澹然无为地生活,是天地运行的规律,也应当是圣人拥有的品德。庄子进而指出:"夫恬惔寂寞,虚无无为,此天地之平而道德之质也。(成玄英疏曰:天地以此法为平均之源,道德以此法为质实之本也。⑥)"⑦庄子认为,人应当淡泊、寂静,但也不是一无所为。

(三)人与天、地精神往来

庄子强调人须与天、地精神往来,认为人应当"精神四达并流,无所不极,上际于天,下蹯于地"⑧。成玄英疏曰:"夫爱养精神者,故能通达四方,并流无滞。"⑨即认为人应当爱养自己的精神,让精神通达四方,与天、地沟通。庄子强调人在精神层面与天、地之贯通,强调人应当强化内圣之功夫。正如方东美先生所言:"故凡能由以挺然自立于天壤之间者,其所必具之条件,即内圣之精神修养功夫也。"⑩庄子曰:"独与天地精神往来,而不傲倪于万物。(郭象注曰:其言

---

① [晋]郭象注,[唐]成玄英疏:《庄子注疏》,中华书局2011年版,第250页。
② [战国]庄周著,[晋]郭象注:《庄子》(诸子百家影印本)第五卷《天道第十三》,上海古籍出版社1989年版,第73页。
③ [晋]郭象注,[唐]成玄英疏:《庄子注疏》,中华书局2011年版,第251页。
④ [战国]庄周著,[晋]郭象注:《庄子》(诸子百家影印本)第五卷《天道第十三》,上海古籍出版社1989年版,第73页。
⑤ [战国]庄周著,[晋]郭象注:《庄子》(诸子百家影印本)第六卷《刻意第十五》,上海古籍出版社1989年版,第83页。
⑥ [晋]郭象注,[唐]成玄英疏:《庄子注疏》,中华书局2011年版,第292页。
⑦ [战国]庄周著,[晋]郭象注:《庄子》(诸子百家影印本)第六卷《刻意第十五》,上海古籍出版社1989年版,第83页。
⑧ [战国]庄周著,[晋]郭象注:《庄子》(诸子百家影印本)第六卷《刻意第十五》,上海古籍出版社1989年版,第84页。
⑨ [晋]郭象注,[唐]成玄英疏:《庄子注疏》,中华书局2011年版,第295页。
⑩ 方东美:《原始儒家道家哲学》,中华书局2012年版,第158页。

通至理,正当万物之性命。)"①人应该和天地精神往来,平等地看待万物,而不是傲视万物。

庄子曰:"化育万物,不可为象。"②成玄英疏曰:"化导苍生,含育万物……不守一方,故不可以形象而域之也。"③庄子认为,人在用精神沟通天、地的同时,在形而下的世界,还有化育万物的职责。人在化育万物时,也不应当固守一方。庄子曰:"圣人之生也天行,其死也物化。(郭象注曰:任自然而运动。成玄英疏曰:其死也类万物之变化。④)静而与阴同德,动而与阳同波。(郭象注曰:动静无心,而付之阴阳也。成玄英疏曰:动静顺时,无心者也。⑤)"⑥庄子认为,圣人活着的时候,顺应自然而动,死后就和万物一样自然变化。动、静都是无心的,就像阴阳顺时而动一样。圣人无心而动、静,具体而言,就是要做到:"当是时也,莫之为而常自然。(成玄英疏曰:故当是时也,人怀无为之德,物含自然之道焉。⑦)"⑧庄子认为,道生成了天地万物包括人。那么道生成天地万物和人以后,人和道是一种什么关系呢?庄子曰:"彼方且与造物者为人,而游乎天地之一气。[郭象注曰:皆冥之,故无二。成玄英疏曰:达阴(物)〔阳〕之变化,与造物之为人;体万物之混同,游二仪之一气也。⑨]"⑩庄子认为,道生成天地万物后,万物中的人与道为友为伴,一同遨游于天地之间。人在天地之间自由地遨游,其精神也是自由的。

---

① [战国]庄周著,[晋]郭象注:《庄子》(诸子百家影印本)第十卷《天下第三十三》,上海古籍出版社1989年版,第168页。

② [战国]庄周著,[晋]郭象注:《庄子》(诸子百家影印本)第六卷《刻意第十五》,上海古籍出版社1989年版,第84页。

③ [晋]郭象注,[唐]成玄英疏:《庄子注疏》,中华书局2011年版,第295页。

④ [晋]郭象注,[唐]成玄英疏:《庄子注疏》,中华书局2011年版,第292页。

⑤ [晋]郭象注,[唐]成玄英疏:《庄子注疏》,中华书局2011年版,第292页。

⑥ [战国]庄周著,[晋]郭象注:《庄子》(诸子百家影印本)第六卷《刻意第十五》,上海古籍出版社1989年版,第83页。

⑦ [晋]郭象注,[唐]成玄英疏:《庄子注疏》,中华书局2011年版,第299页。

⑧ [战国]庄周著,[晋]郭象注:《庄子》(诸子百家影印本)第六卷《缮信第十六》,上海古籍出版社1989年版,第85页。

⑨ [晋]郭象注,[唐]成玄英疏:《庄子注疏》,中华书局2011年版,第148页。

⑩ [战国]庄周著,[晋]郭象注:《庄子》(诸子百家影印本)第三卷《大宗师第六》,上海古籍出版社1989年版,第43页。

(四) 无欲以与天、地合

庄子曰:"夫至人者,相与交食乎地而交乐乎天。"① 庄子认为,所谓至人,就是求食于地而与天同乐。至人应当保持愉悦的心境,努力做到与天同乐。那么怎样做到与天同乐呢?庄子曰:"不以人物利害相撄,不相与为怪,不相与为谋,不相与为事。(成玄英疏曰:夫至人无情,随物兴感,故能同苍生之食地,共群品而乐天。②)"③ 至人不以人物利害关系扰乱自己的心境,遇事不感到奇怪,不和他人谋划事情,不为凡事所扰。有了这样的心境,至人就能够"翛然而往,侗然而来"④,往来自由,无拘无束。人要让自己有好的心境,就应当放弃各种情绪。"贵富显严名利六者,勃志也;容动色理气意六者,缪心也;恶欲喜怒哀乐六者,累德也。"庄子认为,尊贵、富裕、显达、尊严、名利、利益六种情形会削弱人的斗志,容貌、举止、颜色、辞理、神采、情谊六种情形会束缚人的心灵,憎恶、爱欲、欣喜、愤怒、悲哀、欢乐六种情绪是德之牵累。人要有好的心境,必须抛弃种种欲求,不为之所动。"此四六者不荡胸中则正,正则静,静则明,明则虚,虚则无为而无不为也。"⑤ 庄子认为,放弃了种种欲求,人就能够做到平正。做到平正,内心就会安静。内心安静就能够做到明达,做到明达就能够进入至虚的境界。到了至虚的境界,人就能够通过无为而达到无不为的目的。

庄子认为,人要想达到无为而无不为的目的,必须让自己内心平静,要做到这一点,必须抛弃对功名利禄的追求,放弃各种情绪。陈鼓应指出:"庄子思想把人的生命安放到较广大的天地中去寻找意义,使人的精神与外界宇宙无限地、自由地相联系、相合。"⑥ 并且指出:"庄子思想之扩大人的思想视野,提升人的精

---

① [战国]庄周著,[晋]郭象注:《庄子》(诸子百家影印本)第八卷《庚桑楚第二十三》,上海古籍出版社1989年版,第119—120页。
② [晋]郭象注,[唐]成玄英疏:《庄子注疏》,中华书局2011年版,第418页。
③ [战国]庄周著,[晋]郭象注:《庄子》(诸子百家影印本)第八卷《庚桑楚第二十三》,上海古籍出版社1989年版,第120页。
④ [战国]庄周著,[晋]郭象注:《庄子》(诸子百家影印本)第八卷《庚桑楚第二十三》,上海古籍出版社1989年版,第120页。
⑤ [战国]庄周著,[晋]郭象注:《庄子》(诸子百家影印本)第八卷《庚桑楚第二十三》,上海古籍出版社1989年版,第122页。
⑥ 陈鼓应:《老庄新论》,上海古籍出版社1989年版,第4页。

神境界,是其他各家难以望其项背的。"①庄子曰:"与世偕行而不替。"②圣人与世同行而不终止。也就是说,君主应当顺应时代变化的需要,不能墨守成规。庄子曰:"道之真以治身,其绪余以为国家,其土苴以治天下。(成玄英疏曰:夫用真道以持身者,必以国家为残余之事。③)"④庄子认为,道的根本在于治身,然后才是治理国家,最后是治理天下,一个人不要把权力看得过重。《庄子·让王篇》通过王位让出的寓言,说明修身的重要性。庄子曰:"重生则轻利。(成玄英疏曰:重于生道则轻于荣利。⑤)"⑥庄子认为,应当将自己的生命看得最重要,这样就能够舍弃功名利禄。

庄子认为,人应当快乐地生活。"吾不知天之高也,地之下也,古之得道者,穷亦乐,通亦乐。(成玄英疏曰:故得道之人,处穷通而常乐。⑦)"⑧庄子认为,人生苦短,因此要珍惜自己的生命。"天与地无穷,人死者有时,操有时之具而托于无穷之间,忽然无异骐骥之驰过隙也。(成玄英疏曰:夫天长地久,穷境稍赊,人之死生,时限迫促。以有限之身,寄无穷之境,何异乎其骐骥走过隙穴也。⑨)"⑩庄子指出,天地是长久的,相比较于天地,人的生命则是短暂的。将短暂的生命寄托于无穷的天地之间,就如同骐骥过隙一样迅速。庄子曰:"不能说

---

① 陈鼓应:《老庄新论》,上海古籍出版社1989年版,第4页。
② [战国]庄周著,[晋]郭象注:《庄子》(诸子百家影印本)第八卷《徐无鬼第二十四》,上海古籍出版社1989年版,第133页。
③ [晋]郭象注,[唐]成玄英疏:《庄子注疏》,中华书局2011年版,第507页。
④ [战国]庄周著,[晋]郭象注:《庄子》(诸子百家影印本)第九卷《让王第二十八》,上海古籍出版社1989年版,第146页。
⑤ [晋]郭象注,[唐]成玄英疏:《庄子注疏》,中华书局2011年版,第510页。
⑥ [战国]庄周著,[晋]郭象注:《庄子》(诸子百家影印本)第九卷《让王第二十八》,上海古籍出版社1989年版,第148页。
⑦ [晋]郭象注,[唐]成玄英疏:《庄子注疏》,中华书局2011年版,第512页。
⑧ [战国]庄周著,[晋]郭象注:《庄子》(诸子百家影印本)第九卷《让王第二十八》,上海古籍出版社1989年版,第148页。
⑨ [晋]郭象注,[唐]成玄英疏:《庄子注疏》,中华书局2011年版,第520页。
⑩ [战国]庄周著,[晋]郭象注:《庄子》(诸子百家影印本)第九卷《盗跖第二十九》,上海古籍出版社1989年版,第152页。

其志意,养其寿命者,皆非通道者也。"①正因为人生苦短,因此,人必须要珍爱自己的生命,养护自己的情志。如果做不到这一点,就是没有掌握道的真谛。

庄子认为,人应当过一种自然而然的生活,舍弃功名利禄。"无为君子,从天之理。若枉若直,相而天极,面观四方,与时消息。(成玄英疏曰:无问枉直,顺自然之道,关照四方,随四时而消息。②)"③庄子认为,君子应当无所作为,顺天道变化的规律,不要去询问曲直,应当随四季变化而变化。庄子指出,君子应当"若是若非,执而圆机,独成而意,与道徘徊(成玄英疏曰:执于环中之道以应是非,用于独化之心以成其意,故能冥其虚通之理,转变无穷者也④)"⑤。

庄子从宇宙生成论,天、地、人和谐统一,人与天、地合几个方面出发,对天、地、人在宇宙生成中的作用进行分析。庄子以"齐物"为背景,分析了天、地、人齐等之关系,并在此基础上提出了天、人不相胜的理论,与荀子天、人交相胜的理论不同。在过去的研究中,普遍认为道家基于天道,罕言人事。实际上细读《庄子》便能发现,庄子对于人事充满了关切。过去我们研究庄子的齐物思想,认为庄子具有万物一齐的思想,却忽略了庄子人有差等的思想。事实上庄子一方面强调万物一齐,一方面又在社会治理过程中强调人有差等,这一点应引起我们的重视。在天、地、人三者的关系上,庄子还提出了心与天、地合。认为要遵循天、地运行的规律,必须要有静心、无欲的情怀,认为人要养护自己的精神,放弃包括官职在内的种种欲望,最终做到与天、地精神往来。庄子的天、地、人三才思想,不仅仅关注天道,还关注人道,不仅仅迎合了战国时代士人的心理诉求,在今天也有十分重要的借鉴价值,应引起学者的关注。

---

① [战国]庄周著,[晋]郭象注:《庄子》(诸子百家影印本)第九卷《盗跖第二十九》,上海古籍出版社1989年版,第152页。
② [晋]郭象注,[唐]成玄英疏:《庄子注疏》,中华书局2011年版,第524页。
③ [战国]庄周著,[晋]郭象注:《庄子》(诸子百家影印本)第九卷《盗跖第二十九》,上海古籍出版社1989年版,第154页。
④ [晋]郭象注,[唐]成玄英疏:《庄子注疏》,中华书局2011年版,第524页。
⑤ [战国]庄周著,[晋]郭象注:《庄子》(诸子百家影印本)第九卷《盗跖第二十九》,上海古籍出版社1989年版,第154页。

第二节 天道之伦理化：汉代儒家忠、孝观

先秦时期，人们已经将天与阴阳相联系，将地与五行相联系。《国语·鲁语》曰："天之三辰，民所以瞻仰也；及地之五行，所以生殖也。"①徐元诰指出："三辰，谓日、月、星也。""五行，五祀，金、木、水、火、土。"②《左传》指出："则天之明，因地之性，其生六气，其用五行。"③晋杜预注曰："其生六气，谓阴、阳、风、雨、晦、明。其用五行，谓金、木、水、火、土。"④张岱年先生对《左传》此言进行评价时指出："值得注意的是，这都是将五行归属于地，与天的六气、三辰相对待。"⑤一般而言，天和阴阳是相对应的，地和五行是相对应的。汉代儒家以天与阴阳为基础，实现了天道之伦理化。以地与五行为基础，实现了地道的伦理化。

一、天之伦理化

汉代儒家的忠、孝观是建立在天道基础上的。董仲舒从天的神学目的性出发，纬书从天的神秘性出发，实现了忠、孝观念的伦理化。董仲舒从阴、阳的神学目的性出发，纬书从阴、阳的神秘性出发，实现了忠、孝观念的伦理化。

关于天的含义，《说文解字》对天的定义是："天，颠也，至高无上。"⑥道的本义为路，引申为事物的发展规律。《说文解字》将道定义为："道，所行道也……一达谓之道。"⑦天道是指天的运行规律。张岱年指出："日月星辰所遵循的轨道

---

① 徐元诰撰，王树民、沈长云点校：《国语集解》之《鲁语上第四》，中华书局2002年版，第161页。
② 徐元诰撰，王树民、沈长云点校：《国语集解》之《鲁语上第四》，中华书局2002年版，第161页。
③ 《春秋左传正义》卷第五十一，[清]阮元校刻：《十三经注疏》（清嘉庆刊本），中华书局2009年版，第4576—4577页。
④ 《春秋左传正义》卷第五十一，[清]阮元校刻：《十三经注疏》（清嘉庆刊本），中华书局2009年版，第4577页。
⑤ 张岱年：《中国古典哲学概念范畴要论》，中华书局2017年版，第104页。
⑥ [汉]许慎：《说文解字》，中华书局1963年版，第7页。
⑦ [汉]许慎：《说文解字》，中华书局1963年版，第42页。

称为天道。"①《大辞海 哲学卷》对天道的定义是:"天道最初包含有日月星辰等天体运行过程……战国时庄子进一步发展了天道无为而自然的思想,荀子《天论》提出唯物主义天道观。"②《周易》对天道进行定义时说:"立天之道曰阴与阳。"③本文从日、月、星、辰与阴、阳角度阐述儒家三才视域下的忠、孝观。

(一)天之神学目的性

董仲舒将父子关系与天相结合,认为父是子之天,就像天是父之天一样。"父者,子之天也;天者,父之天也。无天而生,未之有也。天者,万物之祖,万物非天不生,独阴不生,独阳不生,阴阳与天地参,然后生。"④董仲舒认为,天是万物产生的根源,阴和阳的产生也是因为有天的缘故,天是阴、阳产生的根源。

董仲舒从天的神学目的性出发,强化了君臣、父子之间的伦理关系。《春秋繁露》曰:"天子受命于天,诸侯受命于天子,子受命于父,臣妾受命于君,妻受命于夫。诸所受命者,其尊皆天也。"⑤董仲舒从天的神学目的论出发,推导出天子受命于天的结论。既然天子受命于天,那么诸侯就应当受命于天子,子应当受命于父,臣妾应当受命于君,妻应当受命于夫。诸侯和天子,父和子,臣妾与君,妻与夫,地位都是不平等的。这种不平等的伦理秩序是由天来安排的。董仲舒在天、地、人三才结构中,首先想要打通天道与人道。董仲舒曰:"天,仁也,天覆育万物,既化而生之,有养而成之,事功无已,终而复始。"⑥在董仲舒看来,天有仁的一面,具体表现是天养育万物,使其生成且演化,并且抚养其成长,这种功勋永无止境,终而复始。也就是说,因为天道在运行过程中不断地生、养万物,功勋卓著,因此具有仁的一面。正因为天有生、养万物的功绩,特别是对人的生长、发育作出了贡献,因此,人必须顺应天道,也即人道须与天道相贯通。

---

① 张岱年:《中国古典哲学概念范畴要论》,中华书局2017年版,第27页。
② 《大辞海》编辑委员会:《大辞海 哲学卷》,上海辞书出版社2003年版,第178页。
③ 《周易正义》卷第九《说卦》,[清]阮元校刻:《十三经注疏》(清嘉庆刊本),中华书局2009年版,第196页。
④ [汉]董仲舒:《春秋繁露》(诸子百家影印本)第十五卷《顺命第七十》,上海古籍出版社1989年版,第85页。
⑤ [汉]董仲舒:《春秋繁露》(诸子百家影印本)第十五卷《顺命第七十》,上海古籍出版社1989年版,第85页。
⑥ [汉]董仲舒:《春秋繁露》(诸子百家影印本)第十一卷《王道通三第四十四》,上海古籍出版社1989年版,第67页。

如何实现天道和人道的贯通呢？董仲舒曰："是故人之受命天之尊,父兄子弟之亲。有忠信慈惠之心,有礼义廉让之行,有是非逆顺之治。文理灿然而厚,知广大有而博。"①正因为天道施予仁爱,人才得以成长。所以人也应当遵循天命,亲爱自己的父母兄弟;有忠诚、守信、慈爱、宽惠之心,有礼义、廉洁、谦让之举动;懂得是非观念,依照社会发展规律治理国家;知识面广阔而且博学。人道与天道相贯通的一个方面,是社会成员要顺应天道,拥有基本的道德修养、是非观念,同时将道德修养落实于具体行动中,也即落实于人的社会实践中。

(二)天的神秘性

《孝经内事》曰："人有孝性,天出孝星,孝心感天地,天与之孝行。"②纬书认为,人的孝行作为一种道德行为,和天道的运行是一致的,人间社会与自然规律并无二致。

纬书从祥瑞及日之变化出发,将尊卑秩序与天的神秘性相结合。

1. 祥瑞

《礼稽命徵》指出："王者,君臣,父子,夫妻,尊卑有别,则石生于泽也。""父子,君臣,夫妇,尊卑有别,凤凰至,飞翔于明堂。"③纬书认为,自然秩序和社会秩序不是截然对立的,而是密切相关的。社会伦理秩序之井然,有助于实现天之吉祥。纬书将凤凰来至和父子、夫妻、君臣伦理秩序相对应,正是天道自然与伦理秩序遥相呼应的表现。

2. 日之变化

纬书通过对日变化的描述来说明君臣关系的和谐与否,以日的非正常变化,说明君臣和谐关系被破坏以及臣下权力的扩张。"群臣恣,则日黄无光。群臣争,则日裂。人主排斥,则日夜出。"④《春秋感精符》通过日颜色的变化"日黄无光",日形态的变化"日裂",日运行规律的变化"日夜出",说明君、臣上下等级关

---

① 〔汉〕董仲舒:《春秋繁露》(诸子百家影印本)第十一卷《王道通三第四十四》,上海古籍出版社1989年版,第67页。

② 〔日〕安居香山、中村璋八辑:《纬书集成》之《孝经编·孝经内事》,河北人民出版社1994年版,第1017页。

③ 〔日〕安居香山、中村璋八辑:《纬书集成》之《礼编·礼稽命徵》,河北人民出版社1994年版,第510页。

④ 〔日〕安居香山、中村璋八辑:《纬书集成》之《春秋编·春秋感精符》,河北人民出版社1994年版,第739页。

系被打破,朝臣权力扩张。这个理论是在董仲舒阴阳学说基础上的进一步发展。

纬书认为,臣和妻的权力扩张,会使日的颜色发生变化。《春秋感精符》曰:"大臣擅命,妻专恣,戚党女妃虐……则日为青、黄。"① 如果群臣权力扩张,君主权力就会被剥夺,将出现日无光的情况。"日无光,主势夺,群臣盗,谗蔽行。"②

纬书认为,朝臣擅权,侵犯国君的权力,如果情况不是很严重,则出现日为青色、黄色的怪异现象。假如朝臣严重侵犯了国君的利益,导致天下大乱,则日的颜色会出现更多的变化。《春秋感精符》曰:"日青、赤、黄、白、黑……此至乱,故比年日蚀。"③ 认为如果天下大乱,日会出现青、赤、黄、白、黑五种颜色的变化,而且还会出现连年日食的现象。

不仅朝臣侵犯君主,日会发生颜色的变化,当妻的权力超越夫,子的权力超越父的时候,日的颜色也会发生变化。"妻党翔……则日黄无光。"④ 为什么日会是黄色的呢?《春秋感精符》给出了解释:"黄,地色,妻象也。"⑤ 因为黄象征土地的颜色,而妻比于地,因此,当妻权力超越夫的时候,日就会变成黄色。

那么,朝臣擅权,日为什么会变成青黑色呢?纬书也给出了解释。《春秋感精符》曰:"是(应当为日)为君,月为臣。月主于水,水色青。"⑥ 由于臣代表月,而月光会映于水中,水是青色的,而水下的土地是黑色的,因此,朝臣擅权,日会变为青黑色。而如果子的权力超越父,日会变成赤色。《春秋感精符》曰:"子党

---

① 〔日〕安居香山、中村璋八辑:《纬书集成》之《春秋编·春秋感精符》,河北人民出版社1994年版,第747页。
② 〔日〕安居香山、中村璋八辑:《纬书集成》之《春秋编·春秋感精符》,河北人民出版社1994年版,第747页。
③ 〔日〕安居香山、中村璋八辑:《纬书集成》之《春秋编·春秋感精符》,河北人民出版社1994年版,第747页。
④ 〔日〕安居香山、中村璋八辑:《纬书集成》之《春秋编·春秋感精符》,河北人民出版社1994年版,第748页。
⑤ 〔日〕安居香山、中村璋八辑:《纬书集成》之《春秋编·春秋感精符》,河北人民出版社1994年版,第748页。
⑥ 〔日〕安居香山、中村璋八辑:《纬书集成》之《春秋编·春秋感精符》,河北人民出版社1994年版,第748页。

犯命……日赤郁怏无色。"①"今赤气蔽日,子奸父之象也。"②

纬书从日之变化,主要是日颜色的变化,判断国君与朝臣,父亲与儿子,妻子与丈夫的原有等级秩序是否发生了变化。朝臣的权力超越了国君,儿子的权力超越了父亲,妻子的权力超越了丈夫,日的颜色都会相应发生变化。

3.日食现象发生

纬书认为,如果三纲的伦理秩序被破坏,不仅日的颜色会改变,而且会发生日食现象。《春秋感精符》认为,在三种情况下会发生日食现象:一种是臣下权力扩张,君主权力受到侵害;一种是妻妾权力扩张,夫权受到侵害;一种是儿子权力扩张,超越了父权。"日以从上蚀者,子为害。日蚀从下起,妻害急。日蚀傍者,臣欲作祸之应。"③《春秋感精符》认为,当三纲的伦理秩序遭到破坏时,会发生日食现象,但是日食的情况不同。当儿子权力扩张,超越父权时,日食现象发生在日之上方。当妻妾权力超越夫权时,日食现象发生在日之下方。当朝臣权力扩张,超越君权时,日食发生在日之侧旁。

纬书从日食现象的发生,判断国君与朝臣、父亲与儿子、妻子与丈夫的原有等级秩序发生了怎样的变化。朝臣的权力超越了国君,儿子的权力超越了父亲,妻子的权力超越了丈夫,都会发生日食现象,但日食情况有所不同。

4.星象之变化

纬书认为,当三纲伦理秩序遭到破坏时,不仅会让日之颜色发生变化,发生日食现象,星象即星辰的运行规律也会发生改变。

《春秋感精符》曰:"故太白逆经天,辱君父,国被侵。"④认为太白星如果背离正常的运行轨道,会发生夫权、君权受到侵害的情况。同样,如果荧惑星进入北斗七星的运行轨道,会出现朝臣图谋侵害君主的情况。"荧惑入七星,若犯守

---

① 〔日〕安居香山、中村璋八辑:《纬书集成》之《春秋编·春秋感精符》,河北人民出版社1994年版,第748页。

② 〔日〕安居香山、中村璋八辑:《纬书集成》之《春秋编·春秋感精符》,河北人民出版社1994年版,第748页。

③ 〔日〕安居香山、中村璋八辑:《纬书集成》之《春秋编·春秋感精符》,河北人民出版社1994年版,第749—750页。

④ 〔日〕安居香山、中村璋八辑:《纬书集成》之《春秋编·春秋感精符》,河北人民出版社1994年版,第756页。

之,人主有忧,大臣有谋。"①

而荧惑星进入庭院,则意味着朝臣违逆君主,多行不轨。"荧惑入庭中,臣多逆不轨。"②填星进入中华门,意味着朝臣要谋杀君主。"填星入中华阁门者,为臣弑主之候。"③太白星从西华门进入,从东华门出去,意味着大臣作乱,预谋杀死君主。"太白入西华门,出东华门,大臣作乱,谋其主。"④如果彗星改变自己的运行方向,也有可能是臣下谋反的征兆。《春秋纬》曰:"彗星出斗星中,九卿为变而言其主。"⑤

纬书认为,不论天子或者庶民都应当尽孝。《孝经左契》曰:"天子孝,天龙负图,地龟出书。""天子孝……妖孽消灭,景云出游。庶人孝,则泽林茂,浮珍舒,怪草秀,水出神鱼。"⑥纬书将人间的孝道和天的运行规律相对比,认为二者十分相似。"天序日月星辰以自光,人序孝弟忠信以自彰。"⑦纬书认为,人间的孝悌忠信这些道德情怀是自然而然产生的,就像天上的日月星辰会自然发光一样。孝悌行为到达一定的程度,就会得到天之神明的认可,凤凰也会来筑巢。"孝悌之至,通于神明,则凤凰巢。"⑧

---

① 〔日〕安居香山、中村璋八辑:《纬书集成》之《春秋编·春秋感精符》,河北人民出版社1994年版,第760页。
② 〔日〕安居香山、中村璋八辑:《纬书集成》之《春秋编·春秋合诚图》,河北人民出版社1994年版,第771页。
③ 〔日〕安居香山、中村璋八辑:《纬书集成》之《春秋编·春秋合诚图》,河北人民出版社1994年版,第771页。
④ 〔日〕安居香山、中村璋八辑:《纬书集成》之《春秋编·春秋合诚图》,河北人民出版社1994年版,第772页。
⑤ 〔日〕安居香山、中村璋八辑:《纬书集成》之《春秋编·春秋纬》,河北人民出版社1994年版,第938页。
⑥ 〔日〕安居香山、中村璋八辑:《纬书集成》之《孝经编·孝经左契》,河北人民出版社1994年版,第997页。
⑦ 〔日〕安居香山、中村璋八辑:《纬书集成》之《孝经编·孝经左契》,河北人民出版社1994年版,第998页。
⑧ 〔日〕安居香山、中村璋八辑:《纬书集成》之《孝经编·孝经钩命决》,河北人民出版社1994年版,第1008页。

二、阴、阳之伦理化

(一)阴、阳之神学目的性:董仲舒忠、孝观

董仲舒曰:"阳,天气也;阴,地气也。"①董仲舒认为,阳应当与天气相合,阳为天气;阴应当与地气相合,阴为地气。"君为阳,臣为阴;父为阳,子为阴;夫为阳,妻为阴。"②在董仲舒看来,君、父、夫属于阳,因为阳为天气的缘故,所以君、父、夫属于天。子、臣、妻为阴,因为阴为地气的缘故,所以子、臣、妻属于地。

董仲舒认为,阴、阳是互相配合的,阴与阳相伴而生,所谓"阴道无所独行,其始也不得专起,其终也不得分功,有所兼之义"③。阴、阳任何一方都不能单独运行,其开始和终止都是互相配合、相伴而行的。正因为如此,阴和阳互相应和,所谓"阴者,阳之合;妻者,夫之合;子者,父之合;臣者,君之合。物莫无合,而合各有阴阳。阳兼于阴,阴兼于阳;夫兼于妻,妻兼于夫;父兼于子,子兼于父;君兼于臣,臣兼于君"④。清人董天工笺注曰:"兼者,情意相通也。"⑤

在董仲舒看来,由于阴阳结伴而生、缺一不可,所以,作为阳的君、父、夫和作为阴的臣、子、妻也是相伴而生、缺一不可的。董仲舒强调:有妻必有夫,所谓"妻者,夫之合";有子必有父,所谓"子者,父之合";有臣必有君,所谓"臣者,君之合"。由于父与子、君与臣、夫与妻都是相伴而生的,所以双方情意相通,所谓"夫兼于妻,妻兼于夫"。夫妻之间情义相通,双方兼而有之,不可或缺。君兼于臣,臣兼于君,君、臣之间兼而有之,双方不可或缺。从阴阳相伴而生、不可或缺出发,董仲舒认为,夫与妻、父与子、君与臣都是兼而有之、不可或缺的。他们的关系,具体而言就是:"天为君而覆露之,地为臣而持载之。阳为夫而生之,阴为

---

① [汉]董仲舒:《春秋繁露》(诸子百家影印本)第十三卷《人副天数第五十六》,上海古籍出版社 1989 年版,第 75 页。

② [汉]董仲舒:《春秋繁露》(诸子百家影印本)第十二卷《基义第五十三》,上海古籍出版社 1989 年版,第 73 页。

③ [汉]董仲舒:《春秋繁露》(诸子百家影印本)第十二卷《基义第五十三》,上海古籍出版社 1989 年版,第 73 页。

④ [汉]董仲舒:《春秋繁露》(诸子百家影印本)第十二卷《基义第五十三》,上海古籍出版社 1989 年版,第 73 页。

⑤ [清]董天工笺注,黄江军整理:《春秋繁露笺注》,华东师范大学出版社 2017 年版,第 175 页。

妇而助之。春为父而生之,夏为子而养之。"①天为君主,繁育万物。地为臣下,承载万物。阳为丈夫,生养万物。阴为妻,为丈夫提供帮助。父为春天,生养万物。夏为儿子,养育万物。

在董仲舒看来,君与臣、夫与妻、父与子之间是一种配合的关系。其中,君、夫、父具有生养万物的功能,而臣、妻、子则负责承载万物,帮助万物的生长。所以,君、夫、父处于主要方面,而臣、妻、子则处于次要的辅助地位。从这个角度而言,"王道之三纲,可求于天"②。清人董天工笺注曰,所谓三纲"即君为臣纲,父为子纲,夫为妻纲"③。

(二)阴、阳之神秘性:纬书忠、孝观

纬书吸取了汉儒董仲舒的神学目的论思想,认为"天子、公、侯、伯、子、男,所以承天也"④。就阴、阳而言,纬书从阴、阳二气的属性出发,推导出阳尊、阴卑的结论。"夏者阳气在上,阴气在下,故正尊卑之义也。"⑤

在阴、阳关系方面,纬书认为,阴、阳失序,会导致君臣关系的失序,同时会出现星象失序的情况。"阳越度,阴失符,则荧惑生足。"⑥荧惑星本来是没有足的,但是阴、阳如果超过了一定的限度,就会使荧惑星长出脚来。宋均注曰:"阳,君也。阴,臣也。"⑦

---

① [汉]董仲舒:《春秋繁露》(诸子百家影印本)第十二卷《基义第五十三》,上海古籍出版社1989年版,第74页。
② [汉]董仲舒:《春秋繁露》(诸子百家影印本)第十二卷《基义第五十三》,上海古籍出版社1989年版,第74页。
③ [清]董天工笺注,黄江军整理:《春秋繁露笺注》,华东师范大学出版社2017年版,第175页。
④ 〔日〕安居香山、中村璋八辑:《纬书集成》之《礼编·礼含文嘉》,河北人民出版社1994年版,第497页。
⑤ 〔日〕安居香山、中村璋八辑:《纬书集成》之《礼编·礼含文嘉》,河北人民出版社1994年版,第505页。
⑥ 〔日〕安居香山、中村璋八辑:《纬书集成》之《春秋编·春秋运斗枢》,河北人民出版社1994年版,第727页。
⑦ 〔日〕安居香山、中村璋八辑:《纬书集成》之《春秋编·春秋运斗枢》,河北人民出版社1994年版,第727页。

纬书将三纲与日、月相对应。《春秋感精符》曰:"三纲之义,日为君,月为臣也。"①认为君为臣纲中的君可喻为日,臣可喻为月。并进一步对日、月的性质进行了描述,认为日代表阳,代表光明,月代表阴,代表承顺。"日以阳明,月以阴承。"②将日、月分别和阴、阳相比附,是纬书对董仲舒阴阳学说的进一步发展。由于君代表阳,代表光明,因此,君要像阳一样,向下施与光明。"日者阳之精,耀魄光明,所以下察也。"③臣代表阴,代表承顺之意。"月者,阴之精,地之理。"④月代表阴,代表地,代表臣,因此,臣应当像月一样承顺君主。

由于阳代表君,阴代表臣,阴阳失衡,会使君、臣秩序发生混乱,也会产生一些灾异现象。《春秋汉含孳》曰:"阳者,君也。阳弱臣逆,则太白经天。"⑤阳代表君,阳弱就意味着君主权力被削弱,受到了朝臣权力扩张的威胁。那么,太白星将背离固有的运行轨道。

《春秋纬》认为君臣关系发生变化,会使阴、阳失序,从而产生灾异现象。君"为臣下所侵,则月青赤,其后久旱,地动摇宫,阴气盛,臣下恣横,阳精魄夺"⑥。如果君主受到朝臣权力扩张的威胁,那么,不仅太阳的颜色会发生变化,月的颜色也会发生变化,变为青赤色。原因在于,月代表阴,代表臣。臣擅权,不仅月的颜色会发生变化,同时还会发生天下大旱、地震的现象,说明阴气兴盛,阳气衰弱。

纬书认为,人类社会的伦理秩序是效法天、地运行规律创建的。"象法乾坤,顺阴阳,以正君臣、父子、夫妇之义。"郑玄注曰:"天地阴阳,尚有尊卑先后之

---

① 〔日〕安居香山、中村璋八辑:《纬书集成》之《春秋编·春秋感精符》,河北人民出版社1994年版,第738页。

② 〔日〕安居香山、中村璋八辑:《纬书集成》之《春秋编·春秋感精符》,河北人民出版社1994年版,第738页。

③ 〔日〕安居香山、中村璋八辑:《纬书集成》之《春秋编·春秋感精符》,河北人民出版社1994年版,第738页。

④ 〔日〕安居香山、中村璋八辑:《纬书集成》之《春秋编·春秋感精符》,河北人民出版社1994年版,第738页。

⑤ 〔日〕安居香山、中村璋八辑:《纬书集成》之《春秋编·春秋汉含孳》,河北人民出版社1994年版,第817页。

⑥ 〔日〕安居香山、中村璋八辑:《纬书集成》之《春秋编·春秋纬》,河北人民出版社1994年版,第921页。

序,而况人道乎"。①纬书认为,君臣关系是和阴阳相对应的,因此君、臣所在的方位也与阴、阳相对应。"君道倡始,臣道终正,是以乾位在亥,坤位在未,所以明阴阳之职,定君臣之位也。"②君代表阳,臣代表阴,阴、阳有方位的区别,因此,尊卑秩序也就确定了。"阳得正于上,阴得正于下,尊卑之象定,礼之序也。"③因为阴、阳的方位确定了,因此,礼的秩序也就确定了。礼的秩序得以确立,国家的治理活动就能顺利进行。

汉代儒家以天道为基础,为他们所倡导的忠、孝观寻找理论根据。董仲舒从天及阴阳的神学目的论出发,将君臣、父子、夫妻的等级伦理秩序与天和阴阳的神学目的性相结合,强化了忠、孝观念的神学目的价值。纬书将君臣、父子、夫妻等级伦理秩序与天的灾异与吉兆,以及日的变化、星象的变化相结合,实现了忠、孝观的伦理化、神秘化。

第三节 地道之伦理化：汉代儒家忠、孝观

一、地之伦理化

《周易》从地的自然主义出发,董仲舒从地的神学目的性出发,纬书从地的神秘性出发,实现了忠、孝观念的伦理化。董仲舒从五行相生、五行相胜的角度出发,以地道为基础,使忠、孝观念伦理化。纬书则将董仲舒的五行理论引向深入,将五行与五常、五音、五脏相结合,将卦气学说与五常相结合,从而实现了五行学说与忠、孝观的全方位结合。这种做法,一方面极大地发展了汉代的五行学说,另一方面也为儒家的忠、孝观提供了以五行为基础的地道根据,为儒家忠、孝观的伦理化奠定了坚实的理论根基。

---

① 〔日〕安居香山、中村璋八辑:《纬书集成》之《易编·易纬乾凿度》,河北人民出版社1994年版,第6页。
② 〔日〕安居香山、中村璋八辑:《纬书集成》之《易编·易纬乾凿度》,河北人民出版社1994年版,第10页。
③ 〔日〕安居香山、中村璋八辑:《纬书集成》之《易编·易纬乾凿度》,河北人民出版社1994年版,第10页。

(一)地的自然性:《周易》忠、孝观

《说文解字》对地的定义是:"地,万物所陈列也。"①《释名》对地的注释是:"地,底也,其体底下载万物也。"②

《周易》曰:"地道也,妻道也,臣道也,地道无成而代有终也。"③《周易》认为,妻道、臣道代表地道,反映了《周易》地承天之义。地道代表阴,阴的特点是"阴虽有美,含之以从王事,弗敢成也"④,地道的特点是"其顺乎承天"⑤。《周易》认为,阴虽然有其美德,但其主要特点是辅助君王,不能把功劳归于自己。

纬书用灾异和祥瑞来说明君臣、父子、夫妻之道的重要性,在汉儒董仲舒神学目的论的基础上,进一步发挥董仲舒灾异思想,并将其与社会的伦常秩序相结合。《礼斗威仪》曰:"臣专政,私其君位,则草木不生,禾谷不实。"⑥纬书将五脏与五常相结合,也是在汉儒董仲舒五行思想基础上的进一步发挥。

(二)地的神学目的性:董仲舒忠、孝观

地道与天道相贯通的另一个方面是子事父。董仲舒曰,子"不敢与父分功美,孝之至也。是故孝子之行,忠臣之义,皆法于地也。地事天也,犹下之事上也。地,天之合也"⑦。强调儿子不敢和父亲分享功劳和美名,这样才称得上是孝顺。所以孝子行孝的行为,忠臣尽忠的气节,都是效仿地的。地遵奉天,就像下级侍奉上级一样,地与天相贯通。在董仲舒看来,地道与天道贯通的一个方面

---

① [汉]许慎:《说文解字》,中华书局1963年版,第286页。

② [汉]刘熙撰,[清]毕沅疏证,[清]王先谦补:《释名疏证补》,中华书局2008年版,第24页。

③ 《周义正义》卷第一《坤卦》,[清]阮元校刻:《十三经注疏》(清嘉庆刊本),中华书局2009年版,第34页。

④ 《周易正义》卷第一《坤卦》,[清]阮元校刻:《十三经注疏》(清嘉庆刊本),中华书局2009年版,第34页。

⑤ 《周易正义》卷第一《坤卦》,[清]阮元校刻:《十三经注疏》(清嘉庆刊本),中华书局2009年版,第33页。

⑥ 〔日〕安居香山、中村璋八辑:《纬书集成》之《礼编·礼斗威仪》,河北人民出版社1994年版,第526页。

⑦ [汉]董仲舒:《春秋繁露》(诸子百家影印本)第十一卷《王道通三第四十四》,上海古籍出版社1989年版,第68页。

是臣忠于君主,第二个方面是子行孝于父母。"父者,子之天也。"①董仲舒强调,在父子关系中,父亲是儿子的天空。

董仲舒曰:"臣之义,比于地。故为人臣者,视地之事天也。"②在董仲舒看来,朝臣的气节,相当于地,所以作为君主的朝臣,侍奉君主,就像地道侍奉天道一样。"是故《春秋》君不名恶,臣不名善。善皆归于君,恶皆归于臣。"③君主不承受恶的名义,朝臣不承受善的名义。好的名义都归于君主,恶的名义都归于朝臣。臣事君是地道与天道贯通的表现。

董仲舒曰:"为人臣者法地之道,暴其形出其情以示人。高下险易坚耎刚柔肥臞美恶,累可就财也。故其形宜不宜,可得而财也。为人臣者比地贵信而悉见其情于主,主亦得而财之。故王道威而不失,为人臣常竭情悉力而见其短长。使主上得而器使之,而犹地之竭竟其情也。故其形宜,可得而财也。"④在董仲舒看来,作为臣下要效法地道,要积极作为,暴露其形状,显示其性情给百姓。土地的高低、平坦险阻、坚硬柔和、刚强柔弱、肥沃贫瘠都可以被识别,所以臣下的所为合适不合适也是可以识别的。作为国家的朝臣,应当效法地道,贵在坚守信用,在君主面前表露自己真实的一面,使君主可以识别臣下。王道威严而不失其位,作为朝臣常常为君主殚精竭虑,所以他的优点和缺点容易暴露在外,使君主可以根据情况任用驱使他,就像地要殚精竭虑展示自己一样,臣下的情况也是可以被识别的。在董仲舒看来,臣下应当积极作为,为君主、为天下百姓殚精竭虑,以此效法地道。两汉司法官员在春秋决狱过程中,注重打击官吏谋反犯罪,以体现地道与天道的贯通。据《史记·儒林列传》记载,汉武帝年间,淮南王刘安谋反事件发生,董仲舒弟子吕步舒持皇帝节杖治淮南狱,以春秋经义"君亲无将,将而诛焉"(《春秋公羊传》庄公三十二年)为据,先后诛杀数万人,得到天子认可。

---

① [汉]董仲舒:《春秋繁露》(诸子百家影印本)第十五卷《顺命第七十》,上海古籍出版社1989年版,第85页。

② [汉]董仲舒:《春秋繁露》(诸子百家影印本)第十一卷《王道通三第四十四》,上海古籍出版社1989年版,第68页。

③ [汉]董仲舒:《春秋繁露》(诸子百家影印本)第十一卷《王道通三第四十四》,上海古籍出版社1989年版,第68页。

④ [汉]董仲舒:《春秋繁露》(诸子百家影印本)第六卷《离合根第十八》,上海古籍出版社1989年版,第37页。

何谓"君亲无将"呢?"亲谓父母","将,齐也"①,"君亲无将"的意思是,君臣之间亲如父子,应当有尊卑之序,臣下不能与君主平起平坐。臣下如果与君主平起平坐,超越君主,就要遭到君主的诛杀。

(三)地的神秘性:纬书忠、孝观

《春秋运斗枢》曰:"地动,佞者执政,君子在野,小人在位,朝廷多贼,国受其咎。"②指出发生地震这种灾异现象,意味着君、臣关系发生了变化,君主权力旁落,小人权力扩张。小人权力扩张,会严重扰乱朝政。朝臣严重侵犯君主的利益,还会出现"大旱,地摇动"③,也就是天下大旱、地震的灾异现象。

如果"女主盛,臣制命,则地动坼,畔震起,山崩沦"④,即家庭中妻子权力扩张,国中朝臣权力扩张,将出现地震、湖畔震裂、山崩等现象。

二、五行之伦理化

(一)董仲舒:五行与孝道

清人王仁俊辑《孝经董氏义》一卷,谈到儿子对父亲的孝行(该内容又见《春秋繁露·五行对》)。其中曰:"夫孝,天之经也,地之义也。河间献王问温城董君曰:'《孝经》曰,夫孝,天之经,地之义。何谓也?'对曰:'天有五行,木、火、土、金、水是也,木生火,火生土,土生金,金生水。水为冬,金为秋,土为季夏,火为夏,木为春。春主生,夏主长,季夏主养,秋主收,冬主藏,藏,冬之所成也。是故父之所生,其子长之。父之所长,其子养之。父之所养,其子成之。诸父所为,其子皆奉承而续行之,不敢不致,如父之意,尽为人之道也。故五行者,五行也。由此观之,父授之,子受之,乃天之道也。故曰:夫孝者,天之经。此之谓也。'王曰:'善哉,天经既闻得之矣,愿闻地之义。'对曰:'地出云为雨,起气为风。风雨者,地之为,为地不敢有其功名,必上之于天。命若从天气者,故曰天风天雨也,莫曰地风地雨也。勤劳在地,名一归于天。非至有义,其孰能行此?故下之事

---

① [清]段玉裁:《说文解字注》,上海古籍出版社 1981 年版,第 121 页。
② 〔日〕安居香山、中村璋八辑:《纬书集成》之《春秋编·春秋运斗枢》,河北人民出版社 1994 年版,第 723 页。
③ 〔日〕安居香山、中村璋八辑:《纬书集成》之《春秋编·春秋感精符》,河北人民出版社 1994 年版,第 747 页。
④ 〔日〕安居香山、中村璋八辑:《纬书集成》之《春秋编·春秋汉含孳》,河北人民出版社 1994 年版,第 813 页。

上,如地事天也,可谓大忠矣。土者,火之子也,五行莫贵于土。土之于四时无所命者,不与火分功名。木名春,火名夏,金名秋,水名冬。忠臣之义,孝子之行,取之土。土者五行最贵者也,其义不可以加矣。五声莫贵于宫,五味莫美于甘,五色莫贵于黄。此谓孝者,地之义也。'王曰:'善哉。'"①通过董仲舒与河间献王的对话可以看出,董仲舒不仅将孝行与五行相类比,认为孝行是"天之经",还将孝行看作"地事天"的表现,也即地道遵奉天道的表现,将孝行比作土,认为孝行是"地之义也"。

董仲舒认为,父子的等级秩序是由五行的相生相克关系决定的。"是故木受水而火受木,土受火,金受土,水受金。诸授之者,皆其父也。受之者,皆其子也。"②在金、木、水、火、土五行中,有生成对方的元素,又被生成的元素。水、木、火、土、金分别是木、火、土、金、水的生成者,前者为父,后者为子,因为前者生成后者,因而父在前,而子在后。

(二)纬书:五行之伦理化

1.五行与五常相合

《乐稽耀嘉》认为,义指君臣关系,父子关系为仁,兄弟之序为礼,夫妻之别为智,朋友之信为信。并且指出:"君臣之义,生于金。父子之仁,生于木。兄弟之序,生于火。夫妇之别生于水。朋友之信,生于土。"③

《春秋文曜钩》讲到五行和君臣秩序,并且使君臣关系神秘化。"火与土相合,生克扶同,上有贤主明相,下有忠臣法吏。"④《春秋文曜钩》认为,土和火相生相克,代表着上有明君,下有忠臣,五行相克,土代表君主,火代表臣下,本来应该土克火,如果反过来火战胜了土,那么就会带来"国必大旱,期季,粟贵六倍,寸草不生,饥死者过半,盗贼充斥,不可遏抑,人主出走一日"的严重后果。

2.五行与五音相合之忠、孝观

纬书吸收了汉儒董仲舒的五行思想,将五行与五音相结合,并且将五音与君

---

① [清]王仁俊:《玉函山房辑佚书续编三种》,上海古籍出版社1989年版,第65—66页。
② [汉]董仲舒:《春秋繁露》(诸子百家影印本)第十一卷《五行之义第四十二》,上海古籍出版社1989年版,第65页。
③ [日]安居香山、中村璋八辑:《纬书集成》之《乐编·乐稽耀嘉》,河北人民出版社1994年版,第548页。
④ [日]安居香山、中村璋八辑:《纬书集成》之《春秋编·春秋文曜钩》,河北人民出版社1994年版,第683页。

臣、父子的伦理秩序相结合。《礼斗威仪》曰:"宫主君,商主臣,角主父,徵主子,羽主夫。"①纬书将宫、商、角、徵、羽与君臣、父子相结合,进一步扩大了地之五行与伦理秩序相结合之范围,以便为君臣、父子关系提供进一步的佐证。

3.五行与五脏、五常相合

《乐动声仪》曰:"五脏,肝仁,肺义,心礼,肾智,脾信也。"②纬书将五脏与仁、义、礼、智、信的五常思想相结合,想要说明五常思想与人的五脏一样,对人而言,都是十分重要,不能缺失的。五脏中,与仁相对应的脏器是肝,与义相对应的脏器是肺,与礼相对应的脏器是心,与智相对应的脏器是肾,与信相对应的脏器是脾。从五常的对应关系看,因为心是最为重要的器官,因此与之相对应的五常中的礼,也是最为重要的。

纬书《乐动声仪》解释了五脏与五常相对应的原因,曰:"肝,木之精也,仁者好生。东方者,阳也,万物始生,故肝象木,色青而有枝叶。"③纬书从两个方面分析了肝与仁的对应关系。首先肝有生发、造血的功能,与仁之好生功能相似。由于五行中的木与东方相对应,从形象上看,木有枝叶,与肝有血管网络相似,因此,肝与东方、与仁相对应。

"肺者金之精,义者断绝,西方亦金,成万物也,故肺象金,色白也。"④《乐动声仪》认为,肺和金相对应。原因在于,金和肺一样有成就万物的功能。另外,从颜色角度出发,肺和金颜色相同,都是白色。因此,肺与西方、与金、义相对应。

"心,火之精也,南方尊阳在上,卑阴在下,礼有尊卑,故心象火。"⑤《乐动声仪》认为,心与南方、与火、与礼相对应。原因在于,礼有尊卑上下等级,而与火相对应的南方也有尊阳在上、卑阴在下的特征,所以心与礼、与南方相对应。

《乐动声仪》将肾与水、与黑、与北方、与智相对应,原因在于:"肾所以智何?

---

① 〔日〕安居香山、中村璋八辑:《纬书集成》之《礼编·礼斗威仪》,河北人民出版社1994年版,第516页。

② 〔日〕安居香山、中村璋八辑:《纬书集成》之《乐编·乐动声仪》,河北人民出版社1994年版,第541页。

③ 〔日〕安居香山、中村璋八辑:《纬书集成》之《乐编·乐动声仪》,河北人民出版社1994年版,第541页。

④ 〔日〕安居香山、中村璋八辑:《纬书集成》之《乐编·乐动声仪》,河北人民出版社1994年版,第541页。

⑤ 〔日〕安居香山、中村璋八辑:《纬书集成》之《乐编·乐动声仪》,河北人民出版社1994年版,第541—542页。

肾者水之精,智者进而止,无所疑惑,水亦进而不惑。北方水,故肾色黑,水阴,故肾双。窍为之候何? 窍能泻水,亦能流濡。"①肾有流泻的功能,水也有流泻的功能,因此,肾与水相对应。又因为水与北方对应,且与水之黑色相对应,智也有能进能退的功能。因此,智与北方、与水、与黑色、与肾相对应。

《乐动声仪》解释了为什么脾和信相对应。"脾者土之精也。土尚任养万物,为之象。生物无所私,信之至也,故脾象土,色黄也。"②认为脾之所以和信相对应,是因为脾和土一样,具有生养万物、无私无畏的特点。信也和脾一样,具有无私的精神。因此,信与脾、与土、与黄色、与中央相对应,图示如下:

五行	五色	五脏	五常	五方
木	青	肝	仁	东方
金	白	肺	义	西方
火	赤	心	礼	南方
水	黑	肾	智	北方
土	黄	脾	信	中央

4.卦气学说与五常之结合

西汉晚期哀帝、平帝年间,《易纬》中倡导的卦气学说与当时的伦理、等级思想实现了有机的结合。卦气说中"卦"是指八卦,"气"是指阴、阳二气。卦气,是指八卦卦、爻的变化与阴、阳二气的消长。

《易纬乾凿度》提出以八卦为体的新观点:"八卦之序成立,则五气变形,故人生而应八卦之体,得五气,以为五常。仁、义、礼、智、信是也。夫万物始出于震,震,东方之卦也。阳气始生,受形之道也,故东方为仁。成于离,离,南方之卦也。阳得正于上,阴得正于下,尊卑之象定,礼之序也,故南方为礼。入于兑,西方之卦也,阴用事,而万物得其宜,义之理也,故西方为义。渐于坎,坎,北方之卦也,阴气形,盛阴阳气含闭,信之类也,故北方为信。夫四方之义,皆统于中央,故乾、坤、艮、巽,位在四维。中央所以绳四方行也,智之决也。故中央为智。故道

---

① 〔日〕安居香山、中村璋八辑:《纬书集成》之《乐编·乐动声仪》,河北人民出版社1994年版,第542页。

② 〔日〕安居香山、中村璋八辑:《纬书集成》之《乐编·乐动声仪》,河北人民出版社1994年版,第542页。

兴于仁,立于礼,理于义,定于信,成于智。"①

《易纬乾凿度》认为,以五常为核心的道德行为是奠基于八卦的,也就是说,八卦是五常产生的基础。人因为顺应八卦运行规律,所以获得了五气,从而产生了仁、义、礼、智、信的道德情怀。五常道德情怀得以产生的卦体和方位是不一样的,其兴盛情况也有所不同。仁产生于东方,与震卦相对应。这个时候,万物始生,因此仁也就产生了。万物成形于离卦,离卦是南方之卦。这个时候,阳气在上,阴气在下,反映尊、卑关系的礼就产生了。西方之卦是兑,西方阴用事,万物各得其宜,所以义与兑卦与西方相对应。事物在北方继续发展,坎卦与北方相对应。这个时候,阴气形成,阴、阳二气处于平衡状态,相对应的道德情怀是信。中央有统率四方的功能,因此,智与中央相对应。值得注意的是,董仲舒将五行与五常进行了早期的结合,想要说明人的五种道德情怀和自然运行的规律五行一样,是不可或缺的。《易纬》大大发展了董仲舒的五常学说,不仅将五常与五方相对应,且与八卦和阴、阳二气相对应,其中的震、离、兑、坎与东、南、西、北相对应,这是《周易》八卦理论在纬书中的进一步发展。一般而言,震、离、兑、坎被称为八卦中十分重要的四卦,又称为正四卦。

纬书的内容方方面面,涉及自然、社会、人事等各个方面,有对经书的解说,有对历史、地理知识的介绍,有文字的阐释,有典章制度的剖析,等等,但是纬书从其思想内容而言,大体没有超出以阴阳、五行为骨架的天人感应范畴。天人感应理论在汉代创造出一位至上神,也就是人们通常所说的"天者,百神之大君也"。天、人之间不是直接交流、联系的,其间有一个沟通天、人关系的重要媒介,就是天神。天神沟通天、人关系的方式,是通过谴告或者嘉奖,对人间社会统治者的行为进行评价。纬书从其思想内容看,虽然有封建迷信的成分,但是也保存了丰富的思想资料,反映了当时哲学思想和科学思想的发展水平,这是需要引起今天学者充分关注的。纬书倡导三纲五常,在董仲舒三纲五常思想理论的基础上,进一步与西汉晚期的社会实际相结合。以三纲五常为核心的儒家思想,在纬书中有了长足的发展,其主要目的是维护以君臣、父子为基础的伦理秩序,维护封建的专制统治。正如任继愈先生所言:"纬书的内容主要是讲灾异和符命,

---

① 〔日〕安居香山、中村璋八辑:《纬书集成》之《易编·易纬乾凿度》,河北人民出版社1994年版,第10页。

其目的是挽救危机,恢复正常的封建秩序,所以也讲三纲五常的合理性与必要性。"①

汉代儒家以地道为出发点,为忠孝观念寻找伦理化的价值根据,值得我们深入研究和探索,应引起学者的充分关注。

第四节 汉代道家三才视域下的身国同治理论

两汉时期,儒家及道家从不同的角度阐释了自己的伦理道德观念。儒家侧重于从家国情怀角度出发,构建社会的伦理秩序。因此,家国情怀是儒家伦理思想的核心。道家则不然,道家侧重于从身国同治、身国同构角度出发,阐述其伦理思想与道德准则。儒家、道家的伦理思想都是在天、地、人三才的大环境中展开和落实的。过去我们谈儒家的家国情怀,谈道家的身国同治、身国同构理论,多从其思想本身着眼,忽略了二者产生的大背景——天、地、人三才视域。

两汉时期,伴随着天、地、人三才思想框架的确立和流行,各个学术流派都试图将自己的思想纳入天、地、人三才系统中。儒家的家国情怀,道家的身国同治思想便是如此。儒家以家国情怀为表现的伦理思想与道家以身国同治为表现的伦理思想有相同之处,也有显著的差异。二者的相同之处在于:都试图通过伦理秩序的构建,达到治理国家的目的。二者的差异之处在于:儒家侧重于从由内及外的路径出发,将内在的道德修养外化为以忠孝为表现的具体行动,以外在的社会行为实现以忠孝为内容的家国情怀。在儒家看来,亲孝行为是家庭伦理秩序构建的关键环节,忠君是国家伦理秩序构建的关键环节。落实于社会环境,便是亲孝父母,忠于国家。

而道家的身国同治理论,以个体生命为出发点,同时观照国家治理及存亡之运命。道家在身国同治理论方面有几个特点:强调存身,强调身存而后国治。道家认为,只有身存才能够国治,为了达到身存之目的,就需要养身,这种思想在东汉社会动荡时期产生的道教理论中表现得十分突出。道家认为,存身是一切道德行为得以实现的根本。现在看来,道家的这一观点是十分正确的。当然,道家的身国同治理论不限于存身治国,还表现在其他一些方面。从道德修养的角度

---

① 任继愈主编:《中国哲学发展史(秦汉)》,人民出版社1985年版,第439页。

出发,道家提出修身的理论。修身的思想,见于《中庸》。《中庸》曰:"修身、齐家、治国、平天下。"道家指出,通过修身可达到治国的目的。修身的表现是多方面的,主要表现为克服物质方面的奢欲。道家认为,存身的目的达到即可,不需要太多的物欲。因此,修身的一个重要方面,就是克服物质追求,反对贪欲,主张勤俭节约,反对铺张浪费。修身的另一个方面是以虚静的心态对待外部事物。

一、汉代道家身国同治理论的三才基础

(一)汉代道家身国同治理论

1.治身同于治国

汉代道家从关注个体生命和国家存亡的角度出发,提出身国同治、身国同构理论。特别是东汉社会外戚宦官专权,社会动荡,将个体生命和国家存亡相连接,就显得十分自然而迫切。汉代道家强调身国同治,认为治国与治身一样重要。《老子道德经河上公章句》(以下简称《章句》)曰:"说圣人治国与治身也。"①王卡指出:"宋影印本'身'字下原有'同'字。"②连接起来原文应当是"治国与治身同也",即认为"国身同也"③,国和身是一致的。

2.身、国之关系

汉代道家讲到身、国之间的关系。《老子指归》曰:"弃捐天下,先有其身,养神积和,以治其心。心为身主,身为国心。"④认为先有身,然后有心,心是身的主要方面。先有身,然后有国,身是国的主要方面。那么,身是如何形成的呢?《老子指归》又曰:"我性之所禀而为我者,道德也;其所假而生者,神明也;其所因而成者,太和也;其所托而形者,天地也。"⑤《老子指归》阐释了道德、神明、太和、天、地在人生成过程中的作用,认为人的形体是由天、地生成的。人的秉性在生成的过程中,受到道德、神明及太和的影响。认为身就治国言是不可缺少且十

---

① 佚名著,王卡点校:《老子道德经河上公章句》卷一《安民第三》,中华书局1993年版,第11页。
② 佚名著,王卡点校:《老子道德经河上公章句》卷一《安民第三》,中华书局1993年版,第13页。
③ 佚名著,王卡点校:《老子道德经河上公章句》卷三《守道第五十九》,中华书局1993年版,第231页。
④ [汉]严遵:《老子指归》卷之一《上士闻道篇》,中华书局1994年版,第14页。
⑤ [汉]严遵:《老子指归》卷之二《名身孰亲篇》,中华书局1994年版,第23页。

分重要的,没有身就没有国。《老子指归》生动地描绘了人的生成路线。

3.治身与治国的内容

汉代道家将治身和治国联系在一起,《章句》指出:"治身者爱气则身全,治国者爱民则国安。"①认为爱身对于治身是非常重要的,就像爱民对于治国非常重要一样。爱身就能使身全,爱民就能使国安。《章句》认为,爱养精气、发号施令对于治身和治国而言,都是秘而不宣的。"治身者,呼吸精气,无令耳闻;治国者,布施惠德,无令下知也。"②治身和治国都有安静和柔的特点。"治身当如雌牝,安静柔弱,治国应变,和而不唱也。"③

汉代道家认为,修道于身与修道于国的表现不同。修道于身的表现是爱养精气,修道于国的表现主要是君臣和谐,有良好的政治环境。"天使正身之人,使全有国也。"④《章句》认为,正身之人才能治理国家。"人能保身中之道,使精气不劳,五神不苦,则可以长久。"⑤《章句》指出,人们如果能够修身,就能够使精气、五神得以养护。精气、五神得以养护,就能够使人长久。

《章句》曰:"治国者刑罚酷深,民不聊生,故不畏死也。治身者嗜欲伤神,贪财杀身,民不知畏之也。"⑥修道的具体表现,在国就是以德治民,宽缓刑罚。在身,就是爱养精气,去除嗜欲。就治国而言,刑罚过重,民不聊生。就治身而言,嗜欲过重,就会损伤精神。

(二)道家身、国同治理论的三才基础

1.法道

汉代道家的身、国同治理论是建立在法道基础上的。《章句》指出,圣人应

---

① 佚名著,王卡点校:《老子道德经河上公章句》卷一《能为第十》,中华书局1993年版,第35页。
② 佚名著,王卡点校:《老子道德经河上公章句》卷一《能为第十》,中华书局1993年版,第35页。
③ 佚名著,王卡点校:《老子道德经河上公章句》卷一《能为第十》,中华书局1993年版,第35页。
④ 佚名著,王卡点校:《老子道德经河上公章句》卷三《淳风第五十七》,中华书局1993年版,第220页。
⑤ 佚名著,王卡点校:《老子道德经河上公章句》卷三《守道第五十九》,中华书局1993年版,第231页。
⑥ 佚名著,王卡点校:《老子道德经河上公章句》卷四《制惑第七十四》,中华书局1993年版,第285页。

当遵循道的运行规律,具体表现是"以身帅道之也"①,即身体力行来遵循道的运行规律。"天地所以能长且久者,以其安静,施不求报。"②安静不求回报是道的运行规律之一,人也应当效法。

汉代道家进一步提高了"道"的地位,确立了"道"在宇宙生成过程中不可撼动的权威性。《老子想尔注》将老子"域中有四大,王处一",修改为"域中有四大,而生处一",并对此解释曰:"四大之中,所以令生处一者,生,道之别体也。"③在对老子的"道法自然"进行解释时,指出:"自然者,与道同号异体,令更相法,皆共法道也。"④《老子想尔注》对老子所言"人法地,地法天,天法道,道法自然"的说法进行了修正,认为道和自然是相同的,只不过称呼不同而已,甚至得出自然法道的结论,与老子言正好相反。正因为"道"如此重要,地位如此之高,因此,人也应当法道。"天地广大,常法道以生,况人可不敬道乎?"⑤《老子想尔注》认为,天、地、人都应当效法道的运行规律,人更应该遵道、行道。

《章句》曰:"道似在天帝之前,此言道乃先天地生也。至今在者,以能安静湛然,不劳烦,欲使人修身法道。"⑥汉代道家指出,道在天、地生成之前就已经产生了。道具有创生万物的本根性,又具有安静湛然的特点。因此,人应当效法道的安静湛然以修身。

由于天道与人道贯通,因此人应当以道作为立身立国的标准。"善以道立身立国者,不可得引而拔(之)。"⑦《章句》认为,善于以道作为立国立身依据的,就能够坚忍不拔。修道是以道立身立国的具体表现,"修道于身,爱气养神,益

---

① 佚名著,王卡点校:《老子道德经河上公章句》卷一《安身第二》,中华书局1993年版,第7页。
② 佚名著,王卡点校:《老子道德经河上公章句》卷一《韬光第七》,中华书局1993年版,第25页。
③ 饶宗颐:《老子想尔注校证》,上海古籍出版社1991年版,第33页。
④ 饶宗颐:《老子想尔注校证》,上海古籍出版社1991年版,第33页。
⑤ 饶宗颐:《老子想尔注校证》,上海古籍出版社1991年版,第33页。
⑥ 佚名著,王卡点校:《老子道德经河上公章句》卷一《无源第四》,中华书局1993年版,第15页。
⑦ 佚名著,王卡点校:《老子道德经河上公章句》卷三《修观第五十四》,中华书局1993年版,第207页。

寿延年"①,"修道于国,则君信臣忠,仁义自生,礼乐自兴,政平无私"②。

2. 法地

《章句》曰:"人当法地安静和柔,种之得五谷,掘之得甘泉,劳而不怨,有功而不置也。"③汉代道家认为,在治身、治国的过程中,人应当效法地安静和柔的特点,不求回报,劳而无怨。另外,天具有澹泊不动、生长万物、不求回报的特点,道具有清静不言的特点,精气运行,万物自然生长。"天澹泊不动,施而不求报,生长万物,无所收取。"④"道清静不言,阴行精气,万物自成也。"⑤人是天、地中的一分子,因此,人应当效法天、地虚静、澹泊的特点,同时效法道之清静不言,将守静作为治身、治国的目标。

3. 法天

汉代道家认为,治身、治国是效法天的结果。《老子想尔注》指出:"人身像天地。览,广也。疵,恶也。非道所憙(喜);当涤除一身,行必令无恶也。"⑥认为天地之间的恶行,是"道"所厌恶的,那么作为天地之间的人,其恶行也是"道"所厌恶的。因此,人必须努力涤除自己的恶行,以符合"道"的要求。《老子想尔注》曰:"名与功,身之仇,功名就,身即灭,故道诫之。"⑦认为功名利禄和人身是格格不入的,应当抛弃功名利禄。如果一味追求功成名就,就可能导致身不存而灭的结果。现代社会,也有许多人过分追逐功名利禄,导致过分透支体力而身亡。说明《老子想尔注》的说法是正确的。要想身存,应看淡乃至放弃功名利禄。

4. 守一

汉代道家强调守一,认为一是道的开始,是治身、治国的基础。《章句》曰:

---

① 佚名著,王卡点校:《老子道德经河上公章句》卷三《修观第五十四》,中华书局1993年版,第207页。

② 佚名著,王卡点校:《老子道德经河上公章句》卷三《修观第五十四》,中华书局1993年版,第208页。

③ 佚名著,王卡点校:《老子道德经河上公章句》卷二《象元第二十五》,中华书局1993年版,第103页。

④ 佚名著,王卡点校:《老子道德经河上公章句》卷二《象元第二十五》,中华书局1993年版,第103页。

⑤ 佚名著,王卡点校:《老子道德经河上公章句》卷二《象元第二十五》,中华书局1993年版,第103页。

⑥ 饶宗颐:《老子想尔注校证》,上海古籍出版社1991年版,第13页。

⑦ 饶宗颐:《老子想尔注校证》,上海古籍出版社1991年版,第12页。

"一者,道始所生,太和之精气也,故曰一。"①一的表现是精气。"一"为什么这么重要呢?《章句》认为,一无所不在,对于任何事物都是不可缺少的。"天得一以清,地得一以宁,侯王得一以为正平。"②正因为"一"十分重要,因此人应当守一不缺。《章句》曰:"言人能抱一,使不离于身,则(身)长存。"③人应当守一,使其不离自身,只有这样才能身存。"专守精气使不乱,则形体能应之而柔顺。"④由于"一"在道主要表现为精气,因此,就人而言,守一就是养护精气,使其集中而不散乱。只有这样,才能保持肢体的柔顺。

"一在天地外,入在天地间,但往来人身中耳,都皮里悉是,非独一处。"⑤《老子想尔注》指出,守一是修身的一个方面。"一"作为道的表现,从位置上看,是处于天地之外的,但是"一"不是静止不动的,"一"可以入于天、地之间。由于人在天、地之间,因此"一"可入于人身之中,在人身中往来。"一"的特点是"一散形为气,聚形为太上老君"⑥,发散就成为气,聚合就成为太上老君。太上老君是道教的尊神之一道德天尊,教导人们应当"守一"。"今布道诫教人,守诫不违,即为守一矣。"⑦从《老子想尔注》的论述可以看出,"守一"的确切含义是,应当遵守道教的戒律。守一的原因在于,一在天地之外,但能够入于天、地之间,存于人身之中。既然存于人身之中,那么守一,也就是遵守道教的戒律就显得十分重要。"守诫不违,即为守一矣;不行其诫,即为失一也。"⑧遵守道教的戒律而不加违反就是守一,违反了道教的戒律就是"失一"。

---

① 佚名著,王卡点校:《老子道德经河上公章句》卷一《能为第十》,中华书局1993年版,第34页。
② 佚名著,王卡点校:《老子道德经河上公章句》卷一《能为第十》,中华书局1993年版,第34页。
③ 佚名著,王卡点校:《老子道德经河上公章句》卷一《能为第十》,中华书局1993年版,第34页。
④ 佚名著,王卡点校:《老子道德经河上公章句》卷一《能为第十》,中华书局1993年版,第34页。
⑤ 饶宗颐:《老子想尔注校证》,上海古籍出版社1991年版,第12页。
⑥ 饶宗颐:《老子想尔注校证》,上海古籍出版社1991年版,第12页。
⑦ 饶宗颐:《老子想尔注校证》,上海古籍出版社1991年版,第12页。
⑧ 饶宗颐:《老子想尔注校证》,上海古籍出版社1991年版,第12页。

二、去欲

汉代道家认为,要想达到治身的目的,必须做到去欲,治国也是一样。《章句》曰:"治身以长存,治国以太平,欣然而存之。退见财色荣誉,惑于情欲,而复亡之也。"①认为治身的目的是为了长寿,治国的目的是为了天下太平。如果为情欲或者美色及功名利禄所惑,那么,对于治身和治国而言,都是不利的,会导致身和国的衰亡。

(一) 去欲之三才基础

汉代道家指出,人应当效法道的大公无私精神,因为道"处天地间不畏死,故公也"②。道处于天、地之间,有大公无私的特点,人应当效法道之大公无私。《老子想尔注》认为,保身、不爱身是效法道之大公无私的表现。人们贪图荣华富贵,追求钱财和美食,这些都是爱身的表现,是与道不合的。"贪荣宠,劳精思以求财,美食以恣身,此为爱身者也,不合于道也。"③那么,什么样的行为是合于道的爱身行为呢?《老子想尔注》曰:"设如道意,有身不爱,不求荣好,不奢侈饮食,常弊薄(羸)行;有天下必无为,守朴素,合道意矣。"④

(二) 放弃功名利禄

1. 存身不爱身

汉代道家认为,养身的主要方法是养护精气,同时给出了养身的理由,《章句》曰:"天道与人道同,天人相通,精气相贯。"⑤《老子想尔注》再三强调要存身,但是不能爱身。如果爱身,人们就会去追求荣华富贵的生活,"欲好衣美食,广宫室,高台榭,积珍宝,则有为"⑥。人们为了达到爱身的目的,追求衣食之华美,广筑宫室、台榭,最终会"令百姓劳弊"⑦,即加重百姓的负担。《老子想尔注》

---

① 佚名著,王卡点校:《老子道德经河上公章句》卷三《同异第四十一》,中华书局1993年版,第136页。
② 饶宗颐:《老子想尔注校证》,上海古籍出版社1991年版,第20页。
③ 饶宗颐:《老子想尔注校证》,上海古籍出版社1991年版,第16页。
④ 饶宗颐:《老子想尔注校证》,上海古籍出版社1991年版,第16页。
⑤ 佚名著,王卡点校:《老子道德经河上公章句》卷三《鉴远第四十七》,中华书局1993年版,第184页。
⑥ 饶宗颐:《老子想尔注校证》,上海古籍出版社1991年版,第16页。
⑦ 饶宗颐:《老子想尔注校证》,上海古籍出版社1991年版,第16页。

认为,这样的人是不能做天子的,"故不可令为天子也"①。《章句》指出,养身的表现是保养精气,同时要放弃荣华富贵,即"自爱其身,以保精气,不自贵高荣名于世"②。

2.放弃功名利禄的必要性

汉代道家谈到无欲对身之重要性。要效法天、地之自然无为,人应当做到无欲。《老子指归》认为,欲望,特别是对功名利禄的追逐,是有害于身的。"绝逆天地,伤害我身,莫大乎名。"③背离天、地自然无为的运行之道,追逐名利,就会对身造成严重伤害。由于身是国存在的基础,因此养身以维护身的存在是必要的,但超过了一定限度,过于爱身,则会带来严重的损害。在身、国关系问题上,《老子指归》指出,应当"轻身重国"④。轻身重国的表现,就是不要把利益看得太重,"未可与图利也"⑤。认为过分爱身,会带来严重的祸患。"是故,甚爱其身,至建荣名,为之行之,力之劳之,强迫情性,以损其神。多积货财,日以憍盈,憍亡之道,货名俱终。故神明不能活,天地不能全也。"⑥过分爱身,必然不惜一切代价去追逐功名利禄,有了功名利禄,人就会日益骄纵,从而导致功名利禄全部丧失,身也会受到严重威胁,天地也不会成全身之存在。因此,存身的最好做法是"绝名除利,立我于无身"⑦。

"故名利与身,若炭与冰,形性相反,势不俱然,名终体极,身存世昌者,天下无之。"⑧《老子指归》指出,名利和身就像是炭和冰的关系,是水火不相容的。一个人既能获得功名利禄,又能身存世昌的情况是不存在的。要放弃功名利禄,就需要知足。"是以,知足之人,体道同德,绝名除利,立我于无身。"⑨《老子指归》认为,知足的结果是放弃功名利禄,让自己处于无身状态。只有处于无身状态,

---

① 饶宗颐:《老子想尔注校证》,上海古籍出版社1991年版,第16页。
② 佚名著,王卡点校:《老子道德经河上公章句》卷四《爱己第七十二》,中华书局1993年版,第279页。
③ [汉]严遵:《老子指归》卷之二《名身孰亲篇》,中华书局1994年版,第24页。
④ [汉]严遵:《老子指归》卷之二《名身孰亲篇》,中华书局1994年版,第24页。
⑤ [汉]严遵:《老子指归》卷之二《名身孰轻篇》,中华书局1994年版,第24页。
⑥ [汉]严遵:《老子指归》卷之二《名身孰亲篇》,中华书局1994年版,第24页。
⑦ [汉]严遵:《老子指归》卷之二《名身孰亲篇》,中华书局1994年版,第25页。
⑧ [汉]严遵:《老子指归》卷之二《名身孰亲篇》,中华书局1994年版,第24页。
⑨ [汉]严遵:《老子指归》卷之二《名身孰亲篇》,中华书局1994年版,第25页。

才能真正做到放弃功名利禄。只有这样,才能真正实现轻身重国的理想。

《章句》曰:"名遂则身退也。"又曰:"财多则害身也。"①认为功名利禄是有害于身的。

《老子指归》认为,从修身正己的角度出发,应当放弃功名利禄。"以骄奢取名,求势不止,逆天迕地。"②不惜一切代价获取功名利禄的做法,是悖逆天、地运行规律的。"是以圣人,建无身之身,怀无心之心。"③因此,圣人要将无身作为存身的目的。只有这样,才能够与天、地运行规律相一致,圣人才能够覆天载地。

(三)知足

既然功名利禄有害于身,汉代道家教导人们要放弃功名利禄,以利于身。《章句》曰:"知足之人,绝利去欲,不辱于身。"④认为知足是放弃功名利禄的表现。只有知足,才能放弃利益和欲望,才能不辱于身。知足的表现是适可而止,在财利方面掌握一定的度。只有这样,才能做到治身而不劳神,治国而不扰民,身和国才能长久。"人能知止【知】足,则福禄在己,治身者神不劳,治国者民不扰,故可长久。"⑤《章句》特别强调,适可而止,懂得满足,就能够使身(心)不为财利所累,耳目不为声色所乱,那么身就不会出现危殆的情况。"知可止则【止】,财利不累【于】身【心】,声色不乱于耳目。则【终】身不危殆也。"⑥

《章句》关于知足、不为财利所惑、适可而止的观点是十分正确的,对于今天我们个人洁身自好、国家反腐倡廉有一定启示意义。

(四)损、啬

汉代道家谈到损、啬在治身治国中的作用。损就是减少的意思,啬就是勤俭节约的意思。损指无为,啬指无欲。损和啬对治身和治国都是十分重要的。《老子指归》曰:"损则生益,时则通达,和则得中,啬则有余,是谓益生。能行此

---

① 佚名著,王卡点校:《老子道德经河上公章句》卷三《立戒第四十四》,中华书局1993年版,第175页。
② [汉]严遵:《老子指归》卷之二《天下有道篇》,中华书局1994年版,第30页。
③ [汉]严遵:《老子指归》卷之三《圣人无常心篇》,中华书局1994年版,第40页。
④ 佚名著,王卡点校:《老子道德经河上公章句》卷三《立戒第四十四》,中华书局1993年版,第176页。
⑤ 佚名著,王卡点校:《老子道德经河上公章句》卷三《立戒第四十四》,中华书局1993年版,第176页。
⑥ 佚名著,王卡点校:《老子道德经河上公章句》卷三《立戒第四十四》,中华书局1993年版,第176页。

道,与天地同,为身者久,为国者长。"①指出损的结果是越来越多,啬也就是勤俭节约的结果是财富有余,能坚持这样做就是顺应天、地运行规律的表现。坚持损和啬两种方法,就治身而言,能够让身长久。就治国而言,能够保证国家的长治久安。

《老子指归》认为,损和啬作为治身和治国的方法,是顺应天、地运行规律的表现,对于身之长存、国之久安都是非常重要的。违背损和啬的基本原则,就会给自身和国家带来损害。"满生损空,过则闭塞,泰则困穷,费则招祸……为身不久,为国不平。"②满和费是损和啬的对立面,过分的满和费都会给治身和治国带来严重的危害。《老子指归》的这个观点是十分重要的,奢侈、糜烂的生活,不仅使人身患疾病,也会使国库空虚,威胁到国家的长治久安,因此满和费最终的结果是身不长久,国不太平。

三、无为

汉代道家再三强调无为对治身、治国的重要性。《章句》曰:"勇【于】敢有为,则杀【其】身。""勇于不敢有为,则活其身。""活身为利,杀身为害。"③指出治国和治身都应当恬淡无为。"全身治国,恬然无为,故可为天下贵也。"④"治身治国安静者,易守持也。"⑤《章句》认为,用恬淡无为的方式治身、治国,就能得到天下百姓的认可,还有助于守护身体和国家。

汉代道家认为,不论治身、治国,都应当坚持"无为",这样才能使身和国得到治理。《章句》曰:"法道不言,帅之以身。"⑥又云:"法道无为,治身则有益

---

① [汉]严遵:《老子指归》卷之三《出生入死篇》,中华书局1994年版,第43页。
② [汉]严遵:《老子指归》卷之三《出生入死篇》,中华书局1994年版,第43页。
③ 佚名著,王卡点校:《老子道德经河上公章句》卷四《任为第七十三》,中华书局1993年版,第282页。
④ 佚名著,王卡点校:《老子道德经河上公章句》卷四《为道第六十二》,中华书局1993年版,第242页。
⑤ 佚名著,王卡点校:《老子道德经河上公章句》卷四《守微第六十四》,中华书局1993年版,第248页。
⑥ 佚名著,王卡点校:《老子道德经河上公章句》卷三《遍用第四十三》,中华书局1993年版,第173页。

【于】精神,治国则有益【于】万明,不劳烦也。"①《章句》认为,道在运行过程中具有无声无息的特点,人要效法道的无声,应当身体力行,具体的做法是"无为"。效法道的无为,就治身而言,有助于养护人的精神。对于治国而言,则有助于百姓休养生息。因此,行"无为"之事,对于治身和治国是同等重要的。对于一国的统治者而言,用"无为"的方式达到治身、治国的目的尤为重要。"天下,人主也。希能有及道无为治身治国也。"②

(一)无为的三才基础

汉代道家指出,人应当顺应天、地之性,那天、地之性是什么呢?《老子指归》曰:"天之性……无心无意,无为无事,以顺其性。"③无心无意、无为无事是天之性。地之性如何呢?《老子指归》指出:"地之性……无知无识,无为无事,以顺其性。"④无知无识、无为无事是地之性。人应当顺应天、地之性,《老子指归》从天、地寂然无声出发,得出这样的结论。那么人应当具备什么样的个性呢?《老子指归》曰:"侯王之性……去心去志,无为无事,以顺其性;去聪去明,虚无自应,以保其命。"⑤既然天、地都具有寂然无为的特点,那么作为人之代表的侯王,就应当顺应天、地之性,去除心智,去除聪明,无为而治,才能保全性命,才能够"德导天地,明照日月,制世御俗,宇内为一"⑥。侯王如果能够顺应天、地之性,就能够一方面顺应天、地运行规律,一方面实现国家统一和社会治理。

(二)不以智、道术治身、治国

汉代道家指出,在治国、治身过程中,无为的一个表现是,不能以道术治国、治身,而应当以道德教民。道家认为,以道术治国、教导百姓,就可能使百姓学会各种诈伪之术。用道德教民,就能够使百姓质朴。"说古之善以道治身及治国

---

① 佚名著,王卡点校:《老子道德经河上公章句》卷三《遍用第四十三》,中华书局1993年版,第173页。
② 佚名著,王卡点校:《老子道德经河上公章句》卷三《遍用第四十三》,中华书局1993年版,第173页。
③ [汉]严遵:《老子指归》卷之一《得一篇》,中华书局1994年版,第10页。
④ [汉]严遵:《老子指归》卷之一《得一篇》,中华书局1994年版,第10页。
⑤ [汉]严遵:《老子指归》卷之一《得一篇》,中华书局1994年版,第10页。
⑥ [汉]严遵:《老子指归》卷之一《得一篇》,中华书局1994年版,第10页。

者,不以道教民,明智巧诈也。将以道德教民,使质朴不诈伪。"①另外,也不能用智巧心机治国,认为不使用智巧心机对于治国、治身都是十分重要的。所谓智巧心机,就是善于使用权术和计谋。因此,《章句》指出:"常能【知】智者为贼,不智者为福,是治身、治国之法式也。"②

汉代道家认为,治国和治身都需要"不智"。所谓"不智",就是指不使用权术,顺应自然。《章句》指出:"【常】能知治身治国之法式,是谓与天同德也。"③学会治身、治国之道,是与天同德的表现。人应当效法道来治身、治国,原因在于,道对于万物不但有生成的功能,还有覆育、长养、使其成熟之功。"道之于万物,非但生之而已,乃复长养,成熟,覆育,全其性命。人君治国治身,亦当如此。"④"天道与人道同……人君清静,天气自正,人君多欲,天气烦浊。吉凶利害,皆由于己。"⑤《章句》从人道和天道相同的角度指出,天、人能够发生感应。人君清静无为,天气清正。人君多欲,天气烦烛。

(三)顺应天、地之自然无为

汉代道家指出,在治身和治国的过程中,要效法天、地之自然无为。无为对于治身和治国都是非常重要的。

《老子指归》对治身无为和治国无为的方式进行了描述。认为治身无为的方式是:"立则遗其身,坐则忘其心,澹如赤子,泊如无形,不视不听,不为不言,变化消息,动静无常,与道俯仰,与德浮沉,与神合体,与和屈伸,不贱为物,不贵为人……生死为一,故不别存亡,此治身之无为也。"⑥忘却身心,淡泊宁静,顺应自然,不为物喜,不为己悲,看淡生死,这是治身无为的主要表现。

---

① 佚名著,王卡点校:《老子道德经河上公章句》卷四《淳德第六十五》,中华书局 1993 年版,第 254 页。

② 佚名著,王卡点校:《老子道德经河上公章句》卷四《淳德第六十五》,中华书局 1993 年版,第 255 页。

③ 佚名著,王卡点校:《老子道德经河上公章句》卷四《淳德第六十五》,中华书局 1993 年版,第 255 页。

④ 佚名著,王卡点校:《老子道德经河上公章句》卷三《养德第五十一》,中华书局 1993 年版,第 197 页。

⑤ 佚名著,王卡点校:《老子道德经河上公章句》卷三《鉴远第四十七》,中华书局 1993 年版,第 184 页。

⑥ [汉]严遵:《老子指归》卷之三《出生入死篇》,中华书局 1994 年版,第 42 页。

就治国而言,无为的主要做法为:"尊天敬地,不敢亡(樊波成认为'亡'应当为'忘')①先,修身正法,去己任人,审实定名,顺物和神,参伍左右,前后相连,随时循理,曲因其当,万物并作,归之自然,此治国之无为也。"②《老子指归》指出,用顺应自然的方法治理国家,具体做法为:遵循天、地运行规律,身先士卒,公而忘私,修养身心,遵守法律,做事慎重,遵循季节流转变迁和事物发展的规律来制定治国良策,和万物和谐相处。

汉代道家将顺应自然、淡泊宁静作为无为治身之方式,将遵循事物发展规律、先人后己作为无为治国之方式。认为在治国和治身的过程中,如果采用有为的方法,是有害于身和国的。治身有为主要表现为"贪生利寿,唯恐不得"③,即贪生怕死、追逐功名利禄是治身有为的表现。就治国而言,有为的表现是:"富国兼壤,轻战乐兵,底威起节,名显势隆,形(刑)严罚峻,峭直刻深,法察网周,操(憯)毒少恩,常为俊雄,公强求伯,伯强求王,此治国之有为也。"④《老子指归》认为,发动兼并战争,主动出击,是治国有为的做法。此外,显示自己的威力,特别是严刑峻法,对百姓过分严苛,缺乏宽缓之举,群雄争霸,都是在治国过程中有为的做法。

(四)休养生息

汉代道家认为,休养生息是无为的表现之一,而休养生息的基础是行善。《老子想尔注》指出,行善是修身的表现之一。"自修身,行善胜恶,此死乃强也。"⑤

汉代道家认为,休养生息对于治国和治身是同等重要的。《章句》曰:"【治国者】兵甲不用,却走马【以】治农田,治身者却阳精以粪其身。"⑥认为休养生息十分重要,战争平息,用于战争的马匹才能专心耕地。人养精蓄锐,才能使身得以养护。

汉代道家从天、地、人三才视域出发,构建起身国同治、身国同构理论。汉代

---

① [汉]严遵撰,樊波成校笺:《老子指归校笺》,上海古籍出版社2013年版,第83页。
② [汉]严遵:《老子指归》卷之三《出生入死篇》,中华书局1994年版,第42页。
③ [汉]严遵:《老子指归》卷之三《出生入死篇》,中华书局1994年版,第42页。
④ [汉]严遵:《老子指归》卷之三《出生入死篇》,中华书局1994年版,第42—43页。
⑤ 饶宗颐:《老子想尔注校证》,上海古籍出版社1999年版,第42页。
⑥ 佚名著,王卡点校:《老子道德经河上公章句》卷三《俭欲第四十六》,中华书局1993年版,第181页。

道家三才视域下的身国同治理论,强调无欲,即存身而不爱身,放弃功名利禄;强调无为,指出休养生息、宽缓刑罚对治身、治国的重要性。此理论不仅在汉代社会对身之长存、国之久安发挥了重要作用,对于我们今天治身和治国也有十分重要的借鉴价值。

第五节　汉代三才强化下的忠、孝观对民众心理的影响

汉代的伦理思想对民众心理产生了深远影响。从家的角度言,主要是父权和夫权的扩张。就父权而言,主要表现为亲孝观念深入人心。为尽孝不惜牺牲自己的健康和生命,复仇行为多发,亲亲相隐,成为一种自觉行动。就夫权而言,主要表现为丈夫出妻权力和婆婆出妻权力的扩张。

就国而言,汉代,皇权至上的观念深入人心。对侵犯皇权的行为,司法官员会自觉引用《春秋》经义加重处罚。爱国是忠之观念的一种反映,汉代行政官员将爱国观念外化为具体行动,表现为行政官员爱民如子,廉洁奉公。

一、三才强化下的孝道观对民众心理的影响

(一)孝的观念深入人心

汉代,特别是东汉时期,伴随着儒家伦理的深化,孝的理念深入人心,对民众心理产生了重要影响。

1.孝亲

东汉时期郭巨,家里非常贫困,家中有一位老母亲,还有一个三岁的儿子。母亲常常和儿子争夺一碗饭。长此以往,大家都要饿死。郭巨和妻子商量,母亲只有一个,儿子可以再生,于是决定埋掉儿子,来保全母亲。夫妻俩去埋儿子。将地掘开二尺有余,突然看见一罐黄金,罐上写着:"天赐孝子郭巨,官不得夺,人不得取。"夫妻俩于是带着儿子欢天喜地回到家中。[①] 郭巨埋儿的故事反映了东汉时期亲孝观念的深入人心,为了保全母亲可以牺牲儿子。

汉代,随着亲孝伦理的深入人心,除了牺牲儿子以保全母亲的事例外,尚有为了孝亲不惜牺牲自己生命的事例。史料载,东汉时期,有一个女子名叫曹娥。

---

① 熊明辑校:《汉魏六朝杂传集》,中华书局2017年版,第2213—2214页。

曹娥父亲溺死在江中,没找到尸体。当时的曹娥只有十四岁,她沿着江边哭号,昼夜不息,"旬有七日,遂投江而死"。① 因为实在找不到父亲的尸体,曹娥投江而死。

汉代广泛流传着乐羊子妻的故事。乐羊子妻是河南乐羊子的妻子,乐羊子在遥远的地方学习儒家经典,因为思念妻子,所以学了一年就回来了。妻子为了鼓励乐羊子努力学习,不要思念自己,用刀将自己快织成的一匹布砍成两段,并且对乐羊子说:"你如果半途而废,就像这匹快要织成的布一样,前功尽弃。"过去中学课本中乐羊子妻的故事讲到这里就结束了,其实后面还有故事。乐羊子有感于妻子之言,继续求学,读书。后来有一天,家里来了盗贼,想要劫走乐羊子妻。盗贼说:"从我者可全,不从我者,则杀汝姑。"乐羊子妻为了保护自己的婆婆,拔刀自刎而死,盗贼见状,立即放开婆婆,四散而去。② 乐羊子妻为了保护婆婆而牺牲自己的事例,在汉代不是个例。反映了这一时期亲孝的伦理观念已经深入人心,且得到了普通百姓的认可。

汉代,随着孝的伦理观念深入人心,许多孝子孝女为了行孝尊亲,不惜损害自己的健康。汉代统治者为保证孝道的实施,从制度层面采用了"三年之丧"制度。法律规定,当父母去世时,子女要为父母守丧三年。为什么要守丧三年呢?孔子曰:"子生三年,然后免于父母之怀。"③父母对子女有抚养之恩,子女长到三岁才能脱离父母怀抱,因此,父母去世时,子女应当为父母守丧三年。子女会努力遵守"三年之丧",有过之而无不及,宁可牺牲自己的健康,也要努力为父母尽孝。史料载,孝子韦彪守孝十分尽心,父母去世的时候,韦彪悲伤不已,守丧三年结束,"羸瘠骨立异形,医疗数年乃起"④。樊鯈在自己的继母去世后,坚持以礼守丧,乃至生病不起,"哀思过礼,毁病不自支"⑤。这些行为反映了儒家亲孝观

---

① [南朝宋]范晔:《后汉书》卷八十四《列女传第七十四》,中华书局1965年版,第2794页。

② [南朝宋]范晔:《后汉书》卷八十四《列女传第七十四》,中华书局1965年版,第2793页。

③ 《春秋公羊传注疏》卷第九,[清]阮元校刻:《十三经注疏》(清嘉庆刊本),中华书局2009年版,第4872页。

④ [南朝宋]范晔:《后汉书》卷二十六《伏侯宋蔡冯赵牟韦列传第十六》,中华书局1965年版,第917页。

⑤ [南朝宋]范晔:《后汉书》卷三十二《樊宏阴识列传第二十二》,中华书局1965年版,第1122页。

念对人们的影响。

亲孝行为在后世甚至发展成为"割股疗亲"的自觉行动。当父、母生病无法医治时,子女会从自己身上割下一块肉和药引子一起煎熬后,让父母饮下,希望能够治愈父母的疾病,最后的结果常常是父母的病没有治好,自己也因为破伤风而丧命,但是,子女没有因为自己有死亡风险,就放弃救治父母。孝心所致,感天动地。史料载,唐代武则天时期的王友贞,怀州河内人。年少之时,母亲病重,医生说只有吃人肉才能好,王友贞从自己腿上割下一块肉让母亲吃下,母亲逐渐病愈。武则天亲自派人到其家中探视,"特加旌表"。①

子女不惜牺牲健康乃至生命以孝亲的做法,实际上是传统儒家亲孝观念深入人心的产物。

2.复仇行为多发

东汉桓帝时期,外黄县有一个女子叫缑玉,为父报仇,杀了仇人。官吏抓捕缑玉,并将此事告知外黄县县令梁配。梁配正准备判缑玉死刑,年仅十五岁的诸生申屠蟠说:"玉之节义,足以感无耻之孙,激忍辱之子。不遭明时,尚当表旌庐墓,况在清听,而不加哀矜!"梁配认为申屠蟠说得对,于是上报皇帝,为缑玉减免了死罪。② 从缑玉为父复仇而杀死仇人的事例可以看出,东汉时期复仇之风兴起,且得到了人们的广泛认可。正如诸生申屠蟠所言,复仇行为在政治不够清明的时候都要旌表庐墓。这反映了以复仇行为为表见的亲孝行为在汉代特别是东汉时期,不仅为普通百姓认可,官方对此行为也持同情、赞许态度。

据史料记载,酒泉女子赵娥,是禄福县赵君安的女儿,赵君安被同县人李寿所杀。赵娥有兄弟三人,准备报仇。李寿听闻消息,做了防备。恰好遇到灾疫,赵娥的三个兄弟全部死亡。赵娥于是决定亲自复仇。她携带刀具,决定刺杀李寿。有人劝说她,赵娥说:"父母之仇,不同天地共日月者也。"赵娥驾驶鹿车等候李寿出现。光和二年二月上旬的一个白天,赵娥终于与李寿在都亭相遇,赵娥杀死了李寿,且携带李寿的头颅去官府自首。当时的福禄县县令尹嘉不忍心对赵娥定罪,想要违法释放赵娥,赵娥却说:"杀父报仇是我的个人行为,官吏应当依法行事。"赵娥为父报仇一事,惊动了乡里,"乡人闻之,倾城奔往,观者如堵

---

① [后晋]刘昫等:《旧唐书》卷一百九十二《隐逸列传第一百四十二》,中华书局1975年版,第5118页。

② [南朝宋]范晔:《后汉书》卷五十三《周黄徐姜申屠列传第四十三》,中华书局1965年版,第1751页。

焉,莫不为之悲喜慷慨嗟叹也"。乡人都为赵娥的行为感叹不已。县尉见赵娥拒绝离开,于是命令手下人"强载还家"。扬州刺史周洪等人,"称其烈义,刊石立碑,显其门闾"。①

两汉时期,伴随着儒家亲孝观念的深入人心,在复仇行为领域,不仅为父母复仇杀死仇人的事件频发,还出现了为朋友复仇杀死仇人的现象,这是汉代亲孝观念在复仇领域的延伸和进一步发展。

东汉初年,郅恽的朋友董子张的父亲和叔父被他人杀害。董子张病重,郅恽前往探望,董子张已经不能说话。郅恽对董子张说:"我知道你不在乎自己的生死,你悲痛的是,自己死了,就没有办法为父亲复仇,杀死自己的仇人了。作为朋友,你活着的时候,我不会替你出手复仇。你快要死了,我就不能袖手旁观,一定要替你杀死仇人。"郅恽随即带人杀了董子张的仇人,并且将仇人的头颅带给董子张,董子张看到仇人的头颅,终于闭上了眼睛。董子张死后,郅恽便到官府自首,县令不愿意抓捕郅恽。郅恽对县令说:"为友报仇,吏之私也;奉法不阿,君之义也。亏君以生,非臣节也。"郅恽说完,转身向监狱走去。县令拔出刀对郅恽说:"子不从我出,敢以死明心。"郅恽看到县令态度坚决,于是走出了监狱。②

县令敢于放走郅恽,且以死明心,反映了儒学所倡导的以复仇为表见的伦理思想已经深入人心,不仅为普通百姓接受,也深得地方官员称颂。

中国古代早期,人们认为,要亲孝父母,在父母受到他人伤害时,必须替父母复仇。《礼记·檀弓上》记载了子夏和孔子的一段对话。子夏问孔子说:"居父母之仇,如之何?"夫子曰:"寝苫枕干,不仕,弗与共天下也,遇诸市朝,不反兵而斗。"③孔子认为,当父母受到他人伤害时,作为子女要睡草席,头枕木,时刻记住这件事情。不去任官,以表示和仇人不共戴天。要提前准备好复仇用的武器,当和仇人相遇时,不用返回取武器就能和仇人搏斗。孔子认为,当父母受到他人伤害时,儿子应当将此事铭记在心,且努力寻找机会实施复仇行为。《春秋公羊

---

① [晋]陈寿:《三国志》卷十八《魏书十八》,中华书局1982年版,第549页。

② [南朝宋]范晔:《后汉书》卷二十九《申屠刚鲍永郅恽列传第十九》,中华书局1965年版,第1027页。

③ 《礼记正义》卷第七,[清]阮元校刻:《十三经注疏》(清嘉庆刊本),中华书局2009年版,第2782页。

传》也提出了"君弑,臣不讨贼,非臣也。子不复仇,非子也"①的口号。《礼记·檀弓上》和《春秋公羊传》对复仇行为的认可和赞许,为民间百姓的复仇行为提供了理论支持。东汉时期,伴随着儒家亲孝伦理的深化,复仇行为不仅成为普通民众的一般行为,且得到了官府甚至最高统治者皇帝的同情和支持,也得到了法律层面的广泛认可。东汉章帝年间,某人因为父亲被他人侮辱,将侮辱者杀死。章帝审理此案,免其死罪,从轻处罚,成为对之后类似案件具有法律约束力的判例。东汉和帝年间,顺应复仇行为多发的社会大环境,和帝命令官员制定了对杀死仇人的犯罪行为从轻处罚的《轻侮法》,从而使民众的复仇行为得到了国家法律的认可。

3.亲亲相隐

亲亲相隐是儒家亲孝伦理在家庭领域里的实现,当家庭成员有犯罪行为发生时,其他家庭成员有相互隐瞒罪行的义务。亲亲相隐主要适用于父子之间,体现了儒家所倡导的"父子至亲"的理论,其存在的土壤是家庭环境下的血缘关系。由于血缘关系的存在,家庭成员之间,特别是父子之间感情深厚。当一方有犯罪行为时,其他成员不忍心举报,自觉地为其隐瞒罪行。亲亲相隐,以家庭成员,特别是父子之间的血缘亲情为基础,是"父为子纲"纲常伦理在家庭领域中的延伸。亲属之间相互隐瞒犯罪行为,得到了儒家伦理的提倡和认可。《春秋公羊传》曰:"父为子隐,子为父隐,直在其中。"②《公羊传》认为,当犯罪行为发生时,父亲为儿子隐瞒罪行,儿子为父亲隐瞒罪行,是理所当然的事情。孔子对本乡人直躬"父攘羊而子证之"③(父亲偷他人山羊,直躬向司法机关举报父亲)的行为,大加贬斥。

汉代,亲亲相隐的儒家伦理不仅深入人心,成为民众的自觉行为,且对司法活动产生了积极影响。司法官员通过《春秋》决狱的方式,引用儒家经典对亲亲相隐的案件做出判决。史料载,董仲舒审理了一起亲属之间相互隐瞒罪行的案件。案件的情况是这样的:甲在路边捡到了一个小儿乙,抚养其长大。乙长大后

---

① 《春秋公羊传注疏》卷第三,[清]阮元校刻:《十三经注疏》(清嘉庆刊本),中华书局2009年版,第4799页。

② 《春秋公羊传注疏》卷第十四,[清]阮元校刻:《十三经注疏》(清嘉庆刊本),中华书局2009年版,第4938页。

③ 《论语注疏》卷第十三,[清]阮元校刻:《十三经注疏》(清嘉庆刊本),中华书局2009年版,第5448页。

犯了罪,父亲甲决定为儿子乙隐瞒罪行。由于甲和乙之间没有自然血亲的关系,非血缘亲属,那么父亲甲为儿子乙隐瞒罪行的行为,是否适用"亲亲相隐"的原则呢?董仲舒在审理案件过程中,引用了《诗经》经义"螟蛉有子,蜾蠃负之"①,指出自然界中螟蛉昆虫的幼虫由蜾蠃抚养,说明养父和养子之间有着深厚的感情基础,适用"亲亲相隐"的基本原则。董仲舒应用"亲亲相隐"原则审理此案,认为"甲宜匿之,诏不当坐"②,即认为养父甲为养子乙隐瞒罪行是理所当然的,不应当承担刑事责任。

(二) 夫权的扩张

伴随着"夫为妻纲"三纲思想自西汉中期以后的伦理化,丈夫在家庭中的权力得到了儒家伦理和国家法律的双向支持,妻子地位下降。丈夫出妻权力的扩张,是夫权得以巩固和落实的具体体现。在汉代家庭中,还有一个十分重要的现象,就是婆婆出妻权力的扩张,这是三纲中"父为子纲"及"夫为妻纲"的延伸和发展。婆婆出妻权力的扩张,使妻子在家庭中的地位进一步降低。汉代社会,在家庭领域中,不论是丈夫出妻权力的扩张,还是婆婆出妻权力的扩张,都反映了传统儒家"齐家"的理想。传统儒家认为,家庭是社会的基本细胞,只有家庭得到治理,国家才能得到治理。三纲中的两纲"父为子纲""夫为妻纲"都是用于"齐家"也即治理家庭的。在治理家庭的过程中,儒家强调子服从和亲孝于父,妻服从于夫并亲孝于公婆,从中可以看出儒家伦理对家庭等级秩序的关注。

夫权在家庭中的扩张,主要体现在丈夫出妻权力的扩张,而出妻权力又从两个方面得以实现。

1. 丈夫出妻权扩张

两汉时期,特别是西汉中期以后,伴随着儒家伦理对夫权的强调,丈夫在家庭中取得了对妻子的支配权力,主要表现在丈夫动辄休妻成为一种常见行为。当妻子在行为上出现偏差的时候,丈夫便可单方面休妻。

据史料记载,王吉是西汉时期的著名儒生,他曾在长安城里学习儒家经典。王吉的妻子,看到邻居家有一棵枣树,有枝条伸入自家的院子,就顺手从枝条上摘了几颗枣子。她自己舍不得吃,留给了王吉和婆婆。但是王吉回到家中,发现妻子摘了邻居树上的枣子,认为妻子的行为属于"七出"中的盗窃行为。中国古

---

① 《毛诗正义》卷第十二,[清]阮元校刻:《十三经注疏》(清嘉庆刊本),中华书局 2009 年版,第 969 页。

② [清]苏舆:《春秋繁露义证》卷第三《精华第五》,中华书局 1992 年版,第 93 页。

代早期,如果有七种情况发生,丈夫可以单方面休妻,盗窃是其中之一。于是王吉决定休掉自己的妻子。邻居看到此种情形,劝说王吉不要休妻,邻居说:"你不要休妻,我们将枣树砍掉。"王吉没有听从邻居的劝说,"乃去妇",坚持休掉了自己的妻子。①

姜诗是汉代著名的儒生,他的母亲非常爱喝江里的水,他的妻子每天天不亮,就去江边挑水。姜诗的妻子非常孝顺自己的婆婆,但是有一天,刮大风,下大雨,姜诗的妻子去江边挑水,没能按时回家,婆婆十分生气。姜诗认为妻子晚回家的行为,构成"七出"中的"不事舅姑",也就是不孝顺公婆。于是,姜诗"责而遣之",休掉了自己的妻子。②

东汉时期,随着儒家伦理思想的深化,出妻现象越发多见。东汉儒生鲍永,其妻子非常孝顺自己的婆婆,但是有一天,鲍永妻子在婆婆面前骂一条狗。鲍永认为,妻子的行为属于"七出"中的"不事舅姑",于是"而永即去之",休掉了自己的妻子。③

汉代,如果丈夫纳妾,导致妻子不满,丈夫也可将妻子休弃。西汉时期,王禁妻子因不满王禁"多娶傍妻",王禁即以"妒"为由休掉了自己的妻子。④ 所谓"妒"就是指妻子忌妒丈夫的妾,是"七出"中的一种。

东汉时期,李冲兄弟六人共同生活,其妻提出分家另过。李充十分生气,认为妻子的行为属于"七出"中的"口多言",也即妻子多嘴多舌,搬弄是非,破坏姒娌之间的团结,破坏家庭内部成员的和睦。李充即以此为由,"呵叱其妇,逐令出门",休掉了自己的妻子。⑤

2.婆婆出妻权扩张

在汉代婚姻领域有一个特殊现象,就是婆婆出妻权的扩张。婆婆出妻权的

---

① [汉]班固:《汉书》卷七十二《王贡两龚鲍传第四十二》,中华书局1962年版,第3066页。
② [南朝宋]范晔:《后汉书》卷八十四《列女传第七十四》,中华书局1965年版,第2783页。
③ [南朝宋]范晔:《后汉书》卷二十九《申屠刚鲍永郅恽列传第十九》,中华书局1965年版,第1017页。
④ [汉]班固:《汉书》卷九十八《元后传第六十八》,中华书局1962年版,第4015页。
⑤ [南朝宋]范晔:《后汉书》卷八十一《独行列传第七十一》,中华书局1965年版,第2684页。

扩张,是汉代"父为子纲"和"夫为妻纲"纲常伦理的深化和发展。汉代乐府诗中有一篇诗歌《孔雀东南飞》,讲到刘兰芝和焦仲卿的爱情故事。刘兰芝非常孝顺自己的婆婆,勤劳持家,每天早上天不亮就开始织布,晚上也不能休息,三天就织了五匹布。然而婆婆仍然认为刘兰芝不够勤快、孝顺,于是责令焦仲卿休掉自己的妻子刘兰芝。焦仲卿不愿意休妻,苦苦哀求:"伏惟启阿母,今若遣此妇,终老不复取。"焦仲卿的母亲不予理会,强令焦仲卿休掉了妻子刘兰芝。刘兰芝还家后,家人逼其再嫁,刘兰芝不愿再嫁,于是投河而死。焦仲卿听闻此事,也自缢于庭树。两人死后合葬于华山旁。人们在墓旁种植了松树和梧桐树。松树和梧桐树"枝枝相覆盖,叶叶相交通,中有双飞鸟,自名为鸳鸯,仰头相向鸣,夜夜达五更"。① 焦仲卿和刘兰芝的爱情悲剧,反映了汉代婆婆出妻权的扩张,也反映了亲孝观念之深入人心。

二、三才强化下的"忠"观念对民众心理的影响

(一)忠君:君亲无将,将而必诛

西汉中期,儒生董仲舒将皇权神秘化,提出"天者,百神之大君也"②,又提出"唯天子受命于天,天下受命于天子"③的新观点。董仲舒认为,天是诸多神灵中地位最尊的神灵,只有天子是天在人间的代表。此说,一方面强化了皇权,巩固了皇帝的至尊地位,另一方面使皇权神秘化,极大地提升了"皇权至上"观念的说服力。汉代,皇权至上的观念对人们影响至深。特别是司法领域中,司法官员对于侵犯皇权的行为,都会引用"君亲无将,将而诛焉"④的儒家经典经义内容,加大惩罚力度,绝不姑息。

史料载,汉武帝时期,发生淮南王刘安谋反事件,汉武帝让群臣讨论此事件。赵王彭祖及列侯等共四十三人讨论此案,一致认为,淮南王刘安的罪行属于侵犯

---

① [宋]郭茂倩编:《乐府诗集》卷第七十三《杂曲歌辞十三》,中华书局1979年版,第1035—1038页。

② [清]苏舆撰,钟哲点校:《春秋繁露义证》卷第十四《郊语第六十五》,中华书局1992年版,第398页。

③ [清]苏舆撰,钟哲点校:《春秋繁露义证》卷第十一《为人者天第四十一》,中华书局1992年版,第319页。

④ 《春秋公羊传注疏》卷第九,[清]阮元校刻:《十三经注疏》(清嘉庆刊本),中华书局2009年版,第4869页。

皇权的不逆不道行为,应当处以死刑。胶西王刘端指出,大逆不道是指侵犯皇权的行为,但是淮南王刘安的行为比大逆不道为重,因为他"废法度,行为邪辟,有诈伪心,以乱天下,营惑百姓,背畔宗庙,妄作妖言"①。刘端认为《春秋》中有"君亲无将,将而诛焉"②的经义,君臣之间,因为关系亲密无间的缘故,臣下不能有谋反之心,否则必遭到诛杀。淮南王刘安的行为比谋反之心"将"还要重,当然,相比大逆不道这样的具体行为,就更不用说了。西汉武帝对胶西王刘端的观点大加赞赏,不仅要求对淮南王刘安加重处罚,且派出了董仲舒的弟子吕步舒持节治淮南狱。吕步舒到了淮南地方,"以春秋谊颛断于外,不请"③,一口气诛杀了数万人,回到京城,吕步舒此举得到汉武帝的大加赞赏。

(二)爱国:汉代行政官员的君子人格

汉代行政官员坚持道德自律,坚持君子人格,对防止腐败行为的发生意义重大。汉代行政官员的君子人格表现在两个方面:一方面爱民如子,一方面廉洁自律。

汉代行政官员用君子人格严格要求自己,君子人格的践行对汉代腐败防治起到了十分重要的作用。君子人格不仅是汉代行政官员的人格追求,也成为约束自身行政行为的尺度和准则。汉代行政官员的君子人格主要表现在以下几个方面:

汉代行政官员从传统儒家"仁者爱人"的悲悯情怀出发,热爱百姓,以民心向背为准则,为造福一方百姓付出自己的努力和心血。汉代行政官员将服务一方百姓作为自己的目的与出发点,努力为百姓利益服务,涌现了许多深受百姓爱戴的官员。

据谢承《后汉书》记载,郑弘"少为灵文乡啬夫,爱人如子。拜为驺令,勤行德化……迁临淮太守,消息徭赋,政不烦苛"④。从谢承《后汉书》的记载可以看出,郑弘在做灵文乡啬夫的时候,就非常爱护百姓,后来迁为驺县县令,兢兢业业为百姓服务,用道德教育感化的方式对百姓进行教育。等到迁为临淮太守,不再

---

① [汉]班固:《汉书》卷四十四《淮南衡山济北王传第十四》,中华书局1962年版,第2152页。
② 《春秋公羊传注疏》卷第九,[清]阮元校刻:《十三经注疏》(清嘉庆刊本),中华书局2009年版,第4869页。
③ [汉]班固:《汉书》卷二十七上《五行志第七上》,中华书局1962年版,第1333页。
④ [清]汪文台辑,周天游点校:《七家后汉书》,河北人民出版社1987年版,第17页。

向百姓征发徭役,免除了百姓的赋税负担,以减轻百姓负担的方式来理政,而不是用烦琐、苛刻的方式来理政。

谢承《后汉书》又载,陈宠"字子威(一作成),为廷尉监,执狱多恩,议人常从轻比,论报多恩,多所全活,皆称其恩也"①。东汉章帝年间的陈宠,在做廷尉监,也就是在最高司法审判机关任要职时,以宽缓爱人的原则审理案件。在审理疑难案件时,常常按照判刑轻微的案件类推适用。在死刑案件上报时也坚持儒家仁者爱人的原则,请求皇帝从轻处罚。经陈宠上报的死刑案件一般都会被皇帝赦免死罪,狱因们都对陈宠感恩戴德。可见,在汉代,不仅一般行政官员坚持仁爱百姓,就是司法官员也能够从审判角度出发,坚持适用较为宽缓的标准,从轻判处案件。

据华峤《后汉书》记载,刘平为"全椒令,掾史五日一朝,罢门阑卒署,各遣就农,人感怀,至或增赀就赋,或减年从役。刺史行部,狱无囚徒"②。刘平在做全椒县县令的时候,为了让大家致力于农业生产,五天才上一天班,让衙役们都去参加农业生产,一方面增加了百姓的收入,另一方面减少了百姓服徭役的时间,百姓深受感动。刺史巡行来到全椒县,见地方治理得很好,狱中没有囚徒。可见,刘平做全椒县县令时,身体力行,带领官员从事农业生产,想尽办法增加百姓的收入,减轻百姓的负担,深受百姓爱戴。

据谢承《后汉书》记载,李咸"建宁三年,自大鸿胪拜太尉。自在相位,约身率下,常食脱粟饭,酱菜而已。不与州郡交通……家旧贫狭,庇荫草庐"③。李咸在建宁三年(170)从大鸿胪迁为太尉,位居九卿之一。李咸虽身在高位,却能严格要求自己,以身作则,勤俭节约,饮食上也戒绝大鱼大肉,常常吃白米饭就酱菜而已,从来不铺张浪费,也不和州郡官员私下往来,也就是不给州郡官员开后门、走关系的机会。他家境贫寒,房屋破旧狭窄,所住房屋是隐藏在绿荫中的茅草房。可以看出,李咸虽位居九卿,是地位显赫的中央官员,但是能够严格约束自己,廉洁奉公。

谢承《后汉书》又记载,"杨秉为豫、荆、徐、兖四州刺史,迁任城相。自为刺史二千石,计日受俸,余禄不入私门"④。杨秉曾做过豫州、荆州、徐州、兖州四州

---

① [清]汪文台辑,周天游点校:《七家后汉书》,河北人民出版社1987年版,第35页。
② [清]汪文台辑,周天游点校:《七家后汉书》,河北人民出版社1987年版,第334页。
③ [清]汪文台辑,周天游点校:《七家后汉书》,河北人民出版社1987年版,第32页。
④ [清]汪文台辑,周天游点校:《七家后汉书》,河北人民出版社1987年版,第48页。

刺史,后来迁任城相。杨秉作为俸禄二千石的刺史,自觉按日计算俸禄,拒不接受多余的钱财。可以看出,杨秉虽身为二千石官员的刺史,却能严格要求自己,廉洁奉公。

据张潘《后汉书》记载,桥玄"玄字公祖,历位中外,以刚断称,谦恭下士,不以王爵私亲。光和中为太尉,以久病策罢,拜太中大夫,卒。家贫乏产业,柩无所殡,当世以此称为名臣"①。从张潘《后汉书》的记载可以看出,桥玄担任了很多官职,以刚正著称,对下属谦让恭敬,不因为自己是国家官员就以权谋私。光和中迁为太尉,后因久病调迁太中大夫。桥玄一生清廉,去世的时候,家境贫寒,没有财产,家人甚至没有钱办理丧事,被称为当世之名臣。

汉代的行政官员,能够用传统儒家"忠君、爱国"的准则严格要求自己,廉洁奉公,不谋私利,不与其他官员私下往来,不接受额外收入,反映了汉代行政官员拒绝贪污、受贿,勤俭节约的君子人格。汉代行政官员爱民如子,努力减轻百姓负担,增加百姓收入,宽缓刑罚的做法,为我们今天的行政工作提供了借鉴。

汉代的伦理思想不仅在思想层面,而且对民众心理,包括普通百姓、官员乃至皇帝产生了深远影响,使汉代学者对三纲的伦理追求,对身、国同治的不懈持守,外化为具体的行动准则,为汉代身国同治、身国同构理想的实现,为汉代国家的长治久安,提供了坚实的理论保障。

---

① [清]汪文台辑,周天游点校:《七家后汉书》,河北人民出版社1987年版,第407页。

第六章 汉代三才视域下的政治观

第一节 天、地、人三才视域下的军事观

一、三才视域下先秦《孟子》的军事观

《孟子》中有关于天时、地利、人和的规定。"天时不如地利,地利不如人和。三里之城,七里之郭,环而攻之而不胜。夫环而攻之,必有得天时者矣,然而不胜者,是天时不如地利也。"①孟子认为,天时不如地利。三里之城、七里之郭,包围它而攻打却不能取得胜利。能够环而攻之,说明顺应了天时,然而不能取胜,说明虽然顺应了天时,但地利方面的因素比顺应天时更加重要。何谓"天时"?赵岐注曰:"天时谓时日、支干、五行、旺相、孤虚之属。"②何谓"地利"?汉人赵岐注曰:"地利,险阻,城池之固也。"③从赵岐的注释可以看出,所谓顺应"天时",就是要顺应时日、支干、五行这些基本需求。所谓"地利",主要指地形的险阻、城池坚固与否这些外在因素。只顺应天时,不考虑地形险阻、城池坚固与否,也不能够取得军事战争的胜利。

孟子又云:"城非不高也,池非不深也,兵革非不坚利也,米粟非不多也,委

---

① 《孟子注疏》卷四上《公孙丑章句下》,[清]阮元校刻:《十三经注疏附校勘记》,中华书局1980年版,第2693页。
② 《孟子注疏》卷四上《公孙丑章句下》,[清]阮元校刻:《十三经注疏附校勘记》,中华书局1980年版,第2693页。
③ 《孟子注疏》卷四上《公孙丑章句下》,[清]阮元校刻:《十三经注疏附校勘记》,中华书局1980年版,第2693页。

而去之,是地利不如人和也。"①城墙很高,城池很深,兵器也很坚利,粮草供应充足。本来是应当取得胜利的,却选择退缩逃跑,是因为地利不如人和。地形有利,不得民心,也不能取得军事战争的胜利。赵岐注曰:"有坚强如此,而破之走者,不得民心,民不为守。"②虽然地形有利,城池坚固,却败退而不能取得胜利,是不得民心的结果。因为不得民心,百姓不能坚守阵地,所以只能以败退告终。孟子在这里讲到天时、地利、人和,是讲军事战争的胜利,必须具备三个条件,也即顺应天时,考虑地利,合于民心。

《孟子》全文天、地、人并提只有这一处,说明春秋战国时代天、地、人三才合一的思想尚未深入人心,但可以看出,孟子已经注意到军事战争的胜利离不开天、地、人三因素。

二、三才视域下先秦兵家的军事观

春秋战国时期,兵家从战争环境出发,分析了天、地、人三种因素对战争胜利的影响。兵家的天、地、人三才思想尚未形成完整的体系,且内容零碎,分散在《孙子兵法》《孙膑兵法》《司马法》《尉缭子》等文献中。尽管传世文献中体现兵家天、地、人三才思想的内容较少,但这一时期的兵家已经开始注意到天、地、人三种因素对战争胜利的影响。

银雀山汉简记载:"□□曰:兵者,国之大事也,死生之地,存亡之道,不可不察也。故轻(经)之以五,效之以计,以索其请(情)。一曰道,二曰天,三曰地,四曰将,五曰法。"③竹简《孙子兵法》认为,用兵是国家的大事,用兵关系到战争的胜败、国家的存亡。有五种情况在用兵时是需要加以考虑的,分别是道、天、地、将、法。在这五种影响战争胜败的因素中,天、地、人占了三种。要想取得战争的胜利,必须考虑天、地、人三要素。竹简《孙子兵法》分析了天、地、人三要素对战争胜利产生影响的原因。"天者,阴阳寒暑时制也,顺逆兵胜也。地者,高下广

---

① 《孟子注疏》卷四上《公孙丑章句下》,[清]阮元校刻:《十三经注疏附校勘记》,中华书局1980年版,第2693页。

② 《孟子注疏》卷四上《公孙丑章句下》,[清]阮元校刻:《十三经注疏附校勘记》,中华书局1980年版,第2693页。

③ 《孙子兵法》上篇释文注释1,银雀山汉墓竹简整理小组:《银雀山汉墓竹简(壹)》,文物出版社1985年版,第3页。

陕(狭)远近险易死生也。将者,知(智)□……曲制官道主用也。"①认为天、地、人三要素分别决定着用兵的时机、生死的概率,以及指挥官的智谋。顺应阴阳寒暑的变化就能够取得战争的胜利,这是天的因素。考虑地理形势的远近、险易,地势的宽阔、狭窄,就能够减少兵士的伤亡,这是地的因素。地的因素决定着兵士生、死的概率。而将,也就是指挥官,靠智谋用兵,这是人的因素。天、地、人三要素相结合,就能保证战争取得胜利。

兵家强调天时、地利、人和。"天时、地利、人和,三者不得,虽胜有央(殃)。"②竹简《孙膑兵法》指出,如果战争中不能占据天时、地利、人和,或者缺少了其中一个环节,即便战争取得胜利,也会发生灾祸。认为战争胜利,离不开天时、地利、人和几个因素,人的因素对于战争胜利至关重要。"间于天地之间,莫贵于人。"③用人的方法和技巧决定着战争的胜负。"兵之胜在于篡(选)卒,其勇在于制,其巧在于执(势),其力在于信,其德在于道,其富在于亟(亟)归,其强在于休民,其伤在于数战。"④认为兵士的选拔对于战争的胜利至关重要。兵士的勇猛源于制度,士兵的技巧来自阵容,信任士兵能够使其善战,一定的准则能使士兵具有良好的品德修养。归心似箭的心情使士兵具有满足感,与民休息使一国军事力量强大,多战使一国军事力量衰竭。兵家认为,要想取得战争的胜利,要掌握一定的原则,所谓"知道"。"知道者,上知天之道,下知地之理,内得其民之心。"⑤要取得军事战争的胜利,向上要了解天的规律,向下要了解、把握地理环境,在中间要争取人的因素,也就是要争取民心。

《尉缭子》云:"故曰:天时不如地利,地利不如人和。圣人所贵,人事而

---

① 《孙子兵法》上篇释文注释1,银雀山汉墓竹简整理小组:《银雀山汉墓竹简(壹)》,文物出版社1985年版,第3页。
② 《孙膑兵法》,银雀山汉墓竹简整理小组:《银雀山汉墓竹简(壹)》,文物出版社1985年版,第59页。
③ 《孙膑兵法》,银雀山汉墓竹简整理小组:《银雀山汉墓竹简(壹)》,文物出版社1985年版,第59页。
④ 《孙膑兵法》,银雀山汉墓竹简整理小组:《银雀山汉墓竹简(壹)》,文物出版社1985年版,第58页。
⑤ 《孙膑兵法》,银雀山汉墓竹简整理小组:《银雀山汉墓竹简(壹)》,文物出版社1985年版,第60页。

已。"①尉缭认为,战争的胜利必须具备天时、地利、人和三种因素,但是三种因素重要程度不同,地利比天时更重要,众士团结又比地形有利更加重要。因此,"圣人所贵,人事而已"(《尉缭子·攻权》)。《尉缭子》又云:"夫将者,上不制于天,下不制于地,中不制于人。故兵者,凶器也。争者,逆德也。将者,死官也。"②认为军事指挥官应当受制于天、地、人三种因素,如果向上不受天的制约,向下不受地的制约,在中间不受人的制约,就会产生恶劣的后果,将给战争带来凶险的因素,使军事战争违背一定的准则,从而使军事指挥官员丧命于战争之中。

《司马法》曰:"先王之治,顺天之道,设地之宜,官民之德,而正名治物。"③《司马法》认为,先王在社会治理过程中,顺应天道自然,考虑土地的便利,为百姓树立道德标准,考虑到天、地、人三要素,以此作为社会治理的准则。《司马法》强调,在战争过程中,如果"顺天,阜财,怿众,利也"④。顺天是指顺应天时,阜财是指考虑地财,怿众是指士兵的选拔、任用。《司马法》同时强调,"因时,因财,贵信"⑤,认为注重天时、地财,注重人的信用,就能够获得战争的主动权。

三、三才视域下《淮南子》的军事观

在《淮南子》看来,只有将天、地、人三要素贯通,才能保证军事战争取得胜利。"故善用兵者,上隐之天,下隐之地,中隐之人。隐之天者,无不制也。何谓隐之天?大寒甚暑,疾风暴雨,大雾冥晦,因此而为变者也。何谓隐之地?山陵丘阜,林丛险阻,可以伏匿而不见形者也。何谓隐之人?蔽之于前,望之于后。出奇行阵之间,发如雷霆,疾如风雨,塞巨旗,止鸣鼓,而出入无形,莫知其端绪者

---

① [战国]尉缭:《尉缭子》(诸子百家影印本)第一卷《攻权》,上海古籍出版社1990年版,第5页。

② [战国]尉缭:《尉缭子》(诸子百家影印本)第二卷《武议》,上海古籍出版社1990年版,第8页。

③ [春秋]司马穰苴:《司马法》(诸子百家影印本)卷上《仁本第一》,上海古籍出版社1990年版,第1页。

④ [春秋]司马穰苴:《司马法》(诸子百家影印本)卷中《定爵第三》,上海古籍出版社1990年版,第3页。

⑤ [春秋]司马穰苴:《司马法》(诸子百家影印本),上海古籍出版社1990年版,第4页。

也。"①善于用兵的人,向上得到天的庇护,向下得到地的庇护,在中间得到人的庇护。也就是说,要想取得军事战争的胜利,要充分利用天、地、人三者可能提供的便利。什么叫作得到天的庇护呢?极寒酷暑天气,狂风暴雨天气,大雾阴暗天气,都可能使战争发生变数。用兵者应当尽量利用一些极端天气现象,向敌方发动攻势,这样就可以使战争取得胜利。什么叫作得到地的庇护呢?山陵沟壑,丛林密布,地势险阻的地方,可以隐匿而不被敌方发现。用兵者要善于利用一些深山密林地带地势险要的地形环境来隐藏自己,这样就可以取得军事战争的胜利。什么叫作得到人的庇护呢?具体而言,就是指挥人员要前、后观望,出奇布阵,军事行动果断、迅速,像雷霆与风雨一样。卷起旗帜,停止击鼓,以便轻装前进。快速行动,不留痕迹,使敌方无法掌握我方的具体情况。总之,军事战争要取得胜利,必须将天、地、人三要素贯通,利用险恶的天气条件,利用适于隐蔽的地形环境,充分发挥指挥人员的军事指挥能力,快速行动,出奇制胜。

《淮南子》认为,天、地、人三才贯通,是军事战争取得胜利的保障。所以,用兵者有能力的区别,有优秀、中等和不合格的划分。"故上将之用兵也,上得天道,下得地利,中得人心,乃行之以机,发之以势,是以无破军败兵。及至中将,上不知天道,下不知地利,专用人与势,虽未必能万全,胜钤必多矣。下将之用兵也,博闻而自乱,多知而自疑,居则恐惧,发则犹豫,是以动为人禽矣。"②优秀的将领在用兵的时候,向上顺应天道的需要,向下考虑地理环境,在中间得到将士的认可。在天、地、人三种条件都具备的情况下,见机行事,快速出兵,在这样的将领指挥下的军事战争没有失败的情况。一般的将领在指挥军事战争时,向上不了解天道运行的情况,向下不了解地理环境,只专注发挥人的力量。这样的指挥官员在天、地、人三因素中,忽略了天和地的因素,只注重发挥人的作用。虽然不能保证万无一失,但取得战争胜利的情况居多。不合格的军事指挥官员在指挥军事战争时,既不考虑天道运行的情况,也不考虑地理环境的因素,同时不重视发挥人的作用,将天、地、人三种因素全部放弃。在指挥军事战争时,不能采纳优秀的建议,加上自身没有主见,无法在广泛的意见中做出选择,导致自身决策混乱,不能很好地发挥人的因素,行动迟缓,优柔寡断。这样的将领指挥的军事

---

① [汉]刘安等编著,[汉]高诱注:《淮南子》(诸子百家影印本)卷十五《兵略训》,上海古籍出版社1989年版,第169—170页。

② [汉]刘安等编著,[汉]高诱注:《淮南子》(诸子百家影印本)卷十五《兵略训》,上海古籍出版社1989年版,第167页。

战争常常以失败告终。

在《淮南子》看来,要想取得军事战争的胜利,必须充分注重天、地、人三种因素,努力实现天、地、人三要素的贯通,只有这样,才能取得军事战争的胜利。当然,在天、地、人三要素中,最重要的是人的因素。如果抛弃了天、地、人三要素,特别是不能充分发挥人的主观能动性,那么,军事战争只能以失败告终。

第二节　天、地、人三才视域下的王道政治观

一、三才视域下先秦《管子》的王道政治观

《管子》认为,要打通天、地、人三域,人君就要配合天、地行事。"天生四时,地生万财,以养万物而无取焉。明主配天地者也,教民以时,劝之以耕织,以厚民养,而不伐其功,不私其利。故曰:能予而无取者,天地之配也。"①在这里,《管子》指出天、地、人功能的实现。天产生四季,地产生多种物品,抚育万物而不向万物索取,没有自己的私利。要实现天、地、人的贯通,君主要配合天、地的功能,发挥自己的作用。具体而言,就是教导百姓按照季节的要求行事,劝导百姓耕种和纺织,使百姓富足,却不展示自己的功劳,没有自己的私利。要配合天地发挥自己的功能,做到只给予而不索取。天、地各有自己的运行规律,如果君主不予配合,就会发生灾难性的事件。所以说:"明主上不逆天,下不圹地,故天予之时,地生之财;乱主上逆天道,下绝地理,故天不予时,地不生财。故曰:其功顺天者,天助之。其功逆天者,天违之。"②明智的君主,上不违逆天时,下不违背地利,遵守天时,爱护地利。这样,上天就会合理地安排时间,大地也会产出财富。昏乱的君主向上违背天道,向下罔顾地理,不能遵守天时、地利。这样,上天就不会合理地安排时间,大地也不会产出财富。所以说,君主依照天道行事,上天就会助他成功。如果违背天道,上天就不会助他成功。

《管子》曰:"故通乎阳气,所以事天也。经纬日月,用之于民。(房玄龄注

---

① [春秋]管仲著,[唐]房玄龄注,[明]刘绩增注:《管子》(诸子百家影印本)卷第二十《形势解第六十四》,上海古籍出版社1989年版,第183页。

② [春秋]管仲著,[唐]房玄龄注,[明]刘绩增注:《管子》(诸子百家影印本)卷第二十《形势解第六十四》,上海古籍出版社1989年版,第185页。

曰:天气以积阳成德,故通阳气然后能事天。又经纬日月之时候,使人用之也。)通乎阴气,所以事地也。……通若道然后有行。(房玄龄注曰:言能通上,阴阳天地之道既通,然后所行无不当。)"①《管子》认为,如果能够打通天、地、人之道,做任何事情都能成功,统治者也才能很好地治理社会。

二、三才视域下汉代儒家的王道政治观

(一)韩婴——圣仁之道

韩婴曰:"上知天能用其时,下知地能用其财,中知人能安乐之,是圣仁者也。上亦知天能用其时,下知地能用其财,中知人能使人肆之,是智仁者也。"②韩婴认为,圣仁者,要贯通天、地、人,必须向上了解天的季节属性,按照时令来安排社会生产、生活。向下要了解地的出产情况,按照地的出产情况安排农业生产。向中间要了解百姓的疾苦,按照百姓能够安乐生活的需要安排生产和生活。总之,圣仁者要贯通天、地、人三域,必须不违天时,不违地力,不逆民心。在韩婴看来,智仁者,除了了解天时、地财之外,还需要发挥民众的主观能动性,使人能很好地利用天时、地财。韩婴此处所言"智仁者",比前面的"圣仁者"在贯通天、地、人方面又进了一步。

(二)董仲舒——王道与天、地、人之贯通

中国古代的早期哲学思想中,天、地、人并提已为常见。孟子曰:"天时不如地利,地利不如人和。"③讲到战争要取得胜利,有很好的天气条件,不如地形有利。地形有利,不如将士团结。孟子此言讲到天、地、人,但并未讲到如何将天、地、人贯通。《周易》中也讲到,乾卦象征天,坤卦象征地,乾、坤二卦是各不相同的、独立的两卦。"《周易》以《坤》卦继《乾》卦之后,寓有'天尊地卑''地以承天'的意旨。"④《周易》每卦六爻的顺序排列体现了天、地、人三才结构。"把六爻位序两两并列,则体现三级层次,故前人认为初、二象征'地'位,三、四象征

---

① [春秋]管仲著,[唐]房玄龄注,[明]刘绩增注:《管子》(诸子百家影印本)卷第十四《五行第四十一》,上海古籍出版社1989年版,第139页。

② [汉]韩婴撰,许维遹校释:《韩诗外传集释》第二十五章,中华书局1980年版,第25页。

③ 《孟子注疏》卷四上《公孙丑章句下》,[清]阮元校刻:《十三经注疏附校勘记》,中华书局1980年版,第2693页。

④ 黄寿祺、张善文:《周易译注》,上海古籍出版社2004年版,第35页。

'人'位,五、上象征'天'位。合'天''地''人'而言,谓之'三才'。"①可见,在《周易》中已出现天、地、人三才结构,但是《周易》未能很好地解决天、地、人三者的关系问题。到了汉代,董仲舒开始注意到天、地、人三才之间的关系问题,并且试图通过王道,实现天、地、人的贯通。

1.王道将天、地、人贯通的理由

在董仲舒看来,"王"从字面意思上体现了将天、地、人贯通的基本主张。董仲舒曰:"古之造文者,三画而连其中,谓之王。三画者,天地与人也。而连其中者,通其道也。取天地与人之中以为贯而参通之,非王者孰能当是。"②这段话是说,古代在创造文字的时候,"王"字的写法是三画中间有一笔将三画连接在一起,三画是天、地、人,而将天、地、人连接在一起,就是要将它们贯通。将天、地与人连接在一起,使它们相贯通,只有王者也即统治者能够做到。从这段话的含义可以看出,在董仲舒看来,古代造字的时候,就把"王"字造成了三画加上中间贯通三者的一笔,所以体现了将天、地、人相贯通的意思。这是董仲舒从字面意思上对"王"字做的解读,不论其正确与否,这种解读都别有一番新意。

董仲舒对"皇帝"有一个定义,他说:"通天地、阴阳、四时、日月、星辰、山川、人伦,德侔天地者称皇帝。"③在董仲舒看来,所谓皇帝就是能够将天地、阴阳、四时、日月、星辰、山川、人伦贯通者,具体而言,就是能够将天、地、人贯通者。

2.肃慎三本:天本、地本、人本

在董仲舒看来,既然天、地、人是万物之本,就应当"肃慎三本"④,即严肃认真地对待三本。如何严肃认真地对待三本呢？具体的做法应当是:"郊祀致敬,共事祖祢,举显孝悌,表异孝行,所以奉天本也。秉耒躬耕,采桑亲蚕,垦草殖谷,开辟以足衣食,所以奉地本也。立辟雍庠序,修孝悌敬让,明以教化,感以礼乐,

---

① 黄寿祺、张善文:《周易译注》,上海古籍出版社 2004 年版,第 618 页。
② [汉]董仲舒:《春秋繁露》(诸子百家影印本)第十一卷《王道通三第四十四》,上海古籍出版社 1989 年版,第 67 页。
③ [汉]董仲舒:《春秋繁露》(诸子百家影印本)第七卷《三代改制质文第二十三》,上海古籍出版社 1989 年版,第 43 页。
④ [汉]董仲舒:《春秋繁露》(诸子百家影印本)第六卷《立元神第十九》,上海古籍出版社 1989 年版,第 37 页。

所以奉人本也。"①郊祀的时候毕恭毕敬,共同祭祀祖先,张扬孝悌,表彰孝行,是奉天本的表现。拿着农具亲自耕种,亲自采桑叶养蚕,开垦草地种植五谷,开辟田地用来满足衣食需要,是奉地本的表现。普遍地设立学校,让学生们懂得孝顺自己的父母,爱自己的亲属,恭敬谦让,对学生进行感化教育,用礼乐熏染他们,是奉人本的体现。可以看出在董仲舒这里,天、地、人是万物的根本。要想遵奉天、地、人,就需要努力地祭祀祖先,发展农业生产,广泛地设立学校,这样才能更好地维护人类社会的繁衍和发展,才能够使人类社会处于和谐有秩序的发展状态中。所以董仲舒说:"三者皆奉,则民如子弟,不敢自专,邦如父母,不待恩而爱,不须严而使。虽野居露宿,厚于宫室。如是者,其君安枕而卧,莫之助而自强,莫之绥而自安,是谓自然之赏。自然之赏至,虽退让委国而去,百姓襁负其子随而君之,君亦不得离也。"②如果天、地、人三本都得到了遵奉,那么百姓就像子弟,不敢胡作非为,地方官员就像父母,没有恩惠也会爱人,不需要严厉的措施也能役使百姓。虽然居住在野外,也很满足,感觉比居住在宫室内好。如果是这样,君主就能安然入睡,没有外援也能自我强大,没有他人保卫也能处于安全状态。这就是自然的赏赐。自然的赏赐来临,即使君主退位离开本国,百姓也会带着襁褓中的婴儿追随君主而去。在董仲舒看来,祭祀、生产和教育是奉行天本、地本和人本的表现。而只有遵奉天本、地本和人本,国家才能够长治久安。

3.王道与天、地之贯通——仁爱万物

统治者在实现社会治理时,也要有一套好的办法,与天道相贯通。董仲舒曰:"天常以爱利为意,以养长为事。"③天常常把仁爱、利于万物作为自己的任务。"王者亦常以爱利天下为意,以安乐一世为事。"④统治者也应把仁爱、有利于天下百姓作为自己的任务,以社会稳定、国家繁荣作为自己的事业。

董仲舒曰:"天高其位而下其施,藏其形而见其光。高其位,所以为尊也。

---

① [汉]董仲舒:《春秋繁露》(诸子百家影印本)第六卷《立元神第十九》,上海古籍出版社1989年版,第37页。
② [汉]董仲舒:《春秋繁露》(诸子百家影印本)第六卷《立元神第十九》,上海古籍出版社1989年版,第37—38页。
③ [汉]董仲舒:《春秋繁露》(诸子百家影印本)第十一卷《王道通三第四十四》,上海古籍出版社1989年版,第67页。
④ [汉]董仲舒:《春秋繁露》(诸子百家影印本)第十一卷《王道通三第四十四》,上海古籍出版社1989年版,第67页。

下其施,所以为仁也。藏其形,所以为神。见其光,所以为明。故位尊而施仁,藏神而见光者,天之行也。故为人主者法天之行。是故内深藏,所以为神。外博观,所以为明也。任群贤,所以为受成。乃不自劳于事,所以为尊也。泛爱群生,不以喜怒赏罚,所以为仁也。故为人主者,以无为为道,以不私为宝,立无为之位,而乘备具之官。足不自动而相者导进,口不自言而摈者赞辞,心不自虑而群臣效当,故莫见其为之而功成矣。此人主所以法天之行也。"①在董仲舒看来,天高高在上,向下施加恩惠,你只能看见天的光芒而看不见它的形状。位尊而施加恩惠,隐藏自己的形状,因而只能看见它的光芒,这是天运行的规律。君主要效法天道,就要含而不露,这样才显得神秘。另外还要广泛观察外界,这样才能变得明达。任用贤能的官吏群体,这样自己才能坐享其成。这样,君主才能不为国家之事操劳,地位却很尊贵。泛爱世间万物,不因为自己的喜怒哀乐而行赏行罚,这样就能达到仁的境界。所以作为一国的君主,必须将无为作为自己的治国方略,将无私作为治国的法宝。在董仲舒看来,采用无为而治的措施,任用有才能的官吏,就能达到治理国家的目的。王道要将天、地、人贯通,必须做到无为而治,泛爱万物,这是君主效法天道的表现。

统治者要想使国家和社会安定,必须要以仁爱治理天下。史料载,孝武即位,董仲舒说上曰:"古者税民不过十一,其求易供,使民不过三日,其力易足。至秦则不然,用商鞅之法,又加月为更卒,已复为正。一岁屯戍,一岁力役,三十倍于古。田租、口赋、盐铁之利,二十倍于古。或耕豪民之田,见税什五。故贫民常衣牛马之衣,而食犬彘之食矣。"②在董仲舒看来,汉代统治者要行仁道,必须爱护百姓。董仲舒赞赏古代轻徭薄赋的做法,认为收税不超过收获物的十分之一,统治者的要求容易获得满足。征发徭役每月不超过三天,民力容易满足。但是秦朝用商鞅之法,徭役繁重,一年屯边,一年劳役,徭役负担是前代的三十倍,赋税是前朝的二十倍。赋税、徭役负担过重,导致百姓贫困加交,只能穿牛马穿的衣服,吃牲畜食用的东西。为避免这种情况发生,董仲舒建议统治者行仁政,恢复古制,轻徭薄赋。

因为要施仁政,所以董仲舒强调君主应当以德治国。反映在法制领域,就是审理案件时,坚持以犯罪行为人的主观恶性作为评价标准。"春秋之听狱也,必

---

① [汉]董仲舒:《春秋繁露》(诸子百家影印本)第六卷《离合根第十八》,上海古籍出版社 1989 年版,第 36—37 页。

② [唐]杜佑撰,王文锦等点校:《通典》(一),中华书局 1988 年版,第 78 页。

本其事而原其志。志邪者不待成,首恶者罪特重,本直者其论轻。"①也就是说,按照《春秋》经义审理案件时,一方面要考察犯罪事实,一方面要考察犯罪行为人的主观恶性。主观恶性大的,要从重处罚,主犯应当加重处罚。没有故意或过失犯罪而造成危害社会事实的,从轻处罚。两汉时期,司法官员在决狱的过程中,贯彻《春秋》经义,将仁爱原则引入司法审判工作。史料记载了董仲舒审理的一个案子:"甲父乙与丙争言相斗,丙以佩刀刺乙,甲即以杖击丙,误伤乙,甲当何论?或曰:殴父也,当枭首。论曰:臣愚以父子至亲也,闻其斗,莫不有怵惕之心,扶杖而救之,非所以欲诟父也。《春秋》之义,许止父病,进药于其父而卒,君子原心,赦而不诛。甲非律所谓殴父,不当坐。"②此案中,甲的父亲乙和丙发生殴斗,丙拿随身携带的佩刀向乙刺来。甲看见自己的父亲处于危急状态,就拿着棍子向丙打去,不小心击中了自己的父亲乙。董仲舒从《春秋》经义原心定罪出发,认为甲不具备伤害自己父亲乙的故意,做出乙之子甲无罪的判决。

(三)扬雄:人道与天、地交通

扬雄认为,只有将天、地、人贯通才能使万物昌盛。"天地交,万物生;人道交,功勋成。"③当天、地贯通时,万物才能生长。当人道贯通时,功勋方能成就。扬雄这个主张来源于《周易》。《易·泰》云:"泰,小往大来,吉亨。则是天地交而万物通也。"《易纬乾凿度》云:"泰者,天地交通,阴阳用事,长养万物也。"在《易纬乾凿度》看来,只有将天、地贯通,才能使万物生长。汪荣宝注曰:"天地之交以道,人道之交以理,俱当顺天人之道理,而无所忤逆也。"④从汪荣宝的注释可以看出,天地以道相交,人道以理相交。但不论是天、地的贯通,还是人道之贯通,都须依据天、人之道理,而不能相违背。"是以昔者群圣人之作事也,上拟诸天,下拟诸地,中拟诸人。"⑤扬雄认为,古代圣贤在治理国家的时候,向上要模拟天,向下要模拟地,在中间要模拟人,意思是要将天、地、人加以贯通。"天违地

---

① [汉]董仲舒:《春秋繁露》(诸子百家影印本)第三卷《精华第五》,上海古籍出版社1989年版,第23页。
② [宋]李昉等:《太平御览》(六)卷六百四十引,上海古籍出版社2008年版,第781页。
③ [汉]扬雄撰,[明]程荣校:《法言》卷第三《修身篇》,见《汉魏丛书》(影印本),吉林大学出版社1980年版,第506页。
④ 汪荣宝:《法言义疏》,中华书局1987年版,第90页。
⑤ [汉]扬雄撰,郑万耕校释:《太玄校释》之《太玄捣》,中华书局2014年版,第338页。

违人违,而天下之大事悖矣。"①如果背离了天、地、人三才之道,那么国家大事都会出现混乱。郑万耕曰,这"表现了扬雄坚持依据客观世界的本来面貌认识、反映客观现实的唯物主义态度"②。

在扬雄的思想体系中,以天玄、地玄、人玄为核心的三玄实现了与官制、行政制度及国家体制的结合,具有典型的经世致用特色。

"方州部家,八十一所,画下中上,以表四海,玄术莹之。一辟、三公、九卿、二十七大夫、八十一元士,少则制众,无则治有,玄术莹之。"③扬雄认为,方、州、部、家有八十一个位置,区分为下中上,以代表四海之内的事情。方、州、部、家与职官制度相结合,表现为一君、三公、九卿、二十七大夫、八十一元士,刚好与三方、九州、二十七部、八十一家相吻合。认为一辟、三公、九卿、二十七大夫、八十一元士的排列,体现了以少制多、以无制有的精神。

(四)《白虎通》——圣人之道

《白虎通》曰:"圣人者何?圣者通也,道也,声也。道无所不通,明无所不照,闻声知情,与天地合德,日月合明,四时合序,鬼神合吉凶。"④《白虎通》认为,"圣"是通畅、道路、声音的意思。因为道路没有不畅通的,光明照耀四方,声音四处传递,听到声音就知道具体情况。圣人与天、地共同拥有高尚的品德,和日、月一起照耀四方,与四季共同安排生产、生活,和鬼神一起预测吉凶。所以,圣人是在天、地、人三才环境下作为人的因素,需要贯通天、地。具体的做法就是与天、地同在,与日、月同辉,联结四季,预测吉凶。《白虎通》认为,圣人不能离开天、地而存在。

(五)纬书——王者与天、地之贯通

《春秋感精符》曰:"是以王者仰视象于天,俯察法于地,中择贤能以任之。任得其人,则国昌民安。任非其人,则邦危民弊。"⑤在《春秋感精符》看来,君主应当将天、地、人三因素加以贯通,具体的做法是,向上观察天象的变化,向下考

---

① [汉]扬雄撰,郑万耕校释:《太玄校释》之《太玄掜》,中华书局2014年版,第339页。
② [汉]扬雄撰,郑万耕校释:《太玄校释》之《太玄掜》,中华书局2014年版,第348页。
③ [汉]扬雄撰,郑万耕校释:《太玄校释》之《太玄莹》,中华书局2014年版,第275页。
④ [汉]班固撰,[明]程荣校:《白虎通德论》卷之下《圣人》,见《汉魏丛书》(影印本),吉林大学出版社1980年版,第167页。
⑤ 〔日〕安居香山、中村璋八辑:《纬书集成》之《春秋编·春秋感精符》,河北人民出版社1994年版,第746页。

察地理的变化,在中间要学会选拔人才。如果人才选拔任用得当,就会使国家昌盛,百姓安宁。如果人才选拔不当,任用不当,就会危害国家和百姓。

1. 灾异与政治

《孝经钩命决》曰:"天子失义不德,则白虎不出,荧惑逆行。"① 天子不能行德,不能守义,将导致天、地失序,灾异现象出现。就地而言,白虎不出。就天而言,荧惑星逆行。

《春秋感精符》认为,君主如果能够顺应天道春生秋杀的运行规律,国家就能够得到治理,否则就会出现一些灾异现象。"王者顺天行诛,以成肃杀之威。若政令苛,则夏下霜。诛罚不行,则冬霜不杀草。"② 统治者应当顺应天道肃杀之威,在秋冬季节执行死刑。如果这个季节不执行死刑,那么就会出现冬霜不杀草的现象。同样,政令不能苛酷,否则会出现夏季下霜的灾异现象。统治者在执行行政措施、治理国家、下达行政命令时,应当"仰视象于天,俯察法于地,中择贤能以任之。任得其人,则国昌民安。任非其人,则帮危民弊"③。统治者治理国家时,应当将自然规律和国家治理,也就是社会规律结合起来,既要考察天象,也要考察地理,同时坚持公允的任官准则。

2. 五行与政治

《孝经援神契》认为,政治的清明与否,与地之五行的运行是否顺畅相适应。如果政治清明,则五行正常运行,万物兴盛。如果政治昏乱,就会导致五行失序,带来灾异现象的发生。"失政于木,则风来应。失政于火,则蝗来应。失政于土,则虫来应。失政于金,则霜来应。失政于水,则雹来应。"④《孝经援神契》认为,如果政治昏乱,扰乱了木的运行规律,大风即起。扰乱了火的运行规律,蝗灾即至。扰乱了土的运行规律,虫灾即至。扰乱了金的运行规律,霜冻即至。扰乱了水的运行规律,冰雹即至。总之,统治者在执政过程中,不能扰乱地之五行运

---

① 〔日〕安居香山、中村璋八辑:《纬书集成》之《孝经编·孝经钩命决》,河北人民出版社1994年版,第1012页。

② 〔日〕安居香山、中村璋八辑:《纬书集成》之《春秋编·春秋感精符》,河北人民出版社1994年版,第740页。

③ 〔日〕安居香山、中村璋八辑:《纬书集成》之《春秋编·孝经援神契》,河北人民出版社1994年版,第746页。

④ 〔日〕安居香山、中村璋八辑:《纬书集成》之《孝经编·孝经援神契》,河北人民出版社1994年版,第989页。

行规律,否则,将有灾异现象出现。统治者悖逆天、地、人的运行规律,也会带来天象的变化。"天子不祠名山,不敬鬼神,则斗第一星不明。数起土功,坏决山陵,逆地理,则第二星不明。天子不爱百姓,则第三星不明。"①天子不敬鬼神,违背天的运行规律,那么北斗七星中的第一星将失去光明。天子大兴土木,背离地的运行规律,那么北斗七星中的第二星将失去光明。天子不爱护百姓,背离了以人为贵的原则,那么第三星将失去光明。

三、三才视域下汉代道家、道教的王道政治观

(一)《黄帝四经》——王天下之道

《黄帝四经》谈到君主治理天下之道。《经法·六分》曰:"王天下者之道,有天焉,有人焉,又(有)地焉。参(三)者参用之,[故王]而有天下矣。"②在《经法》看来,君主要想统治天下,必须要充分考虑天、地、人三种因素。只有将天、地、人三因素加以贯通,并且充分地发挥天、地、人三因素的作用,统治者才能很好地治理天下。陈鼓应云:"老子学说讲'四大'即道大、天大、地大、人亦大。《四经》则将'四大'简为'三大',即天、地、人,因为天、地、人的有机整合即是'道'的具体体现。"③

《经法·四度》云:"参于天地,阖(合)于民心。文武并立,命之曰上同。"④《经法》认为,君主考虑到天、地的因素,制定的政策符合百姓的愿望和需求,就能够文武并用,使百姓与君主同心同德。"天地之道也,人之李(理)也。"⑤《经法》认为,天地运行的规律和人采用的政策和措施应当是一致的。

---

① 〔日〕安居香山、中村璋八辑:《纬书集成》之《孝经编·孝经援神契》,河北人民出版社1994年版,第990页。
② 马王堆汉墓帛书整理小组:《马王堆汉墓帛书 经法》,文物出版社1976年版,第17页。
③ 陈鼓应:《黄帝四经今注今译——马王堆汉墓出土帛书》,商务印书馆2015年版,第89页。
④ 马王堆汉墓帛书整理小组:《马王堆汉墓帛书 经法》,文物出版社1976年版,第22页。
⑤ 马王堆汉墓帛书整理小组:《马王堆汉墓帛书 经法》,文物出版社1976年版,第23页。

《十大经·立命》曰:"吾畏天爱地亲[民],□(陈鼓应认为缺字应当为'立'①)无命,执虚信。吾畏天爱[地]亲民,立有命,执虚信。吾爱民而民不亡,吾爱地而地不兄(荒)。"②认为不论我(君主)是不是接受了上天的命令,我都要敬畏上天,爱护大地,亲爱自己的百姓,执守道本,立心诚信。认为君主爱护百姓,百姓就不会流离失所。君主爱护土地,土地就不会荒芜。可以看出,《十大经》主张君主畏天、爱地、亲民的目的是维护国家的统治、社会的治理,有经世致用的明显倾向。君主为什么要敬天、爱地、亲民呢?《十大经·立命》曰:"吾受命于天,定立(位)于地,成名于人。"③君主接受了上天的命令,因为地而确定自己的位置,因为人而成就自己的名誉,君主在成长过程中要受到天、地、人三种因素的影响。

《经法·论》曰:"人主者,天地之□(陈鼓应将此处补为'稽'字),号令之所出也,□□(陈鼓应将此处补为'为民'二字④)之命也。不天天则失其神,不重地则失其根,不顺[四时之度]而民疾。"⑤《经法》认为统治者是天地的代表,具有发号施令的权力。统治者应当始终将百姓利益作为自己的使命和出发点,敬天、重地,顺应四季的需要。如果不敬天,就会失去天的佑护。不敬地,就会失去地的根本。不顺应四季,百姓就会怨恨。《经法》认为,敬天、重地是社会和谐的基础,能够让君主实现为百姓利益服务的目的。"天天则得其神,重地则得其根,顺四[时之度]□□□而民不□疾。"⑥敬天就会得到天的保护,重地就不会丧失农业的根本,也就是能够获得农业的丰收,顺应四季的需要,百姓就不会怨恨。

---

① 陈鼓应:《黄帝四经今注今译——马王堆汉墓土出帛书》,商务印书馆2015年版,第201页。
② 马王堆汉墓帛书整理小组:《马王堆汉墓帛书 经法》,文物出版社1976年版,第45页。
③ 马王堆汉墓帛书整理小组:《马王堆汉墓帛书 经法》,文物出版社1976年版,第45页。
④ 陈鼓应:《黄帝四经今注今译——马王堆汉墓出土帛书》,商务印书馆2007年版,第123页。
⑤ 马王堆汉墓帛书整理小组:《马王堆汉墓帛书 经法》,文物出版社1976年版,第27页。
⑥ 马王堆汉墓帛书整理小组:《马王堆汉墓帛书 经法》,文物出版社1976年版,第27页。

《经法·度》又曰:"帝王者,执此道也。是以守天地之极,与天俱见。"①认为帝王也即君主要尊天敬地,与天道的运行相一致。《十大经·果童》曰:"观天于上,视地于下,而稽之男女。"②认为统治者在进行统治时,向上要考察天道运行的情况,向下要考察土地的物产情况,在中间要考察百姓的愿望和需求。《十大经·前道》重申了这样的思想:"治国固有前道,上知天时,下知地利,中知人事。"③认为治理国家要有既定的法则,具体而言就是向上了解天道运行的规律,向下了解土地的肥瘠,在中间要了解百姓的生活状况,也就是国家治理的情况。只有将天、地、人三因素结合起来,才能很好地实现国家的治理。

(二)《淮南子》——"上因天时,下尽地财,中用人力"的王道政治观

《淮南子》曰:"食者,民之本也。民者,国之本也。国者,君之本也。"④衣食住行是百姓生存的根本保障,百姓是国家存在的根本,国家是君主存在的根本。"是故人君者(王念孙曰:君字当在人字上⑤),上因天时,下尽地财,中用人力,是以群生遂长,五谷蕃植。"⑥所以,统治百姓的君主,应向上顺应天时的需要,向下竭力发挥土地资源的优势,在中间要注意发挥百姓的作用。如果君主这样做,就会使动、植物茁壮成长,使五谷丰登,保证农作物的收成。那么,怎样才能做到"上因天时,下尽地财,中用人力"呢?《淮南子》曰:"教民养育六畜,以时种树,务修田畴,滋植桑麻,肥墝高下,各因其宜。丘陵阪险不生五谷者,以树竹木,春伐枯槁,夏取果蓏(高诱注曰:有核曰果,无核曰蓏),秋畜疏食(高诱注曰:菜蔬曰疏,谷食曰食),冬伐薪蒸(高诱注曰:大者曰薪,小者曰蒸)。"⑦要教导百姓饲

---

① 马王堆汉墓帛书整理小组:《马王堆汉墓帛书 经法》,文物出版社1976年版,第28页。
② 马王堆汉墓帛书整理小组:《马王堆汉墓帛书 经法》,文物出版社1976年版,第57页。
③ 马王堆汉墓帛书整理小组:《马王堆汉墓帛书 经法》,文物出版社1976年版,第80页。
④ [汉]刘安等编著,[汉]高诱注:《淮南子》(诸子百家影印本)卷九《主术训》,上海古籍出版社1989年版,第98页。
⑤ 刘文典撰,冯逸、乔华点校:《淮南鸿烈集解》,中华书局1988年版,第308页。
⑥ [汉]刘安等编著,[汉]高诱注:《淮南子》(诸子百家影印本)卷九《主术训》,上海古籍出版社1989年版,第98页。
⑦ [汉]刘安等编著,[汉]高诱注:《淮南子》(诸子百家影印本)卷九《主术训》,上海古籍出版社1989年版,第98页。

养六畜,按照季节的需要种植树木。要修整好田畴,广泛地种植桑树,按照土地的肥瘠、地势的高低来种植不同的作物。在丘陵地带不适合种植五谷的地方,就种植竹木。春天砍伐一些冬天积累而来的枯木,夏天收获水果,秋天收获蔬菜和谷物,冬天砍伐大的薪木和小的蒸柴。在《淮南子》看来,统治者要做到上因天时,下尽地财,中用人力,要想很好地实现天、地、人的结合,就需要引导百姓按照季节的需要合理安排农业生产,尽量发挥土地的功能,种植适宜土地生长的农作物。在不同的季节里,收获不同的农产品。

(三)《老子道德经河上公章句》以"无为"为核心之王道政治观

《老子》言"天地相合,以降甘露",《章句》曰:"侯王动作能与天相应合,天即[降]下甘露善瑞也。"①《章句》在对《老子》此言解读时认为,侯王能够通过自己的行动,主动与大地相适应,也即如果人(侯王)能够与天地相贯通,天就会降下甘露来预示吉祥,认为《老子》此言强调天、地、人之贯通。《老子》曰"民莫之令而自均",《章句》曰:"天降[甘露]善瑞,则万物莫有教令之者,皆自均调若一也。"②《章句》认为《老子》此言是说,如果天、地、人能够贯通,那么天就会降下甘露,预示吉祥。万物不需要任何事物的指挥,就能够自我调节。《老子》曰"始制有名",《章句》注释曰:"始,道也。有名,万物也,道无名,能制于有名;无形,能制于有形也。"③《章句》认为《老子》此言是说,道和万物是无形和有形的关系,在道与万物贯通的过程中,道也不能高高在上,不能超越万物而存在,而是要受到万物的制约。也即道虽然是无名的,但是要受到有名的万物的制约,道的存在要适应和符合万物的需要。当然,万物在与道贯通的过程中,也要符合道的需求,即《老子》言"名亦既有",《章句》注释曰:"既,尽也。有名之物,尽有情欲,叛道离德,故身毁辱也。"④《章句》认为,《老子》此言是说在道与万物贯通的过程中,万物也要符合道的运行需要,不能叛道离德,因为万物都是有情有欲的,如

---

① 佚名著,王卡点校:《老子道德经河上公章句》卷二《圣德第三十二》,中华书局1993年版,第131页。
② 佚名著,王卡点校:《老子道德经河上公章句》卷二《圣德第三十二》,中华书局1993年版,第131页。
③ 佚名著,王卡点校:《老子道德经河上公章句》卷二《圣德第三十二》,中华书局1993年版,第131页。
④ 佚名著,王卡点校:《老子道德经河上公章句》卷二《圣德第三十二》,中华书局1993年版,第131页。

果叛道离德,违背道的需求,就会给自己带来毁灭之灾。在这里,笔者以为,万物是指天、地、人而言的。《老子》曰"天亦将知之",《章句》注释曰:"人能法道行德,天亦将自知之。"①《章句》认为,《老子》此言是说在天、地、人贯通的过程中,如果人能法道行德,天也是知道的。也就是说,天能够获知人是否法道行德。此言强调,人通过效法道与天贯通。那么,天知道了会怎么样呢?《老子》曰:"知之,所以不殆。"《章句》注释曰:"天知之,则神灵祐助,不复危殆。"②《章句》认为,天是有知觉的,如果天知道了人法道行德,就会派遣神灵帮助人们,人们就可以避免各种危险的发生。《老子》曰:"譬道之在天下,犹川谷之与江海。"《章句》曰:"譬言道之在天下,与人相应和,如川谷与江海相流通也。"③《章句》认为,《老子》此言意思是,道和人是能够相应相和、相贯通的,就像山川河谷与大江大海能够相流通一样。

(四)《太平经》"地为天使,人为地使"之王道政治观

《太平经》曰:"天一也,反行地二,其意何也?今地二,反行人三,何也?夫地为天使,人为地使。故天悦喜,即使令地上万物大喜悦。"④《太平经》认为,在天、地、人三种因素中,天本来是一,但常常以地的方式运行。地本来是二,但常常以人的方式运行。在《太平经》看来,地要接受天的指令,与天贯通。人要接受地的指令,与地贯通。天、地、人三种因素,不能独立运行,而要相互贯通。

《太平经》认为,君主在治理国家时,应当"上得天心,下得地意,中央使万民莫不欢心"⑤。即向上应考虑天的意志,向下应当考虑地的意志,在中间想办法使百姓欢心。君主将天、地、人三种因素都考虑到,就能够很好地治理国家。"万

---

① 佚名著,王卡点校:《老子道德经河上公章句》卷二《圣德第三十二》,中华书局1993年版,第131页。
② 佚名著,王卡点校:《老子道德经河上公章句》卷二《圣德第三十二》,中华书局1993年版,第131—132页。
③ 佚名著,王卡点校:《老子道德经河上公章句》卷二《圣德第三十二》,中华书局1993年版,第132页。
④ 佚名:《太平经钞》(诸子百家影印本)第三卷《丙部》,上海古籍出版社1989年版,第19页。
⑤ 佚名:《太平经钞》(诸子百家影印本)第三卷《丙部》,上海古籍出版社1989年版,第25页。

物各得其所,天地和悦,人君为增寿。"①国家得到治理,就能使万物各得其所,天地喜悦,人君也就能够延年益寿。

"圣人象天地为行,以至道要德力教化愚人,使为谨良。"②《太平经》又认为,圣人要效法天地的运行,用尽善尽美的道德对百姓进行教化,使百姓能够多为善行。

第三节 尊 天

古代社会由于生产力水平低下,人们战胜自然灾害的能力薄弱,于是对各种各样的奇异现象产生了崇拜心理,崇拜的对象被称为图腾崇拜物。人们试图通过对图腾崇拜物的祭祀活动来体现自己对它的尊重与敬畏,以期各种神灵也即图腾崇拜物降福于人间社会,让人们战胜各种自然灾害。中国早期社会的神灵信仰,不仅是中国早期文化的重要组成部分,也是哲学思想的渊源和重要内容。正如郭沫若所言:"早在原始社会时代,由于人们在自然面前还处于软弱无力的地位,产生了万物有灵的宗教观念。"③中国哲学思想中的天、人哲学思想就体现了中国古代哲人对天的信仰和哲学思考。《周礼·大宗伯》记载,"大宗伯之职,掌建邦之天神、人鬼、地示之礼"④。周人祭祀的对象可分为三类,第一类天神,第二类地示,第三类人鬼。应该说,中国早期的神灵信仰,包括对于天神、地神和祖先神(人)的信仰。这种神灵信仰为天、地、人三才思想的产生提供了早期的思想渊源,也为天、地、人三才思想在历史上的发展注入了活力。

一、早期天神信仰

(一)帝的信仰

中国有文字记载的历史开始于商朝,商朝的甲骨文字是中国最早的文字群,

---

① 佚名:《太平经钞》(诸子百家影印本)第三卷《丙部》,上海古籍出版社1989年版,第26页。
② 佚名:《太平经钞》(诸子百家影印本)第六卷《己部》,上海古籍出版社1993年版,第74页。
③ 郭沫若主编:《中国史稿》(第一册),人民出版社1976年版,第213页。
④ 杨天宇:《周礼译注》,上海古籍出版社2004年版,第274页。

从甲骨文字的记载大致可以看出商人的天神信仰观。殷人思想世界中的天神主要是指"帝"或者"上帝"。在卜辞中多次出现"帝"或者"上帝"的内容,反映了"帝"在殷人思想世界中的权威性。正如郭沫若所言:"在商代,随着奴隶制的发展和奴隶制国家的成长,作为至上神的'帝'便出现了。"①在殷人看来,"帝"是超越于人间社会的一种权威力量,或者说是一种主宰力量。"帝"能够呼风唤雨。甲骨文卜辞记载:"帝令雨足年——帝令雨弗其足年。(前1.50.1)"②该条卜辞内容指出,帝可以让雨水降落,以满足全年的需要,也可让雨水停止降落,这样就无法满足全年的雨量需求。"帝"能够降祸于人间社会。甲骨文卜辞记载:"贞卯,帝弗其降祸,十月。(佚36)"③"帝"还能够降福于人间社会。甲骨文卜辞载:"我其已宾乍,帝降若——我勿已宾乍,帝降不若。(前7.38.1 粹1113.)"④在殷人看来,帝不仅能够降福、降祸,还能够决定邦国的存亡。甲骨文记载:"帝佳其冬(终)兹邑,帝弗冬(终)兹邑。(丙七一,又丙七三文同)"⑤于省吾指出:"终字,应训为终止或终绝,前文的帝佳其终兹邑和帝弗终兹邑,是就上帝是否终绝兹邑言之。"⑥从卜辞的记载可以看出,帝与邦国的存亡有着紧密的联系,帝决定着邦国的存亡。

《卜辞通纂》中有"帝弗若(15a)"的记载,郭沫若指出:"'帝弗若'者,上帝不顺也。"⑦甲骨文卜辞记载:"令二月帝不令雨。(第三六六片,前六.五八.四)"⑧甲骨文卜辞记载:"我其已疠,乍(则)帝降若,我勿已疠,乍(则)帝降不若。(第三六八片 后上.三八.一四)"⑨郭沫若曰:"家亦疠字……已,祀省。乍,读为则。"⑩这句话的意思是:我如果能够坚持祭祀活动,那么帝就会降福于我。

甲古文字典对"帝"的定义是:"上帝,亦称帝,为殷人观念中的神明。"⑪《甲

---

① 郭沫若主编:《中国史稿》(第一册),人民出版社1976年版,第213页。
② 陈梦家:《殷墟卜辞综述》(考古学专刊 甲种第二号),中华书局1988年版,第562页。
③ 陈梦家:《殷墟卜辞综述》(考古学专刊 甲种第二号),中华书局1988年版,第564页。
④ 陈梦家:《殷墟卜辞综述》(考古学专刊 甲种第二号),中华书局1988年版,第567页。
⑤ 于省吾:《甲骨文字释林》,中华书局1979年版,第188页。
⑥ 于省吾:《甲骨文字释林》,中华书局1979年版,第188—189页。
⑦ 郭沫若:《卜辞通纂》(考古学专刊 甲种第九号),科学出版社1983年版,第226页。
⑧ 郭沫若:《卜辞通纂》(考古学专刊 甲种第九号),科学出版社1983年版,第364页。
⑨ 郭沫若:《卜辞通纂》(考古学专刊 甲种第九号),科学出版社1983年版,第365页。
⑩ 郭沫若:《卜辞通纂》(考古学专刊 甲种第九号),科学出版社1983年版,第365页。
⑪ 徐中舒主编:《甲骨文字典》,四川辞书出版社2006年版,第6页。

骨文字典》里面对"上下"做出了定义:"上下,或作下上。上指上帝,下指地祇百神。"①殷人世界中的最高神灵为"帝"而非"天",虽然卜辞中亦有"天"的记载,但"天"通常不做最高神灵解读。《甲骨文字典》认为卜辞中的"天"具有四种含义:"一,人之顶颠也……二,大也。三,地名,方国名。四,人名。"②《甲骨文字典》对"帝"的解释是"天帝之帝及商王称号",认为"帝为殷人观念中之神明,亦称上帝,主宰风雨灾祥及人间祸福"③。

(二)天的信仰

陈梦家指出:"西周时代开始有了'天'的观念,代替了殷人的上帝,但上帝与帝在西周金文和周书、周诗中仍然出现。"④西周至春秋时期,天的观念形成,天的至高无上的地位确立。

郭沫若《两周金文辞大系》引《大盂鼎》曰:"隹九月,王才(在)宗周令(命)盂,王若曰:'盂,不(丕)显文王,受天有大令(命)……辟厥匿,匍有四方,畯正厥民。在于御事,酉酒无敢醻,有柴烝祀无敢醉,故天翼临子,法保先王,□有四方。'"⑤从西周时期金文《大盂鼎》的记载可以看出,王在九月命令刻写完成了《大盂鼎》,王说刻写此鼎的目的是说明文王接受了上天的命令,统治四方,匡正百姓。因为国事在身,所以滴酒不敢沾,在祭祀活动过程中,即便饮酒也不敢喝醉。周王通过约束自己的行为,来保证天神降临,以便庇佑先王,实现对四方的统治。从《大盂鼎》的记载可以看出,西周时期,"受天大命"的观念已深入人心,认为天具有至高无上的地位,能够佑护周王,实现对国家和百姓的治理。

《诗经》中有很多关于天的权威性的记载。"天保定尔,亦孔之固。(朱熹注曰:言天之安定我君,使之获福如此也。)"⑥《诗经》此言是说天具有至高的地位,

---

① 徐中舒主编:《甲骨文字典》,四川辞书出版社2006年版,第6页。
② 徐中舒主编:《甲骨文字典》,四川辞书出版社2006年版,第1页。
③ 徐中舒主编:《甲骨文字典》,四川辞书出版社2006年版,第7页。
④ 陈梦家:《殷墟卜辞综述》(考古学专刊 甲种第二号),中华书局1988年版,第562页。
⑤ 郭沫若:《郭沫若全集》"考古编"第七卷《两周金文辞大系》,科学出版社2002年版,第34页。此内容又见于郭沫若主编:《中国史稿》(第一册),人民出版社1976年版,第241页。
⑥ 朱熹注:《诗经集传》卷四《小雅·鹿鸣之什·天保》,上海古籍出版社1987年版,第70页。

能够确保王位永固,并降福禄于天子。《诗经》曰:"受天百禄,降尔遐福。"①天还能够降祸、降福于人间社会。天除了确保王位稳定,降福降祸于人间社会外,还能够决定万物的兴衰。《诗经》曰:"天保定尔,以莫不兴,如山如阜,如冈如陵,如川之方至,以莫不增。(朱熹注曰:兴,盛也。高平曰陆,大陆曰阜,大阜曰陵,皆高大之意。川之方至,言其盛长之未可量也。)"②天能够决定山、川的兴盛,能够让大山增高,让河川不断地流淌,充满活力。《诗经》还指出,如果得罪了天神,天神就可能降祸于人间社会。《诗经》曰:"天方荐瘥,丧乱弘多。(朱熹注曰:是以神怒而重之以丧乱。)"③天神发怒,就会惩罚人们,导致人间秩序混乱。《诗经》曰:"不吊昊天,乱靡有定,式月斯生,俾民不宁。(朱熹注曰:天之不恤,故乱未有所止,而祸患与岁月增长。)"④如果违背了天的意志,天就不会体恤天下众生,祸乱就会与日俱增,让天下百姓不得安宁。如果昊天不能公平地对待大众,那么统治者也无安宁之日,所谓"昊天不平,我王不宁"⑤。值得注意的是,西周时期,人们思想世界中的最高神灵"帝"已经逐渐让位于"天","帝"在《诗经》中已少有记载,只在个别地方出现,比如"有皇上帝(朱熹注曰:皇,大也。上帝,天之神也)"⑥。《诗经》认为,天不仅能够降祸、福于人间社会,还能够威胁到国家的安全。《诗经》曰:"浩浩昊天,不骏其德,降丧饥馑,斩伐四国。(朱熹注曰:昊,亦广大之意。骏,大。德,惠也。谷不熟曰饥,蔬不熟约馑……昊天不大其惠,降此饥馑而杀伐四国之人。)"⑦

---

① 朱熹注:《诗经集传》卷四《小雅·鹿鸣之什·天保》,上海古籍出版社1987年版,第71页。

② 朱熹注:《诗经集传》卷四《小雅·鹿鸣之什·天保》,上海古籍出版社1987年版,第71页。

③ 朱熹注:《诗经集传》卷五《小雅·祈父之什·节南山》,上海古籍出版社1987年版,第86页。

④ 朱熹注:《诗经集传》卷五《小雅·祈父之什·节南山》,上海古籍出版社1987年版,第87页。

⑤ 朱熹注:《诗经集传》卷五《小雅·祈父之什·节南山》,上海古籍出版社1987年版,第87页。

⑥ 朱熹注:《诗经集传》卷五《小雅·祈父之什·正月》,上海古籍出版社1987年版,第88页。

⑦ 朱熹注:《诗经集传》卷五《小雅·祈父之什·雨无正》,上海古籍出版社1987年版,第91页。

一般认为,统治者只有尊敬上天,才能得到天的佑护。《国语》载:"思文后稷,克配彼天。(徐元诰曰:周颂思文也,谓郊祀后稷以配天之乐歌也。经纬天地曰文……言周公思有文德者后稷,其功乃能配于天。)"①《国语》曰:"皇天嘉之,祚以天下(徐元诰曰:祚,禄也)。"②此言是说,如果人间社会之行为得到天的认可,就会给天下百姓带来福禄。《左传》载:"(鲁庄公十一年)秋,宋大水。公使吊焉,曰:'天做淫雨,害于粢盛,若之何不吊?'对曰:'孤实不敬,天降之灾。'"③鲁庄公十一年(前683)秋天,宋国发大水。庄公派人慰问说:"天降大雨使农作物受灾,天为什么不体恤天下百姓呢?"宋国国君说:"是因为我对上天不够尊敬,所以天降此灾难。"《左传》指出,凡是天降灾难,都需要举行祭祀活动。为了表示对天的尊敬,要用珍贵物品作为祭祀用品。"凡天灾,有币无牲。"④天灾降临时要用玉帛而不是牺牲作为祭祀用品。

二、儒家尊天观念

(一)董仲舒法天立道之尊天思想

董仲舒曰:"臣闻天者群物之祖也,故遍覆包函而无所殊,建日月风雨以和之,经阴阳寒暑以成之。故圣人法天而立道,亦溥爱而亡私,布德施仁以厚之,设谊立礼以导之。春者天之所以生也,仁者君之所以爱也;夏者天之所以长也,德者君之所以养也;霜者天之所以杀也,刑者君之所以罚也。"⑤董仲舒认为,天是万物之祖,也就是万物产生的根本,能够包容所有的物而没有区别。天创建日月风雨来调和万物,经历阴阳寒暑来成就万物。所以圣人效法上天而创建自己的制度,博爱万物而没有自己的私利,用德教和仁爱来厚待万物,设立友好的关系用礼制来引导万物。怎么样用礼制来引导万物呢?董仲舒认为,春天是万物萌芽出生的季节,这个季节,仁德的君主应当对万物施加厚爱。夏季是万物生长的季节,在这个季节里,君主用德教来帮助万物生长。等到霜降的季节,也就是秋

---

① 徐元诰撰,王树民、沈长云点校:《国语集解》之《周语上第一》,中华书局2002年版,第14页。
② 徐元诰撰,王树民、沈长云点校:《国语集解》之《周语下第三》,中华书局2002年版,第96页。
③ 李梦生:《左传译注》(上),上海古籍出版社2009年版,第123页。
④ 李梦生:《左传译注》(上),上海古籍出版社2009年版,第155页。
⑤ [汉]班固:《汉书》卷五十六《董仲舒传第二十六》,中华书局1962年版,第2515页。

天来临的时候,天地间一片萧瑟。这个时候,上天要让万物死亡。那么,在秋天到来的时候,君子就应当效法上天,对有罪之人施加刑罚了。董仲舒认为,按照天道运行的规律,应当是春天赏赐,秋天行刑,即所谓春赏、秋罚。

董仲舒曰:"是以阴阳调而风雨时,群生和而万民殖,五谷孰而艸木茂,天地之间被润泽而大丰美。"①董仲舒认为,只有阴阳调和,风雨才能随时节到来。万物谐和,才能让百姓安家乐业。五谷丰登,草木茂盛,天地之间得到润泽,才能出现和谐美好的情形。

董仲舒曰:"天道之大者在阴阳,阳为德,阴为刑;刑主杀而德主生。是故阳常居大夏,而以生育养长为事;阴常居大冬,而积于空虚不用之处。"②董仲舒认为,天道在运行中表现为阴、阳两个方面,阳属于德的方面,阴则属于刑的方面。德负责万物的生长,而刑则负责万物的衰亡。阳在夏季常驻,负责生育和抚养万物成长。而冬常驻于冬季,常常处于宁静、空虚状态。

董仲舒曰:"天之道,春暖以生。夏暑以养,秋清以杀,冬寒以藏……天有四时,王有四政,四政若四时,通类也。天人所同有也。庆为春,赏为夏,罚为秋,刑为冬。庆赏罚刑之不可不具也。如春夏秋冬不可不备也。"③董仲舒认为,按照天道运行的规律,春季天气温暖,万物生长。夏季炎热,万物处于养长状态。秋天清冷,万物肃杀。冬天严寒,万物处于沉睡状态。按照天道运行的规律,一年有四季,君主也即统治者也要采取四种不同的措施。四季和四政是一样的,为天、人共同拥有。国家的奖励与处罚政策应当与一年四季相适应,春夏行赏,秋冬行罚。这样,君主才能很好地维护自己的统治。清人苏舆曰:"圣人作则,皆以天地为本,阴阳为端。庆赏者,顺阳之功,故行于春夏;刑罚者,法阴之气,故用之秋冬。"④苏舆认为,圣人也即统治者在制定国家政策时,都会以天地为根本出发点,同时考虑阴阳运行的情况。奖励和赏赐,能够帮助阳气运行,所以在春夏季节进行。刑杀和惩罚,效法了阴气的运行,所以在秋冬季节进行。

董仲舒又将赏赐、惩罚与五行的运行相结合。董仲舒曰:"是故木居东方而主春气,火居南方而主夏气,金居西方而主秋气,水居北方而主冬气。是故木主

---

① [汉]班固:《汉书》卷五十六《董仲舒传第二十六》,中华书局1962年版,第2503页。
② [汉]班固:《汉书》卷五十六《董仲舒传第二十六》,中华书局1962年版,第2502页。
③ [汉]董仲舒:《春秋繁露》(诸子百家影印本)第十三卷《四时之副第五十五》,中华书局1989年版,第74页。
④ [清]苏舆撰,钟哲点校:《春秋繁露义证》,中华书局1992年版,第353页。

生而金主杀,火主暑而水主寒。"①在董仲舒看来,五行中木的方位在东,主春气;火的方位在南方,主夏气;金的方位在西方,主秋气;水的方位在北方,主冬气。从五行所处的方位和所主宰的四季出发,董仲舒得出了木主生而金主杀的结论。

董仲舒还将奖赏惩罚与天的喜怒哀乐联系在一起。董仲舒曰:"春,喜气也,故生。秋,怒气也,故杀。夏,乐气也,故养。冬,哀气也,故藏。四者天人同有之,有其理而一用之。与天同者大治,与天异者大乱。"②天之喜气属于春天,所以万物生长。天之怒气属于秋天,所以万物肃杀。天之乐气属于夏季,所以万物长养。天之哀气属于冬天,所以万物隐藏。

(二)纬书尊天思想

《孝经援神契》曰:"王者德至天,则景星见","王者德至于地,则华苹感,嘉禾生。"③认为统治者的德行到达天空,就会使吉祥之星景星出现。统治者的德行到达地,就会使地上的植物产生感应,嘉禾生出。

(三)扬雄尊天思想

扬雄也认为,统言者应当"时天时,力地力"④,即根据季节的轮回和土地的肥瘠来安排农业生产。

三、道家尊天观念

(一)黄帝四经"怀(倍)天之道"之尊天思想

《经法·论约》云:"四时有度,天地之李(理)也。日月星晨(辰)有数,天地之纪也。三时成功,一时刑杀,天地之道也……一立一废,一生一杀,四时代正,冬(终)而复始,□(陈鼓应将此处补为'人'⑤)事之理也。"⑥《经法》认为,四季

---

① [汉]董仲舒:《春秋繁露》(诸子百家影印本)第十一卷《五行之义第四十二》,上海古籍出版社1989年版,第65页。
② [汉]董仲舒:《春秋繁露》(诸子百家影印本)第十二卷《阴阳义第四十九》,上海古籍出版社1989年版,第71页。
③ 〔日〕安居香山、中村璋八辑:《纬书集成》之《孝经编·孝经援神契》,河北人民出版社1993年版,第974页。
④ [汉]扬雄撰,郑万耕校释:《太玄校释》之《太玄掜》,中华书局2014年版,第337页。
⑤ 陈鼓应:《黄帝四经今注今译——马王堆出土帛书》,商务印书馆2007年版,166页。
⑥ 马王堆汉墓帛书整理小组:《马王堆汉墓帛书 经法》,文物出版社1976年版,第38页。

更迭是天地运行的法则,日月星辰都有自己运行的规律,这是天地运行的规则。有立有废、有生有杀、四季轮回、终而复始,这是人类社会运行的法则。三个季节要促成事物的成长,一个季节促成事物的消灭,这是四季运行的规则。人类社会在运行的过程中要和天地、日月星辰、四季的运行一样,有生有杀,有立有废。

《经法·论约》云:"怀(倍)天之道,国乃无主。无主之国,逆顺相功(攻)。伐本隳(隳)功,乱生国亡……不循天常,不节民力,周迁而无功。"①《经法》认为,违背天运行的法则,国家就会群龙无首。群龙无首的国家,管理国家的逆、顺标准就会出现错乱,国家的根基就会遭到破坏,从而使一个国家乱象丛生。如果不遵守天道运行的法则,不节约民力,即便是付出努力也不会取得成效,事情也不会成功。

《十大经·姓争》曰:"顺天者昌,逆天者亡。毋逆天道,则不失所守。"②《十大经》认为顺应天道运行的规律,国家就会繁荣昌盛;违背天道运行的规律,国家就会衰亡。不违反天道运行的规律,才能够维护现有的社会秩序。

《十大经·观》曰:"春夏为德,秋冬为刑。先德后刑以养生。"③《十大经》认为,春夏季节宜行德治,秋冬季节适合执行刑罚。因为春夏在前,秋冬在后,所以要先德后刑,以利于万物的成长。

(二)《淮南子》法天顺情之尊天思想

《淮南子》对统治者身处天、地之间,如何很好地实现自己的统治做了论述。《淮南子》曰:"是故圣人法天顺情,不拘于俗,不诱于人(高诱注曰:诱,犹惑也)。"④所以圣人,也就是统治者,在进行统治时要效法天、地,顺应人情,不为世俗所局限,也不被个人所诱惑。《淮南子》认为,圣人也就是统治者在实施统治时应当"以天为父,以地为母,阴阳为纲,四时为纪"⑤。也就是说,应当遵行天、

---

① 马王堆汉墓帛书整理小组:《马王堆汉墓帛书 经法》,文物出版社1976年版,第38页。
② 马王堆汉墓帛书整理小组:《马王堆汉墓帛书 经法》,文物出版社1976年版,第65页。
③ 马王堆汉墓帛书整理小组:《马王堆汉墓帛书 经法》,文物出版社1976年版,第49页。
④ [汉]刘安等编著,[汉]高诱注:《淮南子》(诸子百家影印本)卷七《精神训》,上海古籍出版社1989年版,第68页。
⑤ [汉]刘安等编著,[汉]高诱注:《淮南子》(诸子百家影印本)卷七《精神训》,上海古籍出版社1989年版,第68页。

地的运行规则,顺阴阳而动,在四个不同的季节安排不同的活动。《淮南子》进一步指出:"天静以清,地定以宁,万物失之者死,法之者生。"①上天因为清明所以安静,大地因为和平所以安定,万物不能效法天、地运行的规律就会死亡,如果能够效法天、地运行的规律,就能够生长。

《淮南子》曰:"天地之合和,阴阳之陶化万物,皆乘人气者也。(高诱注曰:天地合和其气,故生阴阳陶化万物。)"②在《淮南子》看来,天地和合生出阴阳之气,阴阳之气化育万物,离不开人的参与。所以,天、地和人相互感应才能化生万物。"是故上下离心,气乃上蒸。君臣不和,五谷不为(高诱注曰:不为成也)。"③所以,如果统治者和百姓不能同心同德,那么气就会向上蒸发。君臣不和,农作物将歉收。在《淮南子》看来,人和天、地相感应,所以君臣之间的关系以及统治者和百姓之间的关系和谐与否,影响到天、地的运行。

(三)《太平经》依天、地之性之尊天思想

《太平经》曰:"夫天地之性,半阳半阴,阳为善,主赏赐。阴为恶,恶者为刑罚,主奸伪。赏者多,罚者少。"④《太平经》认为,从天地的属性来讲,一半属于阳,一半属于阴。阳负责赏赐,具有善的属性。阴负责惩罚,具有恶的属性。在赏、罚中,赏要多,罚要少。《太平经》又曰:"阳与德者主养主生,此自然之法也。故昼为阳,为日,为君,为德。夜为阴,为月,为臣。"⑤在《太平经》看来,阳与德负责万物的生长,负责养育万物,这是自然的法则。而代表阳、代表德的是昼、日和君,代表阴的是月,是臣下。

---

① [汉]刘安等编著,[汉]高诱注:《淮南子》(诸子百家影印本)卷七《精神训》,上海古籍出版社1989年版,第68页。
② [汉]刘安等编著,[汉]高诱注:《淮南子》(诸子百家影印本)卷八《本经训》,上海古籍出版社1989年版,第78页。
③ [汉]刘安等编著,[汉]高诱注:《淮南子》(诸子百家影印本)卷八《本经训》,上海古籍出版社1989年版,第78页。
④ 佚名:《太平经钞》第九卷《壬部》,《太平经》(诸子百家影印本),上海古籍出版社1993年版,第120页。
⑤ 佚名:《太平经钞》第九卷《壬部》,《太平经》(诸子百家影印本),上海古籍出版社1993年版,第120页。

第四节 重 地

中国古代哲学非常重视地的生养功能,同时也十分重视资源保护。通过对资源的保护,维持人类社会的基本生存条件。汉代哲学认为,地的生养功能一旦遭到破坏,人类将无法生存。当然,国家的正常运转也将遭到破坏,正常的统治秩序将难以维持。因此,从维护阶级统治和国家长治久安而言,必须要努力维持地的生养功能,保护资源。

一、先秦学说中"地"之养长义

(一)《左传》

《左传·文七年》引《夏书》曰:"六府三事,谓之九功。水、火、金、木、土、谷,谓之六府;正德、利用、厚生,谓之三事。"从《左传》的记载可以看出,夏人已经意识到金、木、水、火、土、谷六种元素在人类生存过程中发挥的重要作用,认为要维持人类自身的发展,必须要重视这六种元素,即所谓六府。为了发挥这六种元素的功能,统治者必须"正德",即在思想上引起高度重视。要利用好这六种元素,并且注重土地的厚生功能,使金、木、水、火、土、谷六种元素可以很好地发挥自己的功能。

(二)《国语》

在春秋、战国时期,人们有"天有六气,地有五行"的观点,将五行作为地的象征。《国语》云:"天六地五,数之常也。"韦昭注释云:"天有六气,谓阳、阴、风、雨、晦、明也。地有五行,金、木、水、火、土也。"①《国语》载:"经之以天,纬之以地。"韦昭注云:"以天之六气为经,以地之五行为纬,而成之也。"②从《国语·鲁语》的记载可以看出,春秋、战国时期的人们也十分重视地的生养功能。"及地之五行,所以生殖也,及九州名山川泽,所以出财用也。"韦昭注解云:"殖,长也,

---

① 徐元诰撰,王树民、沈长云点校:《国语集解》之《周语下第三》,中华书局2002年版,第89页。

② 徐元诰撰,王树民、沈长云点校:《国语集解》之《周语下第三》,中华书局2002年版,第89页。

五行,五祀,金、木、水、火、土也。"①金、木、水、火、土五行也即五种元素,作为地之表征,具有生长万物的功能。《国语》又载:"惟地能包万物以为一,其事不失。"韦昭注曰:"为一,不偏也。不失,不失时也。"②《国语》认为,只有地能包藏万物,且平等地对待万物,能够按照时令的要求行事。《国语》曰:"生万物,容畜禽兽,然后受其名而兼其利。(韦昭注曰:受其名,受其功名也。利,谓万物终归于地。)美恶皆成,以养其生。(韦昭注曰:物之美恶,各有所宜,皆成之以养人也。)时不至,不可强生。(韦昭注云:物生各有时。)事不究,不可强成。(韦昭注云:究穷也,穷则变生,可因而成之。)"③

《国语》认为,地具有生养万物的功能,不仅生养万物,而且包容蓄养飞禽和走兽,一切产物都要归功于大地的蓄养。不论什么种类的物,都有各自的特点和功效,并发挥自己的功效以帮助人的生存。万物的生长,包括人的生存,都要归功于大地的承载和蓄养。而大地生长万物有时令上的需要,时令不到,不能强行收获物品。所以要发挥地的生养功能,必须注重时令的变化。在不同的季节,注意保护动物和植物资源。春天"鸟兽孕,水虫成。兽虞于是乎禁罝罗,猎鱼鳖,以为夏犒(韦昭注曰:罝,兔罟。罗,鸟罟也)"④。春天鸟兽正在怀孕,水里的动物已经长成。掌鸟兽之禁令的官员,此时要禁止民众安放捕兔的罝和捕鸟的罗。因为春季水中的动物已经长成,所以可以捕杀鱼、鳖,为贮藏夏季的物资做准备。到了夏季,"鸟兽成,水虫孕,水虞于是乎禁罜䍡,设阱鄂(韦昭注曰:罜䍡,小网也。阱,陷也。鄂,柞格)"⑤。在夏季,因为鸟兽已经长成,而水中的动物怀孕,所以,渔师要禁止民众安放捕鱼的小网。这个时候,可以设置陷阱或用特殊的用具捕捉野兽。但是,不论夏季还是春季,对于未完全长成的动物,都禁止猎杀,也

---

① 徐元诰撰,王树民、沈长云点校:《国语集解》之《鲁语上第四》,中华书局2002年版,第161页。
② 徐元诰撰,王树民、沈长云点校:《国语集解》之《越语下第二十一》,中华书局2002年版,第578页。
③ 徐元诰撰,王树民、沈长云点校:《国语集解》之《越语下第二十一》,中华书局2002年版,第578页。
④ 徐元诰撰,王树民、沈长云点校:《国语集解》之《越语下第二十一》,中华书局2002年版,第169页。
⑤ 徐元诰撰,王树民、沈长云点校:《国语集解》之《越语下第二十一》,中华书局2002年版,第169页。

禁止砍伐未完全长成的树木。《国语》云："泽不伐夭。"韦昭注曰："山木未成曰夭,徐元诰云:泽,薮之有水者。"①不能砍伐水泽中未长成的树木。"鱼禁鲲鲕。"韦昭注曰："鲲,鱼子也。鲕,未成鱼也。"②不能猎杀未长成的鱼,也不能获取鱼子。"兽长麑麌,鸟翼鷇卵。"韦昭注曰："翼,成也。生哺曰鷇,未孚曰卵。"③要让麑和鹿充分地生长,要保护鸟类的卵和幼小的鸟,让它们充分地生长。"蕃庶物也,古之训也。"要让所有的动植物生长繁衍,这是古老的格言。

(三)《管子》

《管子·水地篇》云："地者,万物之本原,诸生之根苑也。"晏婴曰："地长育而具物。"④《尚书大传》曰："水火者,百姓之所求饮食也。金木者,百姓之所兴作也。土者,万物之所资生也,是为人用。"⑤这段话的意思是说:就百姓生活而言,水和火都是不可缺少的元素。就百姓兴建工程而言,金和木是不可缺少的元素。就万物生长而言,土是不可缺少的元素。

《管子》曰："地者,万物之本原,诸生之根苑也(房玄龄注云:苑,囿城也),美恶贤不肖愚俊之所生也(房玄龄注云:谓生于地也)。"⑥《管子》认为,地是万物的本原,是所有生物产生的基础。物不论是美好的还是邪恶的,贤良的或者不肖的,愚蠢的或者俊美的,都是地的产物。地具有生长万物、承载万物的功能。

"凡人之生也,天出其精(房玄龄注曰:言禀精于天也),地出其形(房玄龄注曰:地出衣食以养成其形),合此以为人(房玄龄注曰:言合天地精气以成人)。"⑦

---

① 徐元诰撰,王树民、沈长云点校:《国语集解》之《越语下第二十一》,中华书局2002年版,第170页。

② 徐元诰撰,王树民、沈长云点校:《国语集解》之《越语下第二十一》,中华书局2002年版,第170页。

③ 徐元诰撰,王树民、沈长云点校:《国语集解》之《越语下第二十一》,中华书局2002年版,第170页。

④ [春秋]晏婴:《晏子春秋》(诸子百家影印本)卷三《内篇问上第三》,上海古籍出版社1989年版,第26页。

⑤ 《尚书正义》卷十二《周书洪范第六》,[清]阮元校刻:《十三经注疏附校勘记》,中华书局1980年版,第188页。

⑥ [春秋]管仲著,[唐]房玄龄注,[明]刘绩增注:《管子》(诸子百家影印本)卷第十四《水地第三十九》,上海古籍出版社1989年版,第134页。

⑦ [春秋]管仲著,[唐]房玄龄注,[明]刘绩增注:《管子》(诸子百家影印本)卷第十六《内业第四十九》,上海古籍出版社1989年版,第153页。

《管子》认为,人的生成与天、地有着不可分割的关系,天地精气合和形成了人。具体而言,就是人禀天之精气出生,地出衣食来帮助人成长。没有天、地之精气,人是无法出生和成长的。

《管子》云:"地不易其则,故万物生焉……地未尝易,其所以安也。"①大地不改变自己承载万物的规则,所以万物才能生长。大地不改变自己的规则,所以为地所承载之万物都处于安定状态。《管子》曰:"天覆万物而制之,地载万物而养之,四时生长万物而收藏之,古以至今,不更其道,故曰:古今一也。"②上天覆育并且掌控万物,大地承载并且养育万物,四时帮助万物生长,并且收藏万物。古往今来,这样的规则都是没有改变的。所以说古今是一样的。

《管子》云:"土地不毛,则人不足。人不足则逆气生,逆气生则令不行(房玄龄注云:不足则怨怒故逆上之气生)。"③《管子》认为,如果土地不能很好地生长万物,那么百姓将衣食不足,百姓衣食不足就会心生怨气,最终导致国家政令不能很好地实施。

《管子》曰:"春夏秋冬,天之时也,山陵川谷,地之枝也(房玄龄注曰:为地之枝条也)。喜怒取予,人之谋也。是故圣人与时变而不化,从物而不移。"④春夏秋冬,代表着天的时序。山陵川谷,代表着地的枝条,喜怒哀乐,代表着人的谋略。所以圣人应当坚定不移地跟随时节的变化,跟随物的变化。

二、汉代学说中"地"之养长义

(一)儒家学说中"地"之养长义

1.董仲舒学说中地之养长义

《春秋繁露》云:"天地之气,合而为一,分为阴阳,判为四时,列为五行。"⑤天

---

① [春秋]管仲著,[唐]房玄龄注,[明]刘绩增注:《管子》(诸子百家影印本)卷第二十《形势解第四十六》,上海古籍出版社1989年版,第178页。
② [春秋]管仲著,[唐]房玄龄注,[明]刘绩增注:《管子》(诸子百家影印本)卷二十《形势解第四十六》,上海古籍出版社1989年版,第178页。
③ [春秋]管仲著,[唐]房玄龄注,[明]刘绩增注:《管子》(诸子百家影印本)卷第十七《七臣七主第五十二》,上海古籍出版社1989年版,第160页。
④ [春秋]管仲著,[唐]房玄龄注,[明]刘绩增注:《管子》(诸子百家影印本)卷第十六《内业第四十九》,上海古籍出版社1989年版,第152页。
⑤ [汉]董仲舒:《春秋繁露》(诸子百家影印本)第十三卷《五行相生第五十八》,上海古籍出版社1989年版,第76页。

地之气,结合在一起,划分为阴阳,剖判为四季,排列为五行。从《春秋繁露》的记载可以看出,五行由天、地之气产生。是天、地之气合和的具体表现。五行所代表的五种元素即金、木、水、火、土只有与合适的季节、方位相结合,且在具体的季节、方位引导下从事合理的活动,才能保证天、地、人的和谐相处。如果背离了以上原则,就会使自然界出现灾异现象,使人类社会动荡不安。董仲舒从天、地、人和谐相处的三才结构出发,认为既然五行是天、地之气合和的产物,为了和人类社会和谐相处,就需要与特定的方位、季节及特定的活动相结合,也即与保护和维持地的生产能力相结合。

《春秋繁露》记载:"木者春,生之性,农之本也。劝农事,无夺民时……恩及草木,则树木华美而朱草生;恩及鳞虫,则鱼大为,鳣鲸不见,群龙下。"①在董仲舒看来,木属于春天,春天具有万物生长的特征。所以作为春天代表的五行之一——木,是农业生产的根本。在这样的季节里,应当引导农业生产,不要耽误百姓从事农业生产。这个季节,应当保护动植物资源。草木得到保护,就会生长茂盛。动物资源得到保护,鱼类物种就会繁多,而危害鱼类的鳣鲸不再出现,群龙现身。如果不能很好地保护这些资源,那么就会带来严重的后果。"咎及于木,则茂木枯槁,工匠之轮多伤败。毒水渰群,漉陂如渔。咎及鳞虫,则鱼不为,群龙深藏,鲸出见。"②不保护树木,树木就会大片死亡或被砍伐,工匠的车轮因此被损伤。如果在水中投入大量有害物质,就会导致水源被破坏,河水干枯。如果不保护鳞虫类动物,则鱼不能大量繁殖,群龙深藏不见,鳣鲸出现。

《春秋繁露》曰:"火者夏,成长……恩及于火,则火顺人而甘露降。恩及羽虫,则飞鸟大为,黄鹄出见,凤凰翔(清人苏舆注曰:德至鸟兽,则凤凰翔,麒麟臻③)……咎及于火,则大旱,必有火灾。摘巢探鷇,咎及羽虫,则飞鸟不为,冬应不来,枭鸱群鸣,凤凰高翔。"④在董仲舒看来,火与夏季相配合,是夏季的代表,火负责万物的生长。这个季节,如果顺应火元素的发展规律,火就会顺应人的需

---

① [汉]董仲舒:《春秋繁露》(诸子百家影印本)第十三卷《五行顺逆第六十》,上海古籍出版社1989年版,第78页。
② [汉]董仲舒:《春秋繁露》(诸子百家影印本)第十三卷《五行顺逆第六十》,上海古籍出版社1989年版,第78页。
③ [清]苏舆撰,钟哲点校:《春秋繁露义证》,中华书局1992年版,第373页。
④ [汉]董仲舒:《春秋繁露》(诸子百家影印本)第十三卷《五行逆顺第六十》,上海古籍出版社1989年版,第78—79页。

要降下甘露。如果注意保护飞鸟,飞鸟就会大量繁殖,一些珍贵的鸟类如黄鹄也会出现,凤凰翱翔于天空。如果伤害了火元素,则天下大旱,必定有火灾的发生。这个时候摘下鸟巢探取巢中的小鸟,那么飞鸟就不会大量繁殖,枭鸱这样凶猛的鸟成群鸣叫,凤凰飞往他方。在董仲舒看来,火代表夏季,具有负责万物生长的功能。这个季节要保护好飞鸟,否则就会导致鸟的数量减少,吉祥的鸟飞往他乡,凶猛有害的鸟成群结队地出现。

《春秋繁露》云:"土者夏中(苏舆注曰:土为季夏①),成熟百种……恩及于土,则五谷成,而嘉禾兴。恩及倮虫(董天工笺注曰:身无羽毛鳞甲的动物②),则百姓亲附,城郭充实,贤圣皆迁,仙人降……咎及于土,则五谷不成,暴虐妄诛。咎及倮虫,倮虫不为,百姓叛去,贤圣放亡。"③土代表着季夏,也即夏秋之交。这个时候,农作物丰收。在这样的季节里,如果对土施加恩惠,就会五谷丰登。如果对地上的飞鸟施加恩惠,就会使百姓亲近依附自己,城郭人口充实,贤圣之人都迁到这里,仙人下凡。如果伤害了土这种元素,农作物就会歉收。如果伤害到飞虫,飞虫就不能大量繁殖。百姓背叛君主逃亡,贤圣之人都会逃亡隐匿。

《春秋繁露》记载:"金者秋,杀气之始也……恩及于毛虫,则走兽大为,麒麟至……四面张网④。焚林而猎,咎及毛虫,则走兽不为,白虎妄捕,麒麟远去。"⑤金是秋天的象征,是肃杀之气的开端。在这个季节里,如果能够对走兽施加恩惠,那么走兽就会大量繁殖,兽中的精华麒麟也会到来。如果四面张网捕捉野兽,焚烧林木猎取动物,伤害到走兽,走兽就不会大量繁殖,老虎也会因为饥饿随意捕杀动物,麒麟远去。在董仲舒春来,金是秋天的代表,在这个季节里,应当注意保护所有的走兽。

《春秋繁露》记载:"水者冬,藏至阴也……恩及于水,则醴泉出。恩及介虫

---

① [清]苏舆撰,钟哲点校:《春秋繁露义证》,中华书局1992年版,第374页。
② [清]董天工笺注,黄江军整理:《春秋繁露笺注》,华东师范大学出版社2017年版,第185页。
③ [汉]董仲舒:《春秋繁露》(诸子百家影印本)第十三卷《五行顺逆第六十》,上海古籍出版社1989年版,第79页。
④ 清人苏舆注曰:"黄帝作网罟,取兽曰网,取鱼曰罟。"[清]苏舆撰,钟哲点校:《春秋繁露义证》,中华书局1992年版,第377页。
⑤ [汉]董仲舒:《春秋繁露》(诸子百家影印本)第十三卷《五行顺逆第六十》,上海古籍出版社1989年版,第79页。

(清人苏舆注曰:介者甲也,谓龟蟹之属也①),则鼋鼍大为,灵龟出(清人苏舆注曰:灵龟者,玄文,五色,神灵之精也。上隆法天,下平象地,能见存亡,明于吉凶②)。咎及于水,雾气冥冥,必有大水,水为民害。咎及介虫,则龟深藏,鼋鼍响。"③水对应的季节是冬季,这个时候,阴气闭藏。如果对水施加恩惠,就会使甘泉出现。如果对甲壳类动物施加恩惠,就会使鼋鼍大量繁殖,象征天地、能够预测吉凶的灵龟就会出现。如果伤害了水元素,就会使大雾弥漫,必然发大水,进而威胁到百姓的安全。如果伤害到甲壳类动物,那么龟就会深藏不露,鼋鼍就会大声吼叫。在董仲舒看来,水是冬天的象征,冬季应当对甲壳类动物施加恩惠,保护好它们。

2.扬雄思想中"地"之养长义

扬雄曰:"灵囊大包,其德珍黄。测曰:灵囊大包,不敢自盛也。"④扬雄认为,地有厚载万物的功能,其德行是珍贵而又辉煌的。地厚载万物,却从来不居功自傲,具有谦卑的特点。

3.纬书中"地"之养长义

《春秋元命苞》曰:"地者,易也,言养物怀任,交易变化,含吐应节。故其立字,土力于一者为地。"⑤《春秋元命苞》认为,地有变易的意思,是说土地养育万物,孕育新的生命,顺应季节而吐故纳新,变化交易。

(二)道家、道教学说中"地"之养长义

1.《淮南子》中"地"之养长义

《淮南子·主术训》:"故先王之法,畋不掩群(高诱注曰:掩,犹尽也),不取麛夭(高诱注曰:鹿子曰麛,麋子曰夭),不涸泽而渔,不焚林而猎……獭未祭鱼,网罟不得入于水(高诱注曰:《明堂月令》:孟春之月,獭祭鱼。取鲤四面陈之水边也,世谓之祭鱼,未祭不得捕也)。鹰隼未挚,罗网不得张于溪谷(高诱注曰:立秋鹰挚矣。未立秋,不得施也)。草木未落,斤斧不得入山林(高诱注曰:九月

---

① [清]苏舆撰,钟哲点校:《春秋繁露义证》,中华书局1992年版,第380页。
② [清]苏舆撰,钟哲点校:《春秋繁露义证》,中华书局1992年版,第380页。
③ [汉]董仲舒:《春秋繁露》(诸子百家影印本)第十三卷《五行逆顺第六十》,上海古籍出版社1989年版,第79页。
④ [汉]扬雄撰,郑万耕校释:《太玄校释》之《驯》,中华书局2014年版,第225页。
⑤ 〔日〕安居香山、中村璋八辑:《纬书集成》之《春秋编·春秋元命苞》,河北人民出版社1994年版,第630页。

草木节解。未解,不得伐山林也)。昆虫未蛰,不得以火烧田(高诱注曰:十月蛰虫备藏,未蛰,不得用烧田也)。孕育不得杀,䰞卵不得探,鱼不长尺不得取,彘不期生不得食。"①先王的做法,打猎的时候,不要消灭动物的种群,不猎杀未长成的动物。不通过使河水干涸的方式捕鱼,不通过焚烧树林的方式打猎。在鱼还没有长成的时候,不在河中设置捕鱼的网。在鹰一类的飞禽还不能搏击长空的时候,不得在山谷中设置捕鸟的罗网。草木没有枯落,也就是草木没有成熟的时候,不得砍伐。在昆虫还没有冬眠躲藏的时候,不能够引火烧田。不能捕杀怀孕的动物,不能探取动物的卵。在鱼没有长满一尺的时候,不能捕捞。在彘没有长足一年的时候,不能食用。

2.《太平经》中"地"之养长义

《太平经》认为,地具有生养功能,"地者养人形"②。正因为地具有生养功能,所以不能加以损伤。《太平经》将损伤地的行为,看作是贼害母亲的行为。具体的表现是:"穿凿地,大兴土功,其深者下及黄泉,浅者数丈。独母愁患诸子大不谨孝。常若忿忿悒悒。而无从得道其言。"③在《太平经》看来,损伤地的表现是,大兴土功,滥行挖掘,不论深浅都是伤地,也即伤害母的行为,也是子大不孝的表现。这种大兴土木的行为会导致母亲也即地常常处于愤懑愁苦的状态。《太平经》认为,要敬爱母亲,就是要保护大地,不要大兴土木。

第五节 贵 人

在中国古代专制政权环境下,是否存在以人为本的思想一直是学术界广有争议的一个问题。就目前的研究情况看,一些学者认为人文精神是中华文化的基本特征。著名学者唐君毅指出:"中国文化乃是一在本源上即是人文中心的

---

① [汉]刘安等编著,[汉]高诱注:《淮南子》(诸子百家影印本)卷九《主术训》,上海古籍出版社1989年版,第98页。

② 佚名:《太平经钞》第三卷《丙部》,《太平经》(诸子百家影印本),上海古籍出版社1993年版,第24页。

③ 佚名:《太平经钞》第三卷《丙部》,《太平经》(诸子百家影印本),上海古籍出版社1993年版,第24页。

文化。此文化之具体形成,应当在周。"①唐君毅认为,人文中心的文化是中国文化的基本特征,这种人文精神的文化自西周时就已形成。这个观点是非常正确的。中华文化乃至中国哲学始终将"人"作为考察对象,探讨人之为人的问题,关注人的存在、人的价值、人的目的。就目前而言,学界普遍认为"以人为本"是中国文化的基本特征。李宗桂曰:"就中国传统文化而言,人文精神主要表现为仁民爱物、修己安人、义以为上、天人合德、以人为本、刚健有为、贵和尚中等基本的价值观念和精神追求。"②李宗桂对中国传统文化之人文精神进行了多方面总结,以人为本是其中之一。楼宇烈先生认为:"中国文化中以人为本的人文精神是中华民族对人类的一项重要贡献。"③

唐君毅、李宗桂、楼宇烈均从中国文化的角度出发论述其中的以人为本思想,而赵馥洁先生则是从中国哲学角度论述了中国传统哲学的以人为本精神。他认为:"所谓以人为本位,是指中国哲学价值论把肯定人的价值作为其全部理论的基础,全部理论都是为确立人在宇宙中的崇高价值地位而展开的。"④

汉代辞书《说文解字》对"本"的定义是:"进趣也,从大从十,大十犹兼十人也。"⑤"人本"一词,可释为以人为基础、为本源。学界关于以人为本思想是中国文化乃至中国哲学的基本精神,定位是准确的,但就目前的研究成果看,尚未有学者对汉代哲学体系中的以人为本思想进行系统梳理。笔者拟在学界已有研究成果基础上,从三个方面对汉代哲学体系中的以人为本思想进行梳理。

一、人的存在:人与天、地并

汉代学者普遍认为,人与天、地并存于天、地、人的三才结构体系中,"三"在汉代哲学体系中具有十分重要的价值和意义。有学者指出:"'天地人三才一

---

① 唐君毅:《中国人文精神之发展》,广西师范大学出版社2005年版,第6页。
② 李宗桂:《中国文化精神和中华民族精神的若干问题》,载《社会科学战线》2006年第1期,第254页。
③ 楼宇烈:《中国文化中以人为本的人文精神》,载《北京大学学报》(哲学社会科学版)2015年第1期,第8页。
④ 赵馥洁:《中国传统哲学价值论》,陕西人民出版社1992年版,第8页。
⑤ [汉]许慎:《说文解字》卷十下《本部》,中华书局1963年版,第215页。

体'也许比'天人合一'更符合中国文化的实际。"①天、地、人的三才结构,肯定了人的独立存在和在天、地中的地位。

(一) 人与天、地并立为三

人为什么会与天、地并存于天、地、人的三才结构体系中呢？汉代学者给出了答案。

董仲舒认为,"三"是构成事物的基础。他说:"何谓天之大经？三起而成日,三日而成规,三旬而成月,三月而成时,三时而成功。寒暑与和,三而成物;日月与星,三而成光;天地与人,三而成德。由此观之,三而一成,天之大经也,以此为天制。"②可见,天的运行规律是一日由早、中、晚构成,三天成规,一月有三旬,三月是一个季度,三个季度基本上构成一年。寒、暑、中和,构成一年四季。日、月、星结合在 起,才能让天体发光。天、地、人结合在一起,才能构成德行。由此看来,三种元素结合在一起才能构成一个事物。这是天道运行的规律,也是上天的制度。

《春秋元命苞》曰:"人与天、地并为三才,天以见象,地以效仪,人以作事,通乎天地,并立为三。"③认为人和天、地并立,构成了天、地、人三才结构。天的特点是成象,地的特点是仿效,人的特点是做事业,人通过贯通天、地,与天、地并立形成天、地、人三才结构。

《太平经》进一步指出:"元气有三名,太阳、太阴、中和。形体有三名,天、地、人。天有三名,日、月、星,北极为中也。地有三名,为山、川、平土。人有三名,父、母、子。治有三名,君、臣、民。"④《太平经》不仅指出天、地、人三个因素缺一不可,而且对天、地、人所包含的具体元素进行解读,认为天包含了日、月、星三种元素,地包含了山、川、平土三种元素,人包含了父、母、子三种元素。另外,治理国家也有三种元素,即君、臣和民。

(二) 人与天、地齐等

汉代学者认为,人不仅与天、地存在于一个系统中,且与天、地齐等,也即与

---

① 韩星:《为天地立心——天地人一体以人为主体的精神》,载《张载关学与东亚文明研究学术研讨会论文集》,2007年,第68页。
② [汉]董仲舒:《春秋繁露》(诸子百家影印本)第七卷《官制象天第二十四》,上海古籍出版社1989年版,第45页。
③ [日]安居香山、中村璋八辑:《纬书集成》之《春秋编·春秋元命苞》,河北人民出版社1994年版,第621页。
④ 王明:《太平经合校》乙部《和三气兴帝王法》,中华书局1960年版,第19页。

天、地地位平等，人在三才结构体系中拥有一席之地。

《说文解字》对"大"的定义是："天大，地大，人亦大。故大象人形，古文大也，凡大之属皆从大。"①从《说文解字》对"大"的定义可以看出，在汉人的世界里，有三样最重要的东西，即天、地、人。清人馥桂曰："故人者，天地之心，而气之帅也。能尽其心，则可以与天地参。与天地参，则可以为天地万物之主宰矣，斯之为大人。馥案：大人者与天地合其德，故曰人亦大。"②认为因为人具有主观能动性，能够与天地参，所以人可以与天、地并列，平起平坐。

《老子道德经河上公章句》对《老子》"故道大、天大、地大、王亦大"句注释云："道大者，包罗天地，无所不容也；地大者，无所不载也；王大者，无所不制也。"③道大，是因为道能够包罗天地，没有它容纳不了的东西。天大，是因为天覆盖万物。地大，是因为没有它不能承载的东西。王大，是因为没有王不能制约的东西。《章句》认为道、天、地、王（人）是并立的，从而确立了王（人）在天、地之间的地位。《老子》特别强调："域中有四大，而王居其一焉。"《章句》注曰："八极之内有四大，王居其一也。"④认为在八极也即八大领域中有四种最大的事物，而王是其中之一。肯定了王（人）在八极之中的地位，认为王（人）是四大中之一大，与天、地并立。

（三）人在天、地中的独立存在

汉代学者以为，人在三才结构体系中，不仅与天、地齐等，且具有独立的地位与价值。

《黄帝四经》认为天、地、人的职责各有不同，各有独立的存在价值。《经法·四度》云："外内之处，天之稽也。高[下]不敝（蔽）其刑（形），美亚（恶）不匿其请（情），地之稽也。君臣不失其立（位），士不失其处，任能毋过其所长，去私而立公，人之稽也。"⑤在《经法》看来，处理各种事务时，有一定的分寸，这是天

---

① ［汉］许慎：《说文解字》卷十下《大部》，中华书局1963年版，第213页。
② ［清］馥桂：《说文解字义证》，中华书局1987年版，第882页。
③ 佚名著，王卡点校：《老子道德经河上公章句》卷二《象元第二十五》，中华书局1993年版，第102页。
④ 佚名著，王卡点校：《老子道德经河上公章句》卷二《象元第二十五》，中华书局1993年版，第102页。
⑤ 马王堆汉墓帛书整理小组：《马王堆汉墓帛书 经法》，文物出版社1976年版，第24页。

的法则。土地的地势有高有低,不遮蔽自己的形态,不隐藏肥沃和贫瘠的真实情况,这是地的法则。君、臣各自坚持自己的尊卑之位而不丧失,在任用有才华人士时不要超过本人的能力和水平,坚持公共利益,抛弃个人私利,是人的法则。《十大经·顺道》认为,在天、地、人三才结构中,天、地、人各有自己的职责。"天制寒暑,地制高下,人制取予。"①可见,天决定气候的冷暖,地决定地形的高下,人决定政策的取舍。

《太平经》曰:"人本生时乃各神也,乃与天地分权,分体,分形,分神,分精,分气,分事,分业,分居。故为三处。一气为天,一气为地,一气为人。余气散备万物。是故尊天、重地、贵人。"②可见,人在出生的时候就与天、地相分离。人和天地权力相分,形体相分,精神相分,事业相分,天、地、人各有自己的位置,也是相分的。所以气大致上主要划分三种,一种是天气,一种是地气,一种是人气,剩余的气飘散凝聚为万物。所以必须要将天、地、人置于同等位置,也即尊天、重地、贵人。

二、人的价值与生命诉求

汉代哲学体系中的以人为本思想,不仅考察了人的存在,也即人在三才结构中的地位,而且肯定了人的价值,包括个体价值与群体价值。赵馥洁先生认为:"人比万物贵,人与天地并,是中国哲学价值论最根本的观点。"③

(一) 人的价值

《说文解字》对"人"的定义是:"天地之性最贵者也,此籀文象臂胫之形,凡人之属皆从人。"④从汉代辞书《说文解字》对"人"的定义可以看出,凡是具有人的形体特征的动物都属于人的范畴。在《古代汉语字典》中,人的其中一种含义是"人人,每人"⑤。从这个意义上看,"人"在汉代具有个体名词的性质,非集体名词。

---

① 马王堆汉墓帛书整理小组:《马王堆汉墓帛书 经法》,文物出版社1976年版,第90页。

② 佚名著,王卡点校:《太平经钞》第十卷《癸部》,《太平经》(诸子百家影印本),上海古籍出版社1993年版,第137页。

③ 赵馥洁:《中国传统哲学价值论》,陕西人民出版社1992年版,第10页。

④ [汉]许慎:《说文解字》卷八上《人部》,中华书局1963年版,第161页。

⑤ 严廷德、郑红编著:《古代汉语字典》,四川出版集团、四川辞书出版社2006年版,第499页。

1.人能够驾驭万物

汉代学者认为,人能驾驭万物,因而具有尊贵的价值和地位。

《汉书·刑法志》云:"夫人宵天地之貌,怀五常之情,聪明精粹,有生之最灵者也。爪牙不足以供耆欲,趋走不足以避利害,无毛羽以御寒暑,必将役物以为养,任智而不恃力,此其所以为贵也。"①应劭曰:"宵,类也。头圆象天,足方象地。"孟康曰:"宵,化也,言禀天地气化而生也。"师古曰:"五常,仁、义、礼、智、信。"②在《汉书·刑法志》看来,人拥有五常品性,靠聪明才智征服自然,役使他物来满足自己的需求。所以在万物中,人是最珍贵的。人头圆象天,脚方象地,有仁、义、礼、智、信五常之性,聪明精细,拥有所有生物中最聪明的头脑。有爪牙的动物不能满足自己的嗜欲,快速奔走的动物也不会趋利避害,而人没有毛羽却能抵御寒暑,役使动物来保证自己的给养,靠聪明才智而不是力量来征服自然,这是人为万物中最珍贵者的原因。

董仲舒曰:人"生五谷以食之,桑麻以衣之,六畜以养之,服牛乘马,圈豹槛虎,是其得天之灵,贵于物也"③。人能够播种五谷来供给自己食物,种植桑麻来供给自己衣服。能够饲养六畜,还能够驾驭牛马,战胜虎、豹这样凶猛的动物。由此可以看出,人是获得了上天赋予的灵气,比物更加珍贵。

《太平经》阐述了天地之间人为贵的思想:"天地人俱正,万物悉正。人者,万物之长也。"④可见,天、地、人都在正常的轨道上运行,万物才能在正常轨道上运行。而人是万物的首领,具有治理天地万物的功能。《太平经》又曰:"人居天地之间,开辟已来,人人各一生,不得再生也,自有名字为人。人者,犹中和凡物之长也。尊且贵,与天地相似。"⑤人处于天地之间,自从天地开辟以来,就有人的存在。但人只有一生,不能死而复生,没有来世。将人命名为人,是因为人是万物的首领,地位崇高而且珍贵,与天地平起平坐。

---

① [汉]班固:《汉书》卷二十三《刑法志第三》,中华书局1962年版,第1079页。
② [汉]班固:《汉书》卷二十三《刑法志第三》,中华书局1962年版,第1080页。
③ [汉]班固:《汉书》卷五十六《董仲舒传第二十六》,中华书局1962年版,第2516页。
④ 佚名:《太平经钞》第九部《壬部》,《太平经》(诸子百家影印本),上海古籍出版社1993年版,第127页。
⑤ 佚名:《太平经钞》第六卷《己部》,《太平经》(诸子百家影印本),上海古籍出版社1993年版,第60页。

2.人具有社会属性

汉代学者认为,人之所以尊贵,是因为人具有社会属性。人的社会属性表现为人具有父子之亲、君臣之义。

董仲舒曰:"人受命于天,固超然异于群生,人有父子兄弟之亲,出有君臣上下之谊,会聚相遇,则有耆老长幼之施;粲然有文以相接,欢然有恩以相爱,此人之所以贵也。"①董仲舒认为,人之所以珍贵,是因为人接受了上天的命令,超然于世间万物之上,而世间万物都没有接受上天的命令。人在家庭中形成父子兄弟的亲情关系,在家庭之外形成君臣之间、上下级之间的情谊。在群体生活的过程中,会形成对待有德行的人、老年人及未成年人的各项优待措施。人在待人接物时具有文化修养,人和人之间具有恩爱之情,所以人是万物中最为珍贵的。董仲舒指出:"天地之精所以生物者,莫贵于人。人受命于天也,故超然有以倚(清赵曦明注曰:'倚'疑当从下文作'高物'二字)。物疢疾莫能为仁义,唯人独能为仁义。物疢疾莫能偶天地,唯人独能偶天地。"②天地用自己的精华生出的万物中,最珍贵的是人。人为什么是最珍贵的呢?因为人接受了上天的命令,所以能够超然物外。百物有瑕疵,不能拥有仁和义。只有人,能够拥有仁和义。他物有瑕疵不能与天地相感应,只有人能够与天地相感应。在天所生万物中,人又是最珍贵的。人与物相比较,是高高在上的。

(二) 人的尊严

汉代哲学强调维护人的尊严,使人的地位得以确立。

1.民为邦本

汉代儒家、道家都认为,民也即百姓是国家存在的根本。

韩婴曰:传曰:"在天者莫明乎日月,在地者莫明于水火,在人者莫明乎礼义。故日月不高则所照不远,水火不积则光炎不博,礼义不加乎国家则功名不白,故人之命在天,国之命在礼,君人者降礼尊贤而王,重法爱民而霸,好利多诈而危,权谋倾覆而亡。"③在韩婴看来,日月对于天是最为重要的,水火对于地是最为重要的,礼义对于人是最为重要的。因此从天、地、人三才结构出发,君主只有降礼尊贤才能实现国家统治,重视法律、热爱民众才能使国家长治久安。反

---

① [汉]班固:《汉书》卷五十六《董仲舒传第二十六》,中华书局1962年版,第2516页。
② [汉]董仲舒:《春秋繁露》(诸子百家影印本)第十三卷《人副天数第五十六》,上海古籍出版社1989年版,第75页。
③ [汉]韩婴撰,许维遹校释:《韩诗外传集释》第五章,中华书局1980年版,第6页。

之,则会导致国家灭亡。

《淮南子》曰:"食者,民之本也。民者,国之本也。国者,君之本也。"①衣食住行是百姓生存的根本保障,百姓是国家存在的根本,国家是君主存在的根本。

扬雄曰:"闵而绵而,作大无而,小人不诚。"郑万耕引明人叶子奇注释云:"闵,言民之微而可怜也。绵,言民之弱而易虐也。大元,言民为元气之大本也。夫民为邦之本,小人不知其戒暴征横敛,不复知怜而虐之,则民伤而国命倾,本拔而枝干瘁。"②从叶子奇对这句话的注释可以看出,扬雄认为百姓地位卑微,是非常值得同情的,但是百姓又是元气产生的根据,是国家存在的根本,也即民为邦本。统治者不能对百姓横征暴敛,不能随意伤害百姓,不然就会从根本上动摇一国的统治基础,使国家政权倾覆。

2.君民一体

既然百姓是国家存在的根本和依据,那么君、民之间当休戚相关、同舟共济。

董仲舒认为,百姓和君主是心和体的关系。董仲舒曰:"君者,民之心也;民者,君之体也。心之所好,体必安之;君之所好,民必从之。"③清人董天工笺注曰:"此言君民一体,上以德感,下以善应。"④董仲舒特别强调统治者在对百姓进行感化教育的过程中,要坚持君、民一体,也即君主是百姓之心,百姓是君主之体。百姓的意愿,君主必须要考虑。君主的意愿,百姓一定要加以满足。

(三)人的生命诉求——仁爱百姓

汉代哲学强调维护人的生命诉求,维护人基本的生存权利。

首先,无为而治。

《老子道德经河上公章句》反映了汉代无为而治的民本需求。《老子》曰"取天下常以无事",《章句》曰:"取,治也。治天下常当以无事,不当烦劳也。"⑤意

---

① [汉]刘安等编著,[汉]高诱注:《淮南子》(诸子百家影印本)卷九《主术训》,上海古籍出版社1989年版,第98页。

② [汉]扬雄撰,郑万耕校释:《太玄校释》之《敛》,中华书局2014年版,第109页。

③ [汉]董仲舒:《春秋繁露》(诸子百家影印本)第十一卷《为人者天第四十一》,上海古籍出版社1989年版,第65页。

④ [清]董天工笺注,黄江军整理:《春秋繁露笺注》,华东师范大学出版社2017年版,第156页。

⑤ 佚名著,王卡点校:《老子道德经河上公章句》卷三《忘知第四十八》,中华书局1993年版,第186页。

思是君主治理天下的时候,不应当烦劳百姓。也就是强调君主治国应清静无为,应当使事务简单而不烦琐,使百姓生活安逸,而无劳顿之苦。《老子》曰:"及其有事,不足以取天下。"《章句》曰:"及其好有事,则政教烦,民不安,故不足以治天下也。"①《章句》认为,如果君子好事,也就是喜欢让事务烦琐,让百姓陷于劳苦困顿状态,政治教化烦琐而不简洁,让百姓不能安心度日生活,君主将无法很好地维护社会的治理,也就不能很好地维护自己的统治。

其次,以民心向背为转移。

《章句》认为,君主应当以百姓的利益为转移。《老子》曰"以百姓心为心",《章句》曰:"百姓心之所便,〔圣人〕因而从之。"②君主应当以民心向背为依据,凡是民心所向,就应当遵循。《老子》曰"信者吾信之",《章句》曰:"百姓为信,圣人因而信之。"③意思是,百姓信奉的也应当是君主信奉的,君主的信仰标准应当以百姓的信仰标准为转移。《老子》曰"圣人在天下怵怵",《章句》曰:"圣人在天下怵怵常恐怖,富贵不敢骄奢。"④意思是,君主应常常生活在畏惧忐忑之中,即便富贵也不能傲慢奢侈,要使自己的行为受到制约,不能为所欲为。《老子》曰"百姓皆注其耳目",《章句》曰:"注,用也。百姓皆用其耳目为圣人视听也。"⑤君主应当听取百姓的意见和建议,将百姓作为自己的眼睛和耳朵,广泛听取百姓的意见和主张。《老子》曰"圣人皆孩之",《章句》曰:"圣人爱念百姓如孩婴赤子,长养之而不责望其报。"⑥意思是,君主爱护百姓应当像爱护挂念婴孩一样,养育他们却不追求任何回报。

再次,以教育感化为核心。

---

① 佚名著,王卡点校:《老子道德经河上公章句》卷三《忘知第四十八》,中华书局1993年版,第187页。

② 佚名著,王卡点校:《老子道德经河上公章句》卷三《任德第四十九》,中华书局1993年版,第188页。

③ 佚名著,王卡点校:《老子道德经河上公章句》卷三《任德第四十九》,中华书局1993年版,第189页。

④ 佚名著,王卡点校:《老子道德经河上公章句》卷三《任德第四十九》,中华书局1993年版,第189页。

⑤ 佚名著,王卡点校:《老子道德经河上公章句》卷三《任德第四十九》,中华书局1993年版,第189页。

⑥ 佚名著,王卡点校:《老子道德经河上公章句》卷三《任德第四十九》,中华书局1993年版,第190页。

董仲舒强调圣人也即君主应当对百姓进行感化教育。"传曰：天生之，地载之，圣人教之。"①认为天、地、人之间还有一种关系，就是天生育万物，地承载万物，而圣人负责对百姓的教化。

《章句》认为，对于不善之百姓，也就是有犯罪倾向的百姓，君主应当通过教化使其向着善良的方向发展。《老子》曰"不善者吾亦善之"，《章句》曰："百姓为不善，圣人化之使善也。"②强调君主在治理国家时，应当以教化为主要方法，通过教化达到"德善"的目的。《章句》曰："百姓德化，圣人为善。"③意思是，百姓受到教育感化，君主也拥有善政。《老子》曰"不信者吾亦信之"，《章句》曰："百姓为不信，圣人化之使信也。"④意思是，百姓不信奉的，圣人可以通过教育感化的方式使他们信奉。《老子》曰"德信"，《章句》曰："百姓德化，圣人为信。"⑤在《章句》看来，教育感化的结果是使君主确立了在百姓中的威信。

三、人的目的：人与天、地参

（一）人与天、地参之原因

汉代著名儒生董仲舒认为，只有人更多地获得了天地阴阳之气，所以人能够与天、地参。董仲舒云："心有哀乐喜怒，神气之类也。观人之体一，何高物之甚，而类于天也。物旁折取天之阴阳以生活耳，而人乃烂然有其文理，是故凡物之形，莫不伏从旁折天地而行，人独题直立端尚（疑当作'人独颋立端向'。《尔雅》：颋，直也），正正当之。是故所取天地少者，旁折之。所取天地多者，正当之。此见人之绝于物而参天地也。"⑥可见，人能够与天、地参，是因为人以外的

---

① ［汉］董仲舒：《春秋繁露》（诸子百家影印本）第十一卷《为人者天第四十一》，上海古籍出版社1989年版，第65页。

② 佚名著，王卡点校：《老子道德经河上公章句》卷三《任德第四十九》，中华书局1993年版，第188—189页。

③ 佚名著，王卡点校：《老子道德经河上公章句》卷三《任德第四十九》，中华书局1993年版，第189页。

④ 佚名著，王卡点校：《老子道德经河上公章句》卷三《任德第四十九》，中华书局1993年版，第189页。

⑤ 佚名著，王卡点校：《老子道德经河上公章句》卷三《任德第四十九》，中华书局1993年版，第189页。

⑥ ［汉］董仲舒：《春秋繁露》（诸子百家影印本）第十三卷《人副天数第五十六》，上海古籍出版社1989年版，第75页。

其他物,只能从旁边折取天地阴阳之气来生存。也就是说,其他物获得的阴阳之气是少的,而人获得的阴阳之气是最多的。正因为如此,人才能堂堂正正地活在天地间,且能够与天、地参。

(二) 人如何与天、地参

1. 顺应天、地运行的需要

汉代学者认为,人在参与天、地运行的过程中,须顺应天、地运行之规律,与天、地和谐相处。

董仲舒认为:"天地人主一也。然则人主之好恶喜怒,乃天之暖清寒暑也,不可不审其处而出也。当暑而寒,当寒而暑,必为恶岁矣;人主当喜而怒,当怒而喜,必为乱世矣。是故人主之大守,在于谨藏而禁内,使好恶喜怒必当义乃出,若暖清寒暑之必当其时乃发也。人主掌此而无失,使乃好恶喜怒未尝差也,如春秋冬夏之未尝过也,可谓参天矣。"①君主的喜怒哀乐应当与天、地变化一致。应当热的时候寒冷,应当寒冷的时候炎热,就会是大灾之年。君主当喜而怒,当怒而喜,就一定会导致世道混乱。使自己喜怒哀乐的表现没有偏差,这样就能与天地参通了。清人董天工对董仲舒这段话笺注曰:"此言人主之用情,不可不审所处而出。盖天之寒暑失时则为恶岁,人主之用情不当则为乱世。是故用情必当乎义,若天气必当乎时。庶情不差而时不遇,可以参天。能参乎天,则人主一天也。"②在董天工看来,董仲舒此言是说人要想和天地和谐相处,与天、地参通,用情也就是喜怒哀乐必须合乎义的标准。

《章句》对"人法地"注释曰:"人当法地安静和柔,种之得五谷,掘之得甘泉,劳而不怨,有功而不置也。"③认为《老子》此言的含义是人应当效法大地的安静和柔,播种就能收获五谷,挖掘就能获得甘甜的泉水,辛勤劳作没有怨言,功勋卓著,却从来不炫耀自己。

2. 发挥人的主观能动性

汉代学者认为,人在参与天、地运行的过程中,既要顺应天、地运行之需要,

---

① [汉]董仲舒:《春秋繁露》(诸子百家影印本)第十一卷《王道通三第四十四》,上海古籍出版社 1989 年版,第 68 页。
② [清]董天工笺注,黄江军整理:《春秋繁露笺注》,华东师范大学出版社 2017 年版,第 164 页。
③ 佚名著,王卡点校:《老子道德经河上公章句》卷二《象元第二十五》,中华书局 1993 年版,第 102—103 页。

还要努力发挥自己的主观能动性,积极参与天、地运转,最终达到维护阶级统治、实现社会治理的目的。

首先,保证军事战争的胜利。

《黄帝四经》认为,在发动军事战争时,应当将天、地、人参通,并且考虑圣人的因素,就能够取得军事战争的胜利。《十大经·兵容》曰:"兵不刑天,兵不可动。不法地,兵不可昔(措)。刑不法人,兵不可成。参□□□□□□□□(陈鼓应将此处补为'参于天地,稽之圣人,人成'①)之,天地刑(形)之,圣人因而成之。"②按照《十大经》的说法,军事行动要取得胜利,必须要综合考虑天、地、人三种因素。如果不考虑天的因素,将无法发动军事战争。不考虑地的因素,将无法制定军事政策。不考虑人的因素,军事战争将不能成功。

在《淮南子》看来,人只有积极参与天、地的运行,才能保证军事战争取得胜利。《淮南子》曰:"故善用兵者,上隐之天,下隐之地,中隐之人。隐之天者,无不制也。何谓隐之天?大寒甚暑,疾风暴雨,大雾冥晦,因此而为变者也。何谓隐之地?山陵丘阜,林丛险阻,可以伏匿而不见形者也。何谓隐之人?蔽之于前,望之于后。出奇行阵之间,发如雷霆,疾如风雨,搴巨旗,止鸣鼓,而出入无形,莫知其端绪者也。"③所以,善于用兵的人,向上得到天的庇护,向下得到地的庇护,在中间得到人的庇护。也就是说,要想取得军事战争的胜利,要充分利用天、地、人三者可能提供的便利。

其次,实现社会的治理。

在汉代学者看来,人与天、地参通的根本目的是实现社会的治理。

韩婴认为,圣仁者要参通天、地,必须不违天时,不违地力,不逆民心。"上知天能用其时,下知地能用其财,中知人能安乐之,是圣仁者也。上亦知天能用其财,下知地能用其财,中知人能使人肆之,实智仁者也。"④从韩婴此言可知,圣仁

---

① 陈鼓应:《黄帝四经今注今译——马王堆出土汉墓帛书》,商务印书馆2015年版,第281页。

② 马王堆汉墓帛书整理小组:《马王堆汉墓帛书 经法》,文物出版社1976年版,第71页。

③ [汉]刘安等编著,[汉]高诱注:《淮南子》(诸子百家影印本)卷十五《兵略训》,上海古籍出版社1989年版,第169—170页。

④ [汉]韩婴撰,许维遹校释:《韩诗外传集释》第二十五章,中华书局1980年版,第25页。

者,要参通天、地,必须向上了解天的季节属性,按照时令来安排社会生产、生活。向下要了解地的出产情况,即地之财力,按照地的出产情况安排农业生产。向中间要了解百姓的疾苦,按照能够安乐生活的需要安排生产和生活。

扬雄曰:"天地之所贵曰生,物之所尊曰人,人之大伦曰治,方之所因曰辟。崇天普地,分群偶物之,使不失其统者,莫若乎辟。夫天辟乎上,地辟乎下,君辟乎中。"郑万耕校释曰:"辟,君。""普,广博。"①扬雄认为,天地最可贵的是生养万物,而天地所生养的万物中最为尊贵的是人。人最重要的目的是治理社会,而要达到治理社会的目的,必须要参与天、地的运行,要参与天、地的运行,必须拥有统治地位。在参与天、地的运行过程中,要尊崇上天,了解大地的广博,将物划分为群组,使他们都能够发挥自己的作用。天在上占据着统治地位,地在下占据着统治地位,人在中间占据着统治地位。

《春秋感精符》曰:"是以王者仰视象于天,俯察法于地,中择贤能以任之。任得其人,则国昌民安;任非其人,则邦危民弊。"②可见,君主应当将天、地、人三因素加以参通,具体的做法是,向上观察天象的变化,向下观察地理的变化,在中间要学会选拔人才。《春秋感精符》认为,如果人才选拔任用得当,就会使国家昌盛,百姓安宁。如果人才选拔不当,任用不当,就会危害国家和百姓。

《黄帝四经》认为,君主要想统治天下,必须要充分考虑天、地、人三种因素。且将天、地、人三因素加以参通。《经法·六分》曰:"王天下者之道,有天焉,有人焉,又(有)地焉。参(三)者参用之,[故王]而有天下矣。"③在《经法》看来,只有充分地发挥天、地、人三因素的作用,统治者才能很好地治理天下。陈鼓应云,老子学说讲"四大",即道大、天大、地大、人亦大。《四经》则将"四大"简为"三大",即天、地、人,因为天、地、人的有机整合即是"道"的体现。④《经法·四度》云:"参于天地,阖(合)于民心。文武并立,命之曰上同。""天地之道也,人之李

---

① [汉]扬雄撰,郑万耕校释:《太玄校释》之《太玄文》,中华书局2014年版,第335页。
② [日]安居香山、中村璋八辑:《纬书集成》之《春秋编·春秋感精符》,河北人民出版社1994年版,第746页。
③ 马王堆汉墓帛书整理小组:《马王堆汉墓帛书 经法》,文物出版社1976年版,第17页。
④ 陈鼓应:《黄帝四经今注今译——马王堆出土汉墓帛书》,商务印书馆2007年版,第89页。

(理)也。"①《经法》认为,君主考虑到天、地的因素,制定的政策符合百姓的愿望和需求,就能够文武并用,使百姓与君主同心同德。天、地运行的规律和人采用的政策与措施应当是一致的。

《淮南子》曰:"是故人君者(王念孙云:'君'字当在'人'字上),上因天时,下尽地财,中用人力,是以群生遂长,五谷蕃植。"②统治百姓的君主,应当向上顺应天时的需要,向下竭力发挥土地资源的优势,在中间要注意发挥百姓的作用。如果君主这样做,就会使动、植物茁壮成长,使五谷丰登,保障农作物的收成。

汉代学者普遍认为,人在与天、地相参的过程中,要综合考察天、地、人三种因素,充分发挥人的主观能动性。人与天、地参,目的是为了军事战争的胜利,为了实现社会的治理,有典型的经世致用向度。

总之,汉代学者从"以人为本"思想出发,肯定了人在天、地、人三才结构中的独立存在,肯定了人的个体价值与群体价值,解决了人存在的目的和归属问题,使个体人格得以张扬,人的超越性向度得以确立。汉代哲学体系中的"以人为本"思想对后世哲学的发展影响深远,从而使中国哲学具有追求人在宇宙中价值和地位的特质。

---

① 马王堆汉墓帛书整理小组:《马王堆汉墓帛书 经法》,文物出版社1976年版,第22—23页。

② 刘文典撰,冯逸、乔华点校:《淮南鸿烈集解》,中华书局1988年版,第308页。

第七章　汉代三才视域下的中医哲学思想

《黄帝内经》简称《内经》,分为《素问》和《灵枢》两部分,是我国现存最早的全面阐述中医学理论的中医学著作。《黄帝内经》成书于何时,学界广有争议。一般认为,《黄帝内经》非成于一人之手,非成于一时之要,在中国历史上经历了漫长的岁月,才逐渐走向成熟。程雅君指出:"《黄帝内经》先秦孤本成篇,西汉汇集成编,东汉充实发展。"[①]《黄帝内经》吸收了中国古代特别是先秦时期的天文学、数学、哲学、医学多学科发展成果,对当时哲学领域中的一系列重大问题,例如阴阳、五行、天人关系、形神关系等问题进行了深入探讨。阴阳、五行学说在先秦时期虽已出现,但尚未得到充分发展。到了西汉中期,董仲舒将阴阳和五行结合起来,才推动了阴阳、五行学说的发展。从《黄帝内经》的内容看,有相当篇幅涉及阴阳、五行学说,特别是实现了脏象与五行、阴阳的全方位结合。可以看出,《黄帝内经》很多内容吸收了自西汉中期董仲舒以来的研究成果,并且在董仲舒理论的基础上,大大推动了阴阳、五行学说的发展。著名学者刘长林认为:"《内经》编纂成书的时间可能大体在西汉中期,或晚期。"[②]笔者同意刘长林的观点。

《黄帝内经》在汉代哲学研究的基础上,特别强调以人为本位、为出发点,天、地、人相结合的疾病发生和治疗理论。同时提出了以天、地、人三才为出发点的宇宙生成和宇宙系统理论,和以天、地、人三才为核心的养生理论。

《黄帝内经》以三才为核心的疾病诊断和治疗理论,推动了汉代中医学理论的发展,也为汉代以三才为核心的哲学思想的发展注入了活力。

---

① 程雅君:《中医哲学史(第一卷 先秦两汉时期)》,四川出版集团、巴蜀书社2009年版,第478—479页。

② 刘长林:《内经的哲学和中医学的方法》,科学出版社1982年版,第15页。

第一节 三才视域下的《黄帝内经》宇宙论

《黄帝内经》以天、地、人为核心,创建了宇宙论体系。《黄帝内经》的宇宙论体系建立在天、地、人三才基础上,包括了宇宙生成论和宇宙系统论两个方面。宇宙生成论反映了天、地生人之唯物史观,强调人应当遵循天、地运转规律。宇宙系统论思想反映了以人为本的人文精神,体现了以疾病诊治为核心的实用理性精神。《黄帝内经》的宇宙论体现了以三才为核心的整体观和动态平衡思想,具有十分重要的历史意义。

从宇宙论角度讲,《内经》所处的时代,人们也在探讨宇宙的生成和宇宙系统内各要素的关系问题。人从何而来?万物如何生成?万物之间的关系是什么?这也是《内经》需要面对的问题。著名学者李泽厚先生指出:"以《黄帝内经》为代表的中医学说是天人宇宙论建构在科学思想中的表现,中医迄今保持其生命力,乃世界文化史的奇迹。"[1]康德指出:"人们对于宇宙的一切秩序可以找到自然的原因,而这些原因又能从物质最普遍和主要的性质中促成宇宙的一切秩序。"[2]日本学者浅野裕一指出:"所谓宇宙论(consmology),即人对宇宙的生成和结构的思考。"[3]李泽厚先生又指出:"而中医理论却与秦汉时代的宇宙论有关。"[4]

一、三才视域下的《黄帝内经》宇宙生成论

(一)宇宙生成论之源流

先秦时期,在宇宙生成论问题上,老子、庄子都明确强调"道"的本根性,所谓"道生天、地"。当然在庄子思想中,关于天地万物是如何产生的,其论述常常是矛盾的。庄子一方面坚持认为,道是万物生成的依据,所谓"道生万物",一方面又认为天、地自生。天、地自生的观点,在汉代为武帝时期的著名学者董仲舒

---

[1] 李泽厚:《中国古代思想史论》,人民出版社1985年版,第4页。
[2] 〔德〕康德:《宇宙发展史概论》,上海人民出版社1972年版,第6页。
[3] 〔日〕浅野裕一著,吴昊阳译:《古代中国的宇宙论》,江苏人民出版社2020年版,第1页。
[4] 李泽厚:《中国古代思想史论》,人民出版社1985年版,第165页。

采纳。董仲舒认为:"天生之,地养之,人成之。"①天生出万物,地养育万物,人的主要作用在于教化。董仲舒的论断显然来自庄子。《周易》则认为,太极是万物的根本,是万物产生的依据。这个观点是对道家"道生万物"观点的改造。当然,先秦时期,除了"道生万物""太极生万物"的观点外,尚有《管子》"水生万物"(管子曰:"水者何也?万物之本原,诸生之宗室也。"②)以及《吕氏春秋》"元气生万物"等多种观点。先秦学者对于宇宙间万物生成根源的探索,直接影响到汉代学者。

(二)天、地生人之唯物论

大部分内容成书于汉代中期学者董仲舒之后的《黄帝内经》,显然在很多方面受到了董仲舒宇宙论思想的影响。受先秦时期庄子"天地自生"③及董仲舒"天生之,地养之,人成之"观点的影响,《黄帝内经》在宇宙生成,特别是人的生成问题上旗帜鲜明地指出:天、地是万物产生的根源。

为什么天、地是万物产生的根源呢?《黄帝内经》指出:"故天有精,地有形,天有八纪,地有五里。故能为万物之父母。"④《内经》认为,天有精气,地有形质,天有立春、立夏、立秋、立冬、春风、秋分、夏至、冬至八个节气,地有东、西、南、北、中五个方位。因为有这样的条件,所以天、地能够化生万物,成为万物的父母。

天、地产生了人,也产生了人体各个器官。《内经》曰:"脑、髓、骨、脉、胆、女子胞。此六者,地气之所生也。皆藏于阴而象于地,故藏而不泻……夫胃、大肠、小肠、三焦、膀胱,此五者,天气之所生也,其气象天,故泻而不藏。"⑤《内经》认为,脑、髓等组织是由地气生出的,因此,它们都能储藏精血,它们的作用是藏精血使之不泄于外。而胃、大肠等都是由天气产生的,因此,它们也像天之运行不息一样,它们的作用是泻而不藏。由于人的内部组织器官分别由天气和地气生出,因此,由地气生出的脑、髓等有藏而不泻的特点。而由天气生出的胃、大肠等

---

① [汉]董仲舒:《春秋繁露》(诸子百家影印本)第六卷《立元神第十九》,上海古籍出版社1989年版,第37页。

② 黎翔凤撰,梁运华整理:《管子校注》,中华书局2004年版,第816页。

③ [清]郭庆藩:《庄子集释》,中华书局2012年版,第248页。

④ 姚春鹏译注:《黄帝内经》上《素问·阴阳应象大论篇第五》,中华书局2010年版,第66页。

⑤ 姚春鹏译注:《黄帝内经》上《素问·五脏别论篇第十一》,中华书局2010年版,第111页。

器官,则刚好与地气生出之脑、髓等器官情况相反,具有泻而不藏的特点。由于地气藏而不泻,天气健行不息,具有不同的特点,因此,人体内部的组织也与天气、地气相对应,具有藏而不泻或者泻而不藏的功能,以保持人体内部的平衡。

(三) 人与天、地和谐相处

《内经》认为,既然人是天、地化生的,就应当努力遵循天、地运行规律,不能违反。如果违反,就可能给自己带来灾难,主要是疾病。"故治不法天之纪,不用地之理,则灾害至矣。"①

《内经》认为,如果不遵守天、地运行规律,就有可能使天之邪气、地之湿气进入人体,使人体受到侵害。"故天之邪气,感则害人五脏……地之湿气,感则害皮肉筋脉。"②天之邪气进入人体,就会使五脏受到损伤。地之邪气进入人体,就会使皮、肉、筋、脉受到损伤。要想避免损伤,就需要遵循天、地运行规律。因为天、地、人是一体的,所以"惟贤人上配天以养头,下象地以养足,中傍人事以养五脏"③。《内经》认为,贤圣之人养生的基本原则是遵循天、地、人三才运行的规律。遵循天运行的规律,使头部得以养护。遵循地运行的规律,使脚部得以养护。遵循人事运行的规律,使五脏得以养护。总之,《内经》强调,在养生过程中,需要遵循天、地、人三才运行规律。之所以得出这样的结论,是因为《内经》认为,天、地、人是一个完整的宇宙系统,三者相互依存,不可或缺。

《内经》将人之五脏与地之五方、五谷、五畜、五味、五果相结合,以便更好地发挥地之生养功能,促进人的健康。《内经》曰:"肝色青,宜食甘,粳米、牛肉、枣、葵,皆甘。心色赤,宜食酸,小豆、犬肉、李、韭,皆酸。肺色白,宜食苦,麦、羊肉、杏、薤,皆苦。脾色黄,宜食咸,大豆、豕肉、栗、藿,皆咸。肾色黑,宜食辛,黄黍、鸡肉、桃、葱,皆辛。"④《内经》将五脏与五色、五畜、五谷、五果、五菜相结合,反映了人与地相互感应贯通的理论。图示如下:

---

① 姚春鹏译注:《黄帝内经》上《素问·阴阳应象大论篇第五》,中华书局 2010 年版,第 66 页。
② 姚春鹏译注:《黄帝内经》上《素问·阴阳应象大论篇第五》,中华书局 2010 年版,第 67 页。
③ 姚春鹏译注:《黄帝内经》上《素问·阴阳应象大论篇第五》,中华书局 2010 年版,第 66 页。
④ 姚春鹏译注:《黄帝内经》上《素问·脏气法时论篇第二十二》,中华书局 2010 年版,第 217 页。

五脏	五色	五味	五谷	五畜	五果	五菜
肝	青	甘	粳米	牛肉	枣	葵
心	赤	酸	小豆	犬肉	李	韭
肺	白	苦	麦	羊肉	杏	薤
脾	黄	咸	大豆	豕肉	栗	藿
肾	黑	辛	黄黍	鸡肉	桃	葱

二、三才视域下的《黄帝内经》中医系统论

我们以前认为,汉代哲学是以"天人感应论"为核心的神学政治论。天、人相互感应的主要表现是:天有四时,人有四肢。天有十二个月,人有十二个大骨节。天有三百六十五日,人有三百六十五个小骨节。因此天是人的模板。天、人感应理论,推导出"天者,百神之大君也"[①]的神学政治思想。这些结论都是正确的。然而传统的天、人感应理论,仅仅将天、人之间的感应运用于神学政治领域,则未免粗糙,不够详尽。实际上,汉代社会,伴随着三才思想的流行,不仅天人之间能够相互感应,天、地之间,人、地之间,天、地、人之间都能够相互感应。天、地、人之间相互感应的思想,不仅体现在神学政治领域,在宇宙论,在伦理哲学,在医学领域也都有深刻的体现。

(一)整体思维——天、地、人时空框架的确立:天、地、人一体观

中国古代的宇宙观认为:"四方上下谓之宇,往古来今谓之宙。"[②]其中的宇是指空间,宙是指时间。可见,宇宙是由时间和空间共同组成的。

古希腊学者亚里士多德认为,天和地分别代表时间和空间。他指出:"天上元素(物体)统属永恒(常在)物体,运行于无尽头的完全的【圆】轨道,而地层元素(物体)则各有它们分别的位置和有限的区域。"[③]《内经》认为,天、地、人作为一个完整的宇宙结构系统是可以相互感应的。《内经》认为,三在天、地、人的生成中起了非常重要的作用。"三而成天,三而成地,三而成人。三而三之,合则

---

① [汉]董仲舒:《春秋繁露》(诸子百家影印本)第十五卷《郊祭第六十七》,上海古籍出版社1989年版,第83页。
② [唐]徐坚:《初学记》,中华书局2004年版,第1页。
③ [古希腊]亚里士多德:《天象论 宇宙论》,商务印书馆2007年版,第31页。

为九,九分为九野,九野为九脏。故形脏四,神脏五,合为九脏以应之也。"①三形成了天,三形成了地,三形成了人。三乘以三等于九。天、地、人三者的生成之数相加正好等于九。因此,地和人都有以九为基础的划分,以便与天道相应。所以地分为九野。人体器官分为九脏,其中包括形脏四种:胃,大肠,小肠,膀胱,神脏五种(心、肝、脾、肺、肾)。显然,《内经》三生天、地、人的观点来自老子"三生万物"的观点。《内经》在老子"三生万物"的基础上,进一步指出,天、地、人三者,都生于三,且能够相互感应。地和天与人相互感应,会通的基数是九。这一理论显然是对老子理论的发挥和进一步发展,目的是强化天、地、人之间的联系,使之成为一个严密的系统。

(二)动态平衡

1. 天、人时间框架的确立:天之阴阳与人体相结合

先秦时期,人们对阴、阳已有一定程度的认识。一般而言,阴、阳是和道与天相联系的。《周易》曰:"一阴一阳之为道。"认为道是由阴、阳两种元素组成的。《周易》同时指出:"立天之道曰阴与阳。"所以,阴与阳又同天有了密切的联系。到了两汉时期,伴随着阴、阳学说和三才思想的进一步发展,代表天的阴和阳与地发生了结合,同时也与人结合起来。天、地、人三者不是独立存在的、静止的、死的东西,而变成了相互融合的、动态的、循环往复的新的体系,反映了天、地、人三要素之间密切的结合。《内经》指出,对人而言,人也有阴、阳的属性。"夫言人之阴阳,则外为阳,内为阴。"②如果将人作为一个整体看待,人体的外部具有阳的属性,因为人体的外部是向着阳光、向着风雨的。就人体内部而言,因为缺乏阳光的沐浴,因此具有阴的属性。就人体阳的部分而言,因为背部直接接触阳光沐浴,因此具有阳的属性。而腹部由于不能直接受到阳光的照耀,具有阴的属性。这就是阳中有阴。就人体内部而言,也有阴、阳之分。就人的脏腑系统而言,"脏者为阴,腑者为阳。肝,心,脾,肺,肾,五脏皆为阴。胆,胃,大肠,小肠,膀胱,三焦,六腑皆为阳"③。这就是所谓的阴中有阳。就人体而言,属于脏的系

---

① 姚春鹏译注:《黄帝内经》上《素问·六节脏象论篇第九》,中华书局2010年版,第93页。

② 姚春鹏译注:《黄帝内经》上《素问·金匮真言论篇第四》,中华书局2010年版,第48页。

③ 姚春鹏译注:《黄帝内经》上《素问·金匮真言论篇第四》,中华书局2010年版,第48页。

统,具有阴性,属于腑的部分,具有阳性,即五脏属于阴性,而六腑属于阳性。《内经》充分发挥了先秦阴阳学说的精髓,并且将先秦阴阳学说的辩证关系与人体结合起来,极大地推动了先秦时期阴阳学说的发展,又为汉代三才思想的发展奠定了基础。当然,《内经》将阴、阳与人体紧密结合,主要目的是寻找发病的原因和诊疗的途径,该内容将在后面论述。《内经》认为,阴、阳是一个事物的两个方面,它们之间具有辩证统一的关系。有阴就有阳,阴、阳相互依存,同时阳中有阴,阴中有阳。就人体而言,不管是外部还是内部,都是阴、阳的统一。《内经》关于人体的阴、阳关系,图示如下:

阳					阴					
背(外部)					腹(内部)					
五脏					六腑					
肝	心	脾	肺	肾	胆	胃	大肠	膀胱	小肠	三焦

2. 天、地时空框架的确立

《内经》认为,天、地、人三者不仅构成一个严密的三才结构系统,而且在这个三才体系中,天地、地人以及天地人之间都可以发生相互之间的会通和感应。《内经》曰:"天以六六之节,以成一岁。地以九九制会。"①就天而言,六十日为一甲子,为一节。六六之节,就是 $6 \times 60 = 360$ 日,六六之节就是六个甲子,六个甲子是360日。"甲六复而终岁,三百六十日法也。"②天有六六之节,地就有九九制会,所谓"九九制会"就是将地划分为九州、九野、九官等,与天道会通。

《内经》将五行相胜与五季(时)相胜理论相结合,体现了天、地之间相互感应的思想。《内经》因成书时间较长,非出于一人之手,也非出于一时之要,有时候谈天之四时,有时候谈天之五时。《内经》认为,天和地是密切联系不可分割的,其将地之五行间相胜与天之五时间相胜相结合,认为地之五行也就是金、木、水、火、土五种元素之间有相生、相克的关系。从相生角度讲,主要是木生火,火生土,土生金,金生水,水生木。这是古人从较早的时期在认识自然界万物变化的基础上得出的结论。刘长林认为:"至迟到战国晚期,五行相生相胜的次序已

---

① 姚春鹏译注:《黄帝内经》上《素问·六节脏象论篇第九》,中华书局2010年版,第91页。
② 姚春鹏译注:《黄帝内经》上《素问·六节脏象论篇第九》,中华书局2010年版,第93页。

经固定下来,被一般学者所承认。"①先秦时期,人们在观察自然界事物运动变化的过程中发现:木能够燃烧成为火,火能够使木头化为灰烬成为土。金子总是从泥沙中淘洗产生,因此土生金。有金的地方必然有水,所谓金生水。水又能够生木,如此循环往复,以至无穷。五行相胜,是指水胜火,火胜金,金胜木,木胜土,土胜水。水能够灭火,火能够使金属熔化,金属物品能够伐木,树木能够从土中发芽,土能够挡水。五行相生、相胜的原理来自人们对自然界五种元素的认识。人们发现,它们之间并非孤立存在,而是相生相胜的完整体系。这些观点被汉人继承,董仲舒明确提出五行之间比相生、间相胜的理论。《内经》也继承了这些观点,并且加以发挥。《内经》指出,"木得金而伐,火得水而灭,土得木而达,金得火而缺,水得土而绝。万物尽然,不可胜竭"②。

《内经》认为,不仅自然界中金、木、水、火、土五种元素具有相胜的特点,自然界的万事万物都有相胜的情况,万物之间的相胜反映了事物运动变化的规律。相胜情况的存在,使五行系统内部保持平衡,使万物生生不息,永不衰竭。《内经》沿用了早期的五行理论,并将其与天之五时相结合。其中,春天对应的是五行中的木,木生于东方。夏天对应的是五行中的火,火生于南方。季夏(夏秋之交)对应的是五行中的土,土生于中央。秋季对应的是五行中的金,金生于西方。冬季对应的是五行中的水,水生于北方。按照五行之间"间相胜"的原理,"春(木)胜长夏(土),长夏(土)胜冬(水),冬(水)胜夏(火),夏(火)胜秋(金),秋(金)胜春(木)"③。

3.地、人时空框架的确立

《内经》认为,人和地之间也是可以相互感应的。主要的表现就是,人体的五脏与五官相对应。《内经》在先秦五行学说的基础上,进一步将五行与五脏、五官相结合。金春峰指出:"《内经》中,'五行'确是作为一个系统而存在、而被思考的。"④

五脏与官制中的五官相结合,反映出《内经》地、人感应的系统论观点。《内

---

① 刘长林:《内经的哲学和中医学的方法》,科学出版社1982年版,第84页。
② 姚春鹏译注:《黄帝内经》上《素问·宝命全形论篇第二十五》,中华书局2010年版,第233页。
③ 姚春鹏译注:《黄帝内经》上《素问·金匮真言论篇第四》,中华书局2010年版,第44页。
④ 金春峰:《汉代思想史》(增补第三版),中国社会科学出版社2006年版,第113页。

经》认为,心脏是与五官中的国君一职相对应的。由于心脏是人体的生命中枢,所以在官职上对应的是君主,也就是皇帝一职。肺主呼吸,是比心脏次要而比其他内脏器官重要的脏器,相对应的是相傅之官,也就是辅佐皇帝的官员。肝脏负责全身血液的供给,相当于五官中的谋略之官,即将军。肾脏是使人体强健的器官,具有强身固体的重要作用,因此与技巧之官相对应。脾胃具有储存和吸纳食物的功能,相对应的是仓廪之官,也就是负责看管仓库的官员。具体而言就是:"心者,君主之官,神明出焉。肺者,相傅之官,治节出焉。肝者,将军之官,谋虑出焉……脾胃者,仓廪之官,五味出焉……肾者,作强之官,伎巧出焉。"①五脏中,心脏是最重要的器官,因此对应的也是五官中最重要的官职。脾和肾的地位相对次要,所以对应五官中相对次要的官员:仓廪之官和技巧之官。《内经》将五脏与五官相对应,一方面想要说明五脏中每个脏器的重要性不同,另外一个非常重要的意图就是,说明人和地是可以相互感应、相互会通的。金春峰指出:"'五行'在《内经》中,就其主要方面说,并不是构造现成答案的预定模式和工具,而无疑是一种帮助观察病理及脏腑之间的'生''克'关系的系统思想方法。"②

(三)实用理性

《内经》以三才为出发点,探讨了人的起源问题,探讨了以三才为核心的宇宙系统中天、地、人三者的关系问题,其最终目的在于为病因的发现和疾病的诊治提供可以依靠的理论基石,最终服务于疾病的诊疗,具有典型的实用主义色彩。

《内经》在研究人的生成和天、地、人三者关系时发现:人是由天、地之气合和而生成的。人是自然环境的重要组成部分,自然环境也即天、地的运行规律同样适用于人。人的疾病的发生和天、地运转规律有着不可分割的关系,人的疾病的治疗同样需要遵循天、地运转之自然规律。

《内经》认为,天、地运行规律对疾病的发生具有十分重要的影响,季节不同,疾病的发生情况也会有所不同。"逆春气,则少阳不生,肝气内变。逆夏气,则太阳不长,心气内洞。逆秋气,则少阴不收,肺气焦满。逆冬气,则太阴不藏,

---

① 姚春鹏译注:《黄帝内经》上《素问·灵兰秘典论篇第八》,中华书局2010年版,第86—87页。

② 金春峰译注:《汉代思想史》(增补第三版),中国社会科学出版社2006年版,第114页。

肾气独沉。"①《内经》认为,违背春气运行规律,就会使肝气受到损伤,发生变化。违背夏气,就会使心气受到损伤。违背秋气,就会使肺气受到损伤。违背冬气,就会使肾气受到损伤。春、夏、秋、冬四个季节,各有自己的运行规律,不能违背,否则将会使肝、心、肺、脾、肾受到伤害,从而产生疾病。

同样,人如果违背了地之运行规律,也会导致疾病产生。在《内经》中,五行常与五方相对应。方位不同,疾病的表现也会不同。"古东方之域……其民皆黑色疏理,其病皆为痈疡。其治宜砭石……西方者……其民不衣而褐荐,其民华食而脂肥,故邪不能伤其形体,其病生于内。其治宜毒药……北方者……其民乐野处而乳食,脏寒生满病。其治宜灸焫……南方者,其民嗜酸而食胕,故其民皆致理而赤色,其病挛痹,其治宜微针……中央者……其民食杂而不劳,故病多痿厥寒热。其治宜导引按蹻。"②《内经》认为,人们生活的地域不同,所生疾病和所采用的治疗方法也有不同。东方之人,因为生活在海边,嗜盐,容易得痈疡一类的疾病,适合用砭石加以治疗。西方之人,生活在多风地带,喜欢用皮毛和草席,喜食肥肉,容易得内脏疾病,适合用药物治疗。北方之人,生活在寒冷地带,喜食乳制品,容易使内脏受寒而得胀满之病,适合用灸焫方法治疗。南方之人喜欢吃酸腐食品,因此皮肤发红,容易得湿痹之病,适合用微针治疗。《内经》指出:"故治不法天之纪,不用地之理,则灾害至矣。"③

(四)人文精神

《黄帝内经》是以疾病的诊断和治疗为核心的医学书籍,在漫长岁月里,形成了以人为核心、为本位的疾病诊治思想,体现了疾病和诊断过程中以人为本位的基本主张,具有强烈的人文关怀。《黄帝内经》多次谈到人,据学者统计,"人字在《黄帝内经》中总共出现了655次"④。《内经》认为,人生活在天地之间,是三才系统中不可缺少的组成部分。人由天、地生出,应当遵循天、地运行规律。

---

① 姚春鹏译注:《黄帝内经》上《素问·四气调神大论篇第二》,中华书局2010年版,第31页。

② 姚春鹏译注:《黄帝内经》上《素问·异法方宜论篇第十二》,中华书局2010年版,第115—118页。

③ 姚春鹏译注:《黄帝内经》上《素问·阴阳应象大论篇第五》,中华书局2010年版,第66页。

④ 程雅君:《中医哲学史(第一卷 先秦两汉时期)》,四川出版集团、巴蜀书社2009年版,第522页。

同时,人具有主观能动性,具有改造世界的能力。

董仲舒曰:"天地之性人为贵。"①《内经》曰:"天覆地载,万物悉备,莫贵于人。"②清人张志聪注曰:"天以德流,地以气化,德气相合,而乃生焉。《易》曰'天地絪缊,万物化醇',此之谓也。则假以温凉寒暑,生长收藏,四时运行而方成立。"③人之所以珍贵,在于人是天地之生生之不息的产物。清人张志聪认为,人的产生有一个艰难的过程,与四季流转、万物收藏、寒暑交替都有着十分重要的关联。正因为如此,《黄帝内经》认为人是万物中最为珍贵的。自然界不断变化,物不断生成,在变化和生成过程中产生了各种各样的物,而最为尊贵的莫过于人。自然界中特别是天、地在变化生成过程中,具有生生之德,"天地有好生之德"。天、地的变化使万物生生不息,而人则能够利用和掌握生生之德。《内经》云:"善言天者,必验于人。"④

《内经》在强调人生于天地之间,应当遵循天地运行规律的同时,认为人在天、地面前不是被动的,而是主动的,人能够发挥自己的主观能动性。《内经》云:"人能应四时者,天地为之父母。知万物者,谓之天子。"⑤人能够通过发挥自己的主观能动性,顺应四季变化,也能够运用自己的知识储备,认知万物。《内经》曰:"人与天地相参也,与日月相应也。"⑥姚春鹏指出:"生命是在时间中展开的过程,对于时间的关注,成为中国哲学和医学的根本特征。"⑦金春峰指出:"西方以古希腊为代表,比较重视宇宙的非连续性方面,着力于认识物质的具体结构、形态、组成单位、几何模型,重视思维的形式逻辑推演。中国则重视宇宙的连续性方面,注重整体和系统的功能,重视思维的辩证综合,而忽视具体结构、形体

---

① [汉]班固:《汉书》卷五十六《董仲舒传第二十六》,中华书局1962年版,第2516页。
② 姚春鹏译注:《黄帝内经》上《素问·宝命全形论篇第二十五》,中华书局2010年版,第230页。
③ [清]张志聪集注:《黄帝内经集注》,中医古籍出版社2015年版,第137页。
④ 姚春鹏译注:《黄帝内经》上《素问·举痛论篇第三十九》,中华书局2010年版,第329页。
⑤ 姚春鹏译注:《黄帝内经》上《素问·宝命全形论篇第二十五》,中华书局2010年版,第231页。
⑥ 姚春鹏译注:《黄帝内经》下《灵枢·岁露论第七十九》,中华书局2010年版,第1446页。
⑦ 姚春鹏译注:《黄帝内经》下《灵枢·终始第九》,中华书局2010年版,第940页。

构成与几何模型的观察与设想。"①

《黄帝内经》以三才为核心的宇宙论思想,克服了上帝生人的神学思想,体现了天、地生人之唯物史观,认识到天、地、人在宇宙系统中的存在价值。在前人天、人感应思想基础上,强调天、地、人之整体观,强调天、地、人之动态平衡,体现了以人为本的人文精神。《黄帝内经》以三才为核心的宇宙论思想,体现了以疾病诊治为目的的理念,具有典型的实用理性精神。以三才为核心的《黄帝内经》宇宙论思想,从总体上反映了汉代哲学思想的发展水平。其天、地生人之唯物论思想,人与天、地和谐相处之观念,都是汉代宇宙论哲学思想在中医学领域中的进一步发展。《黄帝内经》以三才为核心,在宇宙系统论中体现了整体观念、动态平衡、实用理性及人文精神,极大地推动了汉代哲学宇宙论思想的发展,具有十分重要的历史意义。

第二节　三才视域下的《黄帝内经》养生理论

《黄帝内经》认为,由于人的形体来源于地,人的精神来源于天,因此强调形、神相俱养生法;认为人需要遵循天、地运行规律,因此强调四气养生法;认为阴和阳分别代表天和地,阴、阳对人体健康意义重大,因此强调阴阳平衡养生法。《黄帝内经》三才视域下的养生理论,强调人生于天、地之间,应当遵循天、地运行规律。其养生理论对中医养生学的发展影响深远,对今天养生理念的培养,亦具有十分重要的意义。著名学者金春峰指出:"中国古代自然科学曾取得飞跃的发展与光辉的成就,其中农学、天文学、医学、乐律,更居于世界的前列。"②

《内经》认为,人之健康及长寿与天、地和谐相处有关。能够与天、地和谐相处,则人能够拥有健康。不能够与天地和谐相处,则人将丧失健康。"上古之人,其知道者,法于阴阳,知于术数,食饮有节,起居有常,不妄作劳,故能形与神俱,而尽终其天年,度百岁乃去。"(《黄帝内经·素问·上古天真论篇第一》)正如著名学者李泽厚先生所言,《黄帝内经》强调"人体生理如何与大自然相协调之类的问题,而且还涉及如何使人的心理、精神状态与大自然相一致、合节拍之

---

① 金春峰:《汉代思想史》(增补第三版),中国社会科学出版社2006年版,第105页。

② 金春峰:《汉代思想史》(增补第三版),中国社会科学出版社2006年版,第94页。

类更深刻的课题"①。王洪图先生指出,《内经》"运用古代多学科的理论与方法讨论和分析了医学科学最基本的课题——生命规律,从而建立起中医学的理论体系"②。

一、形、神相俱与养生

(一)形、神来源于天、地

形指什么呢?《释名》指出:"形有形象之异也。"③《说文解字》曰:"形,象形也,从彡,开声。"④

形在《内经》中指人的形体。"神"在《内经》中有多种含义。首先,指自然界物质运动的规律。其次,指人体的生命活动和生理机能。最后,指人的精神意识。形和神的关系是什么呢?荀子曰:"形具而神生。"(《荀子·天论》)王先谦曰:"形,谓百骸九窍。神,谓精魂。"⑤刘长林指出,形与神"是肉体与精神的关系"⑥。

人的精神是在形体的基础上产生的,形体是精神产生的物质基础。《黄帝内经》曰:"天食人以五气,地食人以五味。五气入鼻,藏于心肺……五味入口,藏于肠胃,味有所藏,以养五气,气和而生,津液相成,神乃自生。"⑦在《黄帝内经》看来,天、地在人的形成过程中,发挥了非常重要的作用。天用五气滋养心肺,地用五味滋养肠胃。五气从鼻中进入,藏于心肺。五味从口中进入,藏于肠胃。五气和五味交合而生形体,在此基础上形成津液,人的精神就能够产生。《内经》认为,人的精神是以形体为基础产生的,但是形体和精神的产生都是与天、地不可分割的。《周易》曰:"在天成象,在地成形。"⑧《内经》认为,人的形体

---

① 李泽厚:《中国古代思想史论》,人民出版社1985年版,第169—170页。
② 王洪图总主编:《黄帝内经研究大成》上(前言代序),北京出版社1997年版,第1页。
③ [汉]刘熙撰,[清]毕沅疏证,[清]王先谦补:《释名疏证补》卷二《释形体第八》,中华书局2012年版,第60页。
④ [汉]许慎:《说文解字》,中华书局1963年版,第184页。
⑤ [清]王先谦:《荀子集解》,中华书局1988年版,第309页。
⑥ 刘长林:《内经的哲学和中医学的方法》,科学出版社1982年版,第111页。
⑦ 姚春鹏译注:《黄帝内经》上《素问·六节藏象篇第九》,中华书局2010年版,第98页。
⑧ [唐]孔颖达:《周易正义》卷第七《系辞上》,[清]阮元校刻:《十三经注疏》(清嘉庆刊本),中华书局2009年版,第156页。

来源于地的阴气,而人的精神来源于天的阳气。

(二)形、神相俱以养生

司马迁曰:"凡人所生者神也,所托者形也。"①司马迁认为,形、神相依而存,不能分离。《内经》将人的形与神相俱,作为健康长寿的依据。所谓形、神相俱,就是指形和神的两相统一。形和神是中国古代医学和哲学中的重要概念,认为人的形和神分别来源于地和天。《内经》认为,人生于天、地之间,只有将来源于天的神和来源于地的形统一起来,才能长寿。而要将形、神加以统一,必须节制饮食,生活规律,劳逸结合,不能疲劳过度。当然,人们采取这些养生措施,又是效法阴阳以及运用数术,也就是采取各种技术、技巧的结果。今天的人,因为不能做到天、地之合一,也就是形、神之统一,"逆于生乐,起居无节,故半百而衰也"②。上古时期,人们能够活到百岁,实际上是人与天、地相合,也就是形、神相合的结果。形、神的相合,还表现为"精神内守……形劳而不倦"③。需要保养神、形,真正做到在内守住精神,使精神安定,在外使形体不至于过分疲劳。这样,人就能够"度百岁而动作不衰"④。《内经》认为,形、神统一要做到内外兼修,"外不劳形于事,内无思想之患"⑤,在外不使身体为事务所劳,在内不使思想有过重负担。人应当保持愉悦的心情,善于自我满足("以恬愉为务,以自得为功"),只有这样,才能够做到"形体不敝,精神不散,亦可以百数"。人要想延年益寿,必须做到形体不衰老、精神不耗散。

二、顺应四气以养生

(一)效法天、地运行规律以养生

有学者指出:"《黄帝内经》是中医理论的奠基之作,反映了古人对天地自然

---

① [汉]司马迁:《史记》卷一百三十《太史公自序第七十》,中华书局1982年版,第3292页。

② 姚春鹏译注:《黄帝内经》上《素问·上古天真论篇第一》,中华书局2010年版,第18页。

③ 姚春鹏译注:《黄帝内经》上《素问·上古天真论篇第一》,中华书局2010年版,第19页。

④ 姚春鹏译注:《黄帝内经》上《素问·上古天真论篇第一》,中华书局2010年版,第19页。

⑤ 姚春鹏译注:《黄帝内经》上《素问·上古天真论篇第一》,中华书局2010年版,第25页。

和生命规律的认识。"①《内经》认为,人生活在天、地之间,是三才结构的重要组成部分,人的健康和生命也与天、地的运行规律息息相关。人要保持健康,维持正常的生命活动,必须遵循天、地运行规律。一个人想要长寿,必须"法则天地,象似日月。辩列星辰,逆从阴阳。分别四时,将从上古。合同于道,亦可使益寿而有极时"②。张志聪注曰:"取法天地,如日月之光明,推测象纬,顺逆二气,序别四时,将与上古天真之圣同合于道,亦可使益寿,而至于寿敝天地之极。"③

有学者指出:"人之起居要法于阴阳,顺从自然变化的规律。"④人只有合于养生之道,才可能延长生命,接近自然的天寿。要想延长生命,必须效法天、地的变化,取象日月之升降。认识星辰的运行,顺应阴阳之消长,根据四季气候的变化调养身体,就是我们通常所说的"天人相应"原则。张锐年、田永衍指出:"《黄帝内经》中虽没有直接提出'天人相应'的概念,但无疑'天人相应'是其理论最基本的出发点之一。"⑤

《内经》认为,人作为以三才为核心的宇宙系统中的重要组成部分,人的生命和健康与天、地的运行秩序息息相关。人要保持健康,维持正常的生命活动,必须遵循天、地运行规律,在不同的季节,采用不同的作息、起居方式,只有这样,人才可能拥有健康的体魄。

(二)顺应四气以养生

《内经》认为,不同的季节,物象不同,万物盛衰的情况不同,人也应当采用不同的养生方法。《内经讲义》指出:"自然界的一切事物是运动不息而不断变化着的,其中四时气候的变化即是一例。四时气候的变化对生物与人体的影响很大。"⑥

"春三月,此谓发陈,天地俱生,万物以荣。夜卧早起,广步于庭。被发缓

---

① 张其成主编:《中医哲学基础》,中国中医药出版社2016年版,第118页。
② 姚春鹏译注:《黄帝内经》上《素问·上古天真论篇第一》,中华书局2010年版,第25页。
③ [清]张志聪集注:《黄帝内经集注》上《素问》,北京中医古籍出版社2015年版,第5页。
④ 庄华峰、方百盈主编:《中国传统养生学辞典》,广西教育出版社1996年版,第975页。
⑤ 张锐年、田永衍:《〈黄帝内经〉天人观探析》,《中医研究》2016年第12期,第1—4页。
⑥ 北京中医学院内经教研组编:《内经讲义》,人民卫生出版社1960年版,第3页。

形,以使志生。"①春天万物复苏,天地间一片欣欣向荣的气象。这个季节,适合晚睡早起,在庭院里散步,披散头发,舒缓身体。这样做能够使人精神矍铄。如果违背了这样的养生方法,就会使肝脏受到损伤。由于五脏中的肝是与木相连的,所以春季起居不当就会伤肝,所谓"逆之则伤肝"②。

夏天三个月,万物的生长基本完成。这个季节,草木繁茂秀美,"天地气交,万物华实"③。这个季节,天地间阴阳之气交互作用,是各种植物开花结果的时候。在这样万物华实的季节,适合"夜卧早起,无厌于日。使志无怒,使华英成秀。使气得泄,若所爱在外。此夏气之应,养长之道也,逆之则伤心"④。夏季草木繁茂,人应当晚睡早起,保持平和的心境,不要发怒,同时注重自己的容貌,使阳气能够得以宣泄,这是顺应夏季的养生方法。如果违背,就会使五脏中的心脏受到伤害。一般认为,心是与夏季相对应的,因此,夏季养生方法适宜,可以使心脏得到养护。

秋天是万物成熟、衰落的季节,这个季节,"天气以急,地气以明"⑤,天气劲急,地气清明,天地间一片萧瑟。顺应天、地气象的变化,人应当"早卧早起,与鸡俱兴。使志安宁,以缓秋刑……此秋气之应,养收之道也,逆之则伤肺"⑥。这样的季节,人应当早睡早起,保持心态的平静,以减缓秋天的肃杀之气,这是顺应秋气的养生方法。一般认为,肺与四季中的秋季相应,这个时候,如果养生方法不当,就会使肺受到损伤。《内经》认为,秋季与春、夏季节不同。这个季节,天地间肃杀之气盛行,日落时间提前,因此,人应当早睡早起。

---

① 姚春鹏译注:《黄帝内经》上《素问·四气调神大论篇第二》,中华书局 2010 年版,第 26 页。

② 姚春鹏译注:《黄帝内经》上《素问·四气调神大论篇第二》,中华书局 2010 年版,第 26 页。

③ 姚春鹏译注:《黄帝内经》上《素问·四气调神大论篇第二》,中华书局 2010 年版,第 27 页。

④ 姚春鹏译注:《黄帝内经》上《素问·四气调神大论篇第二》,中华书局 2010 年版,第 27 页。

⑤ 姚春鹏译注:《黄帝内经》上《素问·四气调神大论篇第二》,中华书局 2010 年版,第 28 页。

⑥ 姚春鹏译注:《黄帝内经》上《素问·四气调神大论篇第二》,中华书局 2010 年版,第 28 页。

冬季三个月,万物沉睡,天地间的基本景象是"水冰地坼,无扰乎阳"①。这个时候,天气寒冷,河水结冰,大地冻裂。在这样的季节,不要扰乱天之阳气,尽量使地之阴气与天之阳气平衡。这个季节,适合"早卧晚起,必待日光,使志若伏若匿……去寒就温,无泄皮肤,使气亟夺。此冬气之应,养藏之道也,逆之则伤肾"②。《内经》认为,冬季,地之阴气旺盛,在这样的季节,尽量不要扰动天之阳气,使阴阳平衡。就人而言,应当早睡早起,沐浴在阳光里。心志若隐若现,随阴阳而动。这个季节,应当避开寒冷,保持温暖,不要让皮肤出汗,避免损耗阳气。这是冬季的养生方法。一般认为,肾与四季中的冬季相应,冬季养生不当,就会使肾受到损伤。这个季节阴气旺盛,因此,人应当多晒太阳,保持体内的阳气。加上日落提前,而日出时间推后,因此,顺应此变化,人也应当早睡晚起。

《内经》认为,春、夏、秋、冬四季,必须保持相应的平衡。如果不能保持相互间的平衡,失去正常的运转规律,那么万物就要灭绝。所谓"天地四时不相保,与道相失,则未央绝灭"③。圣人能够遵从四季运转规律,所以不会生大病。万物不失去相互间的平衡,生命之气就不会衰竭。所谓"唯圣人从之,故身无奇病,万物不失,生气不竭"④。《内经》认为,人生于天、地之间,遵循天地运行的规律是十分重要的。只有这样,人才可能拥有健康的体魄。"故阴阳四时者,万物之终始也,死生之本也。"⑤四季和阴阳伴随万物的始终,因此是生死的决定因素。既然如此,就需要遵循阴阳四时的运行规律。如果人不能遵循此运行规律而妄加违背,会产生什么样的后果呢?《内经》指出:"逆春气,则少阳不生,肝气内变。逆夏气,则太阳不长,心气内洞。逆秋气,则少阴不收,肺气焦满。逆冬

---

① 姚春鹏译注:《黄帝内经》上《素问·四气调神大论篇第二》,中华书局2010年版,第29页。
② 姚春鹏译注:《黄帝内经》上《素问·四气调神大论篇第二》,中华书局2010年版,第29页。
③ 姚春鹏译注:《黄帝内经》上《素问·四气调神大论篇第二》,中华书局2010年版,第30页。
④ 姚春鹏译注:《黄帝内经》上《素问·四气调神大论篇第二》,中华书局2010年版,第30页。
⑤ 姚春鹏译注:《黄帝内经》上《素问·四气调神大论篇第二》,中华书局2010年版,第31页。

气,则太阴不藏,肾气独沉。"①《内经》认为,违背春夏秋冬四气,就会严重地损害五脏中的肝脏、心脏、肺脏和肾脏。人们要想拥有健康的体魄,就必须对阴阳、四时变化的规律加以遵循。《内经》反复强调:"从阴阳则生,逆之则死。从之则治,逆之则乱。"②人应当顺应阴阳、四时变化的规律,原因就在于阴阳四时是万物生存和死亡的根本和依据。

三、阴阳平衡养生法

阴阳学说,对三才视域下《黄帝内经》养生理论的形成意义重大。日本学者井上聪指出:"阴阳概念是在人类生活中以自然现象为母体所发展出来的循环概念,但是在这个概念确立以后,阴阳就广泛地被用来解释各种社会现象。"③

《内经》认为,阴、阳是天地运行的规律,天、地的运行,离不开阴、阳两种元素。程雅君指出,《黄帝内经》"运用阴阳五行之理分析人与自然及体内各机能活动间的关系,这则是阴阳家学说在医学上的具体运用"④。

(一)阴(地)、阳(天)为万物之本

阴、阳是万物运行的总的纲领、原则,阴阳同时又是万物产生的根源,以及万物生存和死亡的依据。《吕氏春秋·大乐》曰:"阴阳变化,一上一下,合而成章。"许维遹曰:"章,犹形也。"⑤

所谓"阴阳者,天地之道也,万物之纲纪,变化之父母,生杀之本始"⑥。《黄帝内经研究大成》指出,阴阳"是天地形成的本源物体,赖以生生化化、品物咸章的物质基础"⑦。

阴、阳作为天地运行不可缺少的两种元素,分别指代地和天。《内经》认为,

---

① 姚春鹏译注:《黄帝内经》上《素问·四气调神大论篇第二》,中华书局2010年版,第31页。

② 姚春鹏译注:《黄帝内经》上《素问·四气调神大论篇第二》,中华书局2010年版,第31页。

③ 〔日〕井上聪:《先秦阴阳五行》,湖北教育出版社1997年版,第11页。

④ 程雅君:《中医哲学史(第一卷 先秦两汉时期)》,四川出版集团、巴蜀书社2009年版,第563页。

⑤ [战国]吕不韦编,许维遹集释:《吕氏春秋集释》,中华书局2009年版,第108页。

⑥ 姚春鹏译注:《黄帝内经》上《素问·阴阳应象大论篇第五》,中华书局2010年版,第54页。

⑦ 王洪图总主编:《黄帝内经研究大成(上)》,北京出版社1997年版,第194页。

阳归属于天,代表天。阴归属于地,代表地。《列子·天瑞篇》云:"精神者,天之分;骨骸者,地之分。"①形象地说明了人的形体来源于地,人的精神来源于天。《内经》曰:"故积阳为天,积阴为地。"②阴、阳作为地和天的代表,具有不同的属性,"阴静阳躁,阳生阴长,阳杀阴藏。阳化气,阴成形"③。阴、阳之间是相互配合的。阳负责万物的产生和死亡,阴负责万物的成长和收藏。阳化生气,阴可以构筑事物的形体。这显然是从《周易》"在天成象,在地成形"的观点发展而来的。代表天的阳和代表地的阴,在万物生长方面具有不同的功能和作用,当然二者也是相互依存、不可或缺的。从属性上讲,"故清阳为天,浊阴为地"④。清阳之气形成天,浊阴之气形成地。代表天的阳气和代表地的阴气在位置上也有区别。根据天、地的位置,阳气在上,阴气在下。阴气和阳气能够进入人体,使人体有所谓的人气。《内经》认为,阴、阳之气进入人体后,所处的位置不同。"故清阳出上窍,浊阴出下窍。清阳发腠理,浊阴走五脏。清阳实四支,浊阴归六腑。"⑤就人体而言,阳气处于人体的上部,阴气处于人体的下部。阳气散发于腠理,阴气在五脏之中。阳气充实人的四肢,阴气回归六腑。《内经》认为,天、地、人是宇宙的三个重要组成部分,三者不仅独立存在,而且相互作用、相互依存。

在《内经》看来,地上的九州、人之九窍、五藏、十二节,都是由天,准确地说是由天气,也就是天之阴阳二气产生的。天(阴阳)产生地和人。"其气九州,九窍,五脏,十二节,皆通乎天气。"⑥"其生五,其气三。"⑦天之阴阳化生地之五行之气,地之五行之气又上应天之三阴三阳。《内经》认为,代表天的阴阳,产生了

---

① 杨伯峻:《列子集释》,中华书局1979年版,第20页。
② 姚春鹏译注:《黄帝内经》上《素问·阴阳应象大论篇第五》,中华书局2010年版,第54页。
③ 姚春鹏译注:《黄帝内经》上《素问·阴阳应象大论篇第五》,中华书局2010年版,第54页。
④ 姚春鹏译注:《黄帝内经》上《素问·阴阳应象大论篇第五》,中华书局2010年版,第55页。
⑤ 姚春鹏译注:《黄帝内经》上《素问·阴阳应象大论篇第五》,中华书局2010年版,第55页。
⑥ 姚春鹏译注:《黄帝内经》上《素问·生气通天论篇第三》,中华书局2010年版,第33页。
⑦ 姚春鹏译注:《黄帝内经》上《素问·生气通天论篇第三》,中华书局2010年版,第33页。

地之五行。地之五行产生以后,也要与天之阴阳,也即三阴三阳相呼应。生于天、地之间的人,也同样是由天之阴阳化生的。所谓"生之本,本于阴阳"①,阴阳是万物产生的根源。正因为阴阳是万物产生的根本,所以人应当遵循阴阳变化的规律。"数犯此者,则邪气伤人,此寿命之本也。"②违反阴阳变化的规律,邪气就会伤害人,所以阴阳是决定人寿命长短的根本因素。

在《内经》看来,由于阴阳是决定人寿命长短的根本,因此人如果能够遵循阴阳变化规律,就能够使阴阳之正气压倒邪气,这样才能拥有健康。否则,正不压邪,邪气就会侵入人体,损害人的健康。"顺之则阳气固,虽有贼邪,弗能害也。"③顺应阴阳变化规律,就能够使阳气得以巩固,即使有邪气,也不能对人体造成伤害。

(二)固守阳气

英国学者李约瑟指出:"阳代表阳光,光亮,山之南,阳气。"④《内经》认为,对人体而言,阳气尤为重要。"阳气若天与日,失其所则折寿而不彰。"⑤人体的阳气就像天上的太阳,失去运行规律,就会使万物无法生存。阳气不能按规律运行,人的寿命也将大打折扣。"精则养神,柔则养筋。"⑥因此,确保阳气的精致和柔软十分重要。人要精心呵护阳气。阳气精致就能使人的精神得到养护,阳气柔软就会使人的筋骨得到养护。要想使阳气保持精致和柔软,必须做到:第一,不能疲劳过度。"烦劳则张,精绝,辟积于夏,使人煎厥。"⑦人如果过分疲劳,就

---

① 姚春鹏译注:《黄帝内经》上《素问·生气通天论篇第三》,中华书局2010年版,第33页。

② 姚春鹏译注:《黄帝内经》上《素问·生气通天论篇第三》,中华书局2010年版,第33页。

③ 姚春鹏译注:《黄帝内经》上《素问·生气通天论篇第三》,中华书局2010年版,第34页。

④ 〔英〕李约瑟著,陈立夫主译:《中国古代科学思想史》,江西人民出版社1990年版,第303页。

⑤ 姚春鹏译注:《黄帝内经》上《素问·生气通天论篇第三》,中华书局2010年版,第35页。

⑥ 姚春鹏译注:《黄帝内经》上《素问·生气通天论篇第三》,中华书局2010年版,第38页。

⑦ 姚春鹏译注:《黄帝内经》上《素问·生气通天论篇第三》,中华书局2010年版,第36页。

会使阳气四散张扬,使阴气灭绝。这种情况如果持续到夏天,就会得厥病。厥病的主要症状是:视物不清,听觉系统受到破坏,耳朵无法听见声音,所谓"目盲不可以视,耳闭不可以听"①。第二,不能大怒。"大怒则形气绝,而血菀于上,使人薄厥。"②大怒容易使人的形和气隔绝,血涌上头部,容易使人发生急症。第三,应尽量减少出汗的可能。"汗出乃湿,乃生痤疿。"③出汗太多,很容易产生湿邪类的疾病。出汗过量,不仅容易产生湿邪的病症,还容易出现汗疹和痤疮,使人身患皮肤疾病。应当固守阳气以养生,这种养生方法要求,人应随日出、日落调整自己的作息规律。"故阳气者,一日而主外,平旦阳气生,日中而阳气隆,日西而阳气已虚……无扰筋骨……反此三时,形乃困薄。"④人体的阳气,白天都是在体外运行。在日出的平旦时刻,阳气产生。到了日中时分,也就是中午,阳气最为旺盛。到了日落西山的时候,阳气就开始衰落。这个时候,人应当好好休息,不要使筋骨受到烦扰。如果背离了这三个时刻阳气的活动规律,人体就会为邪气所扰。

《内经》认为,人要使自己健康长寿,必须使阳气得以固守。当然,固守阳气的方法很多,比如说不能够疲劳过度,不能够生气,不能够过量出汗。除此之外,还应当遵循阳气的运行规律,到日落西山的时候,伴随阳气衰竭,人也应当及时休息,这种养生方法,就是人们通常所说的日出而作、日落而息。当然,人要固守阳气,还要让阳气保持平衡。阳气太少不行,太多了也会影响健康,"故阳蓄积病死"⑤。《内经》认为,阳气过分蓄积会导致人生病而死。看来,人体阳气过盛,也会产生严重的危害。

(三)固守阴气

《内经》认为,除了阳气外,阴气也是人体所谓人气的重要组成部分。人体

---

① 姚春鹏译注:《黄帝内经》上《素问·生气通天论篇第三》,中华书局 2010 年版,第 36 页。

② 姚春鹏译注:《黄帝内经》上《素问·生气通天论篇第三》,中华书局 2010 年版,第 36 页。

③ 姚春鹏译注:《黄帝内经》上《素问·生气通天论篇第三》,中华书局 2010 年版,第 36 页。

④ 姚春鹏译注:《黄帝内经》上《素问·生气通天论篇第三》,中华书局 2010 年版,第 39 页。

⑤ 姚春鹏译注:《黄帝内经》上《素问·生气通天论篇第三》,中华书局 2010 年版,第 39 页。

内的阴气和阳气各有不同的作用。"阴者,藏精而起亟也;阳者,卫外而为固也。"①阴、阳之气对保证人体健康起着非常重要的作用。阴气蓄积在体内,补充着阳气的不足。而阳气散发于人体之外,守卫和巩固人体的外部,使人体不受邪气侵扰。

人要养护体内的阴气,使阴气充足,以补充阳气的不足,必须注重饮食。"阴之所生,本在五味。"②《内经》认为,与地之五行相对应之五味——酸、苦、甘、辛、咸是人体阴气产生的根本。人体中的阴气来自地,而地产五味,人食五味就能够使人体内部的阴气得以养护。五味是阴气产生的根本,对阴气的养护十分重要。但是,过食五味,则会使人体五脏受到伤害。"是故味过于酸,肝气以津,脾气乃绝;味过于咸,大骨气劳,短肌,心气抑;味过于甘,心气喘满,肾气不衡;味过于苦,脾气濡,胃气乃厚;味过于辛,筋脉沮弛,精神乃央。"③食用五味需要适度,不能过分。过分食用酸性食物,会使脾气受到损伤。过分食用咸味食物,会使心气受到损伤。过分食用甜性食物,会使肾气失去平衡。食物苦味过重,会使胃气受到损伤。食用过分辛辣的食物,会使人的精神受到伤害。《内经》认为,人体内的阴气渗透到五脏中,形成肝气、脾气、肾气、胃气、心气。五味中的食物,包括酸食、苦食、甘食、辛辣食物、咸食,任何一种食物食用过度,都会对五脏中的某一脏器造成损伤。五脏受损,就会使人体内的阴气受到伤害,难以发挥补充阳气不足的作用。因此要想使阴气得以固守,就不能够过分食用五味。

(四) 阴阳平衡

列宁指出:"事物(现象等等)是对立面的总和与统一。"④《易传》曰:"一阴一阳之谓道。"唐孔颖达疏曰:"彼此相形有二,有不得为一。"⑤

阴气在体内,阳气存在于体外。阴、阳二气对人体而言,都是不可或缺的。

---

① 姚春鹏译注:《黄帝内经》上《素问·生气通天论篇第三》,中华书局 2010 年版,第 40 页。

② 姚春鹏译注:《黄帝内经》上《素问·生气通天论篇第三》,中华书局 2010 年版,第 42 页。

③ 姚春鹏译注:《黄帝内经》上《素问·生气通天论篇第三》,中华书局 2010 年版,第 43 页。

④ 〔苏联〕列宁:《哲学笔记》,人民出版社 1956 年版,第 209 页。

⑤ [唐]孔颖达:《周易正义》,[清]阮元校刻:《十三经注疏》(清嘉庆刊本),中华书局 2009 年版,第 161 页。

《内经》认为，阳气是人体健康的根本，但是阴气也不能缺失。在分别使阳气和阴气得以守护的同时，还应当努力保持体内的阴阳平衡，也就是让阴气和阳气处于平衡状态。如果体内阴阳失衡，人体就会受到伤害。美国学者迈克尔·斯洛特指出："阴与阳之间的区分/互补关系在中国由来已久。"①程雅君指出："《黄帝内经》以阴阳论脏腑藏泻，营卫气血输转营运，都说明古代医家追求人体最佳适度稳定状态，即阴阳和谐。"②王大鹏指出："《内经》整体观在中医理论体系的多方面都具有很重要的指导意义"。③

　　《内经》认为，要想充分发挥阴、阳二气对人体的保护作用，必须保证人体内外阴阳之平衡。"阴不胜其阳，则脉流薄疾，并乃狂；阳不胜其阴，则五脏气争，九窍不通。"④如果体内阴不能和阳平衡，也就是阴气少、阳气多，就会使脉流的速度加快，诱发狂病。如果阳不能和阴平衡，也就是阳气少、阴气多，就会使五脏之气相互争胜，从而使九窍不通。《内经》指出："凡阴阳之要，阳密乃固，两者不和，若春无秋，若冬无夏。因而和之，是谓圣度。"⑤认为只有人体内部阴、阳平衡，阳气密集于外，才能使阴气固守于内。阴、阳失去平衡，就像四季失去平衡一样。因此，阴阳平衡也是最好的养生方法。《内经》同时认为，只有阴、阳之气平衡，才能战胜邪气，保证机体功能的正常运行，所谓"内外调和，邪不能害"⑥。

　　今天，伴随社会竞争压力加大，人们的养生观念淡薄。挑灯夜战，过分透支体力、精力成为社会生活的常态，各种疾病发病呈年轻化趋势，癌症发病率逐年上升。北京市人民政府发布的《北京市 2016 年度卫生与人群健康状况报告》指出："2015 年北京市共报告结直肠癌 5348 例，占恶性肿瘤新发病例的 12.1%……

---

① 〔美〕迈克尔·斯洛特著，王江伟、牛纪凤译：《阴阳的哲学——一种当代的路径》，商务印书馆 2018 年版，第 43 页。
② 程雅君：《中医哲学史（第一卷 先秦两汉时期）》，四川出版集团、巴蜀书社 2009 年版，第 576 页。
③ 王大鹏：《〈内经〉整体观的指导意义》，见任应秋、刘长林编：《〈内经〉研究论丛》，湖北人民出版社 1982 年版，第 236 页。
④ 姚春鹏译注：《黄帝内经》上《素问·生气通天论篇第三》，中华书局 2010 年版，第 40 页。
⑤ 姚春鹏译注：《黄帝内经》上《素问·生气通天论篇第三》，中华书局 2010 年版，第 41 页。
⑥ 姚春鹏译注：《黄帝内经》上，《素问·生气通天论篇第三》，中华书局 2010 年版，第 40 页。

发病率由 2006 年的 27.42/10 万上升至 2015 年的 39.93/10 万。"①健康生活、注重养生已成为今天研究生命规律的重要话题。美国学者哈维·戴蒙德指出："美国医疗保健业一年的产值约 2 万亿美元。"②可见在美国社会每年医疗保健费用支出之巨。

有学者指出："世界卫生组织（WHO）经过调研表明，人的健康 60% 决定于自己，15% 决定于遗传，10% 决定于社会因素，8% 决定于医疗条件，7% 决定于气候的影响，因此人的健康在很大程度上决定于自己。"③姚春鹏指出："中医学所倡导的是积极的养生治疗观。"④

《内经》从天、地、人三才出发，总结了以形神相俱、四气相应、阴阳平衡为核心的养生经验。对于今天人们健康理念的培养，仍然具有十分重要的借鉴价值，应引起学界的充分关注。

第三节　三才视域下的《黄帝内经》疾病发生与治疗理论

《黄帝内经》从天、地、人三才视域出发，创建了疾病的发生与治疗理论。人以天、地生，三部九候人体结构图式是《黄帝内经》疾病发生与治疗理论的三才基础。《黄帝内经》认为，疾病的发生与天之因素紧密相连，四季流转与疾病的发生有着不可分割的关系。同时，疾病的发生与地之五行也有着密切的关联。《黄帝内经》的疾病发生理论是在天、地、人三才视域下实现的，《黄帝内经》认为，疾病的治疗也应当以天、地、人三才视域为基础。首先，疾病的治疗与天之因素密切相关，人的脉象与季节流转密切相关。在治疗过程中，采用针刺方法时，应以四季流转为基础。其次，疾病的治疗与地之因素也有密切关联，《内经》因而创建了五味与食疗的理论体系。《黄帝内经》以天、地、人三才为核心的疾病发生与治疗理论，具有典型的实用理性精神。正如程雅君所言："没有医学实践

---

① 北京市人民政府编：《北京市 2016 年度卫生与人群健康状况报告》，人民卫生出版社 2017 年版，第 23 页。

② 〔美〕哈维·戴蒙德著，荀寿温译：《健康生活新开始》，南海出版公司 2010 年版，第 28 页。

③ 邓沂、徐传庚主编：《中医养生学》，西安交通大学出版社 2014 年版，第 5 页。

④ 姚春鹏译注：《黄帝内经》上《素问》前言，中华书局 2010 年版，第 12 页。

的基础,《黄帝内经》理论体系是空谈;没有哲学理论的渗透,医学实践总是一盘散沙,终不能形成一个医学体系。"①

一、《黄帝内经》疾病发生与治疗理论的三才基础

先秦时期,人们已经将天与阴阳相联系,将地与五行相联系。《国语·鲁语》曰:"天之三辰,民所以瞻仰也;及地之五行,所以生殖也。"②徐元诰指出:"三辰,谓日、月、星也。""五行,五祀,金、木、水、火、土也。"③《左传》指出:"则天之明,因地之性,其生六气,其用五行。"④晋杜预注曰:"其生六气,谓阴、阳、风、雨、晦、明。其用五行,谓金、木、水、火、土。"⑤张岱年先生对《左传》此言进行评价时指出:"值得注意的是,这都是将五行归属于地,与天的六气、三辰相对待。"⑥一般而言,天和阴阳是相对应的,地和五行是相对应的。

(一) 人以天、地生

"人以天地之气生,四时之法成。"⑦"天地合气,命之曰人。"⑧"天之在我者,德也;地之在我者,气也。德流气薄而生者也。"⑨德是指阳光、雨露。《内经》认为,人是由天、地之气创生的,人由天、地二气交合而产生。"人与天地相应"⑩,"夫人者,天地之镇也"⑪,人和天、地相互为用。人不仅能适应自然环境,随自然

---

① 程雅君:《中医哲学史(第一卷 先秦两汉时期)》,四川出版集团、巴蜀书社2009年版,第479页。
② 徐元诰撰,王树民、沈长云点校:《国语集解》,中华书局2002年版,第161页。
③ 徐元诰撰,王树民、沈长云点校:《国语集解》,中华书局2002年版,第161页。
④ 《春秋左传正义》卷第五十一,[清]阮元校刻:《十三经注疏》(清嘉庆刊本),中华书局2009年版,第4575—4577页。
⑤ 《春秋左传正义》卷第五十一,[清]阮元校刻:《十三经注疏》(清嘉庆刊本),中华书局2009年版,第4577页。
⑥ 张岱年:《中国古典哲学概念范畴要论》,中华书局2017年版,第104页。
⑦ 姚春鹏译注:《黄帝内经》上《素问·宝命全形论篇第二十五》,中华书局2010年版,第230页。
⑧ 姚春鹏译注:《黄帝内经》上《素问·宝命全形论篇第二十五》,中华书局2010年版,第231页。
⑨ 姚春鹏译注:《黄帝内经》下《灵枢·本神第八》,中华书局2010年版,第934页。
⑩ 姚春鹏译注:《黄帝内经》下《灵枢·邪客第七十一》,中华书局2010年版,第1347页。
⑪ 姚春鹏译注:《黄帝内经》下《灵枢·玉版第六十》,中华书局2010年版,第1247页。

环境发生变化,还能在自然面前有所作为。

《内经》认为,人生于天、地之间,和天、地密不可分。因此,疾病的发生和治疗也应当遵循天、地运行的规律。《内经》曰:"微妙在脉,不可不察。察之有纪,从阴阳始。始之有经,从五行生。生之有度,四时为宜。"①疾病的诊断要考察脉搏跳动的情况。由于人和天地之间的密切关系,因此,在考察脉搏时,要和阴阳、五行、四时联系起来。《内经》认为,阴阳是开端,是凭借五行产生的,阴阳又和四时有关联,应当将人的脉象与天地、阴阳、五行、四时联系在一起。

(二)三部九候人体结构图式

三部九候是《内经》在天、地、人三才基础上,以数字"三"为基础进行诊疗的理论。《内经》认为,"三"具有决定疾病发生和治疗的力量,疾病的发生和治疗都与数字"三"有着密切的联系。这反映了《内经》所处的汉代,数理哲学思想的发展及其对疾病诊疗的作用。《内经》三部九候的理论根据是:"天地之至数,始于一,终于九焉。"②九是天地生成、终止之数。数字九具体划分为:"一者天,二者地,三者人。因而三之。三三者九,以应九野。"③《内经》认为,天、地、人分别占据了数字一、二、三。三乘以三等于九。数字九又与地之九野相对应。天、地、人三元素能够与地相对应,也能够与人相对应。就人而言,就是"人有三部,部有三候,以决死生,以处百病,以调虚实,而除邪疾"④。人与三之三倍数相应,有三部脉,每部脉各有三候,总共是九候。《内经》认为,数字"九"具有决定天地生成和终止的功能,与此相适应,数字九也能够决定人的生死,能使人体机能得以调整,同时能够对疾病进行诊断和治疗。《内经》进一步对人体的三部脉进行区域划分,曰"有下部,有中部,有上部"⑤,将人体分为上、中、下三部分,认为三部脉与人体的三个部分相对应。三部脉又各分为三候,总共是九候,以便与数字

---

① 姚春鹏译注:《黄帝内经》上《素问·脉要精微论篇第十七》,中华书局2010年版,第150—151页。

② 姚春鹏译注:《黄帝内经》上《素问·三部九候论篇第二十》,中华书局2010年版,第194页。

③ 姚春鹏译注:《黄帝内经》上《素问·三部九候论篇第二十》,中华书局2010年版,第194页。

④ 姚春鹏译注:《黄帝内经》上《素问·三部九候论篇第二十》,中华书局2010年版,第194页。

⑤ 姚春鹏译注:《黄帝内经》上《素问·三部九候论篇第二十》,中华书局2010年版,第195页。

"九"相对应。每三候都与天、地、人相对应,所谓"三候者,有天有地有人也"①。

与天、地、人相对应的三候,其所对应的脏器不同。"故下部之天以候肝,地以候肾,人以候脾胃之气。"②《内经》将人体的下部划分为三候,与天、地、人相对应,分别代表肝、肾和脾胃之气。并认为,人体的中部也应当划分为三候。"亦有天,亦有地,亦有人。天以候肺,地以候胸中之气,人以候心。"③人体中部脉也与天、地、人相对应,分别代表肺、胸中之气和心。人体的上部脉,"亦有天,亦有地,亦有人。天以候头角之气,地以候口齿之气,人以候耳目之气"④。认为人的上部脉也与天、地、人相对应,分别是头、口、耳目之气。总之,在《内经》看来,数字九与人体的三部脉有着密切关联,而三部脉又区分为每部三候,共九候,三部脉中的每一部都与天、地、人相对应。其上部,中部,下部脉中包含的三候,又分别与天、地、人二者相对应,代表人体内部不同的脏器。三部九候法,具体图示如下:

三才	人体下部	人体中部	人体上部	三部九候
天	肝	肺	头角之气	三候
地	肾	胸	口齿之气	三候
人	脾胃	心	耳目之气	三候

二、三才视域下的《黄帝内经》疾病发生理论

(一)天之因素:四季与疾病的发生

1.天气、地气、人气与季节

《内经》认为,不同的季节,不同的时令,天气、地气和人气的存在情况不同。也就是说天气、地气和人气的存在情况,是伴随时令不同而有差别的。《内经》曰:"正月二月,天气始方,地气始发,人气在肝。三月四月,天气正方,地气定发,人气在脾。五月六月,天气盛,地气高,人气在头。七月八月,阴气始杀,人气

---

① 姚春鹏译注:《黄帝内经》上《素问·三部九候论篇第二十》,中华书局2010年版,第195页。

② 姚春鹏译注:《黄帝内经》上《素问·三部九候论篇第二十》,中华书局2010年版,第195页。

③ 姚春鹏译注:《黄帝内经》上《素问·三部九候论篇第二十》,中华书局2010年版,第195页。

④ 姚春鹏译注:《黄帝内经》上《素问·三部九候论篇第二十》,中华书局2010年版,第195页。

在肺。九月十月,阴气始冰,地气始闭,人气在心。十一月十二月,冰复、地气合,人气在肾。"①

《内经》认为,人气所在脏器的位置不是固定的,是有变化的。人气的位置随节气不同,天气、地气情况的不同而变化。正月、二月,天气和地气处于萌发的状态,由于肝有生发的功能,所以正月、二月,人气在肝。到了三月、四月,天气和地气处于方胜和发育状态,万物生长,这个时候,人气在脾。五月、六月,天气、地气处于极盛状态,天地间万物欣欣向荣,这个时候,人气在头。七月、八月,阴气肃杀,天地间万物萧瑟,这个时候,人气在肺。到了九月、十月,天寒地冻,地气处于闭藏状态,这个时候,人气在心。十一月、十二月,冰层增厚,地气闭合,这个时候,人气在肾。《内经》将一年中的十二个月划分为六个时令,每两个月为一个时令。天气和地气大致随季节变迁由萌发到兴盛,再由兴盛到衰落。人气也随天气、地气的变化,在肝、脾、头、肺、心、肾等脏器中迁移。《内经》认为,人气会随着天气、地气的变化而转变位置,主要是为了治疗的需要。人气的位置不同,治疗的方法也不同。

《内经》认为,由于五脏与五季相配合,因此,五脏中的某一脏器病症的加重或者缓解,也与五季有着密切的关联,随季节不同而发生变化。"病在肝,愈于夏,夏不愈,甚于秋,秋不死,持于冬,起于春。"②如果肝脏发生病变,应当在夏天痊愈。如果不能在夏天痊愈,到了秋天就会加重。如果熬过了秋天,到了冬天,病情相对稳定,到第二年春天病就治好了。

2.脉象与季节

《内经》认为,脉象与季节有着密切的联系。"色合五行,脉合阴阳。"③因此,四时、阴阳、五行情况不同,人的脉象也不同。"春日浮……夏日在肤……秋日下肤……冬日在骨。"④人的脉象随四季不同而有区别,春天在皮肤之上,夏天在

---

① 姚春鹏译注:《黄帝内经》上《素问·诊要经终论篇第十六》,中华书局2010年版,第137页。

② 姚春鹏译注:《黄帝内经》上《素问·脏气法时论篇第二十二》,中华书局2010年版,第210页。

③ 姚春鹏译注:《黄帝内经》上《素问·脉要精微论篇第十七》,中华书局2010年版,第151页。

④ 姚春鹏译注:《黄帝内经》上《素问·脉要精微论篇第十七》,中华书局2010年版,第153页。

皮肤,秋天在皮肤之下,冬天在骨骼。

脉象在人体内部还分为五脏之脉,五脏之脉随季节和方位发生变化。"春者肝也,东方木也,万物之所以始生也。故其气来,软弱虚而滑,端直以长,故曰弦。反此者病。"①春季和五行中的木相对应。就脉象而言,春天的脉在五脏中的肝,为肝脉。顺应万物萌发的气象,肝脉以平滑、长而直为特点。如果与此相反,则属于病脉。

"夏脉者心也,南方火也,万物之所以盛长也。故其气来盛去衰,故曰钩,反此者病。"②夏季和五行中的火相对应,是万物兴盛的季节。与此相适应,人的脉象在心脉像钩,叫作钩脉。是因为心脉来时兴盛、去时衰落的缘故。

"秋脉者肺也,西方金也,万物之所以收成也。故其气来,轻虚以浮,来急去散,故曰浮。反此者病。"③秋季和五行中的金相对应,秋季是万物收获的季节。这个时候脉气来得急、去得快,有悬浮之象。因此,将秋季的脉叫作浮脉,如果与此相反,就是病脉。

"冬脉者肾也,北方水也,万物之所以合藏也。故其气来沉以濡,故曰营,反此者病。"④冬季与五行中的水相应,冬季又与五脏中的肾相应。因此,脉气在肾,称为肾脉。冬季具有万物闭藏的特点,脉气来时沉稳而坚固,因此称为营脉。与此相反,则是病脉。

(二)地之因素:五行与疾病的发生

《内经》将董仲舒人副天、地的理论加以深化,认为人是天地的产物,因此,人能够与天地产生感应。人和天地有相同之处,是天地的复制品。

《内经》已经将五行中的四种元素与人体五脏中的四脏相对应。"火者,心也……木者,肝也……金者,肺也……水者,肾也。"⑤那么,五行中的土如何与五

---

① 姚春鹏译注:《黄帝内经》上《素问·玉机真藏论篇第十九》,中华书局2010年版,第175页。
② 姚春鹏译注:《黄帝内经》上《素问·玉机真藏论篇第十九》,中华书局2010年版,第176页。
③ 姚春鹏译注:《黄帝内经》上《素问·玉机真藏论篇第十九》,中华书局2010年版,第177页。
④ 姚春鹏译注:《黄帝内经》上《素问·玉机真藏论篇第十九》,中华书局2010年版,第178页。
⑤ 姚春鹏译注:《黄帝内经》下《灵枢·热病第二十三》,中华书局2010年版,第1065—1067页。

脏相对应呢?《内经》指出:"脾脉者土也,孤脏以灌四傍者也。"①"脾为孤脏,中央土以灌四旁……太过令四支不举,其不及则令九窍不通。"②《内经》认为,脾作为孤脏,与中央的土相对应,它的作用是为其他四个脏器提供营养。因此,脾脉太过就会让人四肢不举。如果脾脉不及,就会让人九窍不通。脾脉因为在中央,所以要恰到好处,既不能太过,也不能太急,否则就会成为病脉。

1. 五行之人与疾病的发生

《内经》曰:"天地之间,六合之内,不离于五,人亦应之。故五五二十五人之形,而阴阳之人不与焉。"③《内经》认为,五行是天地之间最为重要的东西,任何事物都离不开五行,人也一样,所以人有二十五种形态。因为五行比阴阳更为重要,所以人的二十五种形态中不包括阴阳人。

《内经》认为,人的体质,是以五行为基础确立的。"先立五行:金、木、水、火、土,别其五色,异其五形之人,而二十五人具矣。"④因为有了金、木、水、火、土,因此也就有了不同体质的人,其数量是五行的倍数,具体而言就是有二十五种体质的人。

《内经》根据金、木、水、火、土五行,将人划分为木形之人、火形之人、土形之人、金形之人、水形之人。其中,木形之人,又分为大角之人、左角之人、钛角之人、判角之人。木形之人的特点是:"其为人,苍色,小头,长面,大肩背,直身,小手足,好有才,劳心,少力,多忧,劳于事。"⑤《内经》描绘了木形之人的形体特征和性格特点,认为木形之人"能春夏不能秋冬,感而病生"⑥,即木形之人能耐受春夏,不能耐受秋冬,易感受病邪而发病。

---

① 姚春鹏译注:《黄帝内经》上《素问·玉机真藏论篇第十九》,中华书局 2010 年版,第 180 页。

② 姚春鹏译注:《黄帝内经》上《素问·玉机真藏论篇第十九》,中华书局 2010 年版,第 180 页。

③ 姚春鹏译注:《黄帝内经》下《灵枢·阴阳二十五人第六十四》,中华书局 2010 年版,第 1296 页。

④ 姚春鹏译注:《黄帝内经》下《灵枢·阴阳二十五人第六十四》,中华书局 2010 年版,第 1297 页。

⑤ 姚春鹏译注:《黄帝内经》下《灵枢·阴阳二十五人第六十四》,中华书局 2010 年版,第 1298 页。

⑥ 姚春鹏译注:《黄帝内经》下《灵枢·阴阳二十五人第六十四》,中华书局 2010 年版,第 1298 页。

火形之人分为质徵之人、少徵之人、右徵之人、质判之人。《内经》认为,火形之人"比于上徵,似于赤帝。其为人赤色,广朋,锐面小头……急心、不寿暴死"①。火形之人,主要生活在南方地区,面部赤色,具有心急的特征,不能长寿,常常暴病身亡。火形之人"能春夏不能秋冬,秋冬感而病生"②。南方之人,也就是火形之人,能耐受春夏的温暖,不能耐受秋冬的寒凉,秋冬季节容易感染疾病。

"土形之人,比于上宫……其为人黄色,圆面,大头……安心,好利人……能秋冬不能春夏,春夏感而病生。"③《内经》认为,土形之人,生活在中央,肤色黄,圆脸,大头。有容易满足、助人为乐的性格特征。土形之人,能耐秋冬的寒凉,但是不能耐春夏之温热,容易在春夏季节感受外邪而生病。

"金形之人,比于上商……白色,小头……急心,静悍,善为吏。能秋冬不能春夏,春夏感而病生。"④金形之人,生活在西北地区。肤色白,头小,性子急,沉静,凶悍,善于为官。金形之人,能忍耐秋冬的寒凉,但是不能忍耐春夏的温热,容易在春夏季节感受风邪而生病。

"水形之人,比于土羽,似于黑帝。其为人黑色,面不平,大头……不敬畏,善欺绐人,戮死。能秋冬不能春夏,春夏感而病生。"⑤水形之人,生活在北方,肤色黑,面部不平,大头。水形之人性格不直爽,善于欺诈,常常被杀戮致死。水形之人,能耐秋冬的寒凉,但是不能耐春夏的温热,春夏季节容易感染疾病。

2.五味与疾病的产生

地之五味在人体内行走的方向不同,可能带来的疾病症状也不同。"酸走筋,多食之,令人癃;咸走血,多食之,令人渴;辛走气,多食之,令人洞心;苦走骨,

---

① 姚春鹏译注:《黄帝内经》下《灵枢·阴阳二十五人第六十四》,中华书局2010年版,第1299页。
② 姚春鹏译注:《黄帝内经》下《灵枢·阴阳二十五人第六十四》,中华书局2010年版,第1299—1300页。
③ 姚春鹏译注:《黄帝内经》下《灵枢·阴阳二十五人第六十四》,中华书局2010年版,第1301页。
④ 姚春鹏译注:《黄帝内经》下《灵枢·阴阳二十五人第六十四》,中华书局2010年版,第1302页。
⑤ 姚春鹏译注:《黄帝内经》下《灵枢·阴阳二十五人第六十四》,中华书局2010年版,第1303页。

多食之,令人变呕;甘走肉,多食之,令人悗心。"①酸味走筋,过食,会使人小便不利。咸味走血,过食,会使人口渴难忍。辛味走气,过食,会使人胸闷气短。苦味走骨,过食,会使人呕吐。甘味走肉,过食,会使人胸闷难受。

三、三才视域下的《黄帝内经》疾病治疗理论

《内经》认为,天、地、人是一个统一体。因此,人体疾病应当配合天、地运行情况加以治疗,所谓"合人形以法四时五行而治"②,根据天、地、人之间的关系辨证施治。"四时"是就天而言,五行是就地而言。"法四时五行而治",是指疾病在治疗过程中一定要效仿天、地运行规律。《内经》认为,治病首先应当遵循五行运行规律。

(一)脉象学说

《内经》指出,如果人体脉象能够跟随季节发生变化,疾病就能够得到治疗。如果脉象不能够跟随季节发生变化,疾病就无法得到治疗。所谓"脉从四时,谓之可治……脉逆四时,为不可治。"③"所谓逆四时者,春得肺脉,秋得心脉,冬得脾脉。"④春天和木相应,应当是肝脉。如果春得秋脉,是肺脉,就是违逆四季变化。同样,与秋季相对应的是金,应当是肺脉。如果秋得夏脉,是心脉,就是违逆四季变化。与冬季相对应的是水,应当是肾肺。如果冬得脾脉,也属于违逆四季变化。违逆四季变化的脉象表明,疾病无法得到治疗。

(二)天之因素:四季与针刺治疗

1.三才视域下的针刺原理

《内经》将针刺的部位(穴位)依照天、地、人的位置分别划分为"九针十二原第一法天""本输第二法地""小针解第三法人"几个部分。在针刺治疗过程中,强调依据天、地、人三才原理,分别对人体不同部位的不同穴位进行针刺治疗。

---

① 姚春鹏译注:《黄帝内经》下《灵枢·五味论第六十三》,中华书局 2010 年版,第1292 页。

② 姚春鹏译注:《黄帝内经》上《素问·脏气法时论篇第二十二》,中华书局 2010 年版,第 208 页。

③ 姚春鹏译注:《黄帝内经》上《素问·玉机真藏论篇第十九》,中华书局 2010 年版,第189 页。

④ 姚春鹏译注:《黄帝内经》上《素问·玉机真藏论篇第十九》,中华书局 2010 年版,第190 页。

"人之合于天道也,内有五脏,以应五音、五色、五时、五味、五位;外有六腑,以应六律。六律建阴阳诸经,而合之十二月、十二辰、十二节、十二经水、十二时、十二经脉者。此五脏六腑之所以应天道。"①《内经》将五脏与地之五色、五味等结合起来,又将六腑与天之十二月、十二辰等结合起来,认为天、地、人是一个整体。"且夫人生于天地之间,六合之内,此天之高、地之广也。"②由于天之高远,地之辽阔,才能使人生于天、地之间与天、地成为一个整体。

"余以小针为细物也,夫子乃言上合之于天,下合之于地,中和之于人。"③《内经》认为,治疗疾病用的小针,主要的作用是上合于天,下合于地,中合于人。小针的治疗原理就是以天、地、人三才为基础。小针在治疗疾病时,为什么要以天、地、人三才为基础呢?原因在于"且夫人者,天地之镇也。其可不参乎?夫治民者,亦惟针焉"④。由于人是天地之间最为珍贵的,而且人能够参与天地之运转,帮助天地之化育。所以,小针在治疗疾病时,也需要以三才为基础。"针甚骏,以配天地,上数天文,下度地纪,内别五脏,外次六腑。"⑤小针的作用巨大,可以与天地相配。可以将小针与天文、地理联系起来,在内与五脏相联系,在外与六腑相通。

2.三才视域下的针刺方法

《内经》认为,不同的季节,自然界的流转变化情况不同,疾病的发生也与季节的流转有着十分重要的关系。"夫四时之气,各不同形。百病之起,皆有所生。"⑥因为季节不同,疾病的症状不同,因此,针刺治疗的穴位也会有所区别。"故春取经、血脉、分肉之间。甚者深刺之,间者浅刺之。夏取盛经孙络,取分间,绝皮肤。秋取经腧,邪在腑,取之合。冬取井荥,必深以留之。"⑦春天,可以取大经、血脉、分肉的穴位。病重的可以深刺,病症轻微的可以浅刺。夏季,可取

---

① 姚春鹏译注:《黄帝内经》下《灵枢·经别第十一》,中华书局2010年版,第988页。
② 姚春鹏译注:《黄帝内经》下《灵枢·经水第十二》,中华书局2010年版,第995页。
③ 姚春鹏译注:《黄帝内经》下《灵枢·玉版第六十》,中华书局2010年版,第1274页。
④ 姚春鹏译注:《黄帝内经》下《灵枢·玉版第六十》,中华书局2010年版,第1274页。
⑤ 姚春鹏译注:《黄帝内经》下《灵枢·玉版第六十》,中华书局2010年版,第1278页。
⑥ 姚春鹏译注:《黄帝内经》下《灵枢·四时气第十九》,中华书局2010年版,第1037页。
⑦ 姚春鹏译注:《黄帝内经》下《灵枢·四时气第十九》,中华书局2010年版,第1037页。

气盛的六阳经脉或孙络的穴位,刺分肉之间,或者采用透过皮肤的浅刺法。秋季可取经腧穴,冬天取井荥穴。总之,季节不同,可以用来针刺的穴位也有所不同。

所谓将天、地、人相连接,主要是指针刺应当随季节和方位的变化而发生变化。五脏与六腑疾病发生的情况不同,针刺的方法也会发生变化。具体表现为五禁。五禁体现了穴位与天干的结合。"甲乙日自乘,无刺头,无发蒙于耳内。丙丁日自乘,无振埃于肩喉廉泉。戊己日自乘四季,无刺腹去爪泻水。庚辛日自乘,无刺关节于股膝。壬癸日自乘,无刺足胫。是谓五禁。"①《内经》将人体各部位与天干相结合。甲乙日对应的部位是头部,因此逢甲乙日不能刺头,由于耳部离头的距离较近,所以也不能够刺耳部。丙丁日对应的部位是背部和喉部,所以逢丙丁日不能刺背部和喉部,也不能刺离这两个部位较近的穴位。戊己日对应的是部位是手脚和四肢,因此逢戊己日不能刺腹部。庚辛日对应的部位是股和膝,所以逢庚辛日不可刺股膝的穴位。壬癸日对应的是足胫,所以逢壬癸日不可刺足胫的穴位。

由于不同的月份,天气、地气的情况不同,人气的位置也会发生变化。因此,针刺治疗时,应当刺不同的穴位,以便与天气、地气、人气变化相适应。"故春刺散俞……夏刺络俞……秋刺皮肤……冬刺俞窍。"②春天,应当针刺散在各经的一般经穴。夏天,应当刺浅在终脉间的腧穴。秋天,应当刺皮肤。冬天,应当针腧窍到达分肉腠理之间。

3.误刺则久病不愈

《内经》认为,春、夏、秋、冬各个季节,因为天气、地气、人气的情况不同,所以用针刺治疗时,要刺相应的部位。季节不同,所刺部位不同。如果所刺部位有误,就会产生不利后果。

"春刺夏风,病不遇,令人解堕。夏刺秋分,病不愈,令人心中欲无言,惕惕如人将捕之。夏刺冬分,病不愈。令人少气,时欲怒。"③春天误刺了夏天的部位,就会使人久病不愈。夏天误刺了秋天的部位,或者夏天误刺了冬天的部位,

---

① 姚春鹏译注:《黄帝内经》下《灵枢·五禁第六十一》,中华书局 2010 年版,第 1283 页。

② 姚春鹏译注:《黄帝内经》上《素问·诊要经终论篇第十六》,中华书局 2010 年版,第 138—139 页。

③ 姚春鹏译注:《黄帝内经》上《素问·诊要经终论篇第十六》,中华书局 2010 年版,第 140 页。

都会带来久病不愈的结果。除了久病不愈之外,还会产生一些体表症状。春天误刺了夏天的部位,会使人精神怠惰。夏天误刺了秋天的部位,会使人产生幻觉,好像有人要来抓捕自己。夏天误刺了冬天的部位,会让人气虚、多怒。"秋刺春分,病不已,令人惕然欲有所为,起而忘之。秋刺夏分,病不已。"①秋天误刺了春天的部位,也会使人久病不能治愈。秋天误刺了夏天的部位,秋天误刺了冬天的部位,也同样会使人得病,不能治愈,同时还有一些体表特征。秋天误刺了春天的部位,会使人多忘。秋天误刺了夏天的部位,会使人嗜睡且多梦。秋天误刺了冬天的部位,使人机体发冷。

(三)地之因素:五味与食疗

"五行者,金、木、水、火、土也……而定五脏之气,间甚之时,死生之期也。"②《内经》认为,人之五脏与地之五行有着密切的关联。因此,五行能够决定疾病的加重或缓解,也能够决定人的生死期限。由于五行与五季相结合,在不同的季节,可以食用不同之五味食品缓解病情。《内经》曰:"肝主春……肝苦急,急食甘以缓之。心主夏……心苦缓,急食酸以收之。脾主长夏……脾苦湿,急食苦以燥之。肺主秋……肺苦气上逆,急食苦以泄之。肾主冬……肾苦燥,急食辛以润之。"③春属于木,因此,肝主春,与五行中的木配合。肝发生急症时,可以食用甜性食物缓解。夏属于火,因此,心主夏,与五行中的火配合。心脏惧怕跳动缓慢,可以食用酸性食物改善症状。长夏属于土,与此相应的脏器是肺,因此脾主长夏(夏秋之交),与五行中的土相配合。脾惧怕湿症,可以食用苦味食物使湿症得以改善。秋属于金,与此相应的脏器是肺,肺与五行中的金相配合。肺惧怕下行之气上逆,可以食用苦味食物缓解症状。冬属于火,与此相应的脏器是肾,因此肾主冬,与五行中的水相适应。肾惧怕燥热,可以食用辛辣食品缓解燥热之症。《内经》在疾病治疗过程中,首先将五脏与五行相配合,既而与五季相配合。根据五脏在不同季节中的病症,采用不同的食疗方法,以缓解症状。

建立在天、地、人三才基础上的《黄帝内经》的疾病发生与治疗理论,认为人

---

① 姚春鹏译注:《黄帝内经》上《素问·诊要经终论篇第十六》,中华书局 2010 年版,第 141 页。

② 姚春鹏译注:《黄帝内经》上《素问·脏气法时论篇第二十二》,中华书局 2010 年版,第 208 页。

③ 姚春鹏译注:《黄帝内经》上《素问·脏气法时论篇第二十二》,中华书局 2010 年版,第 209 页。

体疾病的发生和治疗,与天之因素(主要指阴阳、四季)、地之因素(主要指五行)有着十分重要的关联。程雅君指出:"中医之道必须结合天文、地理、人事等诸方面因素,对人的生理、病理现象作整体系统分析。"①有学者指出:"古人对疾病的认识,是从对客观世界物质变化的根本问题的认识基础上出发的。换句话说,也就是贯穿了人是一个整体,人与自然环境有密切联系的统一整体观的思想方法。"②以天、地、人三才为出发点的《黄帝内经》的疾病发生与治疗理论,将人置于天、地、人的大环境中,认为人体疾病的发生与治疗与天、地为核心的自然环境密不可分,从而创立了因时制宜、因地制宜的理论体系,推动了汉代中医哲学理论的发展。

---

① 程雅君:《中医哲学史(第一卷 先秦两汉时期)》,四川出版集团、巴蜀书社2009年版,第5页。

② 北京中医学院内经教研组:《内经讲义》,人民卫生出版社1960年版,第99页。

参考文献

一、基本古籍及现代整理本

1. [汉]司马迁. 史记[M]. 北京:中华书局,1982.
2. [汉]班固. 汉书[M]. 北京:中华书局,1962.
3. [清]王先谦. 汉书补注[M]. 北京:中华书局,1983.
4. [南朝宋]范晔. 后汉书[M]. 北京:中华书局,1965.
5. [清]王先谦. 后汉书集解[M]. 北京:中华书局,1984.
6. [清]马国翰. 玉函山房辑佚书[M]. 台北:文海出版社,1967.
7. [清]王仁俊. 玉函山房辑佚书续编三种[M]. 上海:上海古籍出版社,1989.
8. [清]阮元校刻. 十三经注疏附校勘记[M]. 北京:中华书局,1980.
9. [清]段玉裁. 说文解字注[M]. 上海:上海古籍出版社,1981.
10. [日]安居香山、中村璋八辑. 纬书集成[M]. 石家庄:河北人民出版社,1994.
11. [清]永瑢等. 四库全书总目[M]. 北京:中华书局,1965.
12. [宋]李昉等. 太平御览[M]. 北京:中华书局,1960.
13. [唐]欧阳询. 艺文类聚[M]. 上海:上海古籍出版社,1982.
14. [唐]虞世南. 北堂书抄[M]. 北京:中国书店,1989.
15. [唐]徐坚. 初学记[M]. 北京:中华书局,2004.
16. [清]严可均校辑. 全上古三代秦汉三国六朝文[M]. 北京:中华书局,1958.
17. 周天游辑注. 八家后汉书辑注[M]. 上海:上海古籍出版社,1986.
18. [汉]荀悦撰,张烈点校. 汉纪[M]. 北京:中华书局,2002.
19. [东晋]袁宏撰,张烈点校. 后汉纪[M]. 北京:中华书局,2002.
20. [春秋]管仲著,[唐]房玄龄注,[明]刘绩增注. 管子(诸子百家影印本)

[M].上海:上海古籍出版社,1989.

21.[汉]董仲舒.春秋繁露(诸子百家影印本)[M].上海:上海古籍出版社,1989.

22.[汉]刘熙.释名(影印本)[M].北京:中华书局,2016.

23.[汉]韩婴著,[明]程荣校.韩诗外传(汉魏丛书本)[M].长春:吉林大学出版社,1992.

24.[汉]戴德著,[明]程荣校.大戴礼记(汉魏丛书本)[M].长春:吉林大学出版社,1992.

25.[汉]班固撰,[明]程荣校.白虎通德论(汉魏丛书本)[M].长春:吉林大学出版社,1992.

26.[汉]陆贾著,[明]程荣校.新语(汉魏丛书本)[M].长春:吉林大学出版社,1992.

27.[春秋]老子,[战国]列御寇.老子 列子(诸子百家影印本)[M].上海:上海古籍出版社,1989.

28.[战国]吕不韦著,[汉]高诱注.吕氏春秋(诸子百家影印本)[M].上海:上海古籍出版社,1989.

29.[汉]贾谊著,[明]程荣校.新书(汉魏丛书本)[M].长春:吉林大学出版社,1992.

30.[汉]扬雄著,[明]程荣校.法言(汉魏丛书本)[M].长春:吉林大学出版社,1992.

31.[汉]宋衷注,[清]秦嘉谟等辑.世本八种[M].北京:中华书局,2008.

32.[汉]应劭著,[明]程荣校.风俗通义(汉魏丛书本)[M].长春:吉林大学出版社,1992.

33.[清]马骕撰,王利器整理.绎史[M].北京:中华书局,2002.

34.[汉]许慎.说文解字[M].北京:中华书局,1963.

35.[汉]应劭撰,王利器点校.风俗通义校释[M].北京:中华书局,1981.

36.佚名.山海经(诸子百家影印本)[M].上海:上海古籍出版社,1989.

37.[汉]刘安等编著,[汉]高诱注.淮南子(诸子百家影印本)[M].上海:上海古籍出版社,1989.

38.黎翔凤撰,梁运华整理.管子校注[M].北京:中华书局,2004.

39.[战国]尉缭.尉缭子(诸子百家影印本)[M].上海:上海古籍出版

40.[春秋]司马穰苴.司马法(诸子百家影印本)[M].上海:上海古籍出版社,1990.

41.[清]董天工笺注,黄江军整理.春秋繁露笺注[M].上海:华东师范大学出版社,2017.

42.[清]王夫之.张子正蒙注[M].北京:中华书局,2012.

43.[清]陈立撰,吴则虞点校.白虎通疏证[M].北京:中华书局,1994.

44.[唐]李隆基注,[宋]邢昺疏.孝经注疏[M].上海:上海古籍出版社,2009.

45.[清]皮锡瑞.今文尚书考证[M].北京:中华书局,1989.

46.[清]孙星衍.尚书今古文注疏[M].北京:中华书局,1986.

47.[清]王夫之.周易外传[M].北京:中华书局,1977.

48.[唐]陆德明.经典释文(影印本)[M].上海:上海古籍出版社,1985.

49.[唐]陆德明撰,吴承仕疏证.经典释文序录疏证[M].北京:中华书局,2008.

50.[清]馥桂.说文解字义证[M].北京:中华书局,1987.

51.[汉]刘熙撰,[清]毕沅疏证,[清]王先谦补.释名疏证补[M].北京:中华书局,2008.

52.[清]王聘珍撰,王文锦点校.大戴礼记解诂[M].北京:中华书局,1983.

53.佚名.太平经(诸子百家影印本)[M].上海:上海古籍出版社,1993.

54.马王堆汉墓帛书整理小组.马王堆汉墓帛书 经法[M].北京:文物出版社,1976.

55.刘文典撰,冯逸、乔华点校.淮南鸿烈集解[M].北京:中华书局,1988.

56.[汉]扬雄撰,郑万耕校释.太玄校释[M].北京:中华书局,2014.

57.[汉]扬雄撰,[宋]司马光集注,刘韶军点校.太玄集注[M].北京:中华书局,1998.

58.徐元诰撰,王树民、沈长云点校.国语集解[M].北京:中华书局,2002.

59.王明.太平经合校[M].北京:中华书局,1960.

60.佚名著,王卡点校.老子道德经河上公章句[M].北京:中华书局,1993.

61.[汉]韩婴撰,许维遹校释.韩诗外传集释[M].北京:中华书局,1986.

62.[唐]杜佑撰,王文锦等点校.通典[M].北京:中华书局,1988.

63. [清]段玉裁.说文解字注[M].上海:上海古籍出版社,1981.

64. [宋]周敦颐著,陈克明点校.周敦颐集[M].北京:中华书局,1990.

65. [清]苏舆撰,钟哲点校.春秋繁露义证[M].北京:中华书局,1992.

66. [汉]郑玄注,[唐]贾公彦疏.周礼注疏[M].上海:上海古籍出版社,1990.

67. 刘俊文点校.唐律疏议[M].北京:法律出版社,1999.

68. [清]孙星衍等辑,周天游点校.汉官六种[M].北京:中华书局,1990.

69. [后晋]刘昫等.旧唐书[M].北京:中华书局,1975.

70. [南朝梁]顾野王.大广益会玉篇(影印本)[M].北京:中华书局,1987.

71. [唐]魏徵、令狐德棻.隋书[M].北京:中华书局,1973.

72. [宋]洪兴祖撰,白化文等点校.楚辞补注[M].北京:中华书局,1983.

73. [清]沈家本.历代刑法考[M].北京:中华书局,1985.

74. [春秋]晏婴.晏子春秋(诸子百家影印本)[M].上海:上海古籍出版社,1989.

75. [宋]王应麟.汉制考·汉书艺文志考证[M].北京:中华书局,2011.

76. [宋]朱熹注.诗经[M].上海:上海古籍出版社,1987.

77. [战国]吕不韦编,许维遹集释.吕氏春秋集释[M].北京:中华书局,2009.

78. 杨伯峻.列子集释[M].北京:中华书局,1979.

79. [清]阮元校刻.十三经注疏(清嘉庆刊本)[M].北京:中华书局,2009.

80. [汉]应劭撰,王利器校注.风俗通义校注[M].台北:台湾明文书局,1982.

81. [清]王先谦.尚书孔传参正[M].北京:中华书局,2011.

82. [清]焦循.孟子正义[M].南京:凤凰出版社,2015.

83. [清]王先谦撰,沈啸寰、王星贤点校.荀子集解[M].北京:中华书局,1988.

84. [战国]荀况著,[唐]杨倞注.荀子(诸子百家影印本)[M].上海:上海古籍出版社,1989.

85. [清]王夫之著,王孝鱼点校.老子衍 庄子通 庄子解[M].北京:中华书局,2009.

86. [魏]王弼注,[唐]孔颖达疏,庐光明、李申整理,吕绍刚审定.周易正义(十三经注疏整理本)[M].北京:北京大学出版社,2000.

87. [晋]郭象注,[唐]成玄英疏.庄子注疏[M].北京:中华书局,2011.

88.［战国］庄周著,［晋］郭象注.庄子(诸子百家影印本)［M］.上海:上海古籍出版社,1989.

89.［清］王先谦撰,沈啸寰点校.庄子集解［M］.北京:中华书局,1987.

90.［战国］墨翟.墨子(诸子百家影印本)［M］.上海:上海古籍出版社,1989.

91.王利器校注.盐铁论校注［M］.中华书局,1992.

92.［汉］王符.潜夫论(诸子百家影印本)［M］.上海:上海古籍出版社,1990.

93.刘盼遂.论衡校释［M］.北京:中华书局,1990.

94.［清］孙希旦.礼记集解［M］.北京:中华书局,1989.

95.［汉］严遵.老子指归［M］.北京:中华书局,1994.

96.饶宗颐.老子想尔注校证［M］.上海:上海古籍出版社,1991.

97.［汉］严遵撰,樊波成校笺.老子指归校笺［M］.上海:上海古籍出版社,2013.

98.熊明辑校.汉魏六朝杂传集［M］.北京:中华书局,2017.

99.［晋］陈寿.三国志［M］.北京:中华书局,1982.

100.［宋］郭茂倩编.乐府诗集［M］.北京:中华书局,1979.

101.［清］汪文台辑,周天游点校.七家后汉书［M］.石家庄:河北人民出版社,1987.

102.［清］张志聪.黄帝内经集注［M］.北京:中医古籍出版社,2015.

二、出土文献及研究著作类

1.睡虎地秦墓竹简整理小组.睡虎地秦墓竹简［M］.北京:文物出版社,1978.

2.连云港市博物馆等.尹湾汉墓简牍［M］.北京:中华书局,1997.

3.薛英群,何双全,李永良.居延新简释粹［M］.兰州:兰州大学出版社,1988.

4.张家山二四七号汉墓竹简整理小组.张家山汉墓竹简［二四七号墓］［M］.北京:文物出版社,2001.

5.谢桂华,李均明,朱国炤.居延汉简释文合校［M］.北京:文物出版社,1987.

6.甘肃省文物考古研究所等.居延新简:甲渠候官与第四燧［M］.北京:文物出版社,1990.

7.胡平生,张德芳.敦煌悬泉汉简释粹[M].上海:上海古籍出版社,2001.

8.银雀山汉墓竹简整理小组.银雀山汉墓竹简(壹)[Z].北京:文物出版社,1985.

9.湖南省博物馆,中国社会科学院考古研究所.马王堆一号汉墓(下集)[M].北京:文物出版社,1973.

10.长沙市文物考古研究所等编.长沙五一广场东汉简牍选释[M].上海:中西书局,2015.

11.陈梦家.殷墟卜辞综述(考古学专刊 甲种第二号)[M].北京:中华书局,1988.

12.郭沫若.卜辞通纂(考古学专刊 甲种第九号)[M].北京:科学出版社,1983.

13.郭沫若.两周金文辞大系[郭沫若全集(考古编 第七卷)][M].北京:科学出版社,2002.

14.于省吾.甲骨文字释林[M].北京:中华书局,1979.

15.徐中舒主编.甲骨文字典[M].成都:四川辞书出版社,2006.

16.国家文物局古文献研究室编.马王堆汉墓帛书(壹)[M]北京:文物出版社,1980.

17.北京大学出土文献研究所编.北京大学藏西汉竹书(贰)[M].上海:上海古籍出版社,2012.

18.吴九龙释.银雀山汉墓竹简[M].北京:文物出版社,1985.

19.朱汉民、陈松长主编.岳麓书院藏秦简(贰)[M].上海:上海辞书出版社,2011.

三、专著类

1.〔日〕浅野裕一著,吴昊阳译.古代中国的宇宙论[M].南京:江苏人民出版社,2020.

2.李镜池.周易探源[M].北京:中华书局,1978.

3.刘玉建.两汉象数易学研究[M].桂林:广西教育出版社,1996.

4.高亨.周易杂论[M].济南:齐鲁书社,1979.

5.高亨.周易大传今注今译[M].济南:齐鲁书社,1979.

6.高亨.周易古经今注[M].北京:中华书局,1984.

7.高怀民.两汉易学史[M].桂林:广西师范大学出版社,2007.

8.刘大钧.周易概论[M].济南:齐鲁书社,1998.

9.卢央.京房评传[M].南京:南京大学出版社,2011.

10.刘厚琴.儒学与汉代社会[M].济南:齐鲁书社,2002.

11.刘玉建.汉代易学通论[M].济南:齐鲁书社,2012.

12.林忠军.易纬导读[M].济南:齐鲁书社,2002.

13.朱伯崑.易学哲学史(上册)[M].北京:北京大学出版社,1986.

14.金春峰.汉代思想史(增补第三版)[M].北京:中国社会科学出版社,2006.

15.牟宗三.中国哲学十九讲[M].上海:上海古籍出版社,1997.

16.徐复观.两汉思想史(1—3卷)[M].台北:台湾学生书局,1979.

17.刘学智.中国哲学的历程[M].桂林:广西师范大学出版社,2011.

18.林乐昌.张载理学与文献探研[M].北京:人民出版社,2016.

19.林乐昌.正蒙合校集释[M].北京:中华书局,2012.

20.陈鼓应主编.道家文化研究(第十二辑)[M].北京:生活·读书·新知三联书店,1998.

21.牟钟鉴等.道教通论——兼论道家学说[M].济南:齐鲁书社,1991.

22.张文智.周易集解导读[M].济南:齐鲁书社,2005.

23.瞿同祖.汉代社会结构[M].上海:上海世纪出版集团,2005.

24.李明,王健.尚书译注[M].上海:上海古籍出版社,2004.

25.瞿同祖.中国法律与中国社会[M].北京:中华书局,2003.

26.〔古希腊〕亚里士多德.天象论 宇宙论[M].北京:商务印书馆,2007.

27.张涛.秦汉易学思想研究[M].北京:中华书局,2005.

28.〔日〕本田成之著,孙俍工译.中国经学史[M].桂林:漓江出版社,2013.

29.林忠军.周易郑氏学阐微[M].上海:上海古籍出版社,2005.

30.〔英〕崔瑞德、鲁惟一编,杨品泉等译.剑桥中国秦汉史[M].北京:中国社会科学出版社,1992.

31.余英时.士与中国文化,上海:上海人民出版社,1987.

32.庞天佑.秦汉历史哲学思想研究[M].北京:中国社会科学出版社,2002.

33.张舜徽.周秦道论发微[M].北京:中华书局,1982.

34.袁珂.中国古代神话[M].北京:中华书局,1960.

35.杨树达.词诠[M].北京:中华书局,1965.

36.周桂钿.董学探微[M].北京:北京师范大学出版社,1989.

37.周桂钿.秦汉思想史[M].石家庄:河北人民出版社,2000.

38.〔日〕井上聪.先秦阴阳五行[M].武汉:湖北教育出版社,1997.

39.〔苏联〕列宁.哲学笔记[M].北京:人民出版社,1956.

40.李泽厚.中国古代思想史论[M].北京:三联书店.2008.

41.任继愈主编.中国哲学发展史(秦汉)[M].北京:人民出版社,1985.

42.冯友兰.中国哲学简史[M].北京:新世纪出版社,2004.

43.徐芹庭.周秦两汉五十三家易义[M].北京:中国书店,2011.

44.徐芹庭.焦氏易林新注(上册)[M].北京:中国书店,2010.

45.中国基督教协会.圣经[M].北京:中国基督教协会,2000.

46.马坚译.古兰经[M].北京:中国社会科学出版社,1996.

47.〔法〕迭郎善译,马香雪转译.摩奴法典[M].北京:商务印书馆,1982.

48.何兆武.西方哲学精神[M].北京:清华大学出版社,2005.

49.〔德〕康德.宇宙发展史概论[M].上海:上海人民出版社,1972.

50.张世英.天人之际——中西哲学的困惑与选择[M].北京:人民出版社,1995.

51.王小盾.原始信仰和中国古神[M].上海:上海古籍出版社,1989.

52.〔美〕本杰明·史华兹著,程钢译.古代中国的思想世界[M].南京:江苏人民出版社,2008.

53.杨天宇.周礼译注[M].上海:上海古籍出版社,2004.

54.黄寿祺,张善文.周易译注.[M].上海:上海古籍出版社,2004.

55.方克立主编.中国传统哲学的现代诠释[M].北京:商务印书馆,2003.

56.侯外庐等.中国思想通史(第二卷)[M].北京:人民出版社,1957.

57.马宗霍.中国经学史[M].上海:上海书店,1984.

58.陈鼓应.黄帝四经今注今译——马王堆汉墓出土帛书[M].北京:商务印书馆,2007.

59.赖炎元.春秋繁露今注今译[M].台北:台湾商务印书馆,1984.

60.徐世虹主编.中国法制史(战国秦汉卷)[M].北京:法律出版社,1999.

61.张晋藩主编.中国法制史研究综述[M].北京:中国人民公安大学出版社,1990.

62. 朱红林.张家山汉简《二年律令》集释[M].北京:社会科学文献出版社,2005.
63. 赵馥洁.中国传统哲学价值论[M].西安:陕西人民出版社,1992.
64. 瞿同祖.汉代社会结构[M].上海:上海世纪出版集团,2005.
65. 蔡枢衡.中国刑法史[M].北京:中国法制出版社,2005.
66. 刘笑敢主编.中国哲学与文化(第十辑)[M].桂林:漓江出版社,2012.
67. 郭沫若主编.中国史稿(第一册)[M].北京:人民出版社,1976.
68. 上海人民出版社编.春秋左传集解(第一册)[M].上海:上海人民出版社,1977.
69. 李梦生.左传译注(上)[M].上海:上海古籍出版社,2009.
70. 梁启雄.荀子简释[M].北京:中华书局,1983.
71. 王钧林.中国儒学史(先秦卷)[M].广州:广东教育出版社,1998.
72. 冯友兰.中国哲学史新编(上)[M].北京:人民出版社,1998.
73. 方克立主编.中国哲学大辞典[M].北京:中国社会科学出版社,1994.
74. 唐君毅.哲学概论(上册)[M].北京:中国社会科学出版社,2005.
75. 牟宗三.名家与荀子 才性与玄理(牟宗三先生全集02)[M].台北:联经出版事业公司,2003.
76. 董治安,郑傑文汇撰.荀子汇校汇注[M].济南:齐鲁书社,1997.
77. 郭沫若.十批判书[M].北京:人民出版社,1954.
78. 李泽厚.中国古代思想史论[M].北京:人民出版社,1985.
79. 章诗同.荀子简注[M].上海:上海人民出版社,1974.
80. 庞朴著,刘贻群编.庞朴文集(第四卷 一分为三)[M].济南:山东大学出版社,2005.
81. 陈鼓应.易传与道家思想[M]北京:中华书局,2015.
82. 陈鼓应.老子注译及评介[M].北京:中华书局,1984.
83. 陈鼓应.老庄新论[M].上海:上海古籍出版社,1992.
84. 楼宇烈.老子道德经校释[M].北京:中华书局,2008.
85. 高明.帛书老子校注[M].北京:中华书局,1996.
86. 方东美.原始儒家道家哲学[M].北京:中华书局,2012.
87. 杨树达.周易古义 老子古义[M].上海:上海古籍出版社,2013.
88. 陈鼓应.道家的人文精神[M].北京:中华书局,2012.

89.唐君毅.中国人文精神之发展[M].桂林:广西师范大学出版社,2005.

90.陈鼓应.庄子今注今译[M].北京:中华书局,1983.

91.〔德〕黑格尔.小逻辑[M].北京:商务印书馆,1985.

92.大辞海编辑委员会.大辞海 哲学卷[M].上海:上海辞书出版社,2003.

93.徐复观.两汉思想史[M].上海:华东师范大学出版社,2004.

94.〔英〕李约瑟著,陈立夫主译.中国古代科学思想史[M].南昌:江西人民出版社,1990.

95.张传玺主编.中国历代契约汇编考释(上)[M].北京:北京大学出版社,1995.

96.杨树达.汉代婚丧礼俗考[M].上海:上海世纪出版集团 上海古籍出版社,2009.

97.王洪图总主编.黄帝内经研究大成(上)[M].北京:北京出版社,1997.

98.程雅君.中医哲学史(第一卷 先秦两汉时期)[M].成都:四川出版集团巴蜀书社,2009.

99.刘长林.内经的哲学和中医学的方法[M].北京:科学出版社,1982.

100.任应秋、刘长林主编.《内经》研究论丛[M].武汉:湖北人民出版社,1982.

101.宋义霞主编.张载关学与东亚文明研究[M].西安:陕西人民出版社,2008.

102.姚春鹏译注.黄帝内经[M].北京:中华书局,2010.

103.北京市人民政府编.北京市2016年度卫生与人群健康状况报告[M].北京:人民卫生出版社,2017.

104.张其成主编.中医哲学基础[M].北京:中国中医药出版社,2016.

105.庄华峰、方百盈主编.中国传统养生学辞典[Z].南宁:广西教育出版社,1996.

106.北京中医学院内经教研组编.内经讲义[M].北京:人民卫生出版社,1960.

107.邓沂、徐传庚主编.中医养生学[M].西安:西安交通大学出版社,2014.

108.张岱年.中国古典哲学概念范畴要论[M].北京:中华书局,2017.

109.〔美〕哈维·戴蒙德著,荀寿温译.健康生活新开始[M].海口:南海出版公司,2010.

110.〔美〕迈克尔·斯洛特著,王江伟、牛纪风译.阴阳的哲学——一种当代的路径[M].北京:商务印书馆,2018.

四、论文类

1.李晨阳.是"天人合一"还是"天、地、人"三才——兼论儒家环境哲学的基本构架[J].周易研究,2014(5).

2.钱穆.中国文化对人类未来可有之贡献[J].中国文化,1991(4).

3.李根蟠."天人合一"与"三才"理论——为什么要讨论中国经济史上的"天人关系"[J].中国经济史研究,2000(3).

4.林俊义.从中国传统哲学中的"天人合一论"寻觅"自然与人的和谐"[J].自然辩证法研究,2000,16(9).

5.李宗桂.中国文化精神和中华民族精神的若干问题[J].社会科学战线,2006(1).

6.楼宇烈.中国文化中以人为本的人文精神[J].北京大学学报(哲学社会科学版),2015(1).

7.张锐年,田永衍.《黄帝内经》天人观探析[J].中医研究,2016(29).

8.韩星.为天地立心——天地人一体以人为主体的精神[C].张载关学与东亚文明研究学术研讨会论文集.陕西宝鸡,2007.

后　记

我于 2014 年考入陕西师范大学，攻读中国哲学汉唐哲学方向博士学位。自 2016 年始，便将三才观作为自己撰写博士论文的出发点。本书由我的博士论文《汉代哲学三才观及其多维文化呈现》三分之二内容构成。我研究汉代法律史已有二十个春秋，对汉代哲学具有浓厚的兴趣。本书是我数年来关于汉代哲学三才观之点滴思考，欲借本书之出版，和学界同行共同探讨汉代哲学的相关话题。

多少年来，我一直在思考一个问题：一个学者，一个大学教师的使命是什么？是努力读书，教书育人吗？是的，教书育人应当是大学教师最重要的职责和使命。然而大学教师还有一个重要的使命：学术传播。正如张载所言："为往圣继绝学。"大学是学术研究的重要基地，教师是学术创作的主体，国家的学术繁荣离不开大学教师的深耕细作。感谢我在攻读博士学位时各位博导的谆谆教导，他们为本书提供了重要的问题导向和史料支撑。

一直以来，始终坚信：山重水复疑无路，柳暗花明又一村。始终坚信：只要不懈努力，铁杵一定能够磨成针。本书正是在此种观点影响下完成的。也借本书出版，向学界传递我关于汉代哲学三才观之点滴思考。

谨以此书献给培养我成长，造就我人生的母校——西北政法大学。

谨以此书献给成就我博士梦想的第二母校——陕西师范大学。

谨以此书献给我的亲人，你们的支持是我在学术道路上披荆斩棘、奋勇前行的力量源泉。

谨以此书献给我的同事，你们的支持和理解永远是一盏明灯，照亮了我前行的征程。

感谢西北政法大学学术著作出版基金的资助，使本书得以顺利出版。

感谢西北大学出版社编辑的努力与付出。

路漫漫其修远兮，吾将上下而求索……

律　璞

2024 年季夏于西北政法大学雁塔校区